D1698857

Faszinierende Reiseziele in Deutschland

Faszinierende Reiseziele in Deutschland

Deutschland ist in den vergangenen Jahren – nicht nur für Touristen aus Europa und Übersee, sondern auch für die Deutschen selbst – ein immer beliebteres Reiseland geworden. Dabei stehen natürlich Nordsee, Ostsee oder Bayerische Alpen sowie Metropolen wie Berlin, Hamburg oder München an erster Stelle in der Rangfolge der beliebtesten Reiseziele. Aber auch abseits der touristischen Brennpunkte gibt es – gerade in der sogenannten Provinz – grandiose Naturlandschaften und unvermutete kulturelle Schätze zu entdecken.

Bundesland für Bundesland werden die wichtigsten Regionen und alle sehenswerten Natur- und Kulturdenkmäler, die schönsten Landschaften und Städte beschrieben; rund 800 Ziele, die »man« gesehen haben sollte.

»Faszinierende Reiseziele in Deutschland« bietet einen umfassenden Überblick über die Fülle und Vielfalt unseres Lands und macht Lust, aufzubrechen und seine Attraktionen vor Ort zu erkunden.

Vorherige Seiten: Von herbem Charme sind die Landschaften Norddeutschlands geprägt, so die Lüneburger Heide. Einer der glanzvollsten deutschen Barockbauten ist der Dresdner Zwinger. Die Wallfahrtskirche St. Coloman im Schwangau. Der Nordseestrand bei St. Peter-Ording verspricht ungetrübte Badefreuden und einen Hauch von Nostalgie.

Diese Seite: Blick auf Heidelberg mit Ruine des Schlosses, Scheffelterrasse des Schlossgartens Hortus Palatinus und Alter Brücke.

INHALTSVERZEICHNIS

DIE SCHÖNSTEN REISEZIELE

Schleswig-Holstein	**14**
Kiel	25
Lübeck	27
Hamburg	**34**
Bremen	**46**
Niedersachsen	**52**
Hannover	73
Mecklenburg-Vorpommern	**78**
Rostock	88
Stralsund	92
Schwerin	103
Brandenburg	**104**
Frankfurt an der Oder	109
Potsdam	113
Berlin	**118**
Nordrhein-Westfalen	**134**
Köln	147
Düsseldorf	153
Sachsen-Anhalt	**154**
Magdeburg	159
Sachsen	**170**
Dresden	177
Thüringen	**186**
Erfurt	195
Hessen	**202**
Frankfurt am Main	221
Rheinland-Pfalz	**222**
Mainz	235
Saarland	**236**
Saarbrücken	245
Baden-Württemberg	**248**
Stuttgart	258
Bayern	**278**
Nürnberg	289
München	299
Atlas	**316**
Bildnachweis, Impressum	**320**

Höhepunkt deutscher Barockbaukunst: der Dresdner Zwinger mit dem Wallpavillon

Die schönsten Reiseziele

Deutschland bietet eine unendliche Fülle an faszinierenden Reisezielen: großartige Hoch- und Mittelgebirge, verwunschene Seenlandschaften, stille National- und Naturparks, prachtvolle Kirchen und Klöster, imposante Burgen und Schlösser, pulsierende Metropolen und verträumte Kleinstädte. Rund 800 der interessantesten Reiseziele Deutschlands werden hier Bundesland für Bundesland in Text und Bild sowie mit Stadtplänen der wichtigsten Metropolen vorgestellt. Interessante Aspekte zu Kultur und Natur werden in rund 150 Themenartikeln vertieft. Detaillierte Informationen zu rund 400 Museen, Gedenkstätten, Schlössern, Theatern, Zoos, Stadtfesten und Festivals sowie ein Klassifizierungssystem mit Sternchen – *** drei Sterne = »eine eigene Reise wert«, **zwei Sterne = »einen Abstecher wert«, *ein Stern = »sehenswert« – erhöhen den praktischen Nutzwert.

Seit 1858 Orientierungspunkt für Seefahrer und Landratten: der Leuchtturm List-Ost auf Sylt

Schleswig-Holstein

Schleswig-Holstein – das ist das »Land zwischen den Meeren«, zwischen der ruhigen Ostsee und der oft sturmgepeitschten Nordsee. Zwischen beiden erstreckt sich eine liebliche Landschaft aus bewaldeten Geesthügeln und Seen. Wuchtige Backsteinkirchen, reetgedeckte Höfe und zahlreiche Museen zeugen von der reichen Kultur des nördlichsten Bundeslands Deutschlands.

Schleswig-Holstein

»Land unter!« heißt es mehrmals im Jahr auf den zehn Halligen vor dem Festland Nordfrieslands. Denn wenn die herbstlichen Stürme über das Meer fegen, bleibt von den kleinen Überbleibseln ehemaliger

TIPP++TIPP++

Nolde-Stiftung Seebüll
Dramatisches Licht über dem Meer, beeindruckende Wolkenlandschaften am Himmel – die Bilder des Künstlers Emil Nolde (1867 bis 1956) sind in den Galerieräumen seines ehemaligen Wohn- und Atelierhauses zu besichtigen. Zu dem Areal der Stiftung gehört ein 120 Hektar großer Blumengarten.
Niebüll, Tel. 0 46 64/98 39 30,
www.nolde-stiftung.de,
März–Nov. 10–18 Uhr

Dr.-Carl-Häberlin-Friesenmuseum
Nachdem man das Museumsareal durch zwei große Walknochen betreten hat, kann man sich über Leben und Brauchtum der Friesen informieren. Zu sehen sind alte Friesenhäuser und eine Bockwindmühle.
Wyk, Rebbelstieg 34,
Tel. 0 46 81/25 71,
www.friesen-museum.de,
Di–Do 10–17 Uhr

World Cup Sylt
Treffpunkt der weltbesten Windsurfer. An rund zehn Tagen im September zeigt die Windsurf-Elite beim World Cup ihr Können. Am Brandenburger Strand finden sich dann bis zu 180 000 Zuschauer ein.
www.worldcupsylt.de

Nordseeküste

Die Nordseeküste von Schleswig-Holstein ist nicht nur für ihr Wattenmeer berühmt, sondern auch für ihre Marschlandschaften mit Flussläufen, schönen Wäldern und beeindruckenden Deichen. Und natürlich für ihre zahlreichen Ferieninseln und Halligen.

* **Niebüll** Die Geschichte Niebülls, des kleinen Orts auf dem Geestrücken, reicht zurück bis ins 13. Jahrhundert. Wie man hier einst lebte, zeigt das *Friesische Museum. Im *Naturkundemuseum werden Exponate aus nordfriesischer Fauna und Flora gezeigt. Oberhalb von Niebüll, in Seebüll, befindet sich in einem im Bauhausstil errichteten Backsteinhaus die *Nolde-Stiftung, wo Werke des expressionistischen Malers ausgestellt sind.

*** **Sylt** Im Jahr 1927 wurde der Hindenburgdamm fertiggestellt, der seitdem die nördlichste Insel Deutschlands mit dem Festland verbindet. **Westerland ist der Hauptort der Insel. Eine Besichtigung lohnt die Kirche **St. Niels (1635) mit ihrem spätgotischen Schnitzaltar. In dem ehemaligen *Kurhaus von 1896 befinden sich heute das Rathaus und eine Spielbank. In ***Keitum stehen noch über 200 Jahre alte inseltypische Friesenhäuser, etwa das **Altfriesische Haus. Nördlich von Keitum, an der Wattseite, können in der **Kirche St. Severin (13. Jahrhundert) ein Schnitzaltar aus dem 15. und eine Kanzel aus dem 17. Jahrhundert besichtigt werden. Den Nobelort **Kampen zeichnen endlose Strände, Heide, Dünen und reetgedeckte Katen aus. Im Wattenmeer hinter **List, der nördlichsten Gemeinde Deutschlands, wird die »Sylter Royal«, eine schmackhafte Auster, gezüchtet.

* **Listland** In dem Naturschutzgebiet an der oberen Spitze von Sylt beeindrucken vor allem die Wanderdünen. Sie verschieben sich jedes Jahr um einige Meter.

* **Morsum-Kliff** An dem teilweise 20 Meter hohen Steilufer in der Nähe von Morsum auf Sylt verbergen sich Fossilien aus 15 Millionen Jahren Erdgeschichte. Aber auch Romantiker kommen hier gerade während des Sonnenuntergangs nicht zu kurz.

*** **Föhr** Die knapp 83 Quadratkilometer große, fast kreisrunde Insel ist weitestgehend von Wattenmeer umgeben. 1819 wurde der Hauptort **Wyk gegründet. 1842 entdeckte der dänische König das Seebad für sich. Damit begann die Blütezeit des Ortes und der Insel als Heilbad. Das *Dr.-Carl-Häberlin-Friesenmuseum bringt dem Besucher die Geschichte der Insel und ihrer Bürger näher. Im Ortsteil Boldixum steht die *Kirche St. Nikolai (13. Jahrhundert) mit Renaissancealtar. In **Nieblum befindet sich ein Friesendorf mit der *St.-Johannis-Kirche (12. Jahrhundert).

*** **Amrum** Rund 2000 Menschen leben auf der mit 20 Quadratkilometern kleinsten der nordfriesischen Ferieninseln.

Im Westen wird sie von einem breiten *Sandstrand begrenzt, dem »Kniepsand«. Landschaftlich geprägt ist Amrum von Kiefernwäldern und Dünen. Im Hauptort **Nebel steht eine **Holländerwindmühle aus dem Jahre 1771.

* **Hallig Hooge** Die Hallig, auf der 1825 der dänische König Friedrich VI. während eines Sturms Rettung fand, kann im Sommer besichtigt werden. Eine Prachtstube in der »Hanswarft« erinnert an seinen Aufenthalt.

** **Pellworm** Die Insel liegt etwa einen halben Meter unter dem Meeresspiegel und wird lediglich durch Deiche vor Überschwemmungen geschützt. Die Turmruine der Kirche St. Salva-

Museum Königspesel auf der Hallig Hooge

tor ist ein Mahnmal für die auch heute heftig wütenden Sturmfluten. Berühmt ist die Arp-Schnitger-Orgel von 1711 im Saalbau.

** **Nordstrand** Die knapp 50 Quadratkilometer große Insel wurde 1906 bis 1934 durch den Bau eines 2,5 Kilometer langen Straßendammes mit dem Festland verbunden. Die Insel wurde durch zahlreiche schwere Sturmfluten immer wieder zerstört. Menschen flüchteten auf Nachbarinseln oder aufs Festland. Heute ist Nordstrand durch so hohe

Halligen

Inseln oder den winzigen Landfetzen des einstigen Festlands nicht mehr viel übrig: Wiesen und Weiden werden überflutet, das Vieh eilig in die Stallungen getrieben, die Fenster verschlossen, und dann beginnen das Warten und das Hoffen. Das Warten auf das Ende der Flut und das Hoffen, dass nicht einer der Bullen in der Enge der Warft durchdreht. Fünf der Halligen sind bewohnt: Gröde, Hooge, Langeneß (links), Nordstrandischmoor und Oland. Langeneß ist mit seinen 956 Hektar, 16 Warften und 110 Einwohnern die größte. Die kleinste Hallig ist Habel. Sie ist nur sieben Hektar groß und unbewohnt. Norderoog und Süderoog haben Vogelschutzstationen, die teilweise ganzjährig besetzt sind, gehören zum Schutzgebiet des Nationalparks Schleswig-Holsteinisches Wattenmeer und können besichtigt werden.

Deiche geschützt, dass es als sturmflutsicher gilt. Seit 1990 ist es Nordseeheilbad.

✶ **Husum** Der Dichter Theodor Storm, der 1817 in Husum geboren wurde, hat die Stadt berühmt gemacht. In der Wasserreihe 31 ist sein ✶Wohnhaus zu besichtigen. Bürgerhäuser aus dem 16. und 17. Jahrhundert sowie das Rathaus (1601) umrahmen malerisch den ✶✶Marktplatz. Sehenswert ist die ✶Marienkirche mit einem Bronzetaufbecken (1643). Im Norden des Stadtzentrums liegt das von den Herzögen von Gottorf zwischen 1577 und 1582 errichtete ✶✶Husumer Schloss, das von einem schönen Schlosspark umgeben ist.

✶✶ **Eiderstedt** 15 Kilometer breit und 30 Kilometer lang ist die Halbinsel Eiderstedt, die im 15. Jahrhundert von Menschenhand unter Mühsal dem Meer abgerungen wurde – wunderschönes Marschland, auf dem es mehr Schafe als Menschen gibt. Steht man auf dem hohen Deich, der die Halbinsel vor den Fluten schützt, kann man weit hinaus ins Land schauen. Dann sieht man die gedrungenen romanischen Kirchen in den Orten und die Haubarge, jene für diese Gegend typischen friesischen Bauernhäuser. Hier wohnten die Bauern mit ihren großen Familien, hatten unter den hohen Dächern ihre Vorratsräume, das Vieh tummelte sich in den Stallungen, und im Mittelgeviert lagerte man sein Heu.

✶ **Tönning** Das schöne Städtchen an der Eidermündung war einst ein wichtiger Umschlagplatz, an dessen frühere Bedeutung das gut 200 Jahre alte Packhaus am Hafen mit einer Ausstellung erinnert. Ein Bummel über den Marktplatz mit den malerischen Bürgerhäusern und der das Stadtbild beherrschenden romanischen St.-Laurentius-Kirche rundet den Gesamteindruck ab. Auf der Weiterfahrt in Richtung St. Peter-Ording liegen an der B 202 die Orte Tetenbüll, Katharinenheerd, Garding und Tating, die ihrer schmucken alten Backsteinkirchen wegen allemal einen Kurzbesuch wert sind.

✶✶ **St. Peter-Ording** Ganz am äußersten Zipfel der Halbinsel Eiderstedt liegt St. Peter-Ording, das in den vergangenen Jahrzehnten aus vier Dörfern zusammengewachsen ist. Die Gemeinde St. Peter-Dorf ist mit ihrer gotischen Backsteinkirche St. Petri die älteste unter ihnen. St. Peter-Bad wurde durch seine Schwefelquellen, St. Peter-Böhl durch seinen Leuchtturm bekannt. St. Peter-Ording als ein Mekka für Strandsegler, Wattwanderer und Drachenflieger bekannt. Elf Kilometer lang und teilweise über 500 Meter breit ist der Strand dort. Bei Ebbe ist Zeit genug, um sich in einem der Pfahlbau-Restaurants am Strand eine Stärkung zu gönnen.

✶✶ **Friedrichstadt** Glaubensfreiheit und ein neues Zuhause versprach Herzog Friedrich III. von Schleswig-Gottorf zahlreichen holländischen Religionsflüchtlingen. Zu Beginn des 17. Jahrhunderts gründete er die kleine Siedlung Friedrichstadt und baute den Heimatlosen kleine Giebelhäuser und Grachten. Am Mittelburgwall steht die ✶Lutherische Kirche (1643) mit einem Altarbild (1675) von Jürgen Oven, ein Schüler Rembrandts. Die »Alte Münze« diente dem herzogli-

Von oben nach unten: Dünenlandschaft auf dem Sylter Ellenbogen; Rotes Kliff auf Sylt; Borksumer Mühle auf der Insel Föhr; Deichschafe auf der Insel Nordstrand

DIE SCHÖNSTEN REISEZIELE **17**

Bei Ebbe wirkt der sedimentreiche Schlickboden des Watts mit seiner reichen Mikrofauna öde und leblos. Doch exakt von Letzterer ernähren sich Fische, Krebse, Muscheln und Würmer (Bildleiste unten: Scholle und

Nationalpark Schleswig-Holsteinisches Wattenmeer

Strandkrabbe). Deshalb ist das Wattenmeer ein beliebter Rast- und Nistplatz für Millionen Zug- und Brutvögel, etwa Säbelschnäbler, Uferschnepfen und Lachmöwen (Bildleiste oben: von links). Der Nationalpark Schleswig-Holsteinisches Wattenmeer bietet auf über 4000 Quadratkilometern von Sylt (großes Bild: Morsumer Kliff) über die Halbinsel Eiderstedt (links, mit Leuchtturm Westerheversand) bis zur Elbmündung rund 3000 Tier- und Pflanzenarten ideale Bedingungen. 1985 wurde hier ein Nationalpark eingerichtet, 1999 das Areal vergrößert, 2005 zum UNESCO-Biosphärenreservat aufgewertet. Aufgeteilt ist das Gebiet in eine absolut geschützte Kernzone (mit Seehundbänken, unten), eine Pufferzone (mit Walschutzgebiet) und eine aus Halligen bestehende Entwicklungszone mit nachhaltiger wirtschaftlicher Nutzung.

DIE SCHÖNSTEN REISEZIELE

Schleswig-Holstein

chen Statthalter als Residenz. Im Quersaal liegt der Betsaal der Mennoniten.

✶ Büsum Im Nordseeheilbad erwartet den Besucher ein »grüner Strand« – Liegewiesen am Deich mit 3000 Strandkörben! Der rot-weiße Leuchtturm weist den Weg zum Hafen, dort sind Krabbenkutter zu bestaunen. Über die Geschichte und die Technik des Krabbenfangs informiert das Museum am Meer. Von Büsum aus schippern Ausflugsdampfer nach Helgoland und zu den Seehundbänken.

✶ Heide Einst war sie lediglich Versammlungsort der Bauern, heute hat die kleine Stadt in Dithmarschen den größten Marktplatz Deutschlands. Südwestlich davon steht die spätgotische Kirche St. Jürgen aus dem 16. Jahrhundert.

✶ Meldorf Der kleine Ort südlich von Heide war früher Hauptort der Bauernrepublik Dithmarschen. Die St.-Johannis-Kirche, auch Dom genannt, stammt aus dem 13. Jahrhundert. Ein Prunksaal (16. Jahrhundert) im Landesmuseum und ein original Dithmarscher Bauernhaus aus dem 17. Jahrhundert gewähren einen Einblick in den Alltag der einstigen Bauernrepublik.

✶✶ Friedrichskoog König Friedrich VII. von Dänemark gab

Fischkutter im Hafen des Nordseeheilbads Friedrichskoog

Verträumte Landschaft in der Wilster Marsch

DIE SCHÖNSTEN REISEZIELE

Jährlich befahren rund 50 000 Schiffe diese künstliche Wasserstraße zwischen Brunsbüttel und Kieler Förde. Schon die Wikinger kannten eine Verbindung – allerdings mussten sie ihre Drachenboote noch mehrere Kilometer über Land schleppen. Ab 1784 schloss der Schleswig-Holstein-Kanal diese Lücke. Als dieser zu eng wurde, hoben 9000 Arbeiter in nur acht Jahren den Kaiser-Wilhelm-Kanal aus. Militärische Erwägungen hatten das Mammutprojekt beschleunigt: Die neue deutsche Flotte sollte sowohl in der Ost- als auch in der Nordsee komplett zum Einsatz kommen können. Die heute Nord-Ostsee-Kanal genannte internationale Wasserstraße mit 98,6 Kilometer Länge erspart rund 740 Kilometer Seeweg um die dänische Halbinsel herum und beschert verblüffende Perspektiven mit Ozeanriesen inmitten grüner Landschaft (links).

dem ursprünglichen Fischerdorf seinen Namen. Im Laufe der letzten Jahrzehnte mauserte sich der durch Eindeichungen entstandene Ort zu einem beliebten Nordseebad. Besonders reizvoll ist der kleine **Hafen, in dem noch heute fangfrische Krabben vom Kutter verkauft werden. In der 1985 gegründeten **Seehundstation wachsen verlassene Seehundbabys auf, und verletzte Tiere werden hier gesundgepflegt.

* **Wilster Marsch** Sonnengelb und mild ist der Wilstermarschkäse, der die holsteinische Wilster Marsch nordöstlich der Elbe zwischen Stör und Nord-Ostsee-Kanal bekannt gemacht hat. Der einstige Wohlstand ist noch an den gut erhaltenen Fachwerkhäusern, wie dem Rathaus von Wilster aus dem Jahre 1585, erkennbar. Die Gemeinde Neuendorf liegt auf dem tiefsten Punkt der Bundesrepublik Deutschland: 3,54 Meter unter Normalnull.

** **Glückstadt** Die Stadt an der Niederelbe wurde zu Beginn des 17. Jahrhunderts vom dänischen König Christian IV. gegründet. Die Anlagen der damaligen Festungsstadt können besichtigt werden. Im Zentrum beeindrucken insbesondere das Renaissancerathaus am Markt sowie zahlreiche schmucke Adels-, Bürger- und Beamtenhäuser. Auch ein Besuch des Detlefsen-Museums, wo man viel Wissenswertes zur Geschichte des Walfangs erfahren kann, ist lohnenswert.

* **Helgoland** Deutschlands einzige Felsen- und Hochseeinsel liegt in der Deutschen Bucht, etwa 60 Kilometer nordwestlich der Elbemündung und 40 Kilometer westlich der Halbinsel Eiderstedt. Helgoland setzt sich zusammen aus der rund einen Quadratkilometer messenden Hauptinsel aus rotem Buntsandstein, mit bis zu 50 Meter hoher Steilküste, sowie einer 0,7 Quadratkilometer großen Düne. Ihr Wahrzeichen ist der Felssporn »Lange Anna«. Die Felsen und Dünen sind das Revier von Trottellummen, Basstölpeln, Tordalken, Dreizehenmöwen, Seehunden und Kegelrobben. Helgoland gehörte einst viele Jahre zu Großbritannien, bevor es Deutschland 1890 gegen Sansibar eintauschte. Im Dritten Reich war Helgoland militärischer Stützpunkt, wurde während des Zweiten Weltkriegs bombardiert und sollte nach dem Krieg gesprengt werden. Das misslang glücklicherweise. Mitte der 1950er-Jahre kamen die ersten Menschen zurück nach Helgoland, bauten sich eine neue Existenz auf und begrüßten schon bald Touristen. Tagesgäste, die nur die klare Luft genießen und die Möglichkeit des steuerfreien Einkaufs nutzen möchten, kommen noch heute zahlreich per Schiff.

»Lange Anna« wird dieser fast 50 Meter hohe Felssporn vor Helgoland genannt (oben).

TIPP++TIPP++

Hochseeinsel Helgoland
Täglich fahren Schiffe ab Wilhelmshaven nach Helgoland, während der Saison steuern auch Ausflugsschiffe von Bremerhaven, Husum und Cuxhaven aus die Insel an. Ein altes Privileg sichert den Helgoländer Fischern das Recht, die Tagesgäste, die an der Reede vor der Insel ankommen, mit ihren Börtebooten überzusetzen.
Helgoland Touristik,
Lung Wai 28 (im Rathaus),
Tel. 01 80/5 64 37 37,
www.helgoland.de

Schleswig-Holstein

Als 1979 bei archäologischen Untersuchungen in der Schlei ein hölzernes Wrack entdeckt wurde, war die Sensation perfekt: ein Drachenboot in der Wikingerstadt Haithabu! Heute ist das 30 Meter lange Haithabu-Schiff Prunkstück des Wikinger-Museums Haithabu in Haddeby bei Schleswig (links). Haithabu wurde gegen Ende des 8. Jahrhunderts gegründet, in seiner Blütezeit bewohnten mindestens 1500 Menschen die 26 Hek-

Binnenland

Das Land zwischen den Meeren, das Binnenland Schleswig-Holsteins, ist geprägt durch malerische Flüsse wie Treene und Eider, aber auch durch den 98,7 Kilometer langen Nord-Ostsee-Kanal. Geologische Besonderheiten wie Gipsberg oder Kreidegruben finden sich in Bad Segeberg und Lägerdorf. Dazu gibt es schöne Städtchen wie Schleswig oder Bad Bramstedt.

* **Schleswig** Im Jahre 804 wurde der Ort an der Schlei erstmals erwähnt, 1200 – damals noch Sliaswic – zur Stadt erhoben. Durch zahlreiche Eingemeindungen entstand 1711 das heutige Schleswig. Der gotische **Dom St. Petri (12.–15. Jahrhundert) ist ein prunkvolles Gotteshaus mit einem 112 Meter hohen Turm. Beachtlich sind das *Marmorgrabmal des Dänenkönigs Friedrich I. und der von Hans Brüggemann geschnitzte 12 Meter hohe **Altar mit seinen 392 Figuren. Im Stadtteil Friedrichsberg liegt das **Renaissance- und Barockschloss Gottorf, das 1544 bis 1713 Residenz der Herzöge von Schleswig-Holstein-Gottorf war. Die Reste des Hafens und des Handelsplatzes **Haithabu der Wikinger kann man in der Nähe besichtigen.

* **Rendsburg** Die einstige dänische Festung ist heute wichtigster Binnenhafen am Nord-Ostsee-Kanal. Das Alte Rathaus, ein Fachwerkbau (16. Jahrhundert) mit einem offenen Glockenspiel, und die gotische Marienkirche mit Schnitzaltar aus dem Jahre 1649 erinnern an alte Zeiten.

* **Naturpark Westensee** Viele Seen und Mischwälder bestimmen das Erscheinungsbild dieses fast 260 Quadratkilometer großen Naturparks.

* **Neumünster** Erst mittelalterliche Wehrburg, dann Siedlung, bildete sich in Novum Monasterium im 17. Jahrhundert ein reges Handwerkerleben aus. Wahrzeichen ist die Vizelinkirche mit ihrem Vierecksturm.

* **Itzehoe** Vom ursprünglichen Ort sind noch das Alte Rathaus von 1695, der spätklassizistische Ständesaal (1835) und die Kirche St. Laurentius mit ihrem markanten Backsteinturm (19.

Schloss Breitenburg im Stil des Historismus

Die Wikinger

tar große Siedlung, die durch einen neun Meter hohen Erdwall geschützt war. 1050 ließ König Hardraba von Norwegen den Bischofssitz erobern und plündern. Die überlebenden Bewohner siedelten sich daraufhin im nahen Schleswig an, Haithabu wurde aufgegeben und vergessen. Heute liefert die Ausgrabungsstätte wertvolle Erkenntnisse über die Wikinger: Die Nordmänner mit ihren äußerst seetüchtigen Schiffen waren keine einheitliche Ethnie, sondern bäuerliche Abkömmlinge diverser skandinavischer Volksstämme, die zwischen 500 und 1000 wohl wegen Überbevölkerung und Hungersnöten ihre Heimat verließen. Sie waren aber mehr als nur »wilde Barbaren«. Viele siedelten sich in Mitteleuropa, England oder der Normandie an, betrieben Ackerbau, Handwerk und Handel. Die Spuren der Wikinger reichen bis nach Sizilien, Afrika und Amerika.

Jahrhundert) erhalten geblieben. Östlich von Itzehoe befindet sich Schloss Breitenburg.

* **Bad Bramstedt** Hauptattraktionen des Kurorts sind der Marktplatz und das Herrenhaus, das der Dänenkönig Christian IV. 1635 seiner Geliebten Wiebke Kruse schenkte.

* **Reinfeld** Von dem 1186 hier gegründeten Zisterzienserkloster und dem 1599 bis 1604 errichteten Renaissanceschloss ist nichts mehr erhalten. An den in Reinfeld 1740 geborenen Lyriker Matthias Claudius erinnert eine Gedenkstätte sowie die Matthias-Claudius-Kirche mit sehenswerter Barockausstattung.

* **Ahrensburg** Wie aus einem Märchen liegt das elegante **Schloss Ahrensburg (16. Jahrhundert) vor den Toren Hamburgs. Der weiße quadratische Bau mit vier achteckigen Türmen zählt zu den schönsten und elegantesten Herrenhäusern Schleswig-Holsteins.

* **Wedel** Große Zeiten erlebte die kleine Elbestadt im 17. Jahrhundert, als dort auf dem alljährlichen Ochsenmarkt bis zu 30 000 Tiere gehandelt wurden. 1919 wurde in Schulau eine **Schiffsbegrüßungsanlage gebaut, in der man jedes Schiff mit Landesflagge und Nationalhymne willkommen heißt.

Im Dom von Schleswig zieht der von Hans Brüggemann geschnitzte zwölf Meter hohe Altar von 1521 die Blicke auf sich (oben).

Ahrensburger Schloss mit seinen vier markanten Ecktürmen

TIPP++TIPP++

Schloss Gottorf
Das hier residierende Schleswig-Holsteinische Landesmuseum umfasst die Landesmuseen für Kunst- und Kulturgeschichte und für Archäologie.
Tel. 0 46 21/81 32 22,
www.schloss-gottorf.de
tgl. 10–18 Uhr, Nov.–März
Di–Fr 10–16 Uhr, Sa–So/Feiertage 10–17 Uhr

Wikinger-Museum Haithabu
Das Wikinger-Museum in Haithabu zeigt Exponate, die erst in den vergangenen Jahrzehnten ausgegraben wurden – darunter auch den sogenannten »Haithabu-Drachen«, ein über 1000 Jahre altes Langschiff.
Schloss Gottorf, Tel. 0 46 21/81 30, www.haithabu.de

Wikingertage in Schleswig
Alljährlich wird am Schleiufer eines der größten Open-Air-Spektakel in Schleswig-Holstein abgehalten. Am ersten Wochenende im August dreht sich dort alles um die Sitten und Gebräuche der Männer aus dem hohen Norden.
Tel. 0 46 21/2 25 44,
www.wikingertage.de

Schleswiger Dom
In St. Petri, das für seinen überwältigenden Bordesholmer Altar, ein Meisterwerk niederdeutscher Holzschnitzkunst, bekannt ist, finden regelmäßig Chor- und Orgelkonzerte statt.
Schleswig, Tel. 0 46 21/96 30 54, www.schleswigerdom.de

Schleswig-Holstein

TIPP++TIPP++

Flensburger Schiffahrtsmuseum
In einem 1842 erbauten Zollpackhaus befindet sich seit 1984 dieses Museum mit Modellen und schiffahrtsbezogenen Exponaten.
Schiffbrücke 39, Tel. 04 61/85 29 70, Apr.–Okt. Di–So 10–17 Uhr (Winter bis 16 Uhr)

Museumswerft
Nach alten Plänen werden an der Flensburger Förde Holzboote nach historischem Vorbild nachgebaut.
Flensburg, Schiffbrücke 43–45, Tel. 04 61/18 22 47, www.hafen-in-flensburg.de

Kieler Woche
Die Kieler Woche ist eines der größten Volksfeste in Deutschland und die weltgrößte Segelsportveranstaltung zugleich. Die bunte Mischung aus Musik- und Artistikveranstaltung, Jahrmarkt, Windjammerparade und vielem mehr findet in der letzten vollen Juniwoche längs der Förde statt. Während draußen auf der Förde die Segler ihre Regatten durchführen, ist auf der »Kiellinie«, auf dem Internationalen Markt am Rathaus und beim Holsten-Bummel allerhand geboten: Spiele, Konzerte, Karussells und auf Schritt und Tritt Buden, in denen für das leibliche Wohl gesorgt wird.
Tel. 04 31/90 19 05, www.kieler-woche.de

Ostseeküste

In diesem Abschnitt von Schleswig-Holstein treffen wir auf Bauernland mit Wäldern und Feldern im Norden, altehrwürdige Badeorte und Strandbäder an der Ostsee, hügelige Geestrücken im Hinterland und die Insel Fehmarn als Tor nach Dänemark. Dazwischen liegt die Landeshauptstadt Kiel.

Glücksburg In dem kleinen Residenzstädtchen verbirgt sich ein Ende des 16. Jahrhunderts

Imposanter Renaissancebau: Schloss Glücksburg

erbautes **Wasserschloss. Das dazugehörige Schlossmuseum birgt wertvolle Möbel, Ledertapeten und Gobelins. Beeindruckend ist vor allem der Rote Saal.

*Flensburg** Berüchtigt ist die zwischen Hügeln und Wäldern an der Förde gelegene Stadt vor allem als Sitz des Verkehrszentralregisters. Aber die nördlichste Hafenstadt Deutschlands hat mehr zu bieten: so etwa schön restaurierte Patrizierhäuser und Handelshöfe in der Altstadt oder den Südermarkt mit der St.-Nikolai-Kirche (14.–16. Jahrhundert) mit *Renaissanceorgel. Im *Museumshafen liegen häufig bis zu 30 alte Segelschiffe. Dort befindet sich auch Deutschlands einziges Rummuseum.

Schlei Wasser verbindet – besonders, wenn es nur drei Meter tief ist. Die seichte Schlei schlängelt sich 43 Kilometer von Schleswig durch die Marsch bis zur Ostseemündung bei Kappeln. Der längste Fjord Schleswig-Holsteins entstand einst als Schmelzwasserrinne für die abtauenden Gletscher der letzten Eiszeit. Die Schlei gleicht einer Seenkette, verbunden durch einen Fluss – die Breite variiert zwischen 100 Metern und 4,1 Kilometern.

Eckernförde 1288 erhielt die kleine Siedlung in der Ostseebucht das Stadtrecht. Im Laufe der Jahrhunderte wurde sie zunächst Hafen- und Handels-, dann Garnisonsstadt. Heute ist sie als Ostseebad und Herkunftsort der Kieler Sprotten bekannt, der goldgelb geräucherten Heringsfische. Sehenswert ist vor allem die gotische Backsteinkirche *St. Nikolai (13. Jahrhundert) am Kirchplatz.

** Schloss Ludwigsburg** Ursprünglich hieß das Wasserschloss Kohöved. In seiner heutigen barocken Form mit umliegenden Gärten ließ es Baron Ludwig von Dehn, nach dem die Anlage benannt wurde, erbauen. Eine Besichtigung lohnt neben dem Goldenen Saal die Bunte Kammer mit 145 historischen Ölgemälden.

* **Schwedeneck** Nördlich von Gettorf erstreckt sich ein Küstenabschnitt mit schönen Buchenwäldern und beachtlichem Steilufer. Über 30 Meter hoch liegt die Abbruchkante über den Fluten der Ostsee.

** **Gettorf** Der kleine Ort ist Mittelpunkt des Dänischen Wohldes (Dänischer Wald), einer Halbinsel zwischen der Eckernförder Bucht und der Kieler Förde. Sehenswert sind hier die alte *Windmühle und die Kirche *St. Jürgen aus dem 13. Jahrhundert.

* **Kiel** Siehe Stadtplan rechts

** **Probstei** So werden seit jeher die Ländereien zwischen Schönberg und Lütjenburg bezeichnet. Es handelt sich dabei um grüne Hügel mit schönen Landsitzen, die noch heute in Privatbesitz sind. Lediglich das spätklassizistische Schloss Salzau (1881) gehört dem Land Schleswig-Holstein.

** **Selenter See** Der Selenter See ist mit rund 25 Quadratkilometer Fläche der zweitgrößte des Bundeslandes und eignet sich vorzüglich zum Paddeln, Segeln und Surfen. Das Flüsschen Mühlenau verbindet ihn mit der rund zehn Kilometer entfernten Ostsee, die dort teilweise vor einer Steilküste gesäumt wird. Bekannt ist das Gewässer vor allem für seinen Fischreichtum. Hier tummeln sich Aale, Barsche, Hechte, Maränen und Plötzen.

Halbinsel Angeln

Zwischen der Flensburger Förde und der Schlei liegt die Halbinsel Angeln. Ihren Namen bekam die Region, weil man hier den Ursprung des Volksstamms der Angeln vermutet. Nach Westen hin grenzt die Region an den historischen Ochsenweg, eine alte schleswig-holsteinische Fernroute von Hamburg ins dänische Viborg. Die Landschaft in Angeln haben Kleinbauern geprägt – typisch für sie sind kleine Gehöfte, meist in Dreiseitenbauweise errichtet, und kleine, oft mit Raps bepflanzte Felder (links), die durch Knicke und gewundene Straßen voneinander getrennt sind. Seltener sind die eindrucksvollen Herrenhäuser, etwa die Güter Düttebüll, Toesdorf, Drült und Dänisch-Lindau, bekannt auch aus der beliebten TV-Serie »Der Landarzt«. Besonders sehenswert ist zudem die kleinste Stadt Deutschlands, der auf einer Halbinsel in der Schlei gelegene Fischerort Arnis.

Kiel

Die Landeshauptstadt verfügt über einen der bedeutendsten Häfen der Ostsee, wo die großen Fähren nach Skandinavien und ins Baltikum ablegen.

1242 erhielt Kiel das Stadtrecht. 1665 gründete Herzog Christian Albrecht die erste Universität des Landes, 1867 wurde der Marinehafen zum Reichskriegshafen ausgebaut. Werften entstanden, und der Kaiser-Wilhelm-Kanal, die Wasserstraße zwischen Kiel und Brunsbüttel an der Elbe, wurde fertiggestellt. Am Alten Markt befindet

Rathaus mit »Campanile«

Am Schwedenkai

sich die St.-Nikolai-Kirche (13. Jahrhundert) mit einer Plastik von Ernst Barlach. Innen sind das Taufbecken (14. Jahrhundert) sowie ein Altar und ein Triumphkreuz (15. Jahrhundert) sehenswert. Das Jugendstil-Rathaus zeichnet sich durch seinen 106 Meter hohen Turm aus. Unweit des Rathausplatzes befindet sich das Geburtshaus des Physik-Nobelpreisträgers Max Planck (1858–1947), der Ende des 19. Jahrhunderts an der Kieler Universität lehrte. Am Ostufer der Förde liegt das alte **U-Boot 995**, und in Wolfsee befindet sich ein **Freilichtmuseum**.

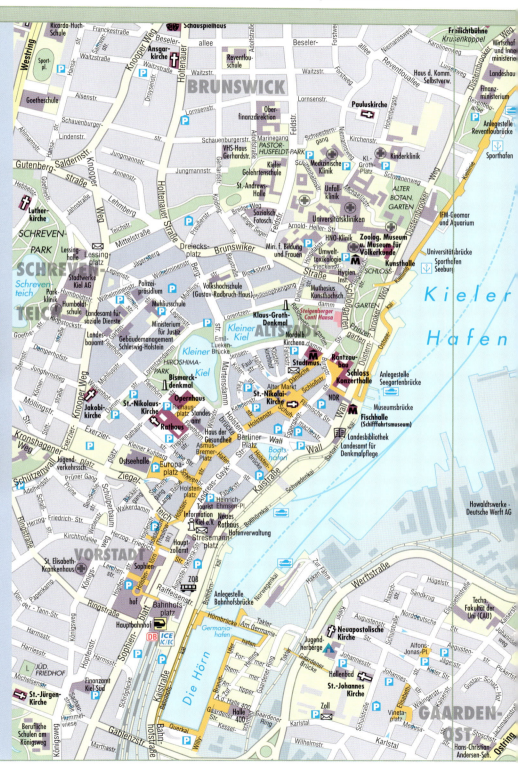

Schleswig-Holstein

»Sommerferien an der See! Begriff wohl irgendjemand weit und breit, was für ein Glück das bedeutete?« Wenige Sätze hat Thomas Mann wohl so von der eigenen Seele geschrieben wie diesen, der den Gemütszustand des kleinen Hanno Buddenbrook reflektiert, nachdem »tags zuvor das Vorzeigen der Zeugnisse wohl oder übel überstanden und die Fahrt in der bepackten Droschke zurückgelegt war!« Noch mehr als das Seebad Tra-

** **Fehmarn** Nach Rügen ist Fehmarn mit 185 Quadratkilometern die zweitgrößte deutsche Ostseeinsel und mit herrlichen Sandstränden bei bis zu 1900 Sonnenstunden jährlich ein beliebtes Ferienziel. Viele Findlingen errichtet. Von einem Benediktinerkloster mit einer Heilquelle im Norden von Grömitz ist noch die *Klosterkirche (13. Jahrhundert) mit einem Gewölbe in gotischer Backsteinarchitektur erhalten.

Hafen Orth im Südwesten der Insel Fehmarn

*Fachwerkhäuser aus dem 16. und 17. Jahrhundert säumen die kopfsteingepflasterten Straßen des Hauptortes Burg. Die Kirche St. Nikolai stammt aus dem 13. und 14. Jahrhundert.

* **Oldenburg** Die Stadt gilt als älteste permanent bewohnte Siedlung Schleswig-Holsteins. Die Überreste der Wallanlage, die den Ort schützte, sind noch heute deutlich zu erkennen. Die Wohnhäuser stammen aus dem 18. und 19. Jahrhundert. Die St.-Johannis-Kirche geht auf das Jahr 1156 zurück, wurde allerdings durch einen Brand zerstört. Ihr heutiges Aussehen erhielt sie im 18. Jahrhundert.

*** **Grömitz** Der acht Kilometer lange **Sandstrand, eine Strandeisenbahn, ein Jachthafen und eine fast 400 Meter lange *Seebrücke locken viele Badeurlauber in die alte slawische Siedlung aus dem 11. Jahrhundert. Die Kirche *St. Nikolaus (13. Jahrhundert) wurde aus grob behauenen

** **Scharbeutz-Haffkrug** Die Doppelgemeinde an der Ostsee ist ein beliebter Kur- und Badeort, vor allem für Familien (»größte Badewanne Deutschlands«). Hektik gibt es hier kaum, die Strände sind flach und somit für Kinder bestens geeignet.

** **Brodtener Steilufer** Nördlich von Travemünde findet sich dieses etwa vier Kilometer lange und teilweise bis zu 30 Meter hohe Steilufer mit der Hermannshöhe.

** **Travemünde** Um 1900 war das Seebad mit dem fünf Kilometer langen Sandstrand noch in der Hand betuchter Gäste. Heute zeugen nur noch die schönen Fachwerkhäuser (18. und 19. Jahrhundert), die Villen, das Kasino (1861) und die edlen Hotels aus den Anfangstagen des Seebads von seinem mondänen Ursprung.

*** **Lübeck** Siehe Stadtplan rechts

Lübeck

Deutschlands größter Ostseehafen zeigt in seinem historischen Kern noch das Bild einer traditionsreichen mittelalterlichen Hansestadt.

Graf Adolf II. von Holstein gründete 1143 eine Kaufmannssiedlung, die 1226 zur Freien Reichsstadt erhoben wurde und sich schnell zu einem wichtigen Handelsort entwickelte. 1358 wurde Lübeck Zentrum der Hanse, doch mit der Reformation und der Auflösung des Städtebundes 1630 sank der Stern der Stadt.

nen **Rathaus (13. Jahrhundert). Die **Marienkirche (13./14. Jahrhundert) mit ihren je 125 Meter hohen Vierecktürmen ist weithin sichtbar. Das Haus der Großeltern von Thomas und Heinrich Mann, das »Buddenbrookhaus«, dient heute als Dokumentationszentrum und Literaturmuseum. Die Vierecktürme des **Doms ragen je

Heilig-Geist-Hospital von 1286

Die napoleonischen Kriege sowie der Zweite Weltkrieg brachten schwere Zerstörungen. Vieles wurde in den letzten Jahrzehnten behutsam restauriert, sodass sich die traditionsreiche Handelsmetropole, 1987 zum UNESCO-Weltkulturerbe ernannt, ihr mittelalterliches Gepräge bis heute erhalten konnte. Lübecks Wahrzeichen ist das **Holstentor mit seinen beiden wuchtigen Türmen (1478). Die **fünfschiffige Kirche St. Petri stammt aus dem 13. bis 16. Jahrhundert. Nördlich davon befindet sich der Marktplatz mit dem schö-

115 Meter in die Höhe. Ins Innere gelangt man über die 1260 errichtete Vorhalle, das »Paradies«. Sehenswert ist auch das *Heilig-Geist-Hospital, eine der ältesten Sozialeinrichtungen Europas. Die *Aegidienkirche wurde im 14. Jahrhundert vor allem für Handwerker errichtet. Ein gelungenes Ensemble aus zeitgenössischer und gotischer Architektur bilden die **Kunsthalle und das Augustinerinnenkloster, in dem das St. Annen-Museum untergebracht ist. Das Gängeviertel zeichnet sich durch enge Straßen sowie Kaufmannshäuser aus dem 15. bis 19. Jahrhundert aus.

Thomas Mann und die Buddenbrooks

vemünde erzählt die alte Kaufmannsstadt Lübeck Geschichten aus »Buddenbrooks«, für die Mann einst als Nestbeschmutzer angefeindet wurde. Heute ist der Roman ein Glücksfall für die Stadt: Zehntausende besuchen jährlich das Buddenbrookhaus im Schatten der mächtigen Marienkirche und gehen auf literarische Spurensuche zwischen Obertrave und Dom. Viele Charaktere aus dem Roman hat der Autor lebenden Personen und authentischen Orten entlehnt: das Rathaus mit Laube, in der Senator Buddenbrook ungeduldig das Ende der Wahlen abwartete, die Villen vor dem Burgtor, wo der betrügerische Grünlich um die Gunst Tony Buddenbrooks warb, den ehemals Mann'schen Familiensitz in der Mengstraße, in dem heute die Schriftstellerdynastie präsentiert wird. Und sofort möchte man das dicke Buch zur Hand nehmen und alles nachlesen …

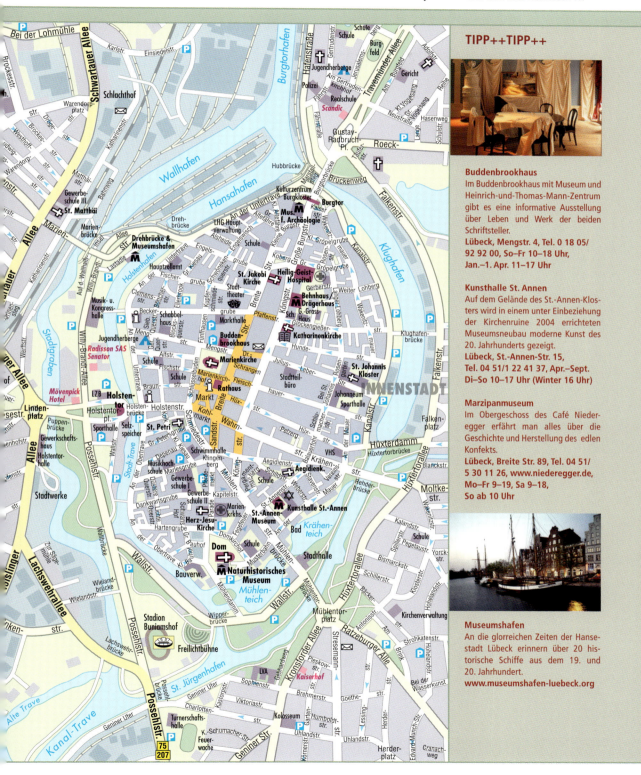

TIPP++TIPP++

Buddenbrookhaus
Im Buddenbrookhaus mit Museum und Heinrich-und-Thomas-Mann-Zentrum gibt es eine informative Ausstellung über Leben und Werk der beiden Schriftsteller.
Lübeck, Mengstr. 4, Tel. 0 18 05/ 92 92 00, So–Fr 10–18 Uhr, Jan.–1. Apr. 11–17 Uhr

Kunsthalle St. Annen
Auf dem Gelände des St.-Annen-Klosters wird in einem unter Einbeziehung der Kirchenruine 2004 errichteten Museumsneubau moderne Kunst des 20. Jahrhunderts gezeigt.
Lübeck, St.-Annen-Str. 15, Tel. 04 51/1 22 41 37, Apr.–Sept. Di–So 10–17 Uhr (Winter 16 Uhr)

Marzipanmuseum
Im Obergeschoss des Café Niederegger erfährt man alles über die Geschichte und Herstellung des edlen Konfekts.
Lübeck, Breite Str. 89, Tel. 04 51/ 5 30 11 26, www.niederegger.de, Mo–Fr 9–19, Sa 9–18, So ab 10 Uhr

Museumshafen
An die glorreichen Zeiten der Hansestadt Lübeck erinnern über 20 historische Schiffe aus dem 19. und 20. Jahrhundert.
www.museumshafen-luebeck.org

Das Holstentor in Lübeck

»Concordia Domis Foris Pax« – »Drinnen Eintracht, draußen Friede« steht seit 1863 feierlich als Wahlspruch über dem Portal des Holstentores. Es ist neben dem Burgtor das einzig erhaltene von einst vier prachtvollen Stadttoren. Als Teil einer starken Festung wurde das Holstentor 1464 bis 1478 im spätgotischen Stil erbaut. Seine 3,5 Meter dicken Mauern mit Schießscharten schützten es vor Kanonen. Das Gemäuer ist so schwer, dass der Untergrund bereits kurz nach der Errichtung wegsackte; der Südturm steht seitdem ein wenig schief. 1855 wäre das Prestigetor beinahe dem Eisenbahnbau geopfert worden, mit einer Stimme sprach sich die Bürgerschaft damals jedoch für seine Erhaltung aus. Heute ist das Holstentor, das Wahrzeichen Lübecks, offizielles Denkmal und beherbergt eine Dauerausstellung zur Hansezeit.

Schleswig-Holstein

Stille Wälder, weite Wasserflächen, Wiesen und Hecken voll geheimem Leben – das ist die Holsteinische Schweiz mit über 200 Seen, auf etwa halber Strecke zwischen Lübeck und Kiel gelegen. Ihre höchste Erhe-

Holsteinische Schweiz

Stattliche Herrenhäuser, beschauliche Städtchen in romantischer Landschaft mit grünen Hügeln und schönen Seen – all das bietet die Holsteinische Schweiz.

★★ Preetz Bekannt wurde die Siedlung am Fluss Schwentine 1260, als hier ein Benediktinerkloster mit schönen Wohnhäusern errichtet wurde, in denen unverheiratete Damen ein standesgemäßes Zuhause fanden. Die Klosterkirche birgt gotische und barocke Altäre, eine Renaissancekanzel und ein gotisches Chorgestühl mit Bibelillustrationen.

★★ Plön Herrschaftlich am Nordufer des großen Plöner Sees gelegen, ist es schon von Weitem sichtbar: das weiße *Plöner Schloss (1633–1636), ein Dreiflügelbau im Stil der Renaissance. Im Zentrum der Stadt befindet sich die St.-Nikolai-Kirche, ein 1868 aus Backstein errichtetes einschiffiges Gotteshaus. Die Fachwerkkirche St. Johannis wurde 1685 erbaut. In der Altstadt stehen noch heute historische Fachwerkhäuser. Einen guten Überblick über den Plöner See mit seinen Inseln hat man vom ★★Parnassturm.

★ Malente-Gremsmühlen Die früher durch den Fluss Schwentine getrennten Orte sind inzwischen zu einem Doppelort zusammengewachsen. Seit 1955 darf er sich Kneippbad nennen und wurde inzwischen zum heilklimatischen Kurort gekürt.

★★★ Eutin Zwischen Kleinem und Großem Eutiner See liegt die im 11. Jahrhundert gegründete Rosenstadt Eutin. Die Region wurde 1150 von Friesen urbar gemacht. Hauptattraktion ist das ★★Schloss (1716–1727), ein vierflügeliger Backsteinbau am Großen Eutiner See. Die Schlosskapelle birgt eine ★★Arp-Schnitger-Orgel (1750), der Schlossplatz wird gesäumt von Wirtschaftsgebäuden aus dem 18. und 19. Jahrhundert. Der ★★Schlossgarten wurde Ende des 18. Jahrhunderts zu einem Landschaftspark im englischen Stil umgestaltet. Fürstbischof Friedrich August engagierte 1770 Johann Gottfried Herder als Hauslehrer.

Juwel romanischer Backsteinarchitektur: der Ratzeburger Dom

Damit begann Eutins Karriere als »Weimar des Nordens«. Zahlreiche Gelehrte und Literaten wie Wilhelm von Humboldt, Friedrich Gottlieb Klopstock oder Matthias Claudius lebten zeitweilig in Eutin. Wilhelm Tischbein arbeitete hier als Schlossmaler. Der berühmteste Eutiner, Carl Maria von Weber, wurde 1786 hier geboren. Unterhalb des Schlosses befindet sich die ★★Altstadt mit kleinen Gassen und schönem Marktplatz. Das gelb verputzte Rathaus wurde 1791 gebaut. Die Kirche ★★St. Michaelis stammt ursprünglich aus dem 13. Jahrhundert, erhielt ihr heutiges Aussehen aber erst im 14. und 15. Jahrhundert.

★★ Gipshöhlen Anfang des 20. Jahrhunderts wurden im Kalkberg bei Bad Segeberg einige Gipshöhlen entdeckt. Sie waren durch Sickerwasser, das sich seit Jahrtausenden durch den Berg frisst, entstanden.

★ Bad Segeberg Bekannt wurde die Stadt durch die alljährlichen ★★Karl-May-Festspiele. Im Zentrum der Stadt steht die *St.-Marien-Kirche (13. Jahrhundert) mit einem Schnitzaltar von 1515 und einer Kanzel von 1612.

Naturpark Holsteinische Schweiz

bung, der Bungsberg, misst zwar nur 168 Meter, doch es führt sogar ein Schlepplift in Deutschlands »nördlichstes Skigebiet«. Hier beginnt die Schwentine – mit 62 Kilometern der längste Fluss Schleswig-Holsteins – ihre verschlungene Reise von See zu See bis nach Kiel. Sie ist sogar schiffbar – die Fünf-Seen-Fahrt, die von Plön dem Lauf der Schwentine folgt, führt mitten durch die unverbaute Landschaft. 1986 wurde die Region größter Naturpark des Landes und bietet nun Seeadlern und anderen seltenen Tier- und Pflanzenarten besonderen Schutz. In Dörfern nisten Rauchschwalben (links) und Ringeltauben, am Wasser findet man Teichfrösche, und auf den Wiesen wachsen Wiesenkerbel, Sauerampfer und Hahnenfuß (ganz links). Erste Adresse für Besucher ist das Naturpark-Haus, die alte Reithalle von Schloss Plön.

Herzogtum Lauenburg

Mehr als 80 Seen liegen im Herzogtum Lauenburg mit seiner wunderschönen, teilweise hügeligen Landschaft. Die Orte Ratzeburg, Mölln und Lauenburg liegen an einstmals sehr bedeutenden Handelsrouten wie der Salzstraße und blicken auf eine lange Geschichte zurück. Der Naturpark Lauenburgische Seen und der Sachsenwald sind mit ihren Wander- und Radwegen beliebtes Ziel von Naturliebhabern.

✱✱✱ Ratzeburg Durch ihre Insellage war die im 9. Jahrhundert errichtete Burg vor Übergriffen sicher. Dann entstand hier die wendische Siedlung Racesburg, die Kaiser Heinrich IV. 1062 dem sächsischen Herzog Otto Ordulf übergab. Das zu diesem Zeitpunkt bereits bestehende Missionarskloster wurde 1066 von heidnischen Slawen zerstört. Es folgten die Christianisierung der Region und die Gründung eines Bistums. Herzog Heinrich der Löwe, Gründer der Dome von Braunschweig, Lübeck und Schwerin, ließ hier eine Kathedrale bauen (1160 bis 1220). Der dreischiffige ✱✱Backsteindom der Inselstadt ist weithin zu sehen. Er zählt zu den wichtigsten mittelalterlichen Kirchenbauwerken Schleswig-Holsteins. Der Kreuzgang aus dem 13. Jahrhundert ist noch ein Überrest des alten Domklosters der Prämonstratenser. An der Ostseite des Klosterhofs steht eine Plastik von Ernst Barlach. Das dreiflügelige Backsteingebäude vor dem Dom, das ehemalige Herrenhaus der Lauenburger Herzöge, stammt aus dem 18. Jahrhundert. Ende des 17. und Anfang des 19. Jahrhunderts wurde Ratzeburg durch die Dänen zerstört, sodass die historischen Gebäude der Stadt heute größtenteils auf das 18. und das 19. Jahrhundert zurückgehen. Sehenswert sind auch die Gebäude um den Markt. Das klassizistische Rathaus wurde 1824 gebaut, die Alte Wache ebenfalls im 19. Jahrhundert. Südlich des Marktes befindet sich das ✱✱Ernst-Barlach-Museum. In dem Gebäude lebte Barlach (1870–1938) während seiner Kindheit, heute werden darin Zeichnungen, Holzschnitte und Plastiken des Bildhauers und Grafikers gezeigt.

✱ Salemer Moor Nordwestlich von Seedorf gelangt man über einen kleinen Weg in das Naturschutzgebiet mit seinen lichten Birkenwäldern. Teilweise sind hier noch bis zu fünf Meter hohe Torfschichten erhalten.

✱✱ Mölln Im Jahre 1188 wurde die Till-Eulenspiegel-Stadt erstmals erwähnt. Nur wenige Jahre später (1202) erhielt die Siedlung bereits Stadtrecht. Damals war Mölln noch unbedeutend und nicht besonders wohlhabend. Ende des 14. Jahrhunderts baute man hier die erste künstliche Wasserstraße Europas – den Vorgänger des Elbe-Lübeck-Kanals –, wodurch sich Mölln, neben der Salzstraße, den Zugang zu einer weiteren Handelsroute geschaffen hatte. Die Händler kamen unweigerlich an Mölln vorbei und entrichteten ihren Wegezoll. Im

Hoch über dem Plöner See thront das im Dreißigjährigen Krieg errichtete Renaissanceschloss Plön (oben). Rechts im Bild die Nikolaikirche

---

TIPP++TIPP++

Schleswig-Holstein Musik Festival
Seit 1986 werden im Rahmen dieses Festivals jedes Jahr von Mitte Juli bis Ende August an verschiedenen Orten Schleswig-Holsteins über 100 klassische Konzerte in Theatern oder Kirchen gegeben. Ein besonderes Erlebnis sind die Aufführungen an den Wochenenden auf dem Land: Urige Scheunen, aber auch große Herrenhäuser und alte Burgen werden dann zu Konzertsälen umfunktioniert – wer will, kann die Musik dort während eines romantischen Picknicks in Parks von Gutshöfen und Schlössern wie Gut Hasselburg (oben) und Schloss Salzau (unten) genießen.
Karten gibt es immer ab Mitte Apr., www.shmf.de,
Tel. 04 31/57 04 70

Stiftung Schloss Eutin
Eine Führung durch das Schloss vermittelt dem Besucher ein eindrucksvolles Bild von herrschaftlicher Wohnkultur.
Eutin, Tel. 0 45 21/7 09 50,
Führungen: Frühjahr–Okt. tgl. 10, 11, 12, 14, 15, 16 Uhr

Möllner Museum
Die Ausstellung im zweitältesten Rathaus Schleswig-Holsteins (1373 erbaut) zeigt Ausschnitte aus dem Alltagsleben zwischen 1750 und 1950. Besonders prachtvoll sind das wertvolle Ratssilber auf der Ratsdiele und die Pokale der Gilden.
Mölln, Historisches Rathaus,
Am Markt 12,
Tel. 0 45 42/83 54 62

Schleswig-Holstein

TIPP++TIPP++

Eulenspiegelmuseum
In einem schmucken Möllner Fachwerkhaus aus dem 16. Jahrhundert residiert dieses dem Urahn aller deutschen Narren und Gaukler gewidmete Museum. Es zeigt Gemälde, Grafiken und Plastiken zu Till Eulenspiegels Leben und Wirken sowie wertvolle Buchausgaben.
Mölln, Am Markt 2,
Tel. 0 45 42/83 54 62,
Di–Fr 10–12 und 14–17 Uhr, Sa, So, 11–16 Uhr

Zentrum der schönen mittelalterlichen Stadt liegt auf einem kleinen Hügel die *St.-Nikolai-Kirche (1200–1250). Der massive Backsteinbau enthält innen schöne Wandmalereien, ein geschnitztes Gestühl und ein großes Triumphkreuz (15. Jahrhundert). Das gotische Rathaus ist einzigartig in Schleswig-Holstein. Das zweistöckige Gebäude wurde 1373 erbaut und immer wieder durch An- und Umbauten ergänzt. Vor dem Eingangsportal des Westturms liegt das Grabmal Till Eulenspiegels, der hier 1350 im Heilig-Geist-Hospital starb. Till Eulenspiegel soll um 1300 in der Nähe von Braunschweig geboren worden sein, aber die längste Zeit seines Lebens in Mölln verbracht haben. Erst im 15. Jahrhundert trugen zwei Braunschweiger all die Sagen und Geschichten, die sich um ihn rankten, sorgsam zusammen und schrieben sie nieder.

Grander Mühle im Tal der Bille

Eine Bronzeplastik des Schalks, geschaffen von Karlheinz Goedtke, steht unterhalb der Kirche. Am Markt ist auch ein Heimatmuseum untergebracht, das über den berühmten Schalk und seine Späße informiert.

★★ Sachsenwald Das knapp 70 Quadratkilometer große Areal ist das größte zusammenhängende Waldgebiet Norddeutschlands. Es befindet sich im Besitz der Familie von Bismarck. Der Preußenkönig Wilhelm I. hatte es Otto Fürst von Bismarck 1871 für seine politischen Verdienste geschenkt. Das Tal des kleinen Flusses Bille steht heute unter Naturschutz.

★★ Lauenburg Die kleine Schifferstadt am Nordufer der Elbe grenzt sowohl an Mecklenburg-Vorpommern als auch, durch die Elbe getrennt, an Niedersachsen. Lauenburg wurde Ende des 12. Jahrhunderts als Feste auf einer kleinen Anhöhe von Bernhard von Askanien ge-

Naturpark Lauenburgische Seen

Ganz im Südosten von Schleswig-Holstein, an der Grenze zu Mecklenburg-Vorpommern, erstreckt sich der Naturpark Lauenburgische Seen. Auf rund 450 Quadratkilometern umfasst er neben den Städten Ratzeburg und Mölln eine noch sehr naturnahe und verwunschen anmutende Landschaft mit zahlreichen Kanälen, Mooren und Seen. Der größte See ist der 23 Quadratkilometer große Schaalsee direkt auf der Landesgrenze, der erst seit der Grenzöffnung 1989 wieder komplett zugänglich ist. Eingefasst wird er von bis zu 25 Meter hohen Steilufern, grün bewachsenen Schilfgürteln und sandigen Badebuchten. Der Naturpark ist ein Refugium für Vögel: Eisvogel, Schleiereule, Stieglitz (Bildleiste von links), Seeadler, Kranich und Schwarzstorch, aber auch Säugetier- und Fischarten wie Fischotter und Maräne sind hier heimisch.

gründet. Es lag schon damals handelsstrategisch günstig an der Salzstraße und an der ersten künstlichen Wasserstraße Europas, dem Vorgänger des Elbe-Lübeck-Kanals. So ist östlich der Stadt noch heute die älteste *gemauerte Kammerschleuse Europas zu besichtigen: die Palmschleuse von 1725. In der **Unterstadt von Lauenburg drängen sich Fachwerkhäuser aus dem 16. und 17. Jahrhundert an kopfsteingepflasterten, kurvenreichen Straßen. Auf dem *Marktplatz steht das älteste Bürgerhaus der Stadt, das »Mesingsche Haus« (1573). Sehenswert sind auch die Alte Apotheke, das Alte Schifferhaus und das Fährleutehaus. Der *Museumsdampfer »Kaiser Wilhelm« bietet Ausflugsfahrten auf der Elbe an. Die Maria-Magdalenen-Kirche mit ihrem bronzebeschlagenen Turm stammt aus dem 13. Jahrhundert. Ende des 16. Jahrhunderts wurde sie umgebaut und diente den Landesherren von Sachsen-Lauenburg als Grablege und Residenzkirche. In der herzoglichen Gruft liegen noch heute 18 sorgsam gravierte Metallsärge. In der modernen Oberstadt befinden sich die Überreste des einstigen Schlosses, das 1616 durch einen Brand zerstört wurde.

* **Reinbek** Das Areal an der heutigen Grenze zu Hamburg war 1227 ein Geschenk des Grafen Adolf IV. von Schauenburg an das Hoibeker Kloster. Nur wenige Jahre später (1238) verlegten die Nonnen ihre Klosteranlage und zogen nach Reinbek. Im Rahmen der Reformation verkauften sie das Kloster an den König von Dänemark. Später wurde es in der sogenannten Grafenfehde komplett zerstört. 1570 baute Herzog Adolf I. von Schleswig-Holstein-Gottorf an dieser Stelle ein *Schloss im Stil der Renaissance, in das sich im 16. und 17. Jahrhundert gern die Herzogwitwen zurückzogen. Heute ist der dreiflügelige Backsteinbau mit seinem schönen Innenhof und den großen Sälen kulturelles Zentrum von Reinbek.

* **Friedrichsruh** Von 1890 bis zu seinem Tode 1898 lebte der »Eiserne Kanzler«, Otto Fürst von Bismarck, im Sachsenwälder Schloss in Friedrichsruh. In einem Fachwerkbau von 1887 ist heute ein umfassendes Bismarck-Museum untergebracht, in dem zahlreiche Dokumente, Bilder und persönliche Gegenstände des Kanzlers gezeigt werden.

An das Ufer der Elbe schmiegt sich Lauenburg, einst Residenz des gleichnamigen Herzogtums (oben). Links im Bild die in der Anlage romanische Maria-Magdalenen-Kirche

TIPP++TIPP++

Bismarck-Museum
Das Bismarck-Museum befindet sich im »Alten Landhaus« in Friedrichsruh im Sachsenwald. Schon 1927 wurden vom Stammgut seines Geburtsortes Schönhausen/Altmark Erinnerungsstücke, Bilder und Gemälde vom dortigen Museum nach Aumühle in den »Alten Forsthof« gebracht und der Öffentlichkeit zugänglich gemacht.
Friedrichsruh, Am Museum 2, Tel. 0 41 04/24 19

Blick von der Lombardbrücke über die Binnenalster auf den Jungfernstieg und St. Nikolai

Hamburg

Das Herz Hamburgs schlägt im Hafen. Sein Pulsschlag bestimmt seit über 800 Jahren das Auf und Ab der Elbmetropole. Ohne ihn wäre die »Freie und Hansestadt« nicht das, was sie heute ist: eine weltoffene Wirtschaftsmetropole, ein internationaler Handelsplatz und eine facettenreiche Kulturstadt. Dabei hat sich das »Tor zur Welt« – von schweren Schicksalsschlägen nicht verschont geblieben – im Laufe der Jahrhunderte immer wieder neu erfunden, ist aber nach hanseatischer Art seiner Tradition treu geblieben.

Hamburg

Von wegen, Hanseaten hätten keinen Sinn für die Künste: So gibt es in Hamburg allein mehr als 40 Bühnen, darunter das Schauspielhaus, das Thalia Theater, die erste ständige Oper Deutschlands, rund 50 Museen

TIPP++TIPP++

Einkaufspassagen
Mit einem Netz von Passagen wurde die Hamburger Innenstadt seit den 1980er-Jahren wieder zu einem beliebten Einkaufsparadies. Neben den altehrwürdigen Colonnaden und Alsterarkaden laden im Passagenlabyrinth zwischen Gänsemarkt, Bleichenfleet und Mönckebergstraße die Galleria (oben), das Hanse-Viertel, die Mellin-Passage, der Hamburger Hof und die 2006 eröffnete Europa-Passage zu noblem und stilvollem Shoppen ein.

Hamburgische Staatsoper
Das älteste Opernhaus Deutschlands zeigt das gesamte Spektrum des Musiktheaters von Barockoper bis zeitgenössischer Uraufführung – und das auf höchstem Niveau. Experimentelles Musiktheater bietet die kleine Bühne »Opera stabile«.
Dammtorstr. 2, Tel. 0 40/35 68 68, www.hamburgische-staatsoper.de

Laeiszhalle
Das neobarocke Konzertgebäude von 1908, eine Schenkung des Reeders Carl Heinrich Laeisz, bietet das passende Ambiente für klassische Musikabende, sowohl bei Aufführungen der diversen heimischen Or-

chester als auch bei Gastspielen der internationalen Stars der Branche.
Johannes-Brahms-Platz,
Tel. 0 40/3 57 66 60,
www.laeiszhalle.de

Hamburg

Der Stadtstaat liegt an der Einmündung von Alster und Bille in die Niederelbe. Drei Naturräume prägen sein Landschaftsbild: die Geestgebiete, die steil zur Elbe abfallen, das Stromtal der Elbe und die Harburger Berge im Süden. Das Klima ist ozeanisch-mild und aufgrund einer ständigen Brise frisch. »Tor zur Welt« wird Hamburg auch genannt – 3000 Im- und Exportfirmen sowie fast hundert Generalkonsulate haben hier ihren Sitz. Außerdem ist die Stadt ein wichtiger Medienstandort. Des Weiteren steht Hamburg für altehrwürdige Hotels, Amüsement und edle Restaurants in der noblen Innenstadt rund um das Rathaus oder auf der Vergnügungsmeile St. Pauli.

★★ **Mönckebergstraße** Um 1900 sollte eine repräsentative Geschäftsstraße zwischen Hauptbahnhof und Rathausmarkt das Erscheinungsbild Hamburgs aufwerten. An die Stelle des alten Gängeviertels traten Waren- und Kontorhäuser, großzügig geplant und aufeinander abgestimmt. Hamburgs erste Architektengarde baute, was heute noch die Namen ihrer Auftraggeber trägt. Dazwischen entstanden kleine Plätze mit Musentempeln wie dem Thalia Theater am Gerhard-Hauptmann-Platz. Mit zurückhaltender Eleganz erfüllt die nun verkehrsberuhigte und ein wenig geliftete Einkaufsmeile auch heute noch die Erwartungen, die Bürgermeister Mönckeberg ihr einst zugedacht hatte.

★ **Rathaus** Das weithin sichtbare Rathaus mitten im Zentrum ist bereits das sechste der Stadt. Während des großen Brandes (1842) wurde das letzte zerstört. Erst 1886 war der Neubau mit Skulpturen und Neorenaissancefassade bezugsfertig. 4000 Pfähle stützen den 70 Meter tiefen und 113 Meter breiten Bau. Im Gebäude gibt es 647 Räume in den unterschiedlichsten Stilen. Der Festsaal beeindruckt durch seine riesigen Dimensionen und durch Gemälde, die die Stadtgeschichte illustrieren.

★★ **Jungfernstieg** Um 1235 wurde die Straße erstmals als Mühlendamm errichtet. Mitte des 17. Jahrhunderts wurde sie verbreitert, gepflastert und mit Bäumen verschönert. Seit 1684 trägt sie den Namen Jungfernstieg – als Promenade, die einst hauptsächlich von Damen aufgesucht wurde. Nach aufwendiger Renovierung ist sie heute

Einkaufsboulevard an der Alster

die schönste Straße der Innenstadt mit noblen Geschäften und Blick auf die Binnenalster.

★★ **Bäckerbreitergang** Die geschlossene Reihe von schlichten Fachwerkhäusern, die so charakteristisch für das »Gängeviertel« sind, stammt aus dem 18. und 19. Jahrhundert. Die Gänge waren typisch für Hamburg: morsche Fachwerkbauten und Häuserzeilen, enge Hinterhöfe, wenig Licht, engster Wohnraum, ein ständiger Unruheherd noch bis in die 1930er-Jahre. Hier wurde Johannes Brahms (1833–1896) geboren.

★★★ **St. Michaelis** Die Hamburger nennen ihre Hauptkirche (1750–1762) – ein Barockbau – schlicht und einfach »Michel«. Kurz nach Fertigstellung des Gotteshauses übernahm Philipp Emanuel Bach, der Sohn Johann Sebastians, hier die Musikdirektion. Nach Zerstörungen 1906 und im Zweiten Weltkrieg wurde der Michel jeweils umgehend wiederaufgebaut. Der 132 Meter hohe Turm kann über 449 Stufen erklommen werden.

★★ **Krameramtsstuben** Idyllisch und verwinkelt liegen die einstigen Wohnungen (17. Jahrhundert) im Krayenkamp. Sie dienten Witwen und Arbeitsunfähigen als Sozialwohnungen, bis 1866 das städtische Arbeitskollegium diese übernahm.

★ **Fleetinsel** Die historische Bebauung der Fleetinsel zwischen Herrengraben und Alsterfleet, heute Hauptabfluss der Alster in die Elbe, war im Zweiten Weltkrieg weitgehend zerstört und die Ödfläche bis zu den 80er-Jahren nicht wieder aufgebaut worden. Durch Proteste ansässiger Künstler und Galeristen konnten die letzten historischen Kontor- und Speicherhäuser vor dem Abriss gerettet werden, wodurch in der Admiralitätsstraße ein Zentrum der Kunst mit Ateliers, Galerien und Buchhandlungen inmitten von Büro- und Geschäftsbauten

Stadt der Künste

und über 100 Galerien. Vom Hauptbahnhof aus kann man die bedeutendsten Museen bequem zu Fuß erreichen. So etwa die Hamburger Kunsthalle (links), die durch den 1817 gegründeten ersten deutschen Kunstverein ins Leben gerufen wurde. Bereits unter ihrem ersten Direktor Alfred Lichtwark erlangte die Sammlung alter und neuer Malerei Weltruhm. Die angeschlossene, 1997 eröffnete Galerie der Gegenwart von O. M. Ungers widmet sich der modernen Kunst ab 1960. Eine bedeutende Jugendstilsammlung beherbergt das Museum für Kunst und Gewerbe, und die Deichtorhallen am Ende der Kunstmeile bieten wechselnde Ausstellungen zeitgenössischer Kunst. Dazwischen residiert in den Markthallen das Ausstellungszentrum des Kunstvereins, des Berufsverbands Bildender Künstler und der Freien Akademie der Künste.

aus Backstein und Glas im »Hamburger Stil« entstand. Zwischen Fleethof, Steigenberger Hotel und Neidlingerhaus öffnet sich ein Platz mit Treppe zum Herrengrabenfleet.

** Nikolaifleet/Deichstraße Am Mündungsarm der Alster in die Elbe, der jetzt Nikolaifleet heißt, liegt die Geburtsstätte der Hansestadt. Die Trostbrücke stellte einst die Verbindung von gräflicher Neustadt und bischöflicher Altstadt dar. Hier befanden sich der Hafen, die städtische Waage, seit 1558 die erste deutsche Börse und – wo heute das Gebäude der Patriotischen Gesellschaft steht – bis zum großen Brand das alte Rathaus. In der Deichstraße hatte sich 1842 die Feuersbrunst entzündet. Einige zerstörte Häuser wurden wiederaufgebaut. Darauf verzichtete man bei der im Zweiten Weltkrieg zerstörten Kirche St. Nikolai. Die 147 Meter hohe Turmruine blieb als Mahnmal erhalten.

* St.-Katharinenviertel Bereits um 1250 wurde die Katharinenkirche für die Bewohner der Marschinseln Cremon und Grimm errichtet. Der Backsteinbau entstand 1377 bis 1426, der barocke Turmhelm im 17. Jahrhundert. Die goldene Verzierung stammt angeblich aus dem Schatz von Klaus Störtebeker. Nach Kriegszerstörungen wurde die Kirche in den 50er-Jahren rekonstruiert. Die Innenausstattung war für immer verloren. Auch die mittelalterliche Altstadt rund um die Kirche vis-à-vis der Speicherstadt gibt es nicht mehr. Was den Krieg überstanden hatte, fiel der Ost-West-, heute Willy-Brandt-Straße, oder Bürogebäuden wie dem »Spiegel«-Hochhaus zum Opfer.

** Chilehaus 1922 bis 1924 wurde von Frith Höger das ehemalige Kontorhaus errichtet,

heute ein Wahrzeichen Hamburgs. Seine Ostecke ist einem Schiffsbug nachempfunden.

** Museum für Kunst und Gewerbe Das traditionsreiche Haus von 1877 zählt zu den wichtigsten Museen Europas für angewandte Kunst vom Mittelalter bis heute. Die Sammlung umfasst etwa Gebrauchsgegenstände im Bauhausstil, Jugendstilobjekte, ein japanisches Teehaus oder historische Tasteninstrumente.

*** Kunsthalle Mit der Errichtung der Kunsthalle konnte 1863 die Sammlung des Kunstvereins endlich ausgestellt werden. Das Haus unterteilt sich in Altbau (1863–1869), Neubau (1911–1919) und Ungersbau (1997). Mit ihrer Gemälde- und Skulpturensammlung ist die Kunsthalle, deren Repertoire von den Alten Meistern bis zur Pop-Art reicht, eines der wichtigsten Museen Deutschlands.

** St. Petri Das älteste Gotteshaus der Stadt (11. Jahrhundert) mit seiner dreischiffigen Halle (14. Jahrhundert) wurde 1842 durch Feuer zerstört und danach mit Backsteinen im neugotischen Stil wiederaufgebaut. Sehenswert ist der Passionsaltar.

** St. Jakobi Die 1255 erstmals erwähnte, mehrfach durch Brände und Kriege beschädigte und restaurierte Kirche gibt einen schönen Einblick in mittelalterliche Architektur. Höhepunkte sind die dreischiffige Backsteinhalle, der Hauptaltar (16. Jahrhundert), der Lukasaltar und der Altar der Fischerzunft (beide 1500). Die **Arp-Schnitger-Orgeln (1689–1693) ist eine der bedeutendsten ihrer Art.

Von oben: Alsterarkaden mit Rathaus; historische Gebäude am Nikolaifleet; St.-Katharinenkirche mit Speicherstadt; Innenhof des Chilehauses

DIE SCHÖNSTEN REISEZIELE

Hamburg

Die Reeperbahn im Herzen St. Paulis gilt als die »sündigste Meile der Welt«. Ihren Namen verdankt sie den Reepschlägern, die hier noch bis um 1900 Schiffstaue drehten. Schon damals hatte sich ein ausgedehn-

TIPP++TIPP++

Deichtorhallen
Der ehemalige Großmarkt dient nach dem von Kurt A. Körber finanzierten Umbau als Ausstellungshalle für Gegenwartskunst.
Deichtorstr. 1–2, Tel. 0 40/32 10 30, www.deichtorhallen.de
Di–So 11–18 Uhr

Schmidts
Unterhaltung für Kopf, Herz und Bauch – wie vom Hausherrn Conny Littmann versprochen – garantieren Schmidt Theater & Schmidts TIVOLI. Ob Musicals, Schmidt Mitternachts-Shows, Comedy-Revue oder musikalisches Gastspiel, stets gilt: Schräg und schön, aber schrill muss es sein!
Spielbudenplatz 24–28,
Tel. 0 40/31 77 88 99,
www.schmidts.de

✱ ✱ ✱ **Speicherstadt** Wer ahnt beim Gang durch die Speicherstadt mit ihren Backsteinfassaden, Kupferdächern und Türmchen mit Zinnen, dass sich hier Ende des 19. Jahrhunderts ein dicht bevölkertes Altstadtviertel befand? Kurzerhand wurde es abgerissen, als Hamburg damals neue Flächen zur zollfreien Lagerung von Waren brauchte. Inzwischen hat das Gebiet den Status als Freihafen verloren, etliche Lagerhäuser wurden von den alteingesessenen Firmen aufgegeben. Einblicke in die Welt der exotischen Waren gewähren heute noch Speicherstadtmuseum, Deutsches Zollmuseum, Afghanisches Kunst- und Kulturmuseum und Gewürzmuseum.

✱ ✱ **St. Pauli Landungsbrücken** Lange waren sie das Tor zur Welt, das die Hansestadt stolz als Beinamen führt. 1839 als Anleger für Dampfschiffe nach Übersee gebaut, dienten die St. Pauli Landungsbrücken später Fähren nach England und Kreuzfahrtschiffen. Heute legen – in Sichtweite der Museumsschiffe »Rickmer Rickmers« und »Cap San Diego« – Barkassen zur Hafenrundfahrt und Elbfähren ab. Die 688 Meter lange schwimmende Pontonanlage, die durch mehrere Brücken mit dem markanten Abfertigungsgebäude verbunden ist, passt sich dem steten Auf und Ab der Gezeiten an. Am Ende der Landungsbrücken befindet sich der Eingang zum Alten Elbtunnel. Zu Fuß oder mit dem Auto geht es per Fahrstuhl 24 Meter in die Tiefe und dann unter der Elbe hindurch auf die Insel Steinwerder.

✱ ✱ **Fischmarkt** Einst befand sich hier der Fischhandelsplatz von Hamburg. 1895/96 entstand zusätzlich eine Fischauktionshalle als Stahl- und Glaskonstruktion, die im Zweiten Weltkrieg stark beschädigt wurde. Erst Anfang der 80er-Jahre wurde sie restauriert und dient seitdem als Veranstaltungszentrum. Sonntags ist hier nach wie vor Fischmarkt.

✱ ✱ ✱ **Reeperbahn** Fischmarkt, Hamburger Dom, FC St. Pauli, Reeperbahn, Herbertstraße, Große Freiheit: St. Pauli ist der bekannteste und berüchtigste Stadtteil Hamburgs. Vom einstigen Niemandsland zwischen Hamburg und Altona, wo angesiedelt wurde, was innerhalb der Stadtmauern unerwünscht war, entwickelte sich der »Hamburger Berg« zum Inbegriff des sündhaften Vergnügens. Inzwischen werden die Besucher nicht allein von der käuflichen Liebe angezogen. Der Kiez hat sich zur Anlaufstation für Szenegänger gemausert, mit neuen Musikclubs, Bars und Diskotheken. Alte Theater in frischem Glanz bieten Unterhaltung, das Operettenhaus Musicals als Dauerbrenner. St. Pauli wird auch als Wohngegend zunehmend beliebt, besonders mit Hafenblick.

Rotlichtviertel

tes Amüsier- und Rotlichtviertel etabliert, geprägt von schweren Jungs und leichten Mädchen. Doch mit der viel besungenen Seefahrerromantik à la Hans Albers hat der Kiez nicht mehr viel zu tun. Sie wurde verdrängt von Kontakthöfen, Eros-Centern und Peepshows und verschwand endgültig, als das große Geschäft mit der käuflichen Liebe im Sumpf von organisiertem Verbrechen, Bandenkriegen und Drogenhandel versank. Als das Rotlicht verblasste, erfuhr der Kiez seine kulturelle Renaissance. Auf der Reeperbahn, dem Spielbudenplatz und der Großen Freiheit tauchten alternative Varietés, edle Clubs und stilvolle Szenebars zwischen Spielhöllen und Sexshops auf (links). Partyhungriges Szenevolk mischt sich jetzt unter die endlosen Besucherströme, bei denen die Erwartung von etwas Frivolität in der Pauschalreise inbegriffen ist.

★★★ Planten un Blomen

Der Name – »Pflanzen und Blumen« – beschränkte sich ursprünglich auf die anlässlich der Niederdeutschen Gartenschau 1935 neu gestaltete Parkanlage zwischen Congress Centrum und Messehallen. 1986 wurde der Name auch auf den Alten Botanischen Garten sowie die Kleine und Große Wallanlage mit dem Museum für Hamburgische Geschichte ausgeweitet. Neben Pflanzen und Blumen erwarten die Besucher auf ihrem Streifzug auf der ehemaligen Befestigungsanlage zwischen Bahnhof Dammtor und St. Pauli denkmalgeschützte Gewächshäuser, prachtvolle Blumenbeete und Themengärten, Bachläufe und kleine Seen, japanische Teezeremonien, abendliche Wasserlichtkonzerte oder winterliches Eislaufvergnügen.

★ Roter Baum / Harvestehude

Das westliche Alsterufer gehört zu den feinsten Adressen Hamburgs. Betuchte Einwohner schätzen die vornehmen Jugendstilhäuser am Innocentiapark, die edlen Altbauten im mondänen Pöseldorf oder die großzügigen Etagenwohnungen entlang der Rothenbaumchaussee. Hier liegen auch das Stammhaus des NDR, das Museum für Völkerkunde und die Tennisanlage des Deutschen Tennis Bundes. In den repräsentativen weißen Villen mit wassernahen Aussichtslagen haben sich zahlreiche Konsulate und Unternehmen niedergelassen. Im noblen Palais des Bankiers Henry Budge werden heute die Studenten der Hochschule für Musik und Theater ausgebildet. Gegenüber liegt der Alsterpark.

★★ Außenalster

Die Außenalster, 165 Hektar groß und beinahe ringsum von Grünanlagen gesäumt, ist ein Lieblingsort der Hamburger. Bei schönem Wetter treffen sich hier Jogger oder Müßiggänger am und Segler, Ruderer oder Kanuten auf dem Wasser. Die Wohnlagen an ihrem Ufer gehören zu den besten Adressen der Stadt.

★★ Schanzenviertel

Noch gibt es hier – der Name stammt übrigens von dem militärischen Fort ab, das im heutigen Sternschanzenpark 1662 als Ergänzung der Wallanlagen errichtet wurde – die alternative Szene mit ihrer Subkultur, die seit den 70er-Jahren auf der Suche nach billigem Wohnraum das alte Arbeiterviertel hinter dem Schlachthof rund um das Schulterblatt wieder mit Leben erfüllt hat. Doch um die einst heiß umkämpfte »Rote Flora« hat in den sanierten Häusern längst der trendbewusste Zeitgeist Einzug gehalten, mit noblen Restaurants, Bars und Läden.

Imposante Kulisse mächtiger Backsteinbauten: die Ende des 19. Jahrhunderts für die zollfreie Lagerung von Waren errichtete Speicherstadt (oben)

Villenpracht im mondänen Stadtteil Harvestehude

Über 800 Jahre alt ist der Hamburger Hafen (links: Turm der Landungsbrücken; großes Bild: Schiff im Trockendock). Die 1189 gewährte Zollfreiheit verschaffte der Stadt enorme Wettbewerbsvorteile. Im Zweiten Weltkrieg wurde der Hafen zu 80 Prozent zerstört. Nach der Sturmflut von 1962, bei der viele Deiche brachen und 315 Menschen ums Leben kamen, sicherte man ihn durch Flutsicherungswerke ab. Heute ist

Hamburger Hafen

der Hamburger Hafen einer der größten Europas. Über 10 000 Schiffe laufen ihn jährlich an. Seitdem in den 1960er-Jahren die ersten Container im Hamburger Hafen gelöscht wurden, hat sich sein Erscheinungsbild grundlegend verändert. Wo einst Kisten, Fässer, Ballen oder Säcke noch erahnen ließen, was hier umgeschlagen wurde, beherrscht heute genormtes Einerlei die Szenerie. Mit Milliardeninvestitionen wurden neue Lagerflächen und Anlagen zum Löschen und Beladen der Schiffe geschaffen (Bildleiste unten). Dabei fiel mit Altenwerder ein ganzes Dorf zum Opfer; nur die Kirche samt Friedhof blieb erhalten neben dem modernen, automatisierten Containerterminal, das Tag und Nacht in Betrieb ist. Inzwischen gehört Hamburg zu den größten Containerhäfen der Welt – rund zehn Millionen Container werden hier jährlich umgeschlagen.

Hamburg

Jahrhundertelang hat Hamburg der Elbe den Rücken gekehrt und sich stets Richtung Norden orientiert. Seit einiger Zeit haben die Hanseaten jedoch ihre Liebe zum Hafengebiet wiederentdeckt. Was mit dem Heraus-

TIPP++TIPP++

Hafengeburtstag
Das Datum ist zwar historisch falsch, gefeiert wird um den 7. Mai aber trotzdem mit einer dreitägigen Riesenparty zwischen Kehrwiederspitze und Fischauktionshalle. Höhepunkte sind die Windjammerparade und das Schlepperballett.
Tel. 0 40/4 03 56 90,
2. Maiwochenende,
www.hafengeburtstag.de

Museum für Hamburgische Geschichte
Anhand eindrucksvoller Stadtmodelle wird die Geschichte Hamburgs von der ersten Besiedlung um 800 bis in die Gegenwart nachgebildet.
Holstenwall 24,
Tel. 0 40/42 81 32 23 80,
Di–Sa 10–17, So 10–18 Uhr,
www.hamburgmuseum.de

Hagenbeck
Der weltbekannte Tierpark hält vom Streichelzoo bis zu den Dschungel- und Romantiknächten Angebote für die ganze Familie bereit.
Lokstedter Grenzstr. 2,
Tel. 0 40/5 30 03 30,
www.hagenbeck-tierpark.de
März–Juni, Sept.–Okt. tgl. 9 bis 18 Uhr, Juli, Aug. 9–19 Uhr,
Nov.–Feb. 9–16.30 Uhr

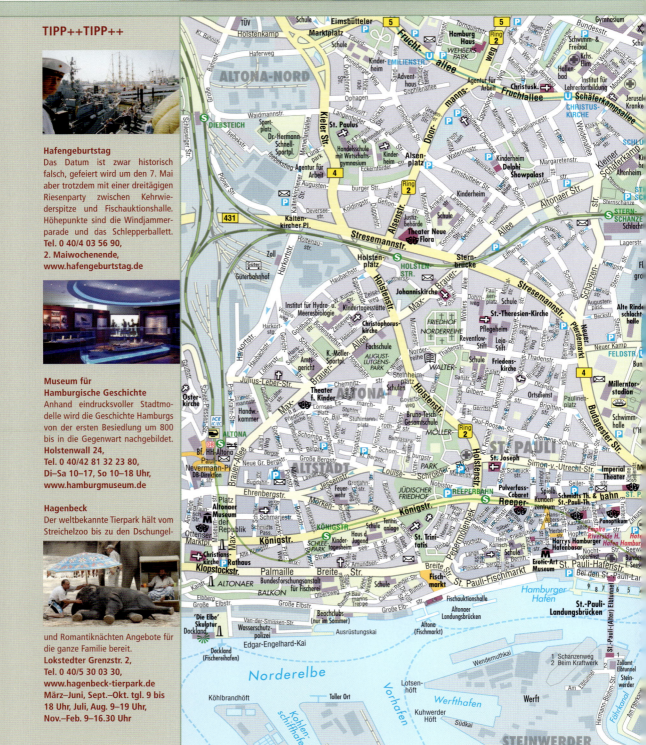

HafenCity

putzen des lange verschmähten nördlichen Elbufers begann, gipfelt momentan im größten innerstädtischen Bauprojekt Europas. Auf 155 Hektar Industriebrache entsteht zwischen Elbbrücken und Kehrwiederspitze ein urbanes Quartier mit neuer Architektur und maritimem Charakter. Um 2020 soll die HafenCity (links) vollendet sein, mit 5500 Wohnungen, Raum für rund 40 000 Arbeitsplätze, Geschäften, Lokalen, Plätzen und Promenaden. Alles hochwassersicher auf 7,5 Metern über Normalnull. Flaggschiff des Projekts ist die Elbphilharmonie, eine futuristische Konzerthalle auf dem historischen Kaispeicher A. Über den Verlauf der Arbeiten informiert das »InfoCenter« im Kesselhaus, einem Backsteinbau von 1886/87. Vom stählernen »View Point« am Kreuzfahrtterminal kann man die Szenerie in Augenschein nehmen.

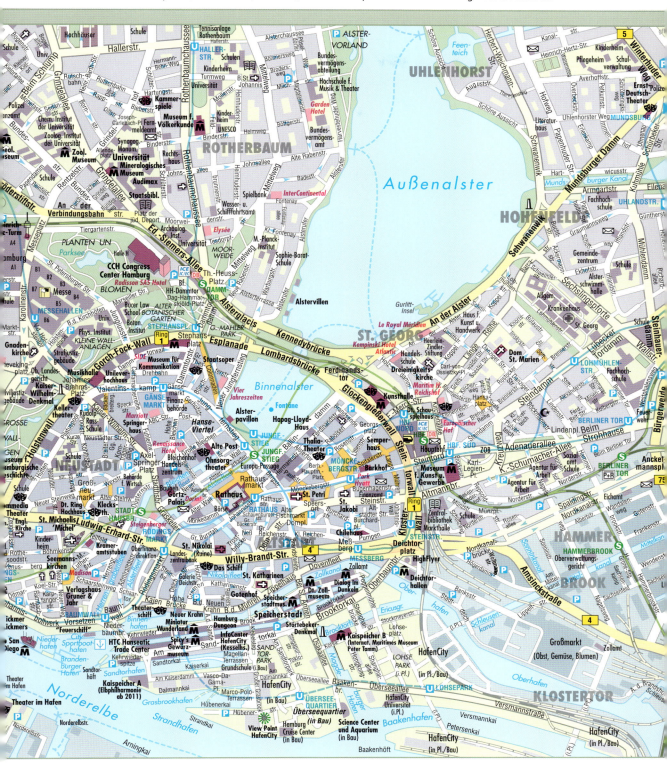

Hamburg

Die Elbchaussee beginnt in Altona und führt über den Geestrücken flussabwärts durch die Elbvororte bis Blankenese. Rund 500 Gebäude, davon jedes vierte denkmalgeschützt, säumen – mal diskret im Verborgenen,

TIPP++TIPP++

Theater Neue Flora
Das Theater Neue Flora wurde 1990 erbaut, um Musicals aufzuführen. »Phantom der Oper« war dort über zehn Jahre erfolgreich (bis 2001), seitdem liefen auch Bearbeitungen von »Dirty Dancing« und »Tarzan«.
Stresemannstr. 159 a,
Tel. 0 18 05 44 44,
www.stage-entertainment.de

Museumshafen Övelgönne
Historische Segel- und Maschinenschiffe, die aufwendig restauriert

wurden, liegen hier im Hafen. Anleger Neumühlen,
Tel. 0 40/41 91 27 61, www.museumshafen-oevelgoenne.de
Innenbesichtigung nur möglich, falls Crew an Bord

★★ **Altona** »All to nah« empfanden Hamburger die kleine Fischer- und Handwerkersiedlung an ihrer Westgrenze, die sich unter dänischer Herrschaft zu einer Konkurrenz für die Hansestadt entwickelte. Von den Dänen erhielt Altona auch die Stadtrechte, Freihafen- und Zollprivilegien sowie die tolerante Haltung gegenüber Gewerbe und Glauben. Nach dem Anschluss an Preußen 1866 erfuhr Altona, auch durch die Eingemeindungen von Bahrenfeld und Ottensen, einen rasanten Aufschwung zur Industriestadt. Den Mittelpunkt bildete das neue weiße Rathaus nahe der Palmaille mit ihren klassizistischen Häusern. Das eigentliche Herz schlägt heute jedoch in Ottensen, das sich zum multikulturellen Szeneviertel gemausert hat. Die einstigen Fabriken beherbergen heute Läden, Theater und (Musik-)Lokale.

★ **Palmaille** Der Straßenzug in der Nähe der Elbe ist ein Gesamtkunstwerk. Christian Friedrich Hansen ließ die einstige Prachtstraße zwischen 1786 und 1825 im norddeutsch-klassizistischen Stil errichten. Über die Hälfte der Häuser wur-

Altonaer Rathaus mit Reiterstandbild Kaiser Wilhelms I. und Giebelrelief von Ernst Barlach

44 DIE SCHÖNSTEN REISEZIELE

Elbchaussee

mal gut sichtbar – die »nasse« und die »trockene« Seite der Prachtstraße. Hier ließen seit dem 18. Jahrhundert reiche Kaufleute und Reeder ihre klassizistischen oder gründerzeitlichen Landvillen mit französischen Gärten und englischen Parklandschaften errichten. Einige historische Gebäude, wie das Jenisch Haus oder der Internationale Seegerichtshof (links), sind öffentlich zugänglich. Zwischen die Villen mischen sich moderne Nobelherbergen, Zweckbauten und Gourmetrestaurants, etwa der 1791 gegründete Gasthof »Jacob« in Nienstedten, dessen Lindenterrasse bereits von Max Liebermann festgehalten wurde. Auch wenn der Sandweg, der die Elbchaussee einst war, heute eine viel befahrene Verkehrsader ist, konnte das Gesamtkunstwerk großbürgerlicher Prachtentfaltung bis heute seinen Charme bewahren.

de im Zweiten Weltkrieg zerstört. Das Haus Nr. 16 baute der Architekt für sich selber.

★ ★ **Övelgönne** Damit bezeichnet man einen etwa einen Kilometer langen Uferabschnitt unterhalb der Elbchaussee. Er besteht aus Strand, einer Häuserzeile und einem Stück Schifffahrtsgeschichte. Der Strand ist ein beliebter Treffpunkt für Jung und Alt, für Szene- wie Spaziergänger. Landseitig führt der Elbwanderweg vorbei an den Gärten und Hauseingängen alter Lotsen- und Kapitänshäuser, die teils noch aus dem 18. Jahrhundert stammen. Das schwimmende Museum am Schiffsanleger Neumühlen umfasst rund 30 originalgetreu restaurierte Schiffe – darunter Dampfschlepper und Barkassen, ein Feuerschiff, ein Schwimmkran, ein Rettungskreuzer und eine zum Café umgebaute alte Hafenfähre –, die hier vor Anker liegen. Gelegentlich heißt es auch »Leinen los«, denn alle Oldtimer sind noch fahrtüchtig.

★ ★ ★ **Blankenese** Der heutige Nobelvorort war einst ein kleines, im 14. Jahrhundert gegründetes Fischerdorf am Hang. Später wählten es Kapitäne und Lotsen als Residenz, Ende des 18. Jahrhunderts entdeckten dann wohlhabende Kaufleute aus Altona und Hamburg ihre Vorliebe für das beschauliche Dorf am abfallenden Geestrücken der Unterelbe. In geschützter Hanglage mit Elbblick bauten sie noble Villen und großzügige Parkanlagen, die sich um den bürgerlich geprägten Ortskern mit den kleinen Kapitäns- und Fischerhäusern schmiegten. Dieses eng bebaute Treppenviertel mit seinen 4864 amtlich gezählten Stufen, das bis zum Strandweg unten reicht, ist heute ein begehrtes Domizil für Reiche und Prominente. Vom 75 Meter hohen Süllberg über Blankenese bietet sich eine herrliche Aussicht auf den breiten Strom, die vorbeiziehenden Schiffe und die Werkshallen von Airbus. Viele der ehemaligen Anwesen der Reeder und Kaufleute gehören der Stadt Hamburg und sind öffentlich zugänglich.

★ ★ ★ **Hagenbecks Tierpark** Am 7. Mai 1907 eröffnete Carl Hagenbeck auf einem Areal von 27 Hektar den ersten Tierpark Hamburgs. Es war der erste Tierpark-Landschaftsgarten, in dem beispielsweise künstliche Felsen errichtet wurden, um die Tiere unter möglichst naturgetreuen Bedingungen halten zu können. Im Zweiten Weltkrieg wurde die Anlage fast vollständig zerstört, in den 50er-Jahren dann wiederaufgebaut. Seit 1997 steht der Zoo unter Denkmalschutz.

Eine der begehrtesten Adressen Hamburgs ist Blankenese, das sich über einen Höhenrücken am Ufer der Unterelbe entlangzieht (oben).

TIPP++TIPP++

Ernst Barlach Haus
Am Rande des Jenischparks gelegen, beherbergt das Haus eine umfassende Sammlung von Werken des expressionistischen Bildhauers und Grafikers. Darunter ist auch ein Drittel seiner Holzskulpturen zu sehen.
Baron-Voght-Str. 50 a,
Tel. 0 40/82 60 85,
Di–So 11–18 Uhr,
www.barlach-haus.de

Jenisch Haus
Das klassizistische Landhaus dient als Museum für großbürgerliche Wohnkultur des 19. Jahrhunderts.
Baron-Voght-Str. 50,
Tel. 0 40/82 87 90,
Di–So 11–18 Uhr,
www.jenisch-haus.de

DIE SCHÖNSTEN REISEZIELE

Die Rolandstatue wacht als Symbol für Freiheit und Gerechtigkeit vor dem Bremer Rathaus.

Bremen

Bremen war einst einer der größten Seehandelsplätze Deutschlands. Doch der Zweite Weltkrieg hat sein Gesicht stark entstellt: Die Stadt wurde durch Bombardements stark in Mitleidenschaft gezogen, moderne Trabantenstädte entstanden. Dennoch konnte sich die Hansestadt ihren Charme vor allem zwischen Domhügel und Weser erhalten. Bremen ist die Hauptstadt des gleichnamigen Bundeslandes, zu dem auch Bremerhaven zählt. Dort befinden sich Deutschlands größter Autoverlade- und Fischereihafen sowie das Alfred-Wegener-Institut für Polar- und Meeresforschung.

Bremen

250 Stationen auf 4000 Quadratmeter Ausstellungsfläche: Das Universum Science Center Bremen ist ein wahrer Superlativ. Schon die äußere Form des Gebäudes, die an eine große Muschel erinnert (links), ist viel-

TIPP++TIPP++

Antikenmuseum im Schnoor
Schwerpunkt der kostbaren Ausstellung, die zu den bedeutendsten ihrer Art in Deutschland gehört, sind kunstvolle Keramikarbeiten aus dem antiken Griechenland. Im Mittelpunkt stehen Vasen und Gefäße der klassischen Zeit Athens vom 6. bis 4. vorchristlichen Jahrhundert.
Marterburg 55–58,
Tel. 04 21/6 39 35 40,
www.antikenmuseum.de
Mo–Fr 10–13, 15–18,
Sa, So 10–18 Uhr

Kunsthalle Bremen
Drei Etagen Kunst – ob Alte Meister, Impressionisten, Neue Meister oder Medienkünstler. Allein das Kupferstichkabinett verfügt über rund 200 000 Handzeichnungen.
Tel. 04 21/32 90 80,
www.kunsthalle-bremen.de
Mo–So 10–18 Uhr

Schauspielhaus Bremer Theater
Das Schauspielhaus ist eine Spielstätte des Bremer Theaters. Neben Sprechtheater werden auch Tanzstücke aufgeführt. Im Foyer befindet sich eine Kleinkunstbühne.
Goetheplatz 1–3,
Tel. 04 21/3 65 30,
www.bremertheater.com

Freimarkt
Auch im Norden gibt es eine fünfte Jahreszeit: Der Bremer Freimarkt begeistert Jung und Alt mit Umzügen, Kostümen, Musik und mit ausgelassener Stimmung.
Bürgerweide,
www.freimarkt.de
jährlich im Herbst, Okt./Nov.

Bremen

Über fast 42 Kilometer Länge zieht sich Bremen an der Weser entlang, ist aber nur halb so breit wie diese Distanz. Bis zum Weserwehr im Norden der Stadt ist die Weser noch gezeitenabhängig, hohe Deiche säumen die Ufer. Bremen ist heute vor allem Dienstleistungszentrum und Industriestandort.

** Roland Der mit Baldachin fast zehn Meter hohe Roland auf dem Marktplatz ist Bremens Wahrzeichen. Seit 1404 steht der steinerne Ritter, mehrfach restauriert, auf seinem Platz. Mit Schwert und Schild symbolisiert Roland die Gerichtsbarkeit und die Stadtfreiheit der Hansestadt Bremen. Er wendet sich bewusst trutzig dem Dom zu, um ein Zeichen gegen den einstigen Herrschaftsanspruch der bremischen Erzbischöfe zu setzen.

*** Rathaus Ebenso wie der Roland gehört das Bremer Rathaus seit 2004 zum UNESCO-Weltkulturerbe. Der spätgotische Bau aus dem frühen 15. Jahrhundert erhielt 1609 bis 1612 eine Prachtfassade im Stil der Weserrenaissance. Innen sind die 45 Meter lange Obere Rathaushalle, von deren bemalter Eichenholzdecke große Schiffsmodelle herunterhängen, sowie die Güldenkammer besonders sehenswert. Dieses Juwel frühbarocker Schnitzkunst wurde durch die Ledertapeten und Möbel Heinrich Vogelers auch zu einem Meisterstück des Jugendstils. Im historischen Ratskeller mit alten Weinfässern und den Fresken von Max Slevogt werden Weine aus allen deutschen Weinbauregionen angeboten. Nur wenige Schritte vom Niedergang zum Ratskeller entfernt steht die berühmte Skulptur der *Bremer Stadtmusikanten.

* Liebfrauenkirche Die frühgotische dreischiffige Hallenkirche am Rande des Marktplatzes wurde um 1230 ganz in der Nähe des Doms erbaut, um den Freiheitswillen der Kaufleute gegenüber dem Erzbischof zu betonen. Krypta und Südturm stammen noch von einem Vorgängerbau aus dem 11. Jahrhundert. Besonders stimmungsvoll ist der Kirchenbesuch, wenn die Sonne durch die 1966/67 eingebauten Glasfenster fällt, die aus einer Werkstatt in Chartres stammen.

Rathaus und steinerner Roland am Bremer Marktplatz

Die Bremer Stadtmusikanten am Eingang zum Ratskeller

*** Dom St. Petri, Dom-Museum und Bleikeller Mit dem Bau des Bremer Doms wurde bereits 1041 begonnen. Im 13. Jahrhundert wurde die ursprüngliche dreischiffige Pfeilerbasilika im Stil der Frühgotik eingewölbt und erhielt die beiden mächtigen Türme. Einer von ihnen kann bestiegen werden und bietet die schönste Aussicht über die Stadt. Im 16. Jahrhundert wurden zahlreiche Umbauten im gotischen Stil vorgenommen. Im Dom-Museum sind die restaurierten Textilfunde aus mittelalterlichen Bischofsgräbern besonders bemerkenswert. Spektakulär sind auch die acht mumifizierten Leichen aus dem 15., 17. und 18. Jahrhundert im Bleikeller, die so gut erhalten sind, dass man sogar die Fingernägel noch deutlich erkennen kann.

*** Böttcherstraße Die schmale, autofreie Straße zwischen Marktplatz und Weser ist ein Gesamtkunstwerk, bei dem

Universum Science Center

versprechend. Bei einem Rundgang durch das Wissenschafts-Erlebniszentrum werden die Besucher durch drei große Themenbereiche geleitet: Mensch, Erde und Kosmos. Das Thema Mensch erstreckt sich von der Sekunde der Zeugung über unsere Sinne bis zu den Welten in unseren Köpfen. Das Thema Erde ist eine Expedition zum Mittelpunkt unseres Planeten. Man erlebt, wie Planeten entstehen, wie die Erde im Innersten und an der Oberfläche aussieht. Das Thema Kosmos bringt uns die unendlichen Weiten des Alls näher, mit den kleinsten Bausteinen der Materie, dem Sonnenlicht und den Kräften der Erde. Hier wackeln etwa die Wände, wenn der Simulator ein Erdbeben in Gang setzt. Bremens Universum ist ein Ort, in dem man in die Welt der Wunder unseres Lebens abtauchen und sie spielerisch erleben und studieren kann.

sich mittelalterliche mit expressionistischen Formen verbinden. 1923 bis 1931 schufen die Architekten Eduard Scotland und Alfred Runge zusammen mit dem Bildhauer Bernhard Hoetger zwei Häuserreihen aus Backstein, in denen heute Kunsthandwerksgeschäfte, das Bremer Spielcasino, ein Kino und die Kunstsammlungen Böttcherstraße untergebracht sind. Das Paula-Modersohn-Becker-Museum ist ganz den Werken dieser Worpsweder Künstlerin gewidmet. Im Roselius-Haus lernt man den Wohnstil Bremer Kaufleute des 19. Jahrhunderts kennen und sieht u. a. Kunstwerke von Tilman Riemenschneider und Lucas Cranach d. Ä. Am Haus des Glockenspiels drehen sich täglich um 12, 15 und 18 Uhr zehn Ozeanbezwinger von Leif Erikson und Kolumbus bis zu Charles Lindbergh und Graf Zeppelin im Kreise.

** **Schlachte** Die Weserpromenade Schlachte war im Mittelalter Bremens Hafen mit vielen Lager- und Kontorhäusern. Einige von ihnen hat man renoviert oder nach historischen Vorbildern wiederaufgebaut; heute ist die Schlachte Bremens sommerliches Kneipenviertel am Fluss.

* **St. Stephani** Die um 1050 erstmals geweihte Kirche wurde nach kriegsbedingten Beschädigungen in den 1950er Jahren wieder ganz aus Backstein aufgebaut, wobei man allerdings auf die einstigen Seitenschiffe verzichtete. Der Kirchturm ist aber weiterhin ein bestimmendes Element der Silhouette der Bremer Innenstadt.

*** **Schnoor** Auf dem Pflaster der autofreien verwinkelten Gassen im Schnoor-Viertel fühlt sich der Reisende ins Mittelalter versetzt. In den schmalen und giebelständigen Häusern ver-

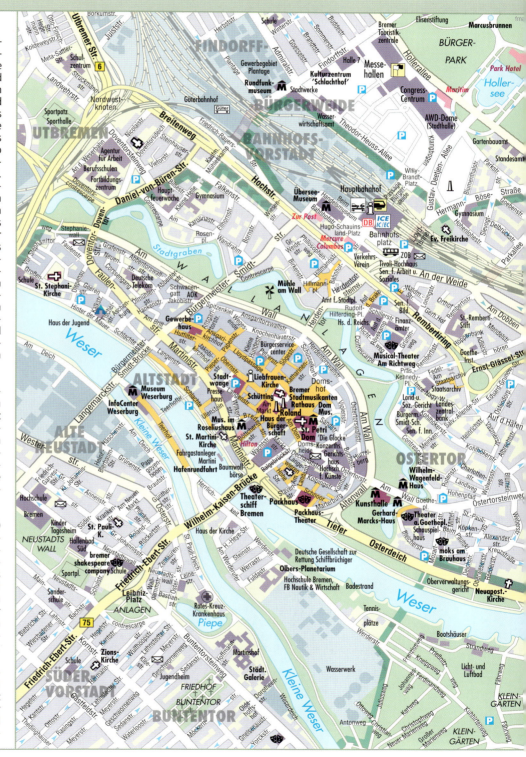

DIE SCHÖNSTEN REISEZIELE

Bremen

TIPP++TIPP++

Wilhelm Wagenfeld Haus
Das nach dem 1900 in Bremen geborenen Bauhaus-Künstler und Produktdesigner benannte klassizistische Gebäude an den Wallanlagen zeigt wechselnde Ausstellungen von industriellem Design.
Am Wall 209,
Tel. 04 21/3 38 81 16,
Di 15–21 Uhr, Mi–So 10–18 Uhr,
nur zu Ausstellungen,
www.wwh-bremen.de

Gerhard-Marcks-Haus
Der Berliner Bildhauer und Grafiker Gerhard Marcks (1889–1981), der u. a. die Bronzeskulptur der Stadtmusikanten am Rathaus schuf, hat in der alten Ostertorwache an den Wallanlagen sein eigenes Museum erhalten. Es präsentiert Teile seiner Sammlung, die 400 Skulpturen und über 600 Blatt Druckgrafik umfasst.
Am Wall 208,
Tel. 04 21/32 72 00,
Di–So 10–18 Uhr,
www.marcks.de

Focke-Museum
Das in einem kleinen Park gelegene Museum präsentiert Objekte aus der Stadtgeschichte, vom 1:1-Holzmodell eines Borgward bis zu Originalskulpturen vom Bremer Rathaus. Auf dem Außengelände zeigt das Haus Riensberg Bremer Wohnkultur seit dem Rokoko. Der Ur- und Frühgeschichte widmet sich die Ausstellung im Eichenhof, der Seefahrt und frühen Industrie das Haus Mittelsbüren.
Schwachhauser Heerstraße 240,
Tel. 04 21/6 99 60 00,
Di 10–21, Mi–So 10–17 Uhr,
www.focke-museum.de

schiedener Baustile wohnen und arbeiten heute Kunsthandwerker und Schmuckdesigner. Stilvolle Restaurants, ein Teestübchen und Cafés sowie ein Theater ergänzen das illustre Angebot.

** Kunsthalle Die vom 1823 gegründeten Bremer Kunstverein getragene Sammlung zeigt vor allem deutsche und französische Malerei des 19. und 20. Jahrhunderts sowie holländische Meister des 17. Jahrhunderts. Von internationalem Rang ist auch das **Kupferstichkabinett.

* Wallanlagen und Wallmühle Schon 1802 begannen die Bremer damit, die mittelalterlichen Stadtmauern einzureißen; nach den napoleonischen Kriegen legten sie an ihrer Stelle die vom Wallgraben umgebenen Wallanlagen an. Auf der leichten Erhebung der ehemaligen Gießbergbastion thront die letzte von einst zwölf Windmühlen, die bis 1802 auf den Wällen der Stadt standen.

** Überseemuseum Das Museum am Hauptbahnhof zeigt in seinen Sälen und Lichthöfen ausgewählte Aspekte außereuropäischer Welten unter einem Dach. Vier große Bereiche sind Afrika, Amerika, Asien und vor allem Ozeanien gewidmet. Ausgestellt sind etwa vielerlei Boote und Wohnhäuser aus der Südsee, chinesische Tempel und mongolische Jurten. Diaramen bringen dem Besucher auch die Tierwelt der Kontinente und deren Lebensräume näher. Ein wesentlicher Schwerpunkt der Ausstellungen ist zudem die Geschichte der Bremer Handelsbeziehungen seit der Kolonialzeit.

** Bürgerpark und Stadtwald Ein besonderes Kennzeichen des 136 Hektar großen Bürgerparks ist es, dass er nach 1865 allein durch die Spenden Bremer Bürger und Unternehmen geschaffen wurde und bis heute dadurch unterhalten wird. Architektonisch außergewöhnliche Gebäude wie das Park-Hotel, die Meierei und die Waldbühne setzen optische Akzente, ein kleiner Tierpark sorgt für zusätzliche Anziehungskraft. Vom angrenzenden Stadtwald, der bis zur Universität reicht, wird der Bürgerpark lediglich durch die Bahnlinie Bremen–Hamburg getrennt, sodass sich eine Parkfläche von insgesamt über 200 Hektar ergibt.

** Rhododendronpark Der mehr als 46 Hektar große Park ist vor allem im späten Frühjahr ein Paradies für Liebhaber von Rhododendren und Azaleen. Hier wachsen rund 500 der weltweit 1000 wilden Rhododendronarten und 2000 weitere Zuchtvarietäten. Eine besondere Attraktion ist die »Botanika«. In deren Gewächshäusern glaubt man durch den Regenwald Borneos, die Gebirgslandschaft des Himalaja und einen japanischen Teegarten zu spazieren.

** EADS Space Transportation Bei EADS am Bremer Flughafen werden die Oberstufen der Ariane-Raketen und das Columbus-Modul der internationalen Raumstation ISS gebaut. Im Rahmen von Führungen kann man ein Modell des Moduls betreten. Ein Besuch in der Galerie der Luft- und Raumfahrt am Flughafen mit ihren Oldtimer-Flugzeugen – darunter eine VFW 614 – rundet das Programm ab.

Bremerhaven: Columbus-Center und Museumsbark »Seute Deern«

Bremerhaven

Das nördlich von Bremen gelegene und landseitig vor Niedersachsen umzingelte Bremerhaven wurde 1827 als dessen Vorhafen angelegt und steht noch heute ganz im Zeichen von Fischerei und Schifffahrt. Nach Hamburg ist Bremerhaven der zweitgrößte Handels- und der größte Fischereihafen Deutschlands.

*** Deutsches Schifffahrtsmuseum Das konservierte Wrack einer 1380 erbauten Hansekogge, die gleich nach dem Stapellauf in der Wese

toregistertonnen und 4000 Tonnen Tragfähigkeit –, wollte große Mengen an Gütern günstig transportieren. Windjammer sind Tiefwassersegler mit riesigen Laderäumen, die sich mit ihrer besseren Besegelung für Fahrten auf den großen Ozeanen eigneten, zum Transport von Massengütern wie Kohle, Salpeter, Weizen und Zement. Sogar nach Einführung der Dampfschiffe wurden für den Transport empfindlicher Güter, die durch das rhythmische Stampfen der Maschinen Schaden genommen hätten, Windjammer genutzt. Einige Windjammer werden heute als Segel-Schulschiffe von der Marine (z. B. »Gorch Fock«) oder als Museumsschiffe (»Passat« in Travemünde) genutzt. Die schönsten Exemplare lassen sich auf Windjammertreffen wie der Sail in Bremerhaven (links) oder der Hanse Sail in Rostock bestaunen.

versank und erst 1962 geborgen werden konnte, ist das wertvollste Objekt der Sammlung, die vor allem nautische Geräte aller Art und über 500 originalgetreue Schiffsmodelle umfasst. Die spektakulärsten Exponate sind die Originalkabine eines Luxusliners aus dem Jahr 1912, das Mittelschiff eines 1881 erbauten Seitenraddampfers und das Skelett eines Pottwals.

✶ ✶ ✶ Museumshafen Im Hafenbecken vor dem Schiffahrtsmuseum liegen zahlreiche Museumsschiffe, von denen die meisten besichtigt werden können. Besonders eindrucksvoll ist der Gang durch die Enge des 76 Meter langen U-Boots »Wilhelm Bauer«, das 1943/44 als »U 2540« erbaut wurde.

✶ Zoo am Meer Der kleine Zoo am Weserufer konzentriert sich vor allem auf die Präsentation von Tieren aus den kühleren Regionen der Welt: Pinguine, Seehunde, Robben und Eisbären. Aus der Vogelwelt sind u. a. Basstölpel und Schneeeule vertreten. Für Exotik sorgen Puma, Königspython, Chamäleon und Schimpanse.

✶ Klimahaus 8° Ost Im 2009 eröffnenden Klimahaus wird der Besucher entlang des achten Längengrads von der Polarregion bis zum Äquator geführt, erlebt dabei die ganz unterschiedlichen Klimazonen der Erde von eiskalt bis glühend heiß und lernt auch die diversen Wetterphänomene wie Wirbel- und Sandstürme kennen.

✶ Radarturm Der 114 Meter hohe Richtfunkturm am alten Vorhafen ist ein weithin sichtbares Wahrzeichen der Stadt. Mit einem Fahrstuhl gelangt man auf eine Aussichtsplattform in 65 Meter Höhe, von der aus der Blick über die Stadt bis zur Wesermündung und manchmal sogar bis zum Leuchtturm Roter Sand in der Deutschen Bucht reicht.

✶ Container-Aussichtsplattform Im weitläufigen Containerhafen ist ein Besuch aus Sicherheitsgründen untersagt. Aus diesem Grunde wurde aus ausgedienten Containern am Rande der Verladeflächen eine nur zu Fuß zu erklimmende Aussichtsplattform errichtet, von der aus man dem Treiben auf den Kais stundenlang zuschauen kann.

✶ Lloyd Werft In der letzten großen Werft Bremerhavens werden vor allem riesige Kreuzfahrtschiffe repariert und modernisiert. Im Rahmen täglich angebotener Führungen gewinnen Besucher von einer Aussichtsplattform aus einen Einblick in die Arbeitsprozesse.

✶ Columbuskaje Heute legen vor dem Kreuzfahrt-Terminal Bremerhavens jährlich Dutzende von Kreuzfahrtschiffen aus aller Welt an. Bis weit in die Nachkriegszeit hinein war die Columbuskaje zuvor für Millionen von Auswanderern der Ort des Abschieds von der alten Heimat. Auch wer hier nicht an Bord geht, kann vom Café aus die luxuriösen Traumschiffe aus der Nähe beobachten.

✶ ✶ Schaufenster Fischereihafen In diesem touristisch ausgebauten Teil des Fischereihafens kann man nicht nur in zahlreichen maritimen Lokalen fangfrischen Fisch genießen, sondern auch beim Fischräuchern zusehen und an Bord des Museumsschiffs »Gera« gehen. Der 1959/60 in Rostock gebaute Seitentrawler war noch bis 1980 im rauen Nordmeer auf Fangfahrten unterwegs. Eine Ausstellung an Bord zeigt die Härte des Alltags der Besatzung.

✶ Atlanticum Das moderne Gebäude am Fischereihafen birgt mehr als nur ein Seewasseraquarium. Man kann hier akustisch bei einer Fischauktion dabei sein, in 12,5 Min. den Ablauf der Gezeiten verfolgen und einen großen Heringsschwarm im 150 000-Liter-Becken um Wrackteile eines Schiffs herumschwimmen sehen.

Segelboote im Deutschen Schiffahrtsmuseum Bremerhaven

TIPP++TIPP++

Deutsches Schiffahrtsmuseum
Es gibt kaum Faszinierenderes, wenn man sich für die Schifffahrt und alles Maritime interessiert. Von der Geschichte der Schifffahrt bis zur Forschung darüber wird man hier umfassend informiert.
Hans-Scharoun-Platz 1,
Tel. 04 71/48 20 70,
Mo–So 10–18 Uhr,
Nov.–März Mo geschlossen,
www.dsm.museum

Historisches Museum Bremerhaven
Eine museale Zeitreise vermittelt anschaulich die Geschichte der Hafenstadt Bremerhaven. Rekonstruiert wurde die Lebens- und Arbeitswelt früherer Zeiten, darunter etwa eine Hafenkneipe, ein Fischladen oder ein Werftarbeiterhaus. Durch Filmvorführungen, Dia-Shows und Computer erhält man zusätzliche Informationen über Bremerhaven und das Umland.
An der Geeste,
Tel. 04 71/30 81 60,
Di–So 10 bis 18 Uhr,
www.historisches-museum-bremerhaven.de

Deutsches Auswandererhaus
Die Ausstellung führt den Besucher multimedial vom Auswandererkai in Bremerhaven an Bord historischer Segel- und Dampfschiffe, wo sich nachempfinden lässt, wie Auswanderer in unterschiedlichen Zeiten und Klassen reisten. Man erlebt die Einwanderungsprozeduren auf Ellis Island in New York mit und kann mithilfe einer Datenbank herauszufinden versuchen, ob sich damals eigene Vorfahren auf den Weg in die Neue Welt gemacht haben.
Columbusstraße 65,
Tel. 04 71/90 22 00,
Mo–So 10–18 Uhr,
Nov.–Feb. 10–17 Uhr,
www.dah-bremerhaven.de

Sie gehören zum Landschaftsbild Ostfrieslands – die alten Holländerwindmühlen.

Niedersachsen

Deutschlands zweitgrößtes Bundesland erstreckt sich von den Ostfriesischen Inseln im Norden bis zum Weser- und Weser-Leine-Bergland im Süden, vom Emsland im Westen bis zur unteren Elbe, Wendland, Harz und Eichsfeld im Osten. Obwohl in weiten Teilen noch landwirtschaftlich geprägt, hat es auch in kultureller Hinsicht viel zu bieten. Davon zeugen geschichsstrachtige Städte wie Oldenburg, Hildesheim, Goslar, Braunschweig oder Hannover.

Niedersachsen

Mal ganz Meer, mal ganz Land, und durch den ständigen Wechsel von Ebbe und Flut eine Landschaft in beständigem Wechsel (links) – das ist das Wattenmeer. Zu seinem Schutz wurden an der Nordseeküste

TIPP++TIPP++

commedia nova
Ein noch relativ junges, aber sehr erfolgreiches und freies Theater, das sich mit der Suche nach neuen Ausdrucksformen beschäftigt.
Stade, Hohe Reihe 5,
Tel. 0 41 41/60 05 17,
www.commedianova.de

STADEUM
Theater und Musik klassisch und modern – das STADEUM zählt zu den wichtigsten kulturellen Treffpunkten zwischen Weser und Elbe
Stade, Schiffertorsstr.6, Tel. 0 41 41/4 09 10, www.stadeum.de

Schloss Ritzebüttel
Eintauchen in die Vergangenheit, in rund 600 Jahre Geschichte des Schlosses und des Lebens in Cuxhaven. Aber das Schloss hat nach der Renovierung nicht nur musealen Wert, sondern wird auch als Veranstaltungsort für Konzerte und Vorträge genutzt.
Cuxhaven, Tel. 0 47 21/72 18 12,
Di–Do 9.30–12.30, 14–16.30,
Fr 14–16.30, Sa, So nur vorm.

Barkenhoff
Hier wohnte einst der Künstler Heinrich Vogeler. Nach der Sanierung des Gebäudes wurde es im Jahre 2004 wiedereröffnet und bietet heute exquisite Ausstellungsflächen, die von Künstlern aus aller Welt genutzt werden. Darüber hinaus werden hier Leben und Werk Heinrich Vogelers präsentiert.
Worpswede, Ostendorfer Str. 10,
Tel. 0 47 92/39 68,
www.barkenhoff-stiftung.de,
tgl. 10–18 Uhr

Zwischen Elbe und Weser

Schöne Hansestädte, blühende Apfelbaumplantagen, stille Kanäle und dunkle Moore – die Region zwischen Elbe und Weser hat ihren ganz besonderen Charme. Sie ist platt wie ein Brett, herb und süß zugleich – wie der Apfelkuchen aus der Gegend.

★★ **Buxtehude** In der hübschen Altstadt sind vor allem die Backsteinbasilika St. Petri aus dem 14. und die zahlreichen Bürgerhäuser aus dem 16. Jahrhundert sehenswert. »Up de lütje Haide bi Buxtehude« ließ Wilhelm Schröder einst Hase und Igel um die Wette laufen.

★ **Altes Land/Land Kehdingen** Hier befindet sich das größte zusammenhängende und gleichzeitig nördlichste Obstanbaugebiet Deutschlands. Wenn sich im Frühling auf 157 Quadratkilometern die Blütenpracht der Apfel- und Kirschbäume entfaltet, kommen Wanderer und Radfahrer in das Alte Land südlich der Elbe, um sich von den hohen Deichen aus das Naturschauspiel anzuschauen. Im Herbst reisen sie dann noch einmal an – diesmal mit ihren Autos. Säckeweise wird dann vor den Anwesen das frisch geerntete Obst eingeladen. Mittelpunkt der Region ist die Gemeinde Jork mit ihren beeindruckenden alten Fachwerkbauernhäusern. Der kleine Landstrich Kehdingen in der Nähe von Stade bekommt von all dem Trubel nichts mit. Er ist vor allem für Zugvögel ein beliebter Rastort. So feiert man im Herbst im ganzen Land Kehdingen die Wildganstage.

★★ **Stade** Im Mittelalter war Stade neben Hamburg einer der wichtigsten Hafen- und Hanseorte. Wirklich bedeutend ist Stade an der Unterelbe mit seinen knapp 50 000 Einwohnern heute nicht mehr, aber es hat sich sein historisches Stadtbild behalten können. Die Altstadt ist noch von Festungswällen und Wassergräben umschlossen. Enge Gassen und alte Fachwerkbauten verströmen einen ganz besonderen Zauber. Am Alten Hafen steht noch der Schwedenspeicher (1692 bis

Stade mit Fleet und Bürgermeister-Hintze-Haus

1705), in dem heute ein Museum eingerichtet ist. An die schwedische Zeit der Stadt (1642–1712) erinnert auch das Portal des Rathauses, eines Barockbaus aus dem Jahre 1667. Über dem Portal halten zwei Löwen das schwedische Wappen. Überragt wird die Altstadt von der Kirche St. Cosmae (12. Jahrhundert) mit einer Arp-Schnitger-Orgel und der Kirche St. Wilhaldi (13./14. Jahrhundert).

★ **Wingst** In der kleinen Gemeinde südlich von Cuxhaven befindet sich ein Dorado für Blumenfreunde. Im »Kamelienparadies Wingst« wachsen die schönsten Kamelien Europas.

★ **Cuxhaven** Die Stadt mit ihren 56 000 Einwohnern am Westufer der Elbmündung ist das zweitälteste Seebad Deutschlands (1816). Der eigentliche Kern von Cuxhaven, die heutige Altstadt, befindet sich im Süden um das ehemalige Schloss Ritzebüttel herum. Der Fischereihafen und der Großmarkt liegen im Osten, ganz in der Nähe der Außenmole »Steubenhöft«, wo früher die Auswandererschiffe nach Amerika ablegten und heute die großen Passagierschiffe festmachen und das Feuerschiff »Elbe 1« vertäut ist, das 1988 als Letztes seiner Art aus dem Dienst genommen wurde. Daneben gibt es einen neuen Tiefseehafen vor allem für den Containerverkehr, CuxPort. Einen guten Überblick über das gesamte Hafenareal hat man von der Aussichtsplattform »Alte

Nationalpark Niedersächsisches Wattenmeer

die Nationalparks Wattenmeer eingerichtet – jeweils einer in Dänemark, Schleswig-Holstein, Hamburg und Niedersachsen. Die vier aneinandergrenzenden Areale bilden so das größte zusammenhängende Nationalparkgebiet Mitteleuropas. Der 1986 gegründete, etwa 2800 Quadratkilometer große Nationalpark Niedersächsisches Wattenmeer erstreckt sich entlang der Nordseeküste vom Dollart an der niederländischen Grenze über die Ostfriesischen Inseln bis nach Cuxhaven. Man sieht es dem schlickähnlichen Untergrund kaum an, dass er Grundlage eines der produktivsten Ökosysteme der Welt ist. Neben Vögeln – darunter 18 Gänse- und 20 Entenarten – und Säugetieren (Seehund, Kegelrobbe, Schweinswal) sind im niedersächsischen Watt zahlreiche Fische, Würmer, Muscheln, Schnecken, Krebse, Insekten und Nesseltiere heimisch.

Liebe«. Wahrzeichen Cuxhavens ist eine große hölzerne Kugelbake, die einst den Seefahrern als nautisches Seezeichen diente. Heute, im Zeitalter von GPS, hat sie jedoch ausgedient.

* **Hadeln/Wurster Heide** Die Geschichte der Geest- und Moorgebiete Hadeln und Wursten südlich der Elbe und deren Mündung im heutigen Landkreis Cuxhaven reicht weit in die Steinzeit zurück. Im Mittelalter war sie bestimmt durch freiheitsliebende Bauern. Erst im 19. und 20. Jahrhundert erlangten Zentren wie Bremerhaven und Cuxhaven städtisches Flair. Heute ist die historische Landschaft mit ihren stolzen Fachwerkhäusern vor allem durch Landwirtschaft mit Weiden für Milchvieh und Fischerei mit kleinen Häfen geprägt. Daneben ist in der durch zahlreiche Wasserläufe entwässerten Landschaft auch der Seebädertourismus eine Haupteinnahmequelle. Zu den beliebtesten Zielen zählen das über 1000 Jahre alte Bad Bederkesa mit seiner Burg aus dem 12. Jahrhundert und Moorrandseen sowie Otterndorf mit seinem Schöpfwerk und dem Museum für gegenstandsfreie Kunst.

* **Bad Bederkesa** Mittelpunkt des beliebten Urlaubs- und Ausflugsorts ist die von einem Graben umgebene Burg aus dem 12. Jahrhundert, von deren Blütezeit unter Bremer Herrschaft ein Roland im Burghof zeugt. Sie wurde vorbildlich restauriert und beherbergt ein archäologisches und kulturgeschichtliches Museum.

* **Teufelsmoor** Rund 400 Quadratkilometer Hoch- und Niedermoor, dunkle Wälder, kuschelige Niederungen, darin ein Sandhügel, der Weyerberg, mit dem malerischen Worpswede – das ist das Teufelsmoor, einst eines der größten Moore Nordwestdeutschlands mit Torf bis zu elf Meter Tiefe. Eine Landschaft mit geheimnisvoller Aura, die in neuerer Zeit vor allem Kunstmaler anzog. Das war noch anders während der Besiedlung im 17./18. Jahrhundert, als die Menschen Torf stachen und ein Kanalsystem anlegten, um das Teufelsmoor zu entwässern. Letztere war noch bis in die 1980er-Jahre hinein der Fall, um die Flächen für die Landwirtschaft urbar zu machen. Erst dann hat ein Umdenken begonnen. Nach und nach werden Flächen wiederbewässert und andere stillgelegt, um noch ein Stück dieser einzigartigen Landschaft erhalten zu können.

* * **Worpswede** Einst ein kleines unscheinbares Dorf im Teufelsmoor, knapp 30 Kilometer nordöstlich von Bremen, entwickelte sich Worpswede Ende des 19. Jahrhunderts zu dem heute bekannten Künstlerort. Das Licht in der bizarren Moorlandschaft und die vom Wind wild zerzausten Bäume – der Dichter Rainer Maria Rilke schwärmte einst von einem »Himmel von unbeschreiblicher Veränderlichkeit und Größe« – zogen immer mehr Maler und Künstler an. Zu den bekanntesten zählen Paula Modersohn-Becker und Heinrich Vogeler, dessen ehemaliges Wohnhaus, der Barkenhoff, noch heute zu besichtigen ist. In den letzten Jahrzehnten haben sich in Worpswede zahlreiche Kunsthandwerker niedergelassen, die ihre Werke in alten Fachwerkhäusern verkaufen und den Ort damit zu einem beliebten Ausflugsziel für Kunstliebhaber gemacht haben.

Von oben nach unten: Fachwerkbauernhof im Alten Land; Feuerschiff »Elbe 1« im Hafen von Cuxhaven; Burg von Bad Bederkesa; Teufelsmoor mit blühendem Wollgras

Niedersachsen

Hering und Scholle von Juli bis Oktober, das sind für die Fischer die wichtigsten und ertragreichsten Fischfänge in der Nordsee. Doch beliebt sind bei den Konsumenten auch die Nordseegarnelen, im Volksmund

TIPP++TIPP++

Küstenmuseum Juist
Das wohl empfehlenswerteste Museum der Ostfriesischen Inseln. Von Geschichte und Alltag auf den Inseln über die Entstehung der Seenotrettung bis zu einer Dokumentation über die Erdgas- und Erdölförderung in der Nordsee reicht die Themenpalette.
Juist, Loogster Pad, Tel. 0 49 35/14 88, Apr.–Okt. Mo–Fr 9–12 und 14.30–18 Uhr, Sa 9–12 Uhr, Nov.–März Do 14–17 Uhr

Dykhus Borkum
In diesem Heimatmuseum werden Inselgeschichte, Seeschifffahrt und Vogelkunde dokumentiert.
Borkum,
Roelof-Gerritz-Meyer-Straße,
Tel. 0 49 22/48 60, Apr.–Okt.
Di–So 10–12 und 16–18 Uhr,
Nov.–März Di, Sa 15–18 Uhr

Fischerhausmuseum Norderney
Im Heimatmuseum der Insel kann man etwa in alten Kurnachrichten nachlesen, wer vor hundert Jahren im mondänen Seebad zu Gast war.
Norderney, Argonnerwäldchen,
Tel. 0 49 32/17 91,
Apr.–Sept. Mo–Fr 15–17 Uhr,
So, Fei 10–12 Uhr, März, Okt.
Di, Do, Sa 15–17 Uhr,
Nov.–Feb. Fr 15–16 Uhr,
Gruppen nur n. V.

Feuerschiff »Borkumriff«
Das Feuerschiff «Borkumriff» lag 1956 bis 1988 ca. 30 Kilometer nordwestlich der Insel Borkum in einem der Hauptschifffahrtswege der Deutschen Bucht vor Anker. Auf dieser Position diente das Leuchtfeuer der »Borkumriff« Schiffen aus aller Welt als Ansteuerungspunkt bei der Einfahrt in die Ems. Heute dient sie als Museumsschiff im Rahmen von Führungen und Ausstellungen zu den Themen »Nationalpark Wattenmeer« und »Nordseeschutz«.
Borkum, Am Nordufer,
Tel. 0 49 22/20 30, März–Okt.
öffentliche Führung um: 10.45, 11.45, 13.45, 14.45, Juni–Aug. auch 16.15 Uhr

Ostfriesische Inseln

Direkt vor der Nordseeküste Niedersachsens liegen im Nationalpark Niedersächsisches Wattenmeer wie auf einer Schnur aufgereiht die Ostfriesischen Inseln: Borkum, Juist, Norderney, Baltrum, Langeoog, Spiekeroog und Wangerooge. Kennzeichnend sind ihre Dünenlandschaften und weißen Strände – und vor allem die unendliche Ruhe. Lediglich auf Borkum und Norderney darf man Auto fahren – und das auch nur eingeschränkt.

✱✱✱ Borkum Die größte der Ostfriesischen Inseln (30 Quadratkilometer) bietet einen schlickfreien Südstrand und Hochseeklima. Erst Mitte des 19. Jahrhunderts wurde Borkum als Ferieninsel entdeckt. Die anspruchsvolle Architektur im Ort Borkum verrät, dass hier einst »höhere Herrschaften« Urlaub gemacht haben. An der Strandpromenade stehen edle, weiß getünchte Häuser, die um 1900 errichtet wurden. Die ehemalige »Kurhalle am Meer« ist heute ein Komplex mit zahlreichen Restaurants, Cafés und Galerien. Der 60 Meter hohe Leuchtturm, das Wahrzeichen der Insel, wurde im Jahr 1879 erbaut und ersetzte den Alten Leuchtturm, einen ehemaligen Kirchturm von 1576.

✱✱✱ Juist Das 17 Quadratkilometer große Juist ist die längste der Ostfriesischen Inseln. Inmitten der Insel liegt der gleichnamige Hauptort. Das alte ✱Kurhaus wurde Ende des 19. Jahrhunderts erbaut und nach zwischenzeitlichem Verfall wiederaufgebaut. Der erste prominente Urlauber war der König von Sachsen nebst Gefolgschaft. Im Küstenmuseum in Loog sind Geschichte und Entwicklung der Ostfriesischen Inseln dokumentiert.

✱✱✱ Norderney Das 26 Quadratkilometer große Norderney ist die jüngste der sieben Ostfriesischen Inseln. Es entstand erst im 16. Jahrhundert, gehörte gleichwohl zu den ersten mondänen Inselbädern Deutschlands. Hier traf sich, wer Rang und Namen hatte. Zu Norderneys berühmtesten Gästen zählten Heinrich Heine, Theodor Fontane und Reichskanzler Otto von Bismarck, dem 1898 ein Denkmal errichtet wurde, von den Insulanern nur kurz »Klamottendenkmal« genannt. Trotz zahlreicher Bausünden an der Promenade hat sich die Insel mit dem Kurhaus und dem Kurpark im Zentrum ein wenig vom einstigen Flair erhalten können. Von dem knapp 55 Meter hohen Leuchtturm neben der reetgedeckten Mühle und dem Wasserturm, einem der Wahrzeichen der Insel, blickt man auf die Dünenlandschaft und Teile des Nationalparks – Orte der Ruhe.

✱ Baltrum Die mit nur gut sechs Quadratkilometer Fläche kleinste der Ostfriesischen Inseln hat keinen Glamour zu bieten, dafür aber den feinsten Sandstrand weit und breit sowie absolute Ruhe. Nicht einmal Fahrräder sind hier gern gesehen – und eigentlich braucht man sie auch nicht. Bei einem Bummel durchs Dorf kann man das Alter der Häuser an ihren Hausnummern ausmachen, denn diese werden chronologisch vergeben. Ein Besuch der Alten Kirche mit ihrem Glockengerüst, dem Wahrzeichen der Insel, sollte auf keinen Fall fehlen. In der Inselkammer, dem kleinen Heimatmuseum, wird die bewegte Geschichte des kleinen Eilands anschaulich dargestellt. Der Osten der Insel bietet dann nur noch reine, unberührte Natur. Hier kann man das unter Naturschutz stehende große Dünental mit seinen seltenen Pflanzen und Tieren, endlose Salzwiesen und nicht zuletzt das vogelreiche Watt erkunden.

✱✱ Langeoog Die »Lange Insel« ist ein besonders beliebtes Feriendomizil, hat sie doch von allen Ostfriesischen Inseln das vielfältigste Angebot in Sachen Sport, Freizeit, Familie. Auf 20 Quadratkilometer Inselfläche finden die Gäste 14 Kilometer feinsten Sandstrand, ein Vogelschutzgebiet, eine wunderschöne 1,5 Kilometer lange Höhenpromenade sowie die über 20 Meter hohe Melkhorndüne – Ostfrieslands höchste Erhebung. Das Wahrzeichen Langeoogs ist nur wenig höher – der Wasserturm, der ab 1909 als Wasserspeicher diente. Ein weiterer markanter Ort ganz anderer Art ist der Dünenfriedhof mit dem Grab der Sängerin Lale Andersen, die mit dem Lied »Lili Marleen« berühmt wurde. Auf eigenen Wunsch wurde sie nach ihrem Tod 1972 auf Langeoog beerdigt. Das Haus Sonnenhof in der Straße Gerk sin Spoor gehörte einst der Sängerin. Heute residiert in dem Haus eine Tee- und Weinstube.

✱✱ Spiekeroog Die »grüne« Insel unter den »Sieben Schwestern« bezaubert mit Linden und Kastanien, welche die betagten Inselhäuser beschatten. Der gesamte Ostteil der Insel gehört zur Ruhezone des »Nationalparks Wattenmeer« und darf nur auf den ausgeschilderten Wegen durchwandert werden. Aber eilig darf man es auf der knapp 20 Quadratkilometer kleinen Insel mit ihren 750 Einwohnern nicht haben, denn hier gibt es weder Autos noch eine Möglichkeit, sich ein Fahrrad zu mieten. Seit 1885 kann man sich mittels einer Pferdebahn – der Letzten ihrer Art in Deutschland – fortbewegen. Muße ist auch angebracht, um die Schönheiten der Insel, die bereits seit Mitte des 19. Jahrhun-

Hering, Scholle, Krabben – Fischfang im Wattenmeer

»Krabbe« genannt. Um sie zu fangen, bedarf es besonderer Boote. Die Krabbenkutter (links) wurden speziell dafür entwickelt. Diese flachbodigen Schiffe haben einen maximalen Tiefgang von 1,8 Metern. Große Kutter sind bis zu 20 Meter lang und 4,5 Meter breit und haben sowohl die typische Kuttertakelung mit Groß- und Focksegeln als auch einen Dieselmotor. Zum Fangen der Krabben lassen die Fischer große Fangnetze an zwei seitlichen Auslegern, den Baumkurren, ins Wasser und ziehen sie seitlich auf Rollen gleitend langsam über den Meeresgrund. Da Nordseegarnelen schnell verderben, werden sie noch an Bord in Seewasser gekocht – dadurch erhalten sie ihr unvergleichliches Aroma. Von der Krabbenfischerei aber können die wenigsten Fischer leben. Viele setzen deshalb ihre Kutter auch für Ausflüge und Angeltouren ein.

derts Seebad ist, zu erkunden und zu genießen: hinreißende Dünen, artenreiche Salzwiesen im Westen, einen mit Wasserläufen durchzogenen Kurpark, das Wrack eines britischen Dampfers, der Ende des 19. Jahrhunderts vor Spiekeroog strandete, und das seit vielen Jahrhunderten unversehrte Dorf. Hier steht noch das alte Kirchlein aus dem 17. Jahrhundert, dessen Pietà, so sagt es eine Legende, von einem 1588 vor Spiekeroog gestrandeten spanischen Schiff stammen soll.

✶✶ Wangerooge Die mit nur knapp acht Quadratkilometer Fläche zweitkleinste und östlichste der Ostfriesischen Inseln ist eine beschauliche, autofreie Familieninsel, deren bewegte Geschichte bis zu ihrer Entdeckung Anfang des 14. Jahrhunderts zurückreicht. Da Wangerooge jenseits der Goldenen Linie liegt, die das Fürstentum Ostfriesland von der Grafschaft Oldenburg mit dem Jeverland trennte, gehört Wangerooge streng genommen gar nicht zu Ostfriesland. Immer wieder wurde die Insel von Piraten überfallen. Von all den Turbulenzen merken die Gäste des 21. Jahrhunderts nichts, wenn sie mit der bunten Inselbahn an der grünen Lagunenlandschaft, einem Vogelschutzgebiet, den Deichen und Stränden vorbeizuckeln, um ins Dorf Wangerooge zu gelangen. Dort kann man in der Zedeliusstraße einkaufen oder das älteste auf der Insel erhaltene Bauwerk, den 39 Meter hohen Alten Leuchtturm mit Museum, besichtigen. Weithin sichtbar ist der neue, 67 Meter hohe Leuchtturm, eines der Wahrzeichen der Insel.

Impressionen von den Ostfriesischen Inseln (von oben nach unten): Dünenlandschaften auf Juist (zweimal) und Langeoog, Strandkörbe auf Spiekeroog

DIE SCHÖNSTEN REISEZIELE

Carolinensiel, Greetsiel (unten und rechts), Hooksiel und Neuharlingersiel (links) – kleine, charmante Orte an der Nordseeküste mit großer Vergangenheit. Sie sind Musterbeispiele für eine besondere Siedlungsform aus dem 16. bis 19. Jahrhundert, die sich bereits in ihren Namen offenbart. Sie alle liegen an »Sielen«, jenen Öffnungen in Seedeichen, die dazu dienten, das Binnenland zu entwässern. Die Siele wurden mit Toren aus-

Sielhäfen

gestattet, die sich bei Ebbe durch das aus dem Hinterland ablaufende Wasser öffneten, wodurch das Binnenland entwässert wurde. Bei Flut schlossen sich die Tore und verhinderten so Überschwemmung und Versalzung der Wiesen. Das ablaufende Wasser spülte nach und nach eine flache, von speziellen Schiffen befahrbare Rinne in das Wattenmeer. Sielhäfen dienten vor allem als Umschlagplatz für lokale Produkte. Hier florierte die Wirtschaft, man lieferte zu Zeiten der Segelschifffahrt Waren in die nähere Umgebung und auch in ferne Welten. Kaufleute und weit gereiste Seeleute lebten in den Sielorten und verliehen ihnen ihre besondere Ausstrahlung, Urbanität und Weltoffenheit. Mit Beginn der Dampfschifffahrt verloren die Sielhäfen ihre Bedeutung, teilweise verschlickten die Häfen oder wurden sogar zugeschüttet.

DIE SCHÖNSTEN REISEZIELE

Niedersachsen

Windmühlen gibt es schon seit der Antike. Die uns geläufige Form mit horizontal liegender Rotordrehachse und vier Windflügeln ist in Europa seit dem 12. Jahrhundert verbreitet. Traditionell verwendete man Wind-

TIPP++TIPP++

Teemuseum Norden
Das dem Lokalmuseum angeschlossene Teemuseum ist das einzige seiner Art in Europa und bietet alles Wissenswerte und auch Vergnügliches über das Nationalgetränk der Ostfriesen. Eine interessante Aus-

stellung informiert über die Kulturgeschichte des Tees, seine Verarbeitung und Zubereitung und zeigt wertvolles Teegeschirr aus allen Epochen und Ländern wie beispielsweise England, Russland und China.
Norden, Am Markt 36,
Tel. 0 49 31/1 21 00,
März–Okt. Di–So 10–16 Uhr

Ostfriesland, Ammerland, Oldenburg

Ostfriesland, das Land zwischen den Niederlanden im Westen und Oldenburg im Osten, der Nordsee im Norden und Papenburg im Süden, kennt fast jeder – sei es durch seinen kräftigen Tee, sei es durch die vor vielen Jahren kursierenden Ostfriesenwitze. Südöstlich davon liegt der Landkreis Ammerland, der von den Landkreisen Leer, Friesland, Wesermarsch, Oldenburg und Cloppenburg umgeben wird.

* Norden Die nordwestlichste Stadt Deutschlands ist vor allem durch ihr Seebad Norddeich und ihre **Seehundaufzucht- und Forschungsstation bekannt. Einen Besuch lohnt auch die *Ludgerikirche aus dem 13./14. Jahrhundert mit einem spätgotischen Sakramentshaus, einem Chorgestühl samt Fürstenstuhl (1601) und einer Arp-Schnitger-Orgel.

* Marienhafe Das legendäre Hauptquartier Klaus Störtebekers, an den hier ein Denkmal erinnert, war einst ein betriebsamer Hafen. Heute liegt der Ort rund 15 Kilometer von der Küste entfernt. Der Mariendom mit dem früher 70 Meter hohen Turm – heute ist er nur etwa halb so hoch – diente nicht nur dem Lob des Herrn, sondern auch als erstklassiges Seezeichen. Bei einem Spaziergang durch den Ortskern sollte man in einem der zahlreichen Teestübchen einkehren.

** Aurich Jahrhundertelang war das von einem Oldenburger Grafen gegründete Aurich die Hauptstadt von Ostfriesland. Sehenswert ist hier die Lambertuskirche aufgrund ihrer wertvollen Ausstattung. Der gotische Schnitzaltar aus dem

Schloss von Jever mit barockem Turmaufsatz

Windmühlen

mühlen zum Mahlen von Getreide, aber nach und nach kamen andere Nutzungen hinzu wie etwa das Mahlen von Gewürzen und Mineralien oder das Antreiben von Ölpressen und Sägewerken. Der älteste Windmühlentyp Europas ist die in Norddeutschland weit verbreitete Bockwindmühle oder auch »Deutsche Windmühle«: ein Holzgebäude mit vier Flügeln, das drehbar auf einem Bock gelagert wurde. Um die Flügel in Bewegung zu setzen, wurde die gesamte Mühle in den Wind gedreht. Im 16. Jahrhundert etablierten sich Holländerwindmühlen mit drehbarer Kappe, die oft in Ostfriesland zu sehen sind (links: Wedelmühle in Neustadtgödens). Insgesamt gibt es in Deutschland noch einige Hundert Windmühlen. Glücklicherweise finden sich immer wieder Liebhaber dieser alten Bauwerke, um sie zu restaurieren und zu erhalten.

16. Jahrhundert stammt aus Antwerpen. In dem »Haus der Ostfriesischen Landschaft« befinden sich im Sitzungssaal Porträts ostfriesischer Grafen und Fürsten. Eine Besichtigung verdient auch die Stiftsmühle, an die ein Mühlenmuseum angeschlossen ist.

* **Jever** Bereits im 10. Jahrhundert wurde die Stadt erstmals erwähnt. Viele Fürsten regierten in den folgenden Jahrhunderten das Jeverland, darunter auch Zarin Katharina II. (1793–1806). Überregional bekannt wurde das ostfriesische Städtchen jedoch erst durch die gleichnamige Brauerei, die bereits 1848 gegründet wurde. Hauptsehenswürdigkeiten sind das *Schloss aus dem 15./16. Jahrhundert, das Rathaus im historischen Zentrum (17. Jahrhundert) und das *Friesische Brauhaus mit Museum und Brauereiführungen.

* **Wilhelmshaven** Auch wenn das direkt am Jadebusen am Endpunkt des Ems-Jade-Kanals gelegene Wilhelmshaven schon lange Zeit als Hafen bedeutend war, wurde es erst Ende des 19. Jahrhunderts eine richtige Stadt. Vorher hatte Preußen hier in einem Kraftakt über 14 Jahre einen Kriegshafen bauen lassen. Heute ist Wilhelmshaven noch immer der wichtigste Hafen für die Bundesmarine an der Nordsee. Am großen Hafen befindet sich die größte Drehbrücke Europas, die Kaiser-Wilhelm-Brücke von Anfang des 20. Jahrhunderts. Für die Durchfahrt großer Schiffe muss sie nach wie vor regelmäßig geöffnet werden. Sehenswert ist das Rathaus mit seinem 49 Meter hohen Turm, das Fritz Höger 1927 bis 1929 errichten ließ. Maritime Welten erschließen einige Museen Wilhelmshavens, etwa das Marinemuseum oder die Unterwasserstation Oceanis, ein Überbleibsel der Weltausstellung 2000.

** **Neuenburger Urwald** Auf einer Fläche von rund 22 Hektar hat sich hier im flachen Land bei Zetel noch ein richtiger Urwald erhalten. Die meisten Bäume, vorwiegend Eichen und Buchen, sind zwischen 200 und 500 Jahre alt, einige sogar 800.

Varel Hauptsehenswürdigkeit von Varel ist die Schlosskirche, eine friesische Wehrkirche aus dem 12. Jahrhundert. Das Kircheninnere wurde von dem Hamburger Bildhauer Ludwig Münstermann (1579–1637) gestaltet. Neben der achteckigen Sandsteinkanzel und dem reich verzierten Taufstein mit Alabasterfiguren verdient der fast zehn Meter hohe Schnitzaltar Beachtung. Weiteres markantes Wahrzeichen von Varel ist die restaurierte fünfgeschossige Holländermühle.

Seit 1915 nicht mehr in Betrieb, gleichwohl beliebtes Fotomotiv: Pilsumer Leuchtturm bei Krummhörn (oben)

Gebäude der Ostfriesischen Landschaft und Pingelhus in Aurich

DIE SCHÖNSTEN REISEZIELE **61**

Niedersachsen

Sie wirken so gemütlich und anheimelnd und tragen so vertrauenswürdige Namen wie Elisabethfehn oder Augustfehn: die Fehndörfer Ostfrieslands (»Fehn« bedeutet im Niederländisch-Norddeutschen »Moor«).

TIPP++TIPP++

Kunsthalle Emden
In der nordwestlichsten Ecke von Deutschland gibt es einen Ausstellungsort der Sonderklasse. Der Verleger Henri Nannen hatte mit seiner Frau 1986 seiner Heimatstadt Gebäude und eine exquisite Sammlung deutscher Expressionisten gestiftet. Hinzu kam später eine Schenkung von Otto van de Loo. Neben klassischer moderner Kunst werden in wechselnden Sonderausstellungen auch Werke zeitgenössischer Künstler präsentiert. Zum Ausruhen lädt die Cafeteria des Museums ein.
Emden, Hinter dem Rahmen 13,
Tel. 0 49 21/9 75 00,
www.kunsthalle-emden.de,
Di 10–20, Mi–Fr 10–17,
Sa, So 11–17 Uhr

Krummhörn Zwischen Emden und Greetsiel haben sich 19 auf ehemaligen Wurten (künstlich aufgeschüttete Besiedlungshügel, auch Warft genannt) errichtete Dörfer in der historischen Landschaft Krummhörn zur gleichnamigen Gemeinde zusammengeschlossen. Im Dorf Pewsum, in der Mitte Krummhörns, gibt das Museum in der Manninga-Burg (15. Jahrhundert) einen Einblick in die Regionalgeschichte. Ein Wahrzeichen von Krummhörn ist der auf dem Deich erbaute Leuchtturm von Pilsum.

★★ Emden Das Tor zur Welt – so sehen die Ostfriesen die altehrwürdige Handelsstadt an der Emsmündung. Im 16. Jahrhundert angesehen und wohlhabend, im Zweiten Weltkrieg zerbombt, zählt Emden heute zu den wichtigsten Seehäfen Deutschlands und ist der Mittelpunkt Ostfrieslands. Den Weltkrieg überstanden hat das Pelzerhaus (erbaut 1585), das Rathaus hingegen ist eine Rekonstruktion des Originals aus dem 16. Jahrhundert. Vom Rathausturm aus bietet sich ein weiter Blick über die Stadt und den Hafen mit seinen Kränen und Docks. Ganz in der Nähe ragt die Neue Kirche, ein imposanter Barockbau, hoch in den Himmel. Ein Spaziergang auf den begrünten Wallanlagen, die noch immer einen großen Teil Emdens umgeben, führt an Stadtgraben und Altem Graben entlang. Das bedeutendste Museum von Emden ist die von Henri Nannen gegründete Kunsthalle mit den Sammlungsschwerpunkten Expressionismus und Neue Sachlichkeit.

Leer Auf eine über 1000-jährigen Geschichte blickt die an Ems und Leda gelegene Seehafenstadt zurück. Die wunderschöne Altstadt verdankt ihr Gepräge nicht zuletzt auch den zahlreichen holländischen Glaubensflüchtlingen. Mit der Mennonitenkirche, der Lutherkirche, der Großen Kirche und der Kirche St. Michael konzentrieren sich hier gleich vier stattliche Gotteshäuser. Die Harderwykenburg und die Haneburg waren bereits im Spätmittelalter die Sitze ostfriesischer Häuptlinge; die Evenburg und das Schlösschen Philippsburg stammen hingegen aus der Barockzeit. Etwas südlich der Stadt sollte man einmal mit der Fähre »Wiltshausen« über die Jümme setzen. Sie ist die letzte noch handbetriebene Zugfähre Deutschlands.

Papenburg Wer in die Emsstadt kommt, wähnt sich fast in Holland. Die älteste und längste deutsche Fehnkolonie weist ein Kanalnetz von über 40 Kilometer Länge auf. Und so führt ein Spaziergang durch Papenburg über (Zug-)Brücken und an Grachten entlang. Dabei stößt man auf sechs nachgebaute historische Schiffe des Freiluft-Schifffahrtsmuseums. In der jahrhundertealten Schiffsbau

Fehnkolonien

Doch die Geschichte dieser Dörfer ist alles andere als gemütlich und anheimelnd. Während des Dreißigjährigen Kriegs, als den Menschen hier ihr wichtigstes Brennmaterial Holz ausging, begannen die Emdener Kaufleute Torf aus den nahen Mooren zu stechen und diese mit Kanälen (links) zu entwässern. Friedrich der Große warb im 18. Jahrhundert Männer für diese Arbeit an und lockte sie mit Vergünstigungen wie Gewährung von Glaubensfreiheit in die gefährlichen Sümpfe. Das Leben der Fehntjer in ihren dunklen Moorkolonien war erbärmlich. Sie lebten in Hütten aus Torfplacken, ernährten sich schlecht und arbeiteten sich oft zu Tode. Einige Moorarbeiter konnten sich aus ihrem Elend herausarbeiten, viele Fehnsiedlungen erlebten einen bescheidenen Wohlstand. Die älteste und wohl reichste Fehnsiedlung Deutschlands ist übrigens Papenburg.

tradition der Stadt steht die Meyer-Werft mit dem größten überdachten Trockendock der Welt. Zahlreiche Schaulustige säumen die Deiche, wenn sich ein großer Pott auf dem Weg zum Meer durch die schmale Ems zwängen muss.

* **Westerstede** Sehenswert in der Hauptstadt des Ammerlandes ist die St.-Petri-Kirche (1123) mit ihrem schiefen Glockenturm. In dem Bahnhof (1906) ist heute eine Galerie ansässig.

* **Bad Zwischenahn** Der vornehme Moor- und Kneippkurort im Herzen des Ammerlands am Zwischenahner Meer hat Abwechslungsreiches zu bieten: Wassersport, Kur- und Fitnessanlagen sowie idyllische Wanderwege an den Seeufern, aber auch zahlreiche Cafés und kleine Läden an den Straßen, in denen es sich entspannt flanieren lässt. Die Restaurants servieren regionale Spezialitäten wie Ammerländer Schinken oder köstlich geräucherten »Smoortaal«. Für Abendunterhaltung sorgt die Spielbank.

** **Oldenburg** Die 160 000-Einwohner-Großstadt zählt zu den kulturellen Zentren des Nordwestens, was teils auch der 1973 hier angesiedelten Universität zu verdanken ist. Besonders sehenswert in der ehemaligen Residenzstadt sind der Markt mit dem Rathaus von 1877, das Degode-Haus (ein Bürgerhaus von 1502) und der »Lappan«, ein ehemaliger Glockenturm des Heiligen-Geist-Spitals (1468) und heute Wahrzeichen von Oldenburg. Südlich des Marktes befindet sich das Schloss, in dem das Landesmuseum für Kunst und Kulturgeschichte mit wertvollen Exponaten untergebracht ist, etwa von Wilhelm Tischbein (1751–1829). Der Schlossgarten ist im englischen Stil gestaltet.

Emsland, Osnabrücker Land, Untere Weser

Das Emsland erstreckt sich südlich von Ostfriesland entlang von Ems und niederländischer Grenze. Die Verbindung zur Region Untere Weser zwischen Bremen und Rehburg-Loccum bilden Teutoburger Wald, Wiehengebirge und das Osnabrücker Land mit stattlichen Bauernhöfen, Heilbädern und schöner Fachwerkarchitektur.

Frenswegen 1394 wurde hier, am heutigen westlichen Stadtrand von Nordhorn, ein Augustiner-Chorherrenstift gegründet. Bis auf den östlichen Südflügel und die Klosterkirche, die 1880/81 durch Brand und Blitzschlag zerstört wurden, sind noch alle Gebäude erhalten.

Nordhorn Die markantesten Gebäude der Kreisstadt im äußersten Südwesten Niedersachsens sind die Alte Kirche (1445) mit schönen Gewölbemalereien und die neuromanische Augustinuskirche (1913).

* **Bad Bentheim** Hauptsehenswürdigkeit des Heilbads ist das Schloss der fürstlichen Familie Bentheim. Im Burghof steht der »Herrgott von Bentheim«, ein Steinkruzifix aus dem 11. Jahrhundert.

Dümmer Nordöstlich von Osnabrück liegt dieses Niedermoorgebiet, in dem zahlreiche Steinzeitfunde gemacht wurden. Vollkommen ausgegraben wurde das Moordorf Hüde I., das auf den Zeitraum 4200 bis 2700 v. Chr. zurückgeht.

* **Naturpark Dümmer** Mittelpunkt des 472 Quadratkilometer großen Naturparks ist der Dümmer See, Niedersachsens zweitgrößtes Binnengewässer. Er ist Brut- und Rastplatz für viele Zugvögel. Die weitläufigen Hochmoore weisen eine einzigartige Flora und Fauna auf.

** **Osnabrück** Karl der Große erhob die Siedlung um 800 zum Bischofssitz, im 13. Jahrhundert trat die Stadt der Hanse bei. Berühmt wurde sie 1643 bis 1648 durch die Verhandlungen, die dann zum Westfälischen Frieden führten. Ein berühmter Sohn der Stadt ist der 1898 hier geborene Schriftsteller Erich-Maria Remarque. Der *Dom St. Petri (13. Jahrhundert) mit dem romanischen Vierungsturm birgt ein Bronzetaufbecken (1225) und acht Apostelplastiken. Im Diözesanmuseum kann man den Domschatz begutachten. Das Rathaus wurde um 1500 erbaut. In der Marienkirche (1520) steht ein Flügelaltar aus dem 14. Jahrhundert. Schöne Fachwerkbauten sind noch im Heger-Tor-Viertel zu bewundern.

Nachgebautes historisches Segelschiff vor dem Rathaus von Papenburg (oben links); Dom St. Petri in Oldenburg mit Triumphkreuz (oben rechts)

Niedersachsen

Wenige Kilometer nördlich des Naturschutzparks Lüneburger Heide liegt das kleine Städtchen Jesteburg am Flüsschen Seeve, das zum Wandern, Radeln und Baden einlädt. Im hölzernen Turm von Jesteburgs Kir-

Insel Wilhelmstein mit Festung im Steinhuder Meer

Das prächtigste Gebäude der Stadt ist das Rathaus (14. Jahrhundert). Die St.-Martins-Kirche, eine Hallenkirche im Stil der norddeutschen Backsteingotik, birgt zahlreiche Kunstschätze.

Rehburg-Loccum Bad Rehburg besitzt mit den ehemals königlichen Kuranlagen ein einzigartiges Kulturdenkmal aus der Zeit der Romantik. Die »Reheburgk« aus dem 12. Jahrhundert war einst eine Wasserburg. In Loccum steht ein 1163 gegründetes Zisterzienserkloster.

⋆⋆ **Naturpark Nördlicher Teutoburger Wald-Wiehengebirge** Prägend für den auch als TERRA.vita bezeichneten Naturpark sind die bewaldeten Höhenzüge des Teutoburger Waldes, des Wiehengebirges und die Parklandschaft des Osnabrücker Landes. Der Naturpark gehört seit 2000 zum European Geopark Network; Saurierfährten und bizarre Felsformationen zeugen vom besonderen geologischen Erbe dieses Gebiets.

Verden In der eigentümlichen Gestalt des 1290 bis 1490 erbauten gotischen Doms St. Maria und Caecilia spiegelt sich dessen lange Baugeschichte. Die dreischiffige Hallenkirche verfügt über den ältesten Hallenumgangschor Deutschlands. Vom einstigen Reichtum der Erzbistumsstadt zeugt auch das barocke Rathaus. Heute ist Verden an der Aller ein Zentrum von Pferdezucht und Reitsport, und so gibt es hier ein Pferdemuseum und ein Hippologisches Institut in einem schön gestalteten Fachwerkhaus.

Nienburg Jahrhundertelang bewachte hier eine Festung einen der wichtigsten Weserübergänge. Die Altstadt ist geprägt von Fachwerkhäusern und Hofanlagen und vermittelt noch heute ein lebendiges Bild des Mittelalters: Zu den schönsten Höfen gehören der Fresenhof (1263) und der Burgmannhof.

⋆⋆ **Naturpark Steinhuder Meer** Das größte Binnengewässer Nordwestdeutschlands (30 Quadratkilometer) ist nur 1,5 Meter tief. Im See gibt es zwei künstliche Inseln: die 1765 vollendete Inselfestung Wilhelmstein und die beliebte Badeinsel am Südufer. Am Nordufer lockt der Strand an der Weißen Düne. Der See ist Teil eines Feuchtgebiets und mit dem Umland als Naturschutzgebiet ausgewiesen.

Jesteburg

che schlägt Niedersachsens älteste Glocke, gegossen im Jahr 1190. Eine Freude nicht nur für kleine Mädchen ist das umfangreiche Puppenmuseum. Auf dem Weg nach Jesteburg, im Wald am Rande des Dörfchens Lüllau, trifft man in einsamer Landschaft auf eine unvermutete Attraktion: den eigentümlichen Kunsttempel von Johann Michael Bossard (1874 bis 1950). Das 1926 bis 1929 erbaute Haus ist das Lebenswerk des aus der Schweiz stammenden Hamburger Kunstprofessors und seiner ehemaligen Schülerin Jutta Krull, die er 1926 heiratete. Es stellt ein fantastisches Gebilde aus kuriosen architektonischen, bildhauerischen und gartenbaukünstlerischen Elementen, das beide immer weiter vervollkommneten (links: Edda-Saal mit isländischen Motiven). Ab 1944 hatte das kreative Paar hier seinen festen Wohnsitz.

Lüneburger Heide und Wendland

Zwischen dem 6. und dem 8. Jahrhundert war die Region schon von Slawen und Sachsen besiedelt. Wirtschaftliche Bedeutung hatten hier über 1000 Jahre lang die Salzgewinnung und dessen Transport auf der Salzstraße. So birgt die Region zwischen Elbe, Weser und Aller sowohl geschichtsträchtige Bauten als auch wilde Natur.

★★ Scharnebeck Direkt am Elbe-Seitenkanal befindet sich das zweitgrößte Schiffshebewerk der Welt. Die Schiffe überwinden in mit Wasser gefüllten »Fahrstühlen« in nur nur drei Minuten 38 Meter Höhendifferenz zwischen Elbe und Geest.

★★★ Naturschutzpark Lüneburger Heide Der 1921 gegründete Naturschutzpark war der erste seiner Art in Deutschland. Ein Gebiet von rund 20 000 Hektar ist für Autos gesperrt, zugelassen sind nur Pferdefuhrwerke und Fahrräder. Vom 169 Meter hohen Wilseder Berg bietet sich im Spätsommer ein bezaubernder Blick über das dunkelrosa Blütenmeer dieser historischen Kulturlandschaft. Allgegenwärtig sind in der Heide die Heidschnucken, eine genügsame Schafart.

Buchholz Das Städtchen ist bestens als Ausgangspunkt für Entdeckungstouren in die Nordheide geeignet. Los geht es im Ortsteil Seppensen mit einer Stippvisite in den Tropen: Im »Alaris-Schmetterlingspark«, ein in verschiedene Klimazonen unterteiltes Gewächshaus, kann man sich von April bis Oktober von Hunderten von Falterarten umflattern lassen.

★ Hanstedt Hier ist man der eigentlichen Heide bereits ganz nah. Der Naturschutzpark beginnt gleich an der westlichen Ortsgrenze. Wander- und Radwege führen von hier nach Undeloh und zum Wilseder Berg, also mitten ins Herz der im August violett erblühenden Heidelandschaft. Die Attraktion Hanstedts liegt im Ortsteil Nindorf: der Wildpark Lüneburger Heide mit europäischem Großwild, Greifvögeln und einem Streichelzoo. Kunstliebhaber sollten die romantische Galerie Overbeck besuchen, in der Gemälde aus dem 20. Jahrhundert ausgestellt sind.

Bispingen Auch dieser Ort ist ein beliebtes Tor zum Naturschutzpark. Ehe man zu Fuß oder per Rad aufbricht, sollte man einen Blick auf die aus Feldsteinen erbaute schlichte »Ole Kerk«, die »alte Kirche«, von 1353 werfen und vielleicht auch den »Center Parc Bispinger Heide« besuchen, eine Freizeitlandschaft mit Bungalows, Hotel, künstlicher, überglaster

Verden an der Aller ist überregional für seine Pferdezucht bekannt. Ein mächtiger gotischer Dom beherrscht das Stadtbild (oben).

TIPP++TIPP++

Center Parc Bispinger Heide
Am Ortsrand von Bispingen, inmitten der wunderschönen Landschaft der Lüneburger Heide, erwartet den Besucher das volle Programm an Spaß und Action. Ratsam für mehrere Tage Aufenthalt, Tagesausflüge möglich.
Bispinger Heide, Töpinger Str. 69, Tel. 0 18 05/72 75 24

Galerie Overbeck
Eine Hommage an regionale Künstler mit einer exquisiten Auswahl von Bildern, Stillleben und Aquarellen.
Hanstedt/Ortsteil Nindorf, Im Auetel 21, Tel. 0 41 84/76 08, vorherige Anmeldung

Salzmuseum
Kein staubiges Museum, sondern eines zum Anfassen und Be-Greifen. Für diesen lebendigen Ansatz erhielt es 1991 den Museumspreis des Europarates in Straßburg.
Lüneburg, Sülfmeisterstr. 1, Tel. 0 41 31/4 50 65, Führungen: Mo–Fr 11, 12.30 und 15 Uhr, Sa/So 11.30 und 15 Uhr

Bereits im 16. Jahrhundert gehörte Lüneburg zu den reichsten Städten Norddeutschlands. In der Neuzeit gewann die gut erhaltene Stadt durch ihr anerkanntes Moor- und Solebad, einige Industriebetriebe und seit 1980 auch durch die Universität an Bedeutung. In der alten Salzstadt gibt es eine Fülle von Backsteingebäuden aus Spätgotik und Renaissance (links und unten). Sehenswert ist das Rathaus mit seiner gotischen

Lüneburg

Gerichtslaube. Um 1410 entstand hier das leuchtende Neunheldenfenster, Sinnbilder der Gerechtigkeit (großes Bild). Durch die schöne Altstadt gelangt man zur 1409 geweihten Nikolaikirche. Die Straße Am Sande, einst Handelsplatz, wird von Häusern aus Renaissance und Barockzeit gesäumt. Die beeindruckende Johanniskirche (13./14. Jahrhundert) beherrscht mit ihrem 108 Meter hohen Turm den Platz. Die Orgel der Kirche gehört zu den ältesten Deutschlands. Im Deutschen Salzmuseum auf einem ehemaligen Salinengelände kann man sich über die 1000-jährige Geschichte der Salzgewinnung in Lüneburg informieren. Das »weiße Gold« wurde von hier aus in die Ostseeländer verschifft. Das Kloster Lüne wurde 1172 gegründet und dient seit der Reformation als Damenstift. Eine Zelle zeigt, wie die Nonnen damals lebten.

Sie gilt in Deutschland als Verkörperung der Heidelandschaft schlechthin – die im Städtedreieck Hannover – Hamburg – Wolfsburg gelegene Lüneburger Heide mit ihren Birkenhainen, Heidschnucken und Wassermühlen. Was heute so fasziniert, ist allerdings das Ergebnis jahrhundertelangen Raubbaus. Noch im Mittelalter wuchsen hier dichte Eichen-, Kiefern- und Birkenwälder. Sie wurden in den Salinen verheizt, und zurück blieb eine

Lüneburger Heide

Steppenlandschaft. Im Laufe der Jahrhunderte hat sich das triste Areal jedoch in eine pittoreske Heidelandschaft verwandelt. Im September blüht das Heidekraut und verzaubert die Landschaft in ein altrosa bis violett glühendes Farbenmeer (links). Dazwischen gibt es nur wenige Bauerndörfer oder einzelne Gehöfte, die sich als sogenannte Fachhallenhäuser mit Krüppelwalmdächern aus Reet harmonisch in die Landschaft einpassen (großes Bild). Eine Vorstellung vom Alltag der Heidelandwirtschaft vermitteln noch die Freilichtmuseen in Wilsede und Walsrode. Gekrönt wird das Idyll durch die allgegenwärtigen Heidschnucken. Diese genügsame Schafrasse ist das Haupthaustier der Heidjer – Sinnbild tiefsten Friedens, auch wenn an einigen Stellen der Heide Kanonendonner von den hier noch existierenden Truppenübungsplätzen herüberhallt.

Niedersachsen

Eine kulturgeschichtliche Besonderheit der nur dünn besiedelten, noch dazu evangelisch geprägten Lüneburger Heide sind die Heideklöster. Fünf von ihnen – Lüne, Medingen, Ebstorf, Isenhagen und Wienhau-

deboden bringt besonders schmackhafte Erdäpfel hervor. Daher wird die Ernte im September mit einem Kartoffelfest gefeiert. Heideidyll wie aus dem Bilderbuch erlebt man aber schon täglich abends, wenn an der B 71 Richtung Soltau die große Heidschnuckenherde heim in die Ställe getrieben wird. Auch das Dörfchen selbst strahlt Beschaulichkeit aus. Umso mehr überrascht das Umland: Dort entstanden seit 1974 im Rahmen des Projekts der »Kunst-Landschaft« mehr als 30 ungewöhnliche Freiluftkunstwerke, darunter Skulpturen international bekannter Künstlern wie Tony Cragg. Informationen über genaue Standorte erhält man im Springhornhof (im Winter geschlossen), aber auch viele Neuenkirchener wissen gut Bescheid.

TIPP++TIPP++

Heimatmuseum Schneverdingen
Der »Theeshof« war einer der größten und ältesten Höfe im ehemaligen Dorf Hansahlen. Seit 1978 dient die Hofanlage als Heimathaus. Im Inneren geben Ausstellungen einen Einblick in das bäuerliche Wohn- und Arbeitsleben zwischen 1850 und 1950 in Schneverdingen und der Region. Der Theeshof ist aber auch ein Veranstaltungsort für Theateraufführungen, Dichterlesungen oder Filmabende.
Schneverdingen, Langelohsberg/Hansahlener Dorfstraße, Tel. 0 51 93/21 99

Badelandschaft und Karibikflair. Wer das wirkliche Leben vorzieht, nimmt ein Bad im Brunausee oder fährt zum Ortsteil Volkwardingen, von wo aus ein Wanderweg durch das Heidetal des Totengrunds nach Wilsede führt.

* **Schneverdingen** Wie in manchem anderen Heideort wird auch hier Ende August ein Heideblütenfest gefeiert, das in der Kür einer Heidekönigin seinen Höhepunkt findet. Im Zentrum des Trubels steht die Freilichtbühne des Höpen. Der Höpen ist eine 120 Meter hohe heidebewachsene Anhöhe, an der sich die Ställe der Schneverdinger Heidschnucken befinden. Im nahen, drei Hektar großen Heidegarten wurden allerlei Arten von Heidesträuchern, die zu unterschiedlichen Zeiten blühen, so gepflanzt, dass ein »Blütenkalender« entstand. Südöstlich des Ortes befindet sich – im Prozess der Renaturierung begriffen – das nasse Pietzmoor, durch das ein markierter Wanderweg führt.

Soltau Dass das auf angenehme Weise schlichte und freundliche Städtchen schon über 1000 Jahre alt ist, sieht man ihm nicht an, da historische Gebäude vollkommen fehlen. Die hübsche Ortsmitte »Am Hagen« erfreut mit kleinen Häusern, allerlei Gastronomiebetrieben, Handwerksstätten und dem Heiratsbrunnen, an dem sich einst die jungen Leute kennenlernten, wenn sie zum Wasserholen kamen. Besonders entlang dem Aller-Nebenflüsschen Böhme lässt sich gut radeln und wandern. Seit 1987, als in Soltau eine Solquelle erschlossen wurde, gibt es hier auch einen Kurbetrieb, dazu das Erlebnisbad »Soltau Therme«. Überregional ist die Stadt vor allem wegen des »Heide-Park Resort« mit reichlich Nervenkitzel und tollen Attraktionen für die ganze Familie bekannt.

* **Neuenkirchen** Hier verbindet sich Erdig-Bodenständiges mit Modern-Ambitioniertem. Neuenkirchen ist ein Zentrum des Kartoffelanbaus. Der Hei-

* **Bad Fallingbostel** Die schönste Ecke der Kreis- und Kurstadt findet sich im nördlich gelegenen Ortsteil Dorfmark in Form eines idyllischen Fachwerkensembles mit einer alten Dorfkirche. Wer Zeit und Muße hat, sollte den Ort einmal von der Wasserseite her betrachten, denn auf der Böhme lässt es sich gut paddeln. Flussabwärts gelangt man zum Vorort Tietlingen, wo sich in einem ruhigen Wacholderhain das Grab des 1914 in Frankreich gefallenen Heidedichters Hermann Löns befindet.

* **Walsrode** Das im Jahr 986 gegründete Kloster ist das älteste der sechs noch bestehenden Heideklöster. Zwar brannte es 1486 weitgehend aus und erlitt auch später große Schäden, doch einige historische Kunstschätze blieben erhalten, so die bemalte Holzdecke und die Glasmalereien des Nonnenchors, die Figur des Jesuskinds mit seinem bestickten Umhang, in dem Süßwasserperlen aus der Heide verarbeitet

Heideklöster

sen (links: Kirche und Nonnenchor) – stammen aus dem 12. bis 14. Jahrhundert, hinzu kommt Kloster Walsrode aus dem 10. Jahrhundert. Die meist gotischen Backsteingebäude sind oft noch im Originalzustand erhalten. Nur das Medinger sowie teilweise das Walsroder Kloster mussten nach Bränden neu errichtet werden. Alle Klöster wurden nach der Reformation als evangelische Damenstifte genutzt. Wer nun aber meint, die Klosterschwestern hätten in den Gemäuern in entsagungsvoller Frömmigkeit gedarbt, irrt sich gründlich. Nicht nur die über reichlich Grundbesitz verfügenden Klöster, sondern auch viele Stiftsdamen, oft adligen Geblüts, waren ausgesprochen wohlhabend. Kloster Ebstorf wurde ein berühmter Wallfahrtsort. Wienhausen wurde als Familienkloster des Lüneburger Herzogshauses prächtig ausgestattet.

sind, ein gotischer Altarbehang sowie die um 1300 entstandene Figur des Stifters. Verwaltungsmäßig zu Walsrode gehört auch Hodenhagen. Hier hat sich der »Serengeti-Safaripark« einen Namen gemacht. Wie in den südafrikanischen Nationalparks fährt man mit dem Auto durchs Gelände und bestaunt Giraffen, Elefanten und Tiger.

Schwarmstedt Wo die Leine in die Aller mündet, geraten Vogelfreunde ins Schwärmen. Die weiten, feuchten Auen dieser unbegradigten Flüsse bieten vielen Reihern, Störchen und Milanen Lebensraum. Blickfang im Ort ist das Fachwerkhaus »Alte Burg« von 1632.

★ **Uelzen** Hauptsehenswürdigkeiten sind hier das »Goldene Schiff«, das Modell einer Hansekogge, in der gotischen Marienkirche sowie der von Friedensreich Hundertwasser gestaltete Bahnhof.

Suhlendorf Im Handwerksmuseum des Heideorts auf dem Mühlenberg lässt sich in rekonstruierten Werkstätten die Arbeitswelt alter ländlicher Handwerkerberufe wie Stellmacher und Sattler nacherleben. Ursprünglich war es als Mühlenmuseum konzipiert – deshalb auch die vielen Mühlenmodelle sowie die 1999 rekonstruierte Bockwindmühle aus dem Jahre 1810.

★ **Hankensbüttel** Der Ort am Südostrand der Lüneburger Heide ist in Tierschützerkreisen ein Begriff. Den stark gefährdeten Fischottern mehr Lebensraum zu verschaffen und ihre Lebensgewohnheiten gründlich zu erforschen ist nämlich Ziel des von einem Verein getragenen Otterzentrums, von dessen Arbeit und Engagement natürlich auch andere Tierarten profitieren. Im nahe gelegenen Kloster Isenhagen kann die Ausstattung der Kirche, darunter Truhen und teils über 700 Jahre alte Stickereien mit Flussperlen aus der Heide, besichtigt werden. Schlicht wie schön sind die Wandmalereien der Dorfkirche.

Uelzener Backsteinkirche St. Marien mit »Goldenem Schiff«

★★★ **Celle** Die Stadt im Süden der Lüneburger Heide wurde 1292 von Herzog Otto dem Strengen gegründet. 1433 wurde sie Residenz der Herzöge von Braunschweig-Lüneburg. Das ★★Schloss (16./17. Jahrhundert) beeindruckt durch seine Renaissancefassade, die Prunkräume und das Theater. Die Stadtkirche wurde 1308 erbaut, das Rathaus 1581. Sehenswert sind auch die ★★Fachwerkhäuser in der Zöllnerstraße. Südlich der Altstadt liegt ein Französischer Garten mit Imkereimuseum. Das ★★Niedersächsische Landgestüt, bekannt durch die Zucht bester Hannoveraner Pferde, besteht seit 1735.

Bergen-Belsen Nördlich von Celle liegt Bergen mit der Gedenkstätte des ehemaligen Konzentrationslagers Bergen-Belsen. Hier kamen 1941 bis 1945 rund 50 000 Häftlinge und 20 000 sowjetische Kriegsge-

Kloster Walsrode (oben links); Blick vom Kirchturm von Celle auf die Altstadt mit ihren schönen Fachwerkbauten (oben rechts)

Niedersachsen

Das Adelsgeschlecht der Welfen ist seit dem 9. Jahrhundert, der Zeit Karls des Großen, nachweisbar. Der wohl berühmteste Welfe war Heinrich der Löwe (12. Jahrhundert), Herzog von Sachsen und Bayern. Zu seiner

TIPP++TIPP++

Internationales Wind- und Wassermühlen-Museum
Neben dem Historischen Museum Schloss Gifhorn ist das **Internationale Wind- und Wassermühlen-Museum sehenswert. Das einzigartige Mühlenmuseum zeigt dreizehn Mühlen in Originalgröße sowie 40 weitere Modelle aus aller Herren Länder, die naturgetreu und maßstabsgerecht gemäß der Orginale verkleinert nachgebaut sind.
Gifhorn, Bromer Str. 2, Tel. 0 53 71/5 54 66, geöffnet tägl. 10–18 Uhr, Nov.–März geschlossen

fangene ums Leben, 15 000 starben nach der Befreiung an den Folgen der Haft. Ein Mahnmal und eine Dauerausstellung erinnern an die Lagergeschichte.

* **Wienhausen** Nur elf Tage lange werden hier ab Freitag nach Pfingsten die gotischen Bildteppiche gezeigt, die die vornehmen Bewohnerinnen des einstigen Zisterzienserklosters und heutigen Damenstifts Wienhausen im 14. und 15. Jahrhundert geschaffen hatten. Die gotischen Backsteingebäude mit prächtig ausgemaltem Nonnenchor und Glasmalereien machen einen Besuch auch im Rest des Jahres zu einem eindrucksvollen Erlebnis.

** **Hitzacker** Die kleine Stadt auf einer Insel zwischen Elbe und Jeetzel zählt zu den schönsten im Wendland. Sehenswert ist die historische Altstadt mit vielen Fachwerkhäusern. Im ältesten (1589) ist das ehemalige Zollhaus untergebracht.

Erlebniszentrum »Autostadt« in Wolfsburg mit Autotürmen und Hotel Ritz Carlton (oben)

** **Lübeln** Hier handelt es sich um ein Rundlingsdorf, eine jahrhundertealte Bauform im Nordosten Niedersachsens. Der autofreie Dorfplatz wird von zwölf Höfen umgeben. Im 1972 gegründeten Freilichtmuseum wird der Alltag der wendländischen Bauern dokumentiert.

** **Wolfsburg** Hauptattraktionen der 1938 gegründeten VW-Stadt ist das **Erlebniszentrum »Autostadt« mit einer faszinierenden Seen- und Parklandschaft, Themenpavillons, Hotel, Kino und interaktivem Museum. Ferner sind hier herausragende Bauten von Zaha Hadid (Wissenschaftsmuseum »phæno«), Alvar Aalto (Kulturhaus, Heiliggeist-, Stephanuskirche) und Hans Scharoun (Städtisches Theater) zu bewundern. Schloss Wolfsburg (16./17. Jahrhundert) beherbergt die Städtische Galerie und das Stadtmuseum.

** **Naturpark Elbufer-Drawehn** Hier findet man Auen, Wälder und Deiche aus dem 13. Jahrhundert. Teile der Elbtalauen wurden 1997 als UNESCO-Biosphärenreservat anerkannt.

Hannover und Südniedersachsen mit Harz

Herrschaftliche Schlösser und vornehme Gärten, der Harz, altehrwürdige Städte, die Landesmetropole Hannover mit ihren Messen – die Region Hannover und Südniedersachsen bieten viel Abwechslung.

** **Hannover** Siehe Stadtplan rechts

*** **Herrenhäuser Gärten** Das Schloss der Herrenhäuser Gärten war einst Sommerresidenz der Herrscher von Hannover. Die Familie Calenberg hatte es im 17. Jahrhundert errichten lassen. Im Zweiten Weltkrieg wurde es dem Erdboden gleichgemacht, doch die »Herrenhäuser Gärten« – Georgengarten, Großer Garten und Berggarten – blieben erhalten.

* **Nordstemmen** Für den letzten König von Hannover, Georg V., wurde hier Mitte des 19. Jahrhunderts Schloss Marienburg im neugotischen Stil erbaut. Im Schloss befindet sich

Die Welfen und ihre Residenzen

Residenz wählte er Braunschweig, wo er ab 1160 die Burg Dankwarderode errichten ließ. Der Bau in seiner heutigen Form beruht auf einer Rekonstruktion von 1889. Nachdem die Welfen 1255 Wolfenbüttel erobert hatten, wichen sie vor den streitbaren Braunschweigern dorthin aus und erkoren es 1432 zur Residenz. Ab 1553 wurde Wolfenbüttels alte Wasserburg zum Renaissanceschloss ausgebaut, die Stadt vergrößert und befestigt. 1671 gelang es den Welfen, Braunschweig zurückzuerobern; 1753 kehrten sie nach Dankwarderode zurück – eine Seitenlinie, die ab 1636 in Hannover residierte, hatte es zur Kurfürstenwürde gebracht. Von der im 17. Jahrhundert errichteten Sommerresidenz Herrenhausen des hannoverschen Herrscherhauses sind die Galeriegebäude und der barocke Große Garten erhalten geblieben (links).

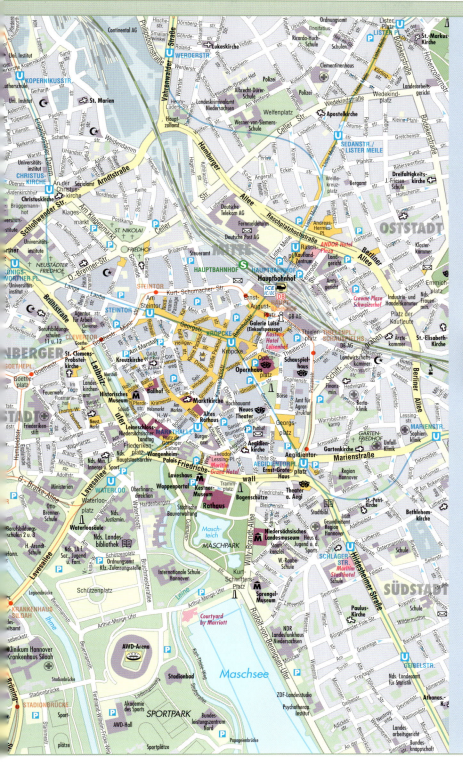

Hannover

Trotz großer Kriegszerstörungen hat Hannover reiche kulturelle Schätze zu bieten und ist vielleicht die am meisten unterschätzte Großstadt Deutschlands.

1150 war Hannover Marktsiedlung, 1495 übernahmen die Calenberger die Herrschaft und machten es im 17. Jahrhundert zur Residenzstadt. Seine Blüte setzte ein, als Ernst August 1692 bis 1698 erster Kurfürst von Hannover war. Als Kurfürst Georg Ludwig 1714 als König Georg I. den englischen Thron bestieg, begann die Ära der

Neues Rathaus am Maschsee

engen Verbindungen zwischen dem Kurfürstentum und England, die bis 1837 anhielten. An die königlichen Zeiten erinnert vor dem Hauptbahnhof das Reiterstandbild von König Ernst August I. Ein Mahnmal des Zweiten Weltkriegs ist die Ruine der Aegidienkirche (14. Jahrhundert). Zum Wahrzeichen der Stadt wurde das 1913 am Maschsee erbaute *Neue Rathaus. Norddeutsche Backsteingotik lässt sich am *Alten Rathaus studieren. Die Residenz König Georgs V. befand sich im Wangenheim-Palais. Herzog Georg von Calenberg erbaute im 17. Jahrhundert das *Leineschloss. Im wohl schönsten Fachwerkbau der Stadt spielt das Niedersächsische Staatstheater. Sehenswert ist auch das *Opernhaus. Die *Marktkirche birgt einen Schnitzaltar und ein Bronzetaufbecken aus dem 14. und dem 15. Jahrhundert.

DIE SCHÖNSTEN REISEZIELE

Niedersachsen

Im 8. Jahrhundert war Hildesheim eine Siedlung für Kaufleute. Unter Kaiser Ludwig dem Frommen wurde das erste wichtige Gotteshaus errichtet. Ihm folgten Bischöfe, die weitere Kirchen erbauen ließen. Hil-

TIPP++TIPP++

Kurpark Bad Pyrmont
Das niedersächsische Staatsbad Bad Pyrmont besitzt einen der größten Kurparks in Europa. Besonders sehenswert ist der Palmengarten, in dem an die 300 Palmen bis zu 11 Meter hoch wachsen. Darüber hinaus findet man in dem Park bis zu 400 weitere tropische und subtropische Pflanzen.
Bad Pyrmont, Hufeland Therme, Forstweg 17, Tel. 0 52 81/5 17 50 oder Bad Pyrmont, Kur und Gast, Tel. 0 52 81/15 15 15

ein Museum, das über die Geschichte des Landes Niedersachsen aufklärt.

** Braunschweig Heinrich der Löwe (1129–1195) machte einst die Siedlung zu seiner Residenz und erteilte ihr Stadtrechte. 1247 wurde Braunschweig Mitglied der Hanse, 1745 erfolgte die Gründung der Technischen Hochschule, 1753 bis 1918 glänzte es als Residenz der Herzöge. Im Zweiten Weltkrieg wurde der historische Stadtkern bis auf wenige Gebäudeensembles zerstört. Erhalten geblieben ist der romanisch-gotische **Dom St. Blasius, vollendet 1195 unter Heinrich dem Löwen. Von ihm stammt auch der siebenarmige 4,5 Meter hohe Bronzeleuchter im Hochchor. Im Mittelschiff befindet sich sein **Grabmal, das zu den wichtigen Werken der spätromanischen Bildhauerschule zählt. Kaiser Otto IV. und seine Gemahlin Beatrix ruhen unter einer Messingplatte vor dem Chor. Am **Burgplatz steht vor dem rekonstruierten Palas von Burg Dankwarderode, Residenz Heinrichs des Löwen, eine Nachbildung des in Erz gegossenen *Löwen von 1166. Das Original befindet sich im Burgmuseum. Im Braunschweigischen Landesmuseum lässt sich die Landesgeschichte studieren. In der Museumstraße residiert das älteste Museum Deutschlands, das **Herzog-Anton-Ulrich-Museum. Sehenswert ist der Hagenmarkt mit der gotischen Hallenkirche St. Katharinen (1300), dem 1780 umgestalteten gotischen Rathaus und der Andreaskirche aus dem 12. Jahrhundert, die 1742 den neuen Südturm erhielt. Das schönste noch erhaltene Gebäudeensemble der Stadt ist der Altstadtmarkt. Ebenfalls eine Besichtigung wert sind die Marienkirche (12.–14. Jahrhundert) und das Gewandhaus. Sein Ostgiebel entstand Ende des 16. Jahrhunderts und zählt zu den Hauptwerken der Braunschweiger Renaissance. Erwähnenswert ist auch die älteste noch erhaltene Fachwerkfassade (1470) in der Knochenhauerstraße 11. *Schloss Richmond ließ der Herzog von Braunschweig-Wolfenbüttel 1768/69 für seine Gemahlin bauen.

* Helmstedt In der ehemaligen innerdeutschen Grenzstadt sind noch viele Fachwerkhäuser aus dem 16. Jahrhundert erhalten geblieben. Herzog Julius von Braunschweig gründete hier 1576 eine Universität, die bis zu ihrer Schließung 1810 viel besucht war. Im ehemaligen Universitätsgebäude, dem Juleum, befinden sich eine beeindruckende Bibliothek sowie das *Kreisheimatmuseum. Sehenswert ist das *Zonengrenzmuseum mit Exponaten, die an die Ära als Grenzstadt erinnern.

** Wolfenbüttel Die am Fluss Oker gelegene gut erhaltene Fürstenresidenz wurde 1308 bis 1753 von den Herzögen von Braunschweig bewohnt. Man pflegte in Wolfenbüttel die Wissenschaft und die Kunst, die ersten Berufsschauspieler lebten hier, und Herzog August (1635–1666) gründete eine

Hildesheim

desheim wurde so zu einem Ort frühromanischer Baukunst – bis zum März 1945, als ein Großteil der Altstadt durch Bombardierung zerstört wurde. Der Dom und die Kirche St. Michael wurden danach originalgetreu wiederaufgebaut und sind seit 1985 UNESCO-Weltkulturerbe. Zu den kostbarsten Ausstattungsstücken des 1079 errichteten Doms gehören die Bronzetür und der Radleuchter über dem Altar (11. Jahrhundert). Die 1033 vollendete Michaeliskirche verfügt über eine bemalte Holzdecke mit der Darstellung des Jesseboms, des Stammbaus Christi (13. Jahrhundert), und birgt den Steinsarg des hl. Bernward (933–1022). Neben vielen anderen Fachwerkbauten (links) wurde auch der Marktplatz von Hildesheim mit dem Knochenhaueramtshaus von 1529 (ganz links), einem der schönsten Fachwerkhäuser der Welt, rekonstruiert.

Bibliothek, die Berühmtheit erlangte und an der Gelehrte wie Leibnitz und Lessing wirkten. Sehenswert ist das *Schloss aus dem 16. Jahrhundert, das sein jetziges Aussehen im 18. Jahrhundert erhielt. Am Stadtmarkt steht das Fachwerk-Rathaus von 1600. Die *Marienkirche (1607–1623) ist ein Hauptwerk aus der Zeit des frühen Protestantismus. Der Hochaltar stammt von 1618, die Kanzel von 1623.

** Hameln Bekannt wurde die Stadt am Fuße des Weserberglandes mit ihren zahlreichen Fachwerkhäusern und Gebäuden im Stil der Weserrenaissance als Schauplatz des Rattenfängers, der hier im 13. Jahrhundert 130 Kinder aus der Stadt entführt haben soll. Auf dem *Markt, der auch heute noch den Mittelpunkt Hamelns darstellt, wurde in den 50er-Jahren die frühgotische St.-Nicolai-Kirche wiederaufgebaut. Die Weserrenaissance spiegelt die »Erlebniswelt Renaissance« im *»Hochzeitshaus« wider. Hier wird auch an die Geschichte des Rattenfängers erinnert. Das Münster, St. Bonifatius, wurde zwischen dem 11. und 14. Jahrhundert erbaut. Weiter sehenswert sind das **Rattenfänger- und das *Leisthaus.

*** Naturpark Weserbergland Der rund 1000 Quadratkilometer große Park beiderseits der Weser zwischen Rinteln und Hameln bietet bewaldete Höhenzüge, schroffe Felskanten, liebliche Fluss- und Bachtäler sowie ausgedehnte Nadel- und Laubwälder.

* Bodenwerder Der »Lügenbaron« Freiherr Karl Friedrich

Trinitatiskirche am Holzmarkt von Wolfenbüttel (oben links); Braunschweiger Burgplatz mit Burglöwe, Dom St. Blasius und Burg Dankwarderode (rechts)

DIE SCHÖNSTEN REISEZIELE

Niedersachsen

Im Einzugsgebiet der Weser, im heutigen Grenzgebiet von Niedersachsen und Nordrhein-Westfalen, bildete sich ab 1520 für rund hundert Jahre ein eigenständiger Baustil heraus, die sogenannte »Weserrenais-

Hieronymus von Münchhausen wurde hier 1720 im heutigen Rathaus geboren. Im Stadtbild beeindrucken die zahlreichen gut erhaltenen Fachwerkbauten.

★★ Goslar Vor über 1000 Jahren begann die Blütezeit der einstigen Kaiser- und Hansestadt am Rande des Harzes durch den Fund einer Silberader am Rammelsberg. Anfang des 11. Jahrhunderts kam Heinrich II. nach Goslar. In der Folgezeit wurde es eine der wichtigsten Reichsstädte. Im 16. Jahrhundert büßte Goslar seine Schürfrechte ein, unweigerlich folgte der wirtschaftliche Niedergang. Erst mit Beginn der Industrialisierung und Einsetzen des Tourismus erholte sich die Stadt wieder langsam. Unbedingt sehenswert ist die **★★Altstadt**. Den Marktbrunnen aus dem 13. Jahrhundert auf dem Marktplatz krönt ein vergoldeter Adler, einst Symbol der Freien Reichsstadt. Das Rathaus mit **★★Huldigungssaal** und Ratsherrenstube (samt **★★Evangeliar**) stammt aus dem 15. Jahrhundert. Dahinter befindet sich die Marktkirche (12., 13. und 16. Jahrhundert). Gegenüber dem Westportal befindet sich ein mit Schnitzereien verziertes schönes Patrizierhaus aus dem 16. Jahrhundert. Eine Besichtigung wert sind auch die Jakobikirche mit ihrer Pietà (16. Jahrhundert) sowie die Neuwerkkirche (12. und 13. Jahrhundert) mit spätromanischen Wandmalereien. Von dem 1050 geweihten einstigen Dom steht nur noch die Vorhalle. Beim heutigen Bau der **★★Kaiserpfalz** (11. Jahrhundert) handelt es sich lediglich um eine Rekonstruktion aus dem 19. Jahrhundert. Die St.-Ulrichs-Kapelle mit dem dort bestatteten Herzen Heinrichs III. geht auf das 11./12. Jahrhundert zurück. Sein Leib befindet sich im Dom zu Speyer. Das **★★Mönchehaus-Museum** für moderne Kunst zeigt eine Sammlung zeitgenössischer Werke. Darüber hinaus sind über die gesamte Stadt verteilt **★★moderne Plastiken** und Skulpturen zu bewundern. Im nördlichen Stadtteil Jürgenohl steht eine der schönsten Barockkirchen Norddeutschlands: die Klosterkirche des ehemaligen Augustiner-Chorherrenstifts. Deutschlands einzige Stabkirche aus dem frühen 20. Jahrhundert liegt im Stadtteil Hahnenklee-Bockswiese. Eine Erkundung lohnt auch das **★★Bergbaumuseum Rammelsberg**. Das 1988 stillgelegte Bergwerk gehört zu den ältesten weltweit.

★★ Okertal Wenige Kilometer südlich von Goslar befindet sich das romantische Flusstal der Oker. Besonders reizvoll ist die Gegend zwischen dem Romkerhaller Wasserfall und der Stadt Oker. Die Okertalsperre wurde in den 50er-Jahren fertiggestellt. Im See versunken liegt der Ort Schulenberg.

Bad Harzburg Am Ende des Radautales liegt der kleine Ort, der mit seinem großen Angebot an Kurkliniken zu den größten Heilbädern des Harzes zählt. Reste der Harzburg sind am Großen Burgberg zu erkennen.

★★ Clausthal-Zellerfeld Der Kurort im Oberharz bietet vielfältige Wintersportmöglichkeiten. Sehenswert ist die größte Holzkirche Deutschlands im Stadtteil Clausthal. Die *Marktkirche zum Heiligen Geist mit ihren über 2000 Sitzplätzen wurde in nur drei Jahren 1639 bis 1642 erbaut. Eine der weltweit größten *Mineraliensammlungen befindet sich in der Universität. In der Doppelgemeinde wurde Robert Koch (1843–1910), der Begründer der Bakteriologie, geboren.

Die Altstadt von Goslar ist geprägt von einem in Norddeutschland einzigartig dichten Fachwerkbestand (oben).

Weserrenaissance

sance«. Baumeister wie etwa Jörg Unkair hatten Anregungen aus den Niederlanden, Frankreich, Italien und Böhmen aufgenommen und eine eigene und vielfältige Formensprache entwickelt. Adel und Landesherren ließen zwischen Hann. Münden und Bremen, Bielefeld und Paderborn zahlreiche Schlösser neu erbauen bzw. im Stil der Weserrenaissance umgestalten, so etwa Schloss Bevern, Schloss Hämelschenburg, Schloss Bückeburg (links: Schlosskapelle), das Welfenschloss in Gifhorn oder auch Schloss Brake bei Lemgo, heute Sitz des Weserrenaissance-Museums. Aber auch in den Städten wurden Rathäuser und Fachwerkbauten in diesem Stil errichtet. Die typischen Kennzeichen sind reich geschmückte Fassaden und Erkervorbauten, wie sie sich in Höxter, Hameln, Minden, Lemgo oder Rinteln bewundern lassen.

Rabenklippen bei Bad Harzburg

Kästeklippen im Tal der Oker

★★★ Nationalpark Harz
Der knapp 25 000 Hektar große Nationalpark (zwei Drittel in Niedersachsen, ein Drittel in Sachsen-Anhalt) nimmt etwa ein Zehntel des Mittelgebirges ein. Er zeichnet sich durch seine großen Waldbestände aus, vor allem Fichten und Buchen. Vielfältig und oft bizarr sind hier die Landschaften, etwa die Kästeklippen im Tal der Oker, dem bedeutendsten der Harzflüsse, oder die Leistenklippen auf dem Hohnekamm. Nur knapp jenseits der Grenze in Sachsen-Anhalt liegt der 1141 Meter hohe Brocken, der höchste Berg Norddeutschlands.

★ Oberharzer Wasserregal
Über 1000 Jahre lang wurden die Geschicke des Oberharzes durch den Abbau von Silber, Blei, Kupfer, Eisen bestimmt. Das Oberharzer Wasserregal, ein miteinander verbundenes Wassersystem von etwa 120 Teichen, über 500 Kilometer Gräben und 30 Kilometer Wasserläufen zur Nutzung der Wasserkraft, stellt ein Relikt aus der Blütezeit des Bergbaus zwischen 1534 und 1864 dar.

★ St. Andreasberg
Für Bergbauinteressierte ist der kleine Kurort auf 900 Meter Meereshöhe ein Muss. Hier befand sich bis 1910 ein Silberbergwerk mit einer Fahrkunst, die noch heute funktionstüchtig ist. Diese Einrichtung wurde Anfang des 19. Jahrhunderts in Clausthal entwickelt und half den Bergleuten bei der Ein- und Ausfahrt in die und aus den Gruben.

★ Bad Sachsa
Vom ehemaligen Zisterzienserkloster Walkenried ist nur mehr eine Ruine übrig. Es wurde 1127 erbaut und gehörte zu den bedeutenden gotischen Klosteranlagen. Der Kreuzgang ist gut erhalten und wird für Konzerte genutzt.

★★ Göttingen
Berühmt ist die Stadt ganz im Südosten Niedersachsens vor allem für ihre Universität, an der über 40 Nobelpreisträger studiert bzw. gewirkt haben. Zu verdanken ist dies Kurfürst Georg August von Hannover, der die Bildungsstätte 1734 gegründet hat. Sehenswert ist das *Alte Rathaus (1369–1443) inmitten der Altstadt. Auf dem Marktplatz steht der Brunnen mit der »Gänseliesel«, die nach jeder bestandenen Promotion von den Doktoren geküsst werden muss. In der Paulinerkirche des ehemaligen Dominikanerklosters (13. Jahrhundert) befindet sich ein Teil der Alten Staats- und Universitätsbibliothek. Mit ihrem neuen Teil im Norden der Stadt ist sie heute eine der modernsten Bibliotheken weltweit. Die Marienkirche, die 1290 bis 1440 erbaut wurde, gehört zum ehemaligen Deutschritterorden. Schöne *Fachwerkhäuser aus dem 15. und 16. Jahrhundert findet man im Osten der Altstadt. Die St.-Jacobi-Kirche (14. und 15. Jahrhundert) besitzt einen sehenswerten Doppelflügelaltar. Im Adelspalais im Renaissancestil (1592) und in der Alten Post (1740–1780) befindet sich das Städtische Museum.

★ Hann. Münden
Als »eine der sieben schönstgelegenen Städte der Welt« soll der reisende Gelehrte Alexander von Humboldt die Siedlung am Zusammenfluss von Werra und Fulda zur Weser einst bezeichnet haben. Noch heute weist sie mehr als 700 Fachwerkhäuser, Reste der Stadtbefestigung und prächtige Bauten der Weserrenaissance auf. Als architektonische Höhepunkte gelten das *Rathaus mit seiner Schmuckfassade, das Welfenschloss, die alte Werrabrücke (1329), das Stadttor Rotunde aus dem 16. Jahrhundert und der klassizistische Packhof.

TIPP++TIPP++

Göttingens Unterwelt
Im alten Stadtkern Göttingens gibt es nicht nur oberirdische Sehenswürdigkeiten. Mehrere mittelalterliche Gewölbekeller wurden mit Liebe zum Detail wiederhergestellt. Sie dienten einst Kaufleuten, Handwerkern und Mönchen als Arbeits- und Wohnraum, aber auch dem unfreiwilligen Aufenthalt Gefangener. Einige dieser sonst der Öffentlichkeit nicht zugänglichen Keller werden beim Rundgang erkundet.
**Jeden dritten Samstag im Monat, jeweils um 15 Uhr,
Treffpunkt: Altes Rathaus/Halle**

Museum Schloss Herzberg
Sehenswert im kleinen Ferienort Herzberg ist die Geburtsstätte von Herzog Ernst August, dem Begrün-

der des englisch-hannoverschen Königshauses. Die Residenz der Welfenherzöge wurde 1510 auf dem Schlossberg erbaut. Heute ist sie Museum und zeigt eine Ausstellung, die das Leben im Harz verdeutlicht.
**Herzberg am Harz, Schloss 2,
Tel. 0 55 21/47 99**

Hämelschenburg
Der imposante Bau gilt als das Hauptwerk der Weserrenaissance und bildet mit seinen Kunstsamm-

lungen, Gartenanlagen Wirtschaftsgebäuden und der Kirche eine der schönsten Renaissanceanlagen Deutschlands.
**Emmerthal, Stiftung Rittergut Hämelschenburg, Schlossstr. 1
Tel. 0 51 55/95 16 90**

Promenade über der Ostsee – die Seebrücke von Sellin auf Rügen mit Kaiserpavillon und Palmenhaus

Mecklenburg-Vorpommern

Sandstrände und Steilküsten, Buchten und Bodden, im Hinterland ausgedehnte Laubwälder und Tausende von Moore und Seen – in Mecklenburg-Vorpommern ist die Landschaft über weite Strecken naturbelassen. Aber auch kulturhistorisch Interessierte können sich hier auf Spurensuche begeben. Im einstigen Junkerland gibt es noch zahlreiche Schlösser und verträumte Dörfer, und den Glanz vergangener Zeiten lassen die prächtig restaurierten Hansestädte Wismar, Rostock, Stralsund und Greifswald erahnen.

Mecklenburg-Vorpommern

Die Halbinsel Mönchgut mit ihrer verschlungenen Küste, ihren Bodden und Hügeln ist als Abbild der Wasserlandschaft von Mecklenburg-Vorpommern besonders geschützt; 1990 wurde hier ein Biosphärenreservat ein-

TIPP++TIPP++

Museum für Unterwasserarchäologie
Dieses einzigartige Museum zeigt bis zu 6000 Jahre alte Funde, die man aus den Gewässern vor der Ostseeküste geborgen hat.
Sassnitz, Alter Fährhafen, Mitte April–Mitte Okt. tgl. 10–18 Uhr, Mitte Okt–Mitte April tgl. 13–17 Uhr, Tel. 03 83 92/32 30 00

Kreidemuseum
Seit etwa 200 Jahren wird das »Weiße Gold« Rügens abgebaut und auf vielfältige Weise genutzt. Eine detaillierte Ausstellung mit Lehrpfad zum »Kleinen Königstuhl« existiert im Kreidemuseum.
Gummanz 3 a,
Tel. 03 83 02/5 62 29,
www.kreidemuseum.de,
Ostern–Ende Okt. tgl. 10–17 Uhr, sonst 11–15 Uhr

U-Boot-Museum
Eine außergewöhnliche Stätte: Das 90 Meter lange ehemalige britische Atom-U-Boot »HMS Otus«, 1963 in Dienst gestellt, liegt als Museumsschiff im Stadthafen.
Sassnitz, Tel. 03 83 92/3 15 16,
www.hms-otus.com, tgl. 10–19 Uhr, Nebensaison bis 16 Uhr

Jagdschloss Granitz
Das klassizistische Schloss auf dem Tempelberg ist ein Ergebnis der Baufreudigkeit des Fürsten Malte von Putbus. Die historischen Ausstellungsräume geben Einblick in einen fürstlichen Haushalt des 19. Jahrhunderts. Über 143 Stufen gelangt man auf die Spitze des Turms, von wo aus sich ein wunderbarer Blick über die Insel bietet.
Binz, Tel. 03 83 92/3 15 16,
Mai–Sep. tgl. 9–18,
sonst 10–16 Uhr

Rügen, Hiddensee und Usedom

An der Küste von Vorpommern liegen die beiden größten deutschen Inseln, Rügen und Usedom. Die Küste Rügens ist stark gegliedert in zahlreiche Buchten und Halbinseln, Bodden und Landzungen. Unablässig verändern Wind und Wellen hier die Gestalt der Küste. Berühmt ist Rügen für seine Kreidefelsen, die Caspar David Friedrich 1818 verewigt hat. Rügens westlich vorgelagerte kleine Schwester Hiddensee steht komplett unter Naturschutz – Schriftsteller wie Gerhard Hauptmann, Thomas Mann oder Hans Fallada haben hier einst den Sommer verbracht. Usedom, dessen östlicher Teil bereits zu Polen gehört, bezaubert durch seine reizvolle Landschaft mit Seen, Mooren, Wäldern und einer der Ostsee abgewandten Binnenküste.

*** Kap Arkona Weit in die Ostsee reckt sich Kap Arkona, eine der sonnenreichsten Ecken Deutschlands. Die exponierte Lage an der äußersten Nordspitze Rügens ist vor allem für die Seefahrt bedeutsam. Bei unsichtiger Wetterlage, Sturm oder Fehlnavigation laufen Schiffe auf West- oder Ostkurs hier Gefahr zu stranden. Kein Zufall, dass auf Kap Arkona der älteste Leuchtturm der Ostseeküste steht. Den 1826 erbauten 21 Meter hohen Turm hat Karl Friedrich Schinkel entworfen. Der markante Ziegelbau mit viereckigem Grundriss war bis 1905 in Betrieb. Direkt neben dem klassizistischen Oldtimer ragt der inzwischen bereits über 100 Jahre alte, heute noch betriebene Nachfolger auf. Noch älter ist unweit der beiden Leuchttürme die namensgebende slawische Tempelburg »Arkona«, von der ein etwa 1400 Jahre alter Ringwall erhalten ist.

** Vitt Der kleine Fischerort, den man zu Fuß vom Kap Arkona aus erreicht, ist mit seinen reetgedeckten Katenhäusern ein Bilderbuchdorf, das wie ein Relikt aus vergangenen Zeiten wirkt.

* Altenkirchen In der kleinen Gemeinde ließ Pastor Gotthard Ludwig Kosegarten 1806 für die Heringsfischer der Umgebung eine kleine achteckige Kapelle mit Blick aufs Meer erbauen. Auf diese Weise konnten die Fischer zum Gottesdienst kommen und gleichzeitig nach den fürs Überleben wichtigen Heringen Ausschau halten.

Wiek Direkt am Wieker Bodden liegt dieser nette Fischerort mit einer Brücke aus dem Ersten Weltkrieg. Die Dorfkirche im Stil der Backsteingotik stammt aus dem 15. Jahrhundert und ist dem hl. Georg gewidmet.

* Schaabe Die Schaabe ist eine natürliche Landbrücke von der Halbinsel Wittow zur Halbinsel Jasmund. Auf dem von der Natur damals aufgeschütteten Sandstrand wurden Mitte des 19. Jahrhunderts Birken, Fichten und Kiefern angepflanzt, um zu verhindern, dass der Sand wieder wegfliegt. Heute ist die Schaabe ein beliebtes Ziel für Strand- und Badegäste.

** Breege-Juliusruh Im 19. Jahrhundert durch den Handel mit England reich geworden, wurde Breege Anfang des 20. Jahrhunderts mit Juliusruh vereinigt. In Breege lohnt sich ein Besuch des Hochzeitsberges mit kleinen Kapitänshäuschen, Schifferhäusern und der ältesten Scheune der Halbinsel Wittow. Sehenswert ist der Kurpark Juliusruh, den Julius von der Lancken 1795 als französischen Landschaftspark anlegen ließ.

*** Nationalpark Jasmund Der 3000 Hektar große Nationalpark bezaubert vor allem durch seine wunderschönen Buchenwälder, die nicht bewirt-

Eckiger Schinkel-Leuchtturm mit Nachfolger am Kap Arkona

schaftet werden, sondern noch ganz sich selbst überlassen sind. Im Nationalpark sind mehr als 20 Orchideenarten heimisch. Sein Herz ist die Stubnitz mit ihren berühmten, strahlend weißen Kreidefelsen.

** Kreidefelsen Als Hauptattraktion Rügens gilt die Kreideküste der ****Stubbenkammer** mit dem rund 120 Meter hohen Königsstuhl als bekanntestem Felsen, von dessen Aussichtsplattform sich ein grandioser Ausblick auf das Meer bietet. Die vor 50 Millionen Jahren aus den kalkhaltigen Ablagerungen

Biosphärenreservat Südost-Rügen

gerichtet. Mit dem Titel »Biosphärenreservat« zeichnet die UNESCO weltweit Landschaften aus, die typisch für eine bestimmte Vegetationszone sind. In solchen Regionen geht es um den Schutz der Natur und der Kulturlandschaft. Auf Rügen sind das die schmalen Nehrungen und Halbinseln zwischen den flachen Boddengewässern sowie schroffe Steilküsten im Kontrast zu langen, flachen Sandstränden. Direkt hinter Binz beginnt das Schutzgebiet, einschließlich der Orte Sellin, Baabe, Göhren und Putbus. Auch die 66 Meter hohen Zickerschen Berge gehören dazu – mit dem romantischen Kliff am Zickerschen Höft reicht die Formation bis in den Greifswalder Bodden hinein. Trotz strenger Richtlinien gilt, dass Mensch und Natur in Koexistenz leben sollen; Fremdenverkehr und Fischfang sind erwünscht (links: Hafen von Gager).

von Kleinstlebewesen entstandenen Felsformationen ragen an der Steilküste über 100 Meter auf und bieten – zusammen mit dem Meer und den Buchenwäldern – ein einzigartiges Landschaftsensemble, das bereits mehrere Künstler beflügelt hat. Neben Caspar David Friedrich, den die Felsen zu seinem berühmten Gemälde inspirierten, sind dies etwa Johannes Brahms, der angesichts der Felsen eine Symphonie komponierte, oder Elisabeth von Arnim, die in einem Roman von diesem Landstrich schwärmte. Bisweilen stürzen aufgrund der Kräfte von Meeresbrandung und eingeschlossenem Eis ganze Felsformationen ins Meer ab, wie etwa 2005 der Wissower Klinken.

* **Sassnitz** Nach schweren Verwüstungen im Zweiten Weltkrieg wurde die auf der Halbinsel Jasmund gelegene Hafenstadt wiederaufgebaut und etablierte sich zu DDR-Zeiten als bedeutender Handels- und Fischerhafen. Inzwischen wurde im benachbarten Mukran ein neuer, größerer Hafen angelegt. Von der 1,4 Kilometer langen *Steinmole hat man eine gute Sicht auf das Städtchen. Oberhalb der Promenade liegt die Altstadt mit einigen schönen Villen.

* **Sagard** Hier begann einst der so wichtige Badebetrieb auf Rügen. Die Mineralquelle wurde ab Mitte des 18. Jahrhunderts als Badeanstalt genutzt. Die gotische Dorfkirche stammt aus dem 14. Jahrhundert.

*** **Binz** Mit insgesamt und zehn Kilometer langen Sandstränden ist Binz das größte Seebad auf Rügen. Mitte des 19. Jahrhunderts begann sich der Ort zu einem mondänen Treffpunkt der damaligen Eliten zu entwickeln. Zu DDR-Zeiten verbrachten Arbeiter hier ihre Ferien. Nach der Wende 1989 wurden die heruntergekommenen Villen und Hotels aufwendig restauriert, sodass Binz heute wieder in altem Glanz erstrahlt. Die **Strandpromenade ist über drei Kilometer lang und von Villen im Stil der Bäderarchitektur gesäumt. Nördlich von Binz entlang der Prorer Wiek ließen die Nationalsozialisten 1936 bis 1939 in **Prora das »KdF-Bad der Zwanzigtausend« bauen. Die gigantische, rund 4,5 Kilometer lange Anlage, die nie fertiggestellt wurde, war als Ferien- und Freizeitanlage für die Volksgenossen konzipiert. In der DDR diente sie teilweise der Volksarmee. Heute ist dort u. a. das Dokumentationszentrum Prora mit Ausstellungen zur Geschichte untergebracht.

* **Sellin/Baabe** 1896 wurde Sellin zum Seebad ausgebaut. Die ursprüngliche Seebrücke wurde 1941 zerstört. Sehenswert sind die *Villen aus der Gründerzeit an der Wilhelmstraße. Das 1837 bis 1851 erbaute Jagdschloss Granitz westlich von Sellin ziert ein 38 Meter hoher Turm, der nach einer Idee Schinkels entstand. Das Schmuckstück des kleinen Seebades Baabe nebenan ist seine breite Lindenallee, die vom Bahnhof geradewegs auf den Strand zuführt.

* **Göhren** Der Badeort auf der Halbinsel Mönchgut mit seinen kilometerlangen Stränden ist einer der beliebtesten Rügens. Am Nordstrand ragt der Buskam, der größte Findling der deutschen Ostseeküste, aus dem Wasser. Schön ist hier das Heimatmuseum.

Von oben: Buchen- und Erlenwald am Hochufer der Kreideküste; Wissower Klinken vor seinem Absturz 2005; Luxushotel »Kurhaus Binz«; Fischerboote am Strand von Baabe

DIE SCHÖNSTEN REISEZIELE **81**

Noch heute verweisen Lübeck, Rostock (rechts oben), Wismar (großes Bild), Stralsund und andere Städte an der Ostseeküste stolz auf ihre einstige Mitgliedschaft in der Hanse. Das lockere Bündnis entstand im Hochmittelalter, als der Fernhandel viele deutsche Kaufmannsgilden im Ostseeraum reich machte. Im Machtvakuum eines schwachen deutschen Kaisertums und zum Schutz gegen Piraten, Feudalherren und Konkurrenten

Der Städtebund der Hanse

bildete sich eine Schar (althochdeutsch: »Hansa«) von 70 Städten unter Führung Lübecks und 130 Verbündeten, darunter auch der deutsche Ritterorden. Auf jährlichen Hansetagen verhandelten Gesandte aktuelle Probleme, von Rechtsfragen bis zu Kriegen. In den Kontoren von Nowgorod, Brügge und London wickelte das Kartell Geschäfte ab. Ihren Höhepunkt erlebte die Hanse Ende des 15. Jahrhunderts, als ihre Flotten den dänischen König besiegten und den Seeräuber Klaus Störtebeker bezwangen. Der florierende Seehandel stand im Zeichen der Kogge (links), die viele Hansestädte auch im Siegel führten: ein neuer Schiffstyp, dessen gedrungener Rumpf für Seetüchtigkeit und großen Laderaum sorgte; Kanonen schützten vor Piraten. Das Ende der Hanse setzte ein mit der Entdeckung Amerikas 1492, als sich der Handel nach Westen verlagerte.

DIE SCHÖNSTEN REISEZIELE 83

Mecklenburg-Vorpommern

Als nördlichste Gemeinde auf der Insel Usedom ist Peenemünde so etwas wie ein Außenposten Deutschlands. Ihre Lage so ganz im Abseits machte die Region bestens geeignet für militärische Zwecke. 1936 errichteten die Nationalsozialisten die Heeresversuchsanstalt Peenemünde und später die Erprobungsstelle der Deutschen Luftwaffe. Dort wurde die erste Großrakete der Welt entwickelt und unter dem Propaganda-

* **Bergen** Die Kreisstadt im Zentrum von Rügen war seit jeher Verwaltungszentrum und Marktplatz für die Inselbewohner. Zum Markt und zur Marienkirche gelangt man über kopfsteingepflasterte Straßen. Sehenswert sind die spätgotischen Fresken der Kirche. Der 91 Meter hohe Ernst-Moritz-Arndt-Turm wurde von Gesangsvereinen zu Ehren des gleichnamigen Dichters hier errichtet.

** **Putbus** Ursprünglich ging Putbus aus einer slawischen Siedlung hervor. Anfang des 13. Jahrhunderts erwarben die Freiherren von Putbus die Stadt, und Anfang des 19. Jahrhunderts ließ Fürst Malte von Putbus den Ort zu einer klassizistischen Residenz ausbauen. Die Häuser sind um den sogenannten Circus, einen kreisrunden Prunkplatz, angeordnet. Die Gäste des Fürsten amüsierten sich mit Aufführungen im Theater oder lustwandelten im Park. Die 75 Hektar große Grünfläche ließ Fürst Putbus zu einem englischen Landschaftsgarten ausbauen und dort Mammutbäume pflanzen, ein Wildgehege einrichten und eine Orangerie erbauen.

* **Garz** Der kleine Ort im Inselinneren hat bereits 1319 das Stadtrecht erhalten und ist damit die älteste Stadt der Insel. Garz war, bis die Ranen, ein auf Rügen ansässiges westslawisches Volk, im 12. Jahrhundert unterworfen wurden, deren politisches Zentrum. Der Burgwall, auf dem sich eine Tempelanlage befand, ist noch erhalten. Die spätgotische Backsteinkirche stammt aus dem 14., das Taufbecken aus dem 13. und der Altar aus dem 18. Jahrhundert.

* **Tollow** Im Süden von Rügen liegt die kleine Insel Tollow, auf der etwa 2500 Kormoranpaare nisten – für Vogelfreunde ein imponierender Anblick, für die Fischer ein Gräuel. Sie machen die Kormorane verantwortlich für den Rückgang des hiesigen Fischbestands.

*** **Hiddensee** Autofrei leben die gut 1000 ständigen Bewohner der Insel Hiddensee, die Bestandteil des Nationalparks Vorpommersche Boddenlandschaft ist. Heideflächen, Wald, Dünen und Meer verei-

Vom See- zum Wahrzeichen: der Leuchtturm auf dem Dornbusch auf der Insel Hiddensee

DIE SCHÖNSTEN REISEZIELE

Peenemünde

namen »V2« (Vergeltungswaffe 2) getestet. Das auch nach dem Krieg militärisch genutzte Gelände war bis 1990 Sperrgebiet, erst 1993 löste man den Truppenstandort auf. Seit 1991 erinnert das Historisch-Technische Informationszentrum besonders an die Geschichte der hiesigen Raketentests unter den Nationalsozialisten und den Einsatz und die Opfer von KZ-Häftlingen, Kriegsgefangenen und Zwangsarbeitern. Etwa 3000 der in Peenemünde entwickelten »V2-Raketen« wurden später von anderen Standorten aus Richtung Großbritannien, Belgien und Frankreich abgefeuert und forderten Tausende Opfer. Auf dem Areal mit dem Kraftwerk und der Denkmallandschaft fallen neben anderen Großobjekten (links: Jagdflieger MiG-17 F) Nachbauten der »V2« und des Marschflugkörpers »V1« sowie die Ruinen der Versuchsanstalten auf.

nen sich hier zu einem einzigartigen Naturerlebnis. Eines der meistfotografierten und -gezeichneten Motive der Insel ist der Leuchtturm auf dem Dornbusch im hügeligen Nordteil von Hiddensee. In Kloster dient **Haus Seedorn, in dem Gerhart Hauptmann die Sommer verbrachte, als Gedenkstätte für den Dichter. Der kleine Ort **Neuendorf im Süden präsentiert sich als eine Ansammlung weiß gekalkter Reetdachhäuser, die durch enge Pfade miteinander verbunden sind.

*** Usedom Kilometerlange Sandstrände und heilsame Seeluft – nicht umsonst galt Usedom in den 1920er-Jahren als »Badewanne Berlins«. Ganz im Westen der Insel ist im Historisch-Technischen Informationszentrum Peenemünde die Geschichte der einstigen Heeresversuchsanstalt dokumentiert, wo die Nationalsozialisten einst unter Einsatz von Zwangsarbeitern Raketen entwickelt und Raketenstarts durchgeführt hatten. Die älteste Siedlung der Insel trägt ebenfalls den Namen *Usedom. Deren spätgotische dreischiffige Marienkirche stammt aus dem 15. Jahrhundert. Der berühmteste Ort der Insel ist das Seebad ***Ahlbeck mit seiner 1898 erbauten Seebrücke. Uferpromenade und Strand verbinden es mit den benachbarten Seebädern Heringsdorf und Bansin.

** Naturpark Usedom Der 632 Quadratkilometer große Park umfasst einen Festlandstreifen, die Peenemündung und die Insel Usedom. Highlights sind die abwechslungsreichen Landschaftsformen wie die Binnenküste des Peenestroms oder das Stettiner Haff.

Die Seebrücke von Ahlbeck (oben) hat als einzige an der Ostseeküste ihre historische Bausubstanz bewahrt.

Fischerboot bei Zempin am Achterwasser

TIPP++TIPP++

Gerhart-Hauptmann-Haus
Das einzige Haus eines deutschen Literaten – Hauptmann erwarb es 1930 –, das bis ins Detail im Original erhalten ist.
Hiddensee, Kirchweg 13,
Tel. 03 83 00/3 97, www.Gerhart-Hauptmann-Museen.de, Mai bis Okt. tgl. 10–17 Uhr, Nov.–April 11–16 Uhr, 4.–31. Jan. geschl.

Theater Putbus
Der historische Theaterbau in der Residenz Putbus ist frisch restauriert und wird regelmäßig bespielt.
Tel. 0 18 05/05 24 25,
www.theater-putbus.de

DIE SCHÖNSTEN REISEZIELE

Mecklenburg-Vorpommern

Paläste für die Gäste – das waren und sind die Häuser im Stil der Bäderarchitektur, die mit ihren filigranen Säulen und hölzernen Loggien, gedrechselten Geländern, Giebeln und Türmchen in Binz auf Rügen

TIPP++TIPP++

Alter Hafen von Wismar
Im Hafen, der mit der Altstadt seit 2002 zum UNESCO-Welterbe zählt, kann man die historischen Segler besichtigen oder auch an Bord der Ausflugsdampfer gehen.
Wismar, Blüffelstr. 3–5,
www.alterhafenwismar.de

Schabbellhaus
Das Museum ist in einem Gebäude im Stil der niederländischen Renaissance untergebracht und zeigt Exponate und Sammlungen zur Geschichte der Hansestadt und Region.
Wismar, Tel. 0 38 41/ 28 23 50,
www.schabbellhaus.de

Mecklenburger Bucht und Boddenlandschaft

Die Mecklenburger Bucht von Travemünde bis zur Halbinsel Darß wird gesäumt von alt-ehrwürdigen Hansestädten, verträumten Fischerdörfern und mondänen Seebädern. Östlich davon erstrecken sich ausgedehnte Bodden, vom Meer durch Landzungen getrennte Küstengewässer.

** **Wismar** Die 1229 erstmals urkundlich erwähnte Stadt liegt an der nach ihr benannten Bucht. Ihre Altstadt wurde 2002 Weltkulturerbe. Wismar entwickelte sich dank der Lage an der Handelsstraße zwischen Lübeck und dem Baltikum bald zu einem wichtigen Warenumschlagplatz. 1259 trat es der Hanse bei. Der wirtschaftliche Aufstieg endete vorläufig im Dreißigjährigen Krieg. Im 20. Jahrhundert wurde Wismar zur Industriestadt ausgebaut. Wirtschaftlich bedeutend ist heute noch die Werftindustrie. Obwohl im Zweiten Weltkrieg stark zerstört, erstrahlt Wismar nach umfangreicher Restaurierung heute wieder in neuem Glanz. Eines der Prunkstücke ist der weiträumige, fast quadratische **Marktplatz, der von schönen Giebelhäusern gesäumt wird. Der *»Alte Schwede« an der Ostseite geht auf das 14. Jahrhundert zurück und gilt als das älteste profane Gebäude der Stadt. Der Name erinnert an die schwedische Herrschaft (1648–1803). Die *»Wasserkunst«, ein filigranes Gebäude mit Kupferkuppel (1580–1602), diente bis Ende des 19. Jahrhunderts der Wasserversorgung. Die Nordseite des Platzes wird vom Rathaus (1817–1819) dominiert. Westlich des Marktes befindet sich die *Marienkirche (1339), 1945 bis auf den Turm zerstört. Das *Archidiakonat (15. Jahrhundert) beeindruckt durch die zahlreichen Details in seinem Staffelgiebel. Der **Fürstenhof ist der ehemalige Wohnsitz der Herzöge. Der dreigeschossige Renaissanceflügel mit figurengeschmücktem Sandsteinportal und Fensterrahmungen aus Terrakotta wurde nach dem Vorbild des Palazzo Roverela in Ferrara erbaut. Die Georgenkirche (15. Jahrhundert), 1945 schwer beschädigt, wird seit 1990 restauriert. **St. Nikolai mit 37 Meter hohem Mittelschiff und spätgotischer bis barocker Ausstattung wurde im 14. und 15. Jahrhundert nach dem Vorbild der Lübecker und Wismarer Marienkirche erbaut. Der Alte Hafen dient heute als Fischerhafen. Die »Schwedenköpfe«, zwei barock bemalte Herkulesbüsten vor dem Hafenamt, sind Zeugen schwedischer Herrschaft.

* **Dorf Mecklenburg** Etwa sechs Kilometer südlich von Wismar liegt das namensgebende Dorf des Bundeslandes. Slawische Stämme der Obotriten gründeten hier die Burganlage Wiligrad und erkoren sie zum Hauptsitz ihrer Stammes-

Bäderarchitektur

(links) und in den Kaiserbädern Ahlbeck (ganz links), Bansin und Heringsdorf ihre schönsten Blüten treibt. Doch auch in vielen anderen Seebädern an der Ostsee sind ganze Straßenzüge in Bäderarchitektur erhalten. Die gegen Ende des 19. Jahrhunderts, als Ferien an der Ostsee in Mode kamen, fertiggestellten weißen Villen boten begüterten Bürgern, vor allem aus der Hauptstadt Berlin, Quartier. In der DDR verfielen die zumeist hölzernen Häuser, inzwischen wurden viele saniert. Die Bäderarchitektur stellt keinen einheitlichen Stil dar, sondern präsentiert sich als pittoreskes Potpourri verschiedener Baustile. Elemente der Gotik sind enthalten wie solche des Barocks oder des Jugendstils, mit klassizistischen Akzenten wie Dreiecksgiebeln, Säulen und Kapitellen, Gesimsen und Friesen. Darum herum wurden hübsche, kleine Parks angelegt.

fürsten. 995 stellte König Otto III. eine Urkunde aus, auf der erstmals der Name »Michelenburg« erwähnt wurde, woraus der heutige Name Mecklenburg abgeleitet wurde. Die einstige Wasserburg verfiel, nachdem sie im 13./14. Jahrhundert verlassen worden war. Archäologen fanden 1970 bei Ausgrabungen Reste von Block- und Flechtwandhäusern. Eine Besichtigung lohnt die *Backsteinkirche mit ihrer Knorpelwerkornamentik im Inneren.

* **Neukloster** Das heute rund 15 Kilometer östlich von Wismar gelegene Kloster wurde 1219 von Benediktinerinnen (die 1245 die Regeln der Zisterzienser übernahmen) gegründet. Die schlichte Basilika und älteste Klosterkirche Mecklenburgs ist streng gegliedert und gilt als Vorbild zahlreicher Kirchen im Lande. 1865 wurde die Kirche restauriert und die Balkendecke bemalt. Die schlanken Glasfenster an der Chorwand entstanden 1245 und sind damit die ältesten ihrer Art in Mecklenburg. Der achteckige Glockenturm entstand im 15. Jahrhundert als flaches Gebäude. Mitte des 16. Jahrhunderts wurde es aufgestockt.

* **Poel** Im Jahr 1163 wurde die 37 Quadratkilometer große Insel bei Wismar, die heute durch einen Damm mit dem Festland verbunden ist, erstmals urkundlich erwähnt, 1648 fiel sie an Schweden. Mit seinen weißen Sandstränden war und ist Poel eine beliebte Ferieninsel.

* **Rerik** Das einstige Fischerdorf ist heute ein Eldorado für Wassersportler. Liebhaber von Buddelschiffen und Schiffsmodellen kommen im Heimatmuseum auf ihre Kosten. Sehenswert ist die von außen schlichte frühgotische Pfarrkirche, die im Inneren barock gestaltet wurde. Die Bemalungen, die zu den üppigsten an der mecklenburgischen Ostseeküste gehören, stammen von Hinrich Greve aus Wismar (1668).

* **Kühlungsborn** Eine Ahnung vom Glanz alter Seebadzeiten erhält man hier in der Ostseeallee mit ihren Häusern im Stil der Bäderarchitektur. An der vier Kilometer langen Strandpromenade ragt die Seebrücke 400 Meter in die Ostsee hinaus.

*** **Heiligendamm** Das älteste Seebad Deutschlands wurde 1793 als »Weiße Stadt am Meer« gegründet. Sie war im 19. und zu Beginn des 20. Jahrhunderts Treffpunkt des europäischen Hochadels. Kurhaus, Haus Mecklenburg, Burg Hohenzollern oder auch Orangerie wurden zwischenzeitlich restauriert und erstrahlen wieder in altem Glanz. Den besten Überblick über das mondäne Ensemble, in dem heute das Grand Hotel Heiligendamm residiert, hat man auf der rund 200 Meter langen Seebrücke.

Kliffküste bei Timmendorf auf der Insel Poel

Alter Hafen von Wismar mit Marienkirche (oben links); Nobelresidenz »Weiße Stadt« von Heiligendamm (oben)

Mecklenburg-Vorpommern

Wo ist backbord, wo steuerbord? Zum Glück bedient ein Seebär das Steuerrad – die Gäste lehnen lieber gemütlich an der Reling und genießen das Hafenpanorama von Rostock, wenn über ihnen eine seichte

Rostock

Mit Überseehafen, Werften und der ältesten Universität im Ostseeraum ist Rostock ein bedeutendes wirtschaftliches Zentrum der Region.

Nach dem Ende der wirtschaftlichen Blüte durch Auflösung der Hanse im 17. Jahrhundert bescherte erst die Segelschifffahrt Rostock wieder einen neuen Aufschwung. Trotz Zerstörungen im Zweiten Weltkrieg bietet Rostock zahlreiche Sehenswürdigkeiten. Der *Neue Markt in der restaurierten Altstadt ist gesäumt von Bürgerhäusern und der **Marienkirche. Der Backsteinbau (1260–1450) birgt einen drei Meter hohen Bronzetaufkessel (1290), eine astronomische Uhr (15. Jahrhundert) und eine Barockorgel. Das *Rathaus

Rostock mit Petrikirche

entstand im 13. Jahrhundert aus der Vereinigung dreier Giebelhäuser. Parallel zur Langen Straße verläuft die *Kröpeliner Straße mit zahlreichen Giebelhäusern und der Universität (1876–1870) im Stil der Neorenaissance. Das *Kröpeliner Tor (13./14. Jahrhundert) ist das älteste Stadttor Rostocks und heute Sitz des Kulturhistorischen Museums. Die Nikolaikirche wurde 1250 gebaut und im 15. Jahrhundert erweitert. Die 1994 restaurierte Petrikirche ist mit ihrem 117 Meter hohen Turm eines der Wahrzeichen Rostocks.

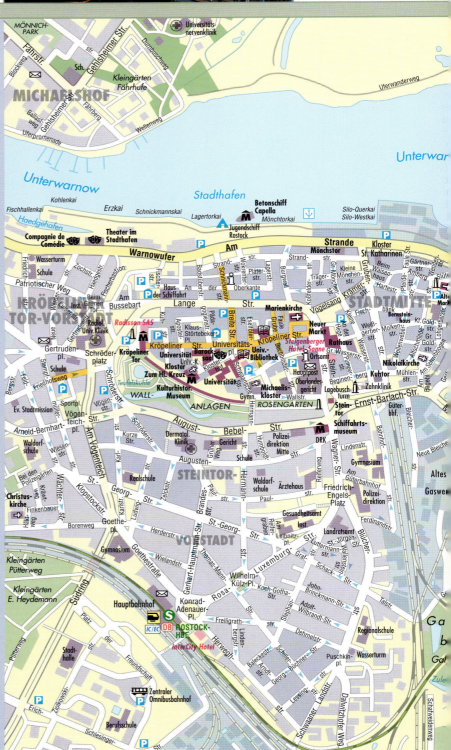

DIE SCHÖNSTEN REISEZIELE

Hanse Sail

Brise die großen weißen Segel vor sich herschiebt. Wenn im August bei der »Hanse Sail« ein Wald von Masten auf der Warnow die große Zeit der Windjammer heraufbeschwört, sind zahlreiche Gäste mit an Bord der alten und neuen Segelschiffe – auf denen man »anheuern« und einen Tag auf Bark, Schoner oder Brigg zur Ostsee und zurück schippern kann. Auf ungefähr 200 Schiffen stehen 30 000 Plätze zur Verfügung.

Die »Hanse Sail« ist seit ihrer Etablierung 1991 eine Erfolgsgeschichte. Zum größten Volksfest Mecklenburg-Vorpommerns samt Jahrmarkt mit rund 500 Ausstellern, Buden und Fahrgeschäften (links) kommen auch Passagiere der Kreuzfahrtschiffe, die im Hafen Warnemünde festmachen. Alles ist in Sichtweite des Ufers, damit man keinen der stolzen Segler übersieht, die dort festlich beflaggt paradieren und Regatta fahren.

✱✱✱ **Bad Doberan** Die Stadt mit ihren klassizistischen Bauten um den Kamp wie dem Salongebäude (1802) und dem Großherzoglichen Palais (1809) ist die ehemalige Sommerresidenz des Mecklenburger Hofes. Hier wurde die erste Pferderennbahn Europas außerhalb Großbritanniens eröffnet (1807). Heute kommen Besucher vor allem wegen der ehemaligen ✱✱Klosterkirche nach Bad Doberan. Sie wurde 1295 bis 1368 inmitten eines englischen Landschaftsgartens als Zisterzienserklosterkirche erbaut und zählt zu den schönsten gotischen Backsteinkirchen im gesamten Ostseeraum. Der Hochaltar wurde 1310 errichtet, das über zehn Meter hohe Sakramentshaus 1280. Zahlreiche Grabmäler, die Chorkapelle (1604) und das achteckige, mit glasierten Backsteinen verzierte Beinhaus (13. Jahrhundert) sind ebenso sehenswert.

✱✱ **Rostock** Siehe Stadtplan auf Seite 88

✱ **Warnemünde** Das heutige Seebad begann einst als kleiner Fischerort. Anfang des 14. Jahrhunderts kaufte der Rostocker Rat dem Fürsten von Mecklenburg den Ort ab. Im 19. und 20. Jahrhundert entwickelte sich die Siedlung zunächst zum exklusiven Seebad für Badegäste und später zum Naherholungsgebiet für die Hansestadt.

✱ **Graal-Müritz** Eine über hundertjährige Badetradition hat der kleine Ort mit seiner 350 Meter langen Seebrücke vorzuweisen. Eine Besichtigung wert ist der Rhododendronpark, wo auf einer Fläche von 4,5 Hektar im Frühling mehr als 2000 Rhododendron- und Azaleenstauden blühen.

✱ **Ribnitz-Damgarten** In der »Bernsteinstadt« befindet sich das Deutsche Bernsteinmuseum. Einen Besuch wert sind auch die Marienkirche (13. und 18. Jahrhundert) sowie das ehemalige Klarissinnenkloster, das 1323 gegründet wurde. Im Chorsaal der Kirche ist mittelalterliche Sakralkunst zu besichtigen.

✱ **Ahrenshoop** Das reizvoll am Saaler Bodden gelegene Dorf hat schon immer Maler und Dichter angezogen. Die kleinen reetgedeckten Fischerhäuser mit ihren schön geschnitzten Türe sowie die Galerien und Kunstkaten verleihen dem Fischerort ein ganz besonderes Flair.

✱✱ **Nationalpark Vorpommersche Boddenlandschaft** Der 805 Quadratkilometer große Nationalpark umfasst neben einem Großteil der Halbinsel Fischland-Darß-Zingst die Insel Hiddensee und einen kleinen Teil von Rügen. Bodden sind kleine Buchten, die durch Inseln und Halbinseln vom offenen Meer weitgehend abgeschnitten sind und sich durch eine ganz spezfische Fauna und Flora auszeichnen. Der Nationalpark ist eine viel frequentierte Zwischenstation für Hunderttausende von Zugvögeln wie etwa Kraniche.

✱✱✱ **Fischland-Darß-Zingst** Die Halbinsel – ursprünglich waren es drei Inseln – ist vor allem bei Naturfreunden beliebt. Ein unberührter Urwald mit jahrhundertealten knorrigen Buchen, Gestrüpp, Sümpfen, Moorgebieten und riesigen Farnwäldern bedeckt den größten Teil des Darß. Im Laufe der Jahrhunderte wuchsen die Inseln zusammen, immer wieder entstehende Durchbrüche wurden schließlich durch Deiche geschlossen. Seit Jahrhunderten nagt das Meer an der Landzunge von Fischland; zwischen Wustrow und Ahrenshoop holt sich das Wasser jährlich einen halben Meter Land, um es im Norden des Darß wieder anzulanden. Über den Permin – heute eine Bucht, früher eine Durchfahrt – erreicht man Wustrow. Im Mittelalter war der Ort ein bedeutender Hafen, im 19. Jahrhundert Sitz einer Navigationsschule.

Klosterkirche Bad Doberan

Blick vom Fischland auf Ahrenshoop mit seinen reetgedeckten Häusern

Sie sind die Sympathieträger der Küsten: Starr und unerschütterlich trotzen sie Wind und Wellen, auf der Spitze ein Leuchtfeuer, das Schiffen den Weg durch die Finsternis weist. Sie kennzeichnen Hafeneinfahrten, signalisieren Untiefen und markieren sicheres Fahrwasser. Jede Epoche hat sich in ihren Leuchttürmen verewigt. Eines der berühmtesten Exemplare ist der viereckige klassizistische Schinkelturm am Kap Arkona auf Rü-

Leuchttürme

gen. Die »Zwillinge«, Richtfeuer an der Warnemünder Hafeneinfahrt (ganz links), sehen entsprechend ihrem Baujahr 1998 sachlich-funktional aus. Zwischen beiden Extremen gibt es an der deutschen Ostseeküste vielfältige Variationen, über 35 Türme auf Inseln, Kliffs und Sandbänken verleihen den jeweiligen Landschaften ihren ganz eigenen Charakter (links: am Darßer Ort; unten: auf dem Dornbusch auf Hiddensee). Die letzten Leuchtturmwärter kletterten in den 70er-Jahren herab, doch die Türme blieben – als denkmalgeschützte Unikate sind sie heute ein Identifikationsmerkmal zur See- wie auch zur Landseite hin. Ihre navigatorische Bedeutung indes geht zurück, denn dank der Satellitennavigation GPS kann sich heute jeder Jollensegler auch durch noch so unbekannte Gewässer bewegen, ohne die Orientierung zu verlieren.

Mecklenburg-Vorpommern

Der Schiffbau ist ein hart umkämpfter Markt – allein 40 Prozent der weltweiten Jahresproduktion laufen in Südkorea vom Stapel. Doch die Werften an Deutschlands Ostseeküste haben sich angepasst und beset-

* **Prerow** Das Ostseebad lockt mit weiten Sand- und Dünengebieten sowie zahlreichen Kuranlagen und dient als Ausgangspunkt für Wanderungen in den Darßer Urwald. Das kleine Born am Saaler Bodden ist ein idyllisches ruhiges Dorf mit hübschen Häuschen und einer sehenswerten Fischerkirche. Noch romantischer und verschlafener zeigt sich Wieck am Bodstedter Bodden, dessen Fischer reiche Fänge einfahren.

* **Zingst** Hierbei handelt es sich um eine zwei bis vier Kilometer schmale und rund 20 Kilometer lange, sich in west-östlicher Richtung erstreckende Landzunge östlich der Halbinsel Darß. Sie beeindruckt durch Dünengebiete und Salzwiesen sowie eine weite, menschenleere Landschaft. Salzwiesen gehen hier in Wattlandschaften und seichte Bodden über. Zweimal im Jahr versammeln sich Zehntausende Graue Kraniche auf der Zingst und machen das Gebiet zu einem der ausgedehntesten Rastplätze Nordeuropas. Der einzige größere Ort ist das gleichnamige Zingst – längst kein armes Fischerdorf mehr, sondern ein lebhaftes Ferienzentrum. Die Heimatdichterin Martha Müller-Grählert schrieb hier das populäre »Ostseewellenlied«, das später auch für die Nordsee umgedichtet wurde. Vom Turm der Barther Marienkirche genießt man aus 80 Meter Höhe einen guten Ausblick.

* **Barth** Im Ortskern des über 750 Jahre alten Hafen- und Handwerkerstädtchens, in dessen Nähe das sagenhafte Vineta gelegen haben soll, erhebt sich die gotische Marienkirche (14. Jahrhundert) mit einer Orgel aus dem Jahr 1821. Das Dammtor ist der einzige Überrest der alten Stadtmauer.

* * **Stralsund** Siehe Stadtplan rechts

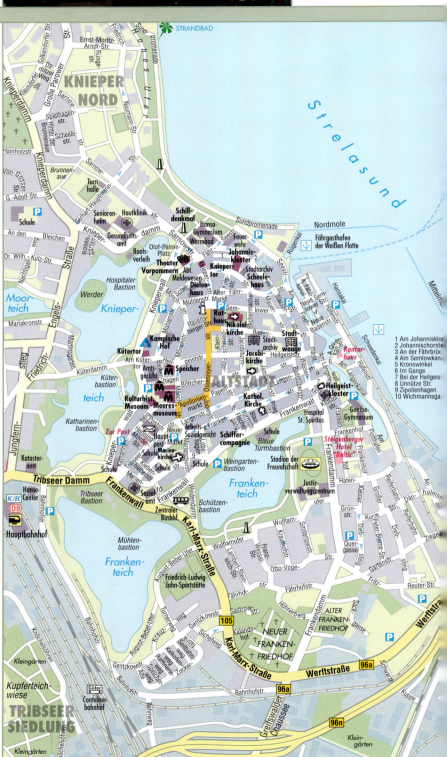

92 DIE SCHÖNSTEN REISEZIELE

Werften

zen profitable Nischen. So ist die HDW Kiel weltweit führend im U-Boot-Bau, die Flensburger Schiffbau-Gesellschaft (FSG) fertigt spezialisierte RoRo-Schiffe. Auch in Mecklenburg-Vorpommern wird diese maritime Tradition fortgeführt. Eine ganze Reihe von Werften lässt von der Segeljolle bis zum Forschungsschiff alles vom Stapel, was zwischen Wind und Wellen seinen Platz hat (links: Reparaturdock in Warnemünde). Die Krise nach dem Ende der DDR wurde bewältigt – heute stammt fast ein Drittel aller in Deutschland gebauten Schiffe von dort. Interessante Einblicke in die hochkomplexe Industrie gewährt das Schifffahrtsmuseum Rostock mit seiner Ausstellung zur Schiffbaugeschichte des Landes – vom slawischen Einbaum über eine historische Schiffszimmermannswerkstatt bis zum stählernen Frachtschiff.

Stralsund

Eines der schönsten Ensembles norddeutscher Backsteingotik kündet davon, dass Stralsund zu Hansezeiten eine der mächtigsten Städte im Ostseeraum war.

Trotz erheblicher Kriegsschäden verfügt Stralsund noch über ein fast geschlossenes Altstadtensemble, das nach der Wende aufwendig restauriert und 2002 zum UNESCO-Weltkulturerbe erklärt wurde. Aus dem 14. Jahrhundert sind noch das Küter- und das Knieertor sowie einige Teile der Stadtmauer erhalten. Um den Alten Markt im Norden der Altstadt reihen sich wichtige Sehenswürdigkeiten. Das um 1400 im Stil der Backsteingotik errichtete Rathaus ist heu-

Historische Fischerboote im Museumshafen von Greifswald vor dem Fangenturm mit Speichern

Hafen von Stralsund

e das Wahrzeichen der Stadt, e **Nikolaikirche (1270 bis 1350) der älteste Sakralbau Stralsunds. Höhepunkte der Innenausstattung sind die Gewölbemalereien aus dem 14. und 15., die Anna-Selbdritt-Skulptur aus dem 13. sowie die astronomische Uhr aus dem 14. Jahrhundert. Das von Dominikanermönchen gegründete ehemalige **Katharinenkloster beherbergt heute das *Deutsche Meeresmuseum und das Kulturhistorische Museum. Der Neue Markt im Süden der Altstadt wird vom Turm der Marienkirche (14. Jahrhundert) überragt.

Östliches Vorpommern mit Ostseeküste

Ganz im Osten, zwischen Greifswald und Stettiner Haff, ändert sich die Küste: Die Wälder reichen noch näher ans Ufer heran, die Dörfer werden kleiner, die Menschen stiller. Die Insel Usedom schirmt die Küste gegen die offene Ostsee ab. Dazwischen beschauliche Fischer- und Hafenstädtchen – und als einzig größere Metropole Greifswald.

✶✶ Greifswald Neben dem einstigen Zisterzienserkloster Eldena (1199) etablierte sich eine Handwerker- und Bauernsiedlung, die rasch wuchs, bereits 1250 von den Herzögen von Pommern das Stadtrecht erhielt und der Hanse beitrat. Greifswald blühte wirtschaftlich auf, und das Geistesleben wurde 1496 durch die Gründung einer Universität bereichert, die zweitälteste im Ostseeraum. Den Zweiten Weltkrieg überstand Greifswald relativ unbeschadet, weniger gut hingegen die Zeit der DDR. Ganze Stadtviertel verfielen und wurden abgerissen. Seit der Wende wurde der historische Stadtkern aufwendig restauriert. An der Westseite des denkmalgeschützten *Marktplatzes befindet sich das Rathaus, ein gotischer Backsteinbau aus dem 14. Jahrhundert. Bürgerhäuser aus verschiedenen Epochen und Jahrhunderten säumen den Platz; besonders stechen die Häuser Nr. 11 und Nr. 13 mit ihren schönen Giebelfassaden hervor. Die dreischiffige *Marienkirche aus dem 14. Jahrhundert ist das älteste der drei mittelalterlichen Gotteshäuser. Die Renaissancekanzel mit ihren Intarsien stammt aus dem 16. Jahrhundert. Der *Dom St. Nikolai, ursprünglich im 13. Jahrhundert errichtet, wurde im 15. Jahrhundert zu einer Basilika umgebaut. Ihre Barockhaube ist heute ein prägnanter Bestandteil des Greifswalder Stadtbilds. Die Ruine des ehemaligen Zisterzienserklosters ragt an der Ausfallstraße Richtung Wolgast auf. Berühmt wurde sie durch ein Bild von Caspar David Friedrich. Nach holländischem Vorbild wurde 1886 in Wieck, einem ehemaligen Fischerdorf an der Nordseite der Ryckmündung, eine hölzerne Klappbrücke erbaut, die auch heute noch in Betrieb ist.

✶ Wolgast Die Kreisstadt ist das Tor zur Insel Usedom. Von

TIPP++TIPP++

Kulturhistorisches Museum
Das Kulturhistorische Museum teilt sich mit dem Meeresmuseum den Platz im Kloster St. Katharinen. Die Themen: Archäologie und Kunstgeschichte der Region sowie Goldschmuck aus der Wikingerzeit.
Stralsund, Mönchstr. 25–27,
Tel. 0 38 31/2 87 90,
Di–So 10–17 Uhr

Museumsschiff »Gorch Fock« I
Auf dem Vorgänger des gleichnamigen Segelschulschiffes der Bundesmarine, die 1933 als Schulschiff der Reichsmarine begann, finden auf

Anmeldung auch Trauungen statt.
Stralsund, Tel. 0 38 31/66 65 20,
www.gorchfock1.de

Caspar-David-Friedrich-Zentrum
Wo am 5. September 1774 der Maler Caspar David Friedrich in Greifswald geboren wurde, befindet sich heute ein multimediales Museum.
Greifswald, Lange-Str. 57,
Tel. 0 38 34/77 62 38,
www.caspar-david-friedrich-gesellschaft.de

Mecklenburg-Vorpommern

Ein Fremder kreierte einst die Darßer Türenmode. Wie in Ahrenshoop hatten sich zu Beginn der 20. Jahrhunderts auch anderswo auf dem Darß Künstler eingefunden, die von den wechselnden Farben an Ostsee- und

TIPP++TIPP++

Internationales Sundschwimmen
Alljährlich im Juli findet der traditionsreiche regionale Schwimmwettkampf statt. Die Strecke führt von Altefähr auf Rügen nach Stralsund.
Sundpromenade,
www.sundschwimmen.de, Juli

Wallensteintage Stralsund
Das Fest erinnert an den erfolgreichen Widerstand gegen die Belagerung durch die kaiserlichen Truppen, unter der Führung Wallensteins, während des Dreißigjährigen Kriegs im Jahr 1628. Das alljährlich stattfindende Volksfest wird in historischen Kostümen begangen.
www.wallensteintage.de, Juli

Haffmuseum Ueckermünde
Das Museum befindet sich im Schloss in der Altstadt von Ueckermünde, nahe des Stadthafens. Eine Besonderheit des kleinen Museums ist der Schlossturm als Teil des Ausstellungsbereichs.
Ueckermünde, Am Rathaus 3,
Tel. 03 97 71/284 42

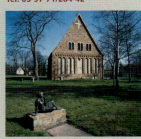

Ernst Barlach Stiftung
Die Ernst Barlach Stiftung wurde zum 1994 gegründet und bildet mit ihren Museen Gertrudenkapelle und Atelierhaus kulturelle Zentren Mecklenburg-Vorpommerns. Die Werke des deutschen Expressionisten sind in Güstrow verwurzelt.
Güstrow, Heidberg 15,
Tel. 0 38 43/844 00-0,
www.ernst-barlach-stiftung.de

1295 bis 1625 war Wolgast Residenzstadt der Herzöge von Pommern-Wolgast. Nach zahlreichen kriegerischen Auseinandersetzungen blieb vom einstigen Renaissanceschloss nur ein einziger Stein übrig. Die Backsteinbasilika St. Petri stammt aus dem 14. Jahrhundert und wurde Anfang des 18. Jahrhunderts erneuert. In ihrer Gruft ruhen die Pommernherzöge. Das Rathaus aus dem 15. Jahrhundert erhielt seine heutige Form Anfang des 18. Jahrhunderts.

* **Anklam** Der berühmteste Sohn der Stadt ist Otto Lilienthal, der hier 1848 geboren wurde. In der Ellbogenstraße ist ihm ein Museum gewidmet. Im Zweiten Weltkrieg wurde Anklam stark zerstört. Erhalten blieben lediglich die Marienkirche (13. Jahrhundert) mit ihren gotischen Wandmalereien, das Steintor und der Pulverturm der ehemaligen Stadtbefestigung.

* **Ueckermünde** Der Hafenort am Stettiner Haff war einst ein Handwerkerstädtchen. Im 19. und 20. Jahrhundert war hier die Ziegelindustrie dominierend. Seitdem der letzte Brennofen 1997 ausging, lebt der Ort vor allem vom Tourismus. Im ehemaligen Renaissanceschloss ist heute das Haffmuseum untergebracht. In Torgelow südlich von Ueckermünde gründete Friedrich der Große 1754 ein Eisenhüttenwerk, aus dem 1993 die Eisengießerei Torgelow hervorging.

* **Pasewalk** Etwas im Hinterland der Küste in der Uckermark liegt das kleine Städtchen an der Uecker, eines der ältesten in Pommern. Nur wenig historische Bausubstanz überstand den Zweiten Weltkrieg, wurde dann aber sorgfältig saniert, wie etwa das Mühlentor aus dem 14./15., die Marienkirche aus dem 14. und der Pulverturm aus dem 15. Jahrhundert.

Mecklenburgische Seenplatte und Mecklenburgische Schweiz

In diesem Labyrinth von Seen, Flüssen und Kanälen im südlichen Teil von Mecklenburg-Vorpommern überschlagen sich die Superlative: Mit über 1000 Seen, gesäumt von schönen Buchenwäldern, Mooren und Hügeln, ist die Mecklenburgische Seenplatte das größte zusammenhängende Seengebiet Mitteleuropas. Am nördlichen Rand der Seenplatte erstreckt sich von Dargun entlang des Kummerower und des Malchiner Sees in südwestlicher Richtung die Mecklenburgische Schweiz, ein rund 20 Kilometer langer und zehn Kilometer breiter Höhenzug mit Erhebungen von bis zu 120 Metern. Der größte Teil dieser Landschaft gehört zum Naturpark Mecklenburgische Schweiz und Kummerower See. Beide Regionen verzaubern den Besucher nicht nur durch ihre weitgehend unberührte Seen- und Wälderlandschaft, sondern auch durch herrliche Schlösser und Herrenhäuser sowie Dörfer mit großem Dorfanger und alten Backsteinkirchen.

* **Demmin** Die einstige Hansestadt am nordöstlichen Rand der Mecklenburgischen Schweiz ist heute ein beliebtes Ausflugsziel. Die Backsteinkirche St. Bartholomaei ist mit ihrem über 90 Meter hohen Turm das Wahrzeichen Demmins. Ursprünglich im 13. Jahrhundert errichtet, wurde sie dann nach Plänen Karl Friedrich Schinkels Ende des 19. Jahrhunderts umgestaltet. Das Rathaus (14./15. Jahrhundert) brannte Ende des Zweiten Weltkrieges ab und wurde 1997/98 wiederaufgebaut. Der Backsteinspeicher am Peenehafen, wo einst Getreide umgeschlagen wurde, ist heute Sitz des Kreisheimatmuseums.

* **Reuterstadt Stavenhagen** Dem niederdeutschen Dichter Fritz Reuter (1810–1874) verdankt Stavenhagen seinen Beinamen. Alles ist hier Reuter gewidmet: Apotheke, Schule, Straßen. Am historischen kopfsteingepflasterten Marktplatz befindet sich das Literaturmuseum, einst Rathaus und Geburtshaus des Dichters. Es beherbergt eine umfangreiche Sammlung seiner Schriften. Auch das Schloss ist eng mit Reuters Leben verknüpft: Hier verbrachte er in seiner Jugend viele Stunden.

* **Malchin** Zu zwei Dritteln wurde die Stadt während des Zweiten Weltkrieges zerstört. Übrig geblieben ist eine etwas skurrile Mischung aus buntem Plattenbau und mittelalterlicher Architektur. Wie wohlhabend das Städtchen einmal war, offenbart die gotische dreischiffige Backsteinbasilika St. Johannis (1440). Der Schnitzaltar mit der Marienkrönung und den 36 Aposteln stammt aus dem 15. Jahrhundert. Im Rathaus (1927) sind die 72 Zunftgemälde sehenswert.

* **Teterow** Das kleine Städtchen am gleichnamigen See wartet mit einem schönen mittelalterlichen Kern, Backsteinbauten mit Stufengiebeln und zwei Stadttoren, dem Malchiner und dem Rostocker Tor, auf. Das Wahrzeichen der Stadt ist der Hechtbrunnen vor dem Rathaus. Die *Backsteinkirche hinter dem Rathaus stammt aus dem 13. Jahrhundert, sie weist einen wertvollen gotischen Flügelaltar (1300) auf.

* **Basedow** Die Hauptattraktion des kleinen Orts ist sein **Schloss. Die dreiflügelige Anlage wurde vom 16. bis zu

Bunte Häuser, bunte Gärten

Boddenküste begeistert waren. Der Maler Theodor Schultze-Jasmer bezog 1921 ein altes Fischerhaus in Prerow, das er zum Atelier umbaute. Als 1931 ein neues Gemeindehaus gebaut wurde, bat man den Künstler, die Gestaltung zu übernehmen. Schultze-Jasmer malte das hölzerne Portal quietschbunt. Der farbenfrohe Schmuck kam gut an, die Mode breitete sich über den ganzen Darß aus. Ornamente in den Türen hatte es bereits zu slawischen Zeiten gegeben – sie dienten zum Schutz vor Bösem und Naturgewalten. Traditionelle Motive sind die aufgehende Sonne gegen Dunkelheit, der Lebensbaum gegen den Tod und das Kreuz gegen Dämonen. Später kamen reine Schmuckbilder mit Möwen, Blumen oder Leuchttürme dazu. Die meisten Türen gibt es in Prerow, Wustrow und Zingst. Historische Exemplare zeigt das Darß-Museum in Prerow.

19. Jahrhundert erbaut. Der älteste Teil ist der Mitteltrakt (1552). Der zweigeschossige Flügel geht auf das 17. Jahrhundert zurück, während sich der Südflügel von 1895 im Neorenaissancestil präsentiert. Das älteste Bauwerk des Ortes ist die Kirche aus dem 13. Jahrhundert.

** **Burg Schlitz** Eine Lindenallee führt 15 Kilometer südlich von Teterow hinauf zur Burg Schlitz, einer der bedeutendsten Schlossanlagen Mecklenburgs. Eine imposante Freitreppe vor dem Mittelbau wird von den Seitenpavillons gerahmt. Von der Schlossterrasse hat man einen herrlichen Blick, den schon Goethe genossen hat. Im Park lohnen Kapelle und Nymphenbrunnen eine Besichtigung.

** **Güstrow** Das »kleine Paris des Nordens« liegt im geografischen Mittelpunkt des Bundeslandes und bietet Sehenswürdigkeiten von hohem Rang. Im 14. und 15. Jahrhundert wurde Güstrow durch Brauereien, Tuchproduktion und Wollhandel bekannt und kam zu erheblichem Wohlstand. Mitte des 16. Jahrhunderts wurde es Residenzstadt der Herzöge von Mecklenburg-Vorpommern. Das **Schloss von Güstrow ist das größte Renaissancebauwerk von Mecklenburg-Vorpommern. Der imposante Dreiflügelbau mit seinen Türmen und Giebeln und dem grandiosen Festsaal mit Wandmalereien und Stuckaturen ist heute ein Museum. Es zeigt Kunst aus dem 16. und 17. Jahrhundert, Möbel und Keramiken. Das Ernst-Barlach-Theater wurde 1828/29 errichtet und ist damit das älteste Theater Mecklen-

Ein prächtiger Renaissancebau ist das im 16. Jahrhundert von italienischen und niederländischen Baumeistern errichtete Schloss von Güstrow (rechts).

Mecklenburg-Vorpommern

Die Müritz-Elde-Wasserstraße ist (noch) ein Geheimtipp für Wasserwanderer: Über insgesamt mehr als 180 Kilometer (von Dömitz bis Plau: 121 Kilometer) zieht sie sich durch unberührte Landschaften bis nach

Malchow am Plauer See mit neugotischer Klosterkirche

burgs. Der gotische **Dom St. Maria, St. Johannes Evangelista und St. Cecilia mit spätgotischem Flügelaltar (um 1500) sowie dem Marmorgrab für Herzog Ulrich III. und seine Gemahlinnen (1585–1599) wurde 1226 bis 1335 errichtet. Die Bronzeplastik »Der Schwebende« von Ernst Barlach hängt in der Nordhalle des Gotteshauses. Weitere Werke des Künstlers sind in der **Gertrudenkapelle (15. Jahrhundert) zu besichtigen. Der Domplatz imponiert durch seine Renaissancewohnhäuser. Folgt man der Domstraße, gelangt man direkt zum **Markt der Stadt. Dessen Mittelpunkt bilden das Rathaus (1797/98) und die St.-Marien-Kirche. Das vierschiffige Gotteshaus stammt aus dem 16. Jahrhundert. Sehenswert sind hier der Flügelaltar (1522) und die Triumphkreuzgruppe (1516). Die Güstrower Altstadt besteht aus einem eindrucksvollen Ensemble von Giebelhäusern.

** **Durchbruchstal der Warnow** Ein Naturparadies ist das größte Durchbruchstal Mecklenburgs bei Groß Görnow, sechs Kilometer nördlich von Sternberg, wo sich die Warnow 30 Meter tief in einen Endmoränenwall eingegraben hat. Kurz nach der Einmündung der Mildenitz zwängen sich hier die Wassermassen einem Wildbach gleich zwischen steilen Uferwänden hindurch.

* **Sternberg** In der Kleinstadt am Sternberger See sind noch viele schöne Fachwerkhäuser aus dem 18. und 19. Jahrhundert zu bewundern. Beachtlich ist auch die kleine Stadtkirche aus dem 13./14. Jahrhundert. Im neogotischen Rathaus trat bis 1918 der Mecklenburger Landtag zusammen. Nur wenige Kilometer nordöstlich der Stadt kann im Freilichtmuseum Groß Raden eine rekonstruierte Siedlung slawischer Obotriten besichtigt werden.

** **Krakower Obersee** Südlich von Güstrow liegt dieser Klarwassersee mit seinen zahlreichen Inselchen. Mit einer Fläche von 850 Hektar ist er der größte See des Naturparks Nossentiner/Schwinzer Heide. Er beherbergt eines der wichtigsten Rast- und Brutgebiete für viele Wasservögel. Um den See herum verläuft ein schöner Spazierweg.

** **Naturpark Nossentiner Schwinzer Heide** Über eine Fläche von rund 360 Quadratkilometern erstreckt sich dieser Park zwischen Plau, Goldberg, Krakow und Malchow. Zu seinem Areal gehören nicht weniger als 60 Seen sowie ausgedehnte Wälder, vor allem Kiefernbestände. Hier brüten auch See- und Fischadler.

** **Plau am See** 1225 wurde die Stadt am gleichnamigen See mit guter Anbindung an die Handelsstraße zwischen Rostock und Brandenburg gegründet. Im 19. Jahrhundert siedelte sich hier Industrie an. Ernst

Unterwegs im Reich der tausend Seen

Dömitz. Entlang der Strecke, die durch 17 Schleusen unterbrochen wird, befinden sich zahlreiche Rast- und Liegeplätze, von denen aus Wanderungen unternommen werden können. Auch abseits der malerischen Müritz ist die Seenplatte ein beliebtes Wassersport- und Camping-Revier. Im Boot auf dem Fleesensee hat man einen schönen Blick auf die neugotische Klosterkirche von Malchow. Der Heimatdichter Fritz Reuter weilte gern in der »lieblichen Krakowschen Gegend«, einem der reizvollsten Plätze der Seenplatte (links: Bootshäuser am Krakower See). Vom beschaulichen Goldberg am Goldberger See bietet sich ein Ausflug in die besonders stille Nossentiner-Schwinzer-Heide an. Und die meisten Gewässer lassen die Herzen vieler Angler höherschlagen: In manchen Seen und Flüssen werden bis zu 34 Fischarten gezählt.

...an, der Sohn des Plauer Pfarrers, war es, der 1841 hier die Hochdruckdampfmaschine erfand. Er baute sie in einen Schaufelraddampfer ein und ließ das erste Personendampfschiff auf dem Plauer See zu Wasser. Das Wahrzeichen der Stadt ist der *Burgturm aus dem 15. Jahrhundert, der heutige Sitz des Heimatkundlichen Museums. Hauptsehenswürdigkeit des Ortes ist der *Marktplatz mit seinen Fachwerkhäusern. An der Elde-Schleuse befinden sich ein historischer Getreidespeicher und eine Hubbrücke.

* **Malchow** Das einstige Tuchmacherstädtchen zwischen dem Fleesen-, Malchower und Plauer See beeindruckt mit einer schönen *neugotischen Klosterkirche inmitten eines gut erhaltenen historischen Altstadtkerns. 1846 befand sich Malchow noch auf einer Insel. Später wurde ein Damm aufgeschüttet, der den Ort mit dem Festland verband. Die Klosterkirche wurde Mitte des 19. Jahrhunderts erbaut. Die Apostelfenster im Chorraum stammen aus Innsbruck. 1997 wurde in Malchow das erste Orgelmuseum Norddeutschlands eröffnet.

* **Klink** Hauptattraktion dieses auf einer kleinen Landzunge zwischen Müritz und Kölpinsee gelegenen Ortes ist Schloss Klink, das 1898 vom Berliner Gründerzeitarchitekten Hans Grisebach im Neorenaissancestil erbaut wurde. Mit seinen runden Ecktürmen ist es den Loire-Schlössern nachempfunden. Hier wurde übrigens die Fernsehserie »Unser Charly« gedreht.

* * * **Waren** Am Nordufer der Müritz, des mit 117 Quadratkilometern größten Sees Norddeutschlands, und damit mitten im Herzen der Mecklenburgischen Seenplatte, liegt Waren. 1260 erhielt die Siedlung Stadtrecht. Dank des großen Fischreichtums der Müritz und der umliegenden Seen brachte es Waren zu einem gewissen Wohlstand. Theodor Fontane war es, der die Vorzüge der Seenplatte rund um Waren als Ort der Ruhe und Erholung entdeckte und die Schönheit ihrer Natur in seinen Büchern pries. So wurden Waren und die Müritz bereits im 19. Jahrhundert ein beliebtes Ziel für Sommerfrischler. Nach der Wende wurde die Altstadt saniert und ein Jachthafen erbaut. Waren wurde damit zum touristischen Zentrum der Mecklenburgischen Seenplatte. In der Altstadt reihen sich barocke Fachwerkhäuser aneinander. Zu den schönsten gehört die Löwen-Apotheke (18. Jahrhundert) auf dem Neuen Markt. Den Alten Markt zieren das Alte Rathaus aus dem 14. und die Georgenkirche aus dem 13. Jahrhundert. Auf dem Neuen Markt erhebt sich das Neue Rathaus (Ende 18. Jahrhundert) mit dem Stadtgeschichtlichen Museum. Am Stadthafen sind noch einige Getreidespeicher aus dem 19. Jahrhundert erhalten, die heute teilweise als Ferienwohnungen genutzt werden.

* * **Röbel** Die kleine Stadt, die früher aus zwei Teilen bestand, ist heute ein beliebtes

Wasser so weit das Auge reicht: die Müritz bei Waren (oben links) und bei Röbel (oben rechts)

TIPP++TIPP++

Marinemuseum in Waren
Das Marinemuseum ist ein wahres Eldorado für Militärfans. Uniformen, Abzeichen & Co. sind hier zu finden. Der Zeitraum der ausgestellten Exponate umfasst die der Kaiserlichen Marine, der Reichsmarine und der Kriegsmarine bis zum Ende des Zweiten Weltkriegs. Auch die Exponate der DDR-Volksmarine und der Bundesmarine fehlen nicht.
Waren (Müritz), Lange Straße 3,
Tel. 0 39 91/66 47 30

Müritzeum
Das Naturkundemuseum informiert anschaulich und lebendig über die geologische Entstehung der Mecklenburgischen Landschaft, die Ur- und Frühgeschichte sowie über die Tier- und Pflanzenwelt der Region.
Waren (Müritz), Zur Steinmole 1,
Tel. 0 39 91/633 68-0
www.Mueritzeum.de

Mecklenburg-Vorpommern

Caspar David Friedrich (1774 bis 1840) ist der Landschaftsmaler der deutschen Romantik schlechthin. Seine Gemälde sind der Inbegriff empfindsamer Naturauffassung und symbolhaft-religiöser Weltsicht. De

Schloss Mirow, Residenz der Herzöge von Mecklenburg-Strelitz

Luisentempel im Neustrelitzer Schlosspark

touristisches Zentrum. Mit dem Bau der **frühgotischen Marienkirche wurde 1235 begonnen. Sie ist eine der ältesten Hallenbacksteinkirchen des Bundeslandes. Von der 68 Meter hohen **Turmplattform genießt man einen herrlichen Blick über Stadt und Land. Der Innenraum der Kirche birgt einen Schnitzaltar aus dem 16. Jahrhundert und ein Kreuzrippengewölbe im Chorraum.

* **Mirow** Der Ort ist das Tor zur Brandenburgischen Seenplatte am Müritz-Havel-Kanal. Wassersportlern ist vor allem die Mirower Schleuse ein Begriff, denn sie verbindet die mecklenburgischen Gewässer mit den brandenburgischen. Mirow war einst Residenz des Herzogs Karl von Mecklenburg-Strelitz, der sich hier Ende des 16. Jahrhunderts niederließ. Auf seine Initiative geht auch das schöne *Barockschloss zurück. Die Schlossinsel ist durch eine Steinbrücke mit der Altstadt des Ortes verbunden. Während des 18. und des 19. Jahrhunderts wurden hier alle Familienmitglieder des Strelitzer Hauses begraben. Lediglich Großherzog Adolf Friedrich VI., der letzte regierende Großherzog der Dynastie, fand seine letzte Ruhe etwas abgelegen auf einer separaten Insel. Sein Grab kennzeichnet eine gebrochene Säule.

** **Neustrelitz** Das Städtchen versprüht auch heute noch den Charme des 18. und 19. Jahrhunderts. Herzog Adolf Friedrich III. von Mecklenburg-Strelitz gründete den Ort 1733 und verlegte seine Residenz hierher. Seine und weiterer Herzöge Anwesenheit zogen Kaufmänner, Händler, wohlhabende Bürger und Militärs an. Und Neustrelitz blieb bis 1918 Residenzstadt. Die spätbarocke Stadtanlage von Julius Löwe zeichnet sich durch acht sternförmig verlaufende Straßen aus. Die Stadtkirche von 1778 bekam 1831 einen massigen Glockenturm angegliedert, das Rathaus wurde 1841 erbaut. Das Schloss wurde Ende des Zweiten Weltkriegs zerstört, der Schlossgarten, im 19. Jahrhundert zum englischen Landschaftsgarten erweitert, blieb hingegen er-halten und ist heute eine der Hauptattraktionen der Stadt. Besonders sehenswert sind in der Anlage die Orangerie von 1755 (1842 umgestaltet), der Luisentempel (Ende 19. Jahrhundert), de Marstall (1872) und die Schlosskirche (1855 bis 1859)

** **Nationalpark Müritz** Ei Kaleidoskop unterschiedliche Landschaften und Lebensräum bietet dieser Nationalpark m nicht weniger als 107 Seen a einer Fläche von 322 Quadratk lometern. Der Park besteht a zwei räumlich getrennten Ab schnitten: Das größere Teilge

Caspar David Friedrich

Maler wurde 1774 in Greifswald als Sohn eines Kerzengießers geboren, erhielt ab 1790 privaten Zeichenunterricht und studierte dann an der Akademie in Kopenhagen. 1798 ging er nach Dresden, wo er mit seiner Frau Caroline und den drei Kindern bis zu seinem Tod lebte. Die Landschaft Rügens beflügelte in den ersten Jahren seine künstlerische Entwicklung. Allein oder in Begleitung eines Künstlerfreundes durchwanderte er diese Landschaften und schärfte dabei seinen Blick, eine Mischung aus tiefreligiöser, introvertierter Innenschau und präziser Naturbeobachtung. Erst 1807 wandte er sich, der bis dahin meist mit Sepiatusche gezeichnet hatte, der Ölmalerei zu. Eldena, die monumentale Backsteinfassade des ehemaligen Zisterzienserklosters von Greifswald, stand dem Künstler Modell für einige mystische Gemälde von Weltrang (links).

biet Müritz erstreckt sich in einem Halbbogen entlang des Ostufers des gleichnamigen Sees, der östliche Teil umfasst die Wälder und Seen um Serrahn und Neustrelitz. Hier ist die Landschaft vor allem durch urtümliche Buchenwälder und Moore gekennzeichnet. Neben zahlreichen anderen Vogelarten sind im Park auch See- und Fischadler, Kraniche sowie Schwarzstörche zu Hause. Zum Schutz dieses sensiblen Ökosystems wurden insgesamt 660 Kilometer markierte Wege angelegt, die Besucher nicht verlassen dürfen.

* **Ankershagen** Hier wurde der berühmte Archäologe Heinrich Schliemann (1822–1890) geboren. In seinem Elternhaus, dem Schliemann-Haus, wurde ein Museum eingerichtet, das dem Werk Schliemanns gewidmet ist. Gegenüber dem Haus befindet sich die Kirche, in der Vater Schliemann als Pfarrer predigte.

** **Neubrandenburg** Markgraf Johann von Brandenburg gründete die Stadt im 13. Jahrhundert. Bis zum Dreißigjährigen Krieg ein blühender Handelsort, fiel Neubrandenburg dann in die völlige Bedeutungslosigkeit zurück. Erst mit der Industrialisierung im 19. Jahrhundert gewann es wieder an Relevanz. Im Zweiten Weltkrieg wurde die Innenstadt größtenteils zerstört. Im historischen Zentrum liegt der Alte Marktplatz, dessen Bild heute von modernen Nachkriegsbauten geprägt ist. Zu sehen ist hier noch die alte Feldsteinmauer, an der die Wiekhäuser, heute teilweise rekonstruiert, standen. Von den ehemaligen Stadttoren sind besonders das Stargarder und das Treptower Tor aus dem 14. und 15. Jh. eine Besichtigung wert. Im Treptower Tor befindet sich das Regionalmuseum für Ur- und Frühgeschichte. Die *Johanniskirche aus dem 13. Jahrhundert wurde im 14. Jahr-

Prachtbau im Stil der Backsteingotik: das Treptower Tor in Neubrandenburg mit Fachwerkhaus und Vortor (oben)

TIPP++TIPP++

Operettenfestspiele Neustrelitz
Jeden Sommer wird Neustrelitz für mehrere Wochen zur »Residenzstadt der Operette«. Dann bieten die Schlossgartenfestspiele vor malerischer Kulisse und Zehntausenden Zuschauern große Inszenierungen beliebter klassischer Operetten. Bereits zweimal wurde auch das Leben der Königin Luise von Preußen zum Sujet von Operetten-Uraufführungen.
Schlossgartenfestspiele Neustrelitz e.V.,
Glambecker Straße 41,
Tel. 0 39 81/23 93-0

DIE SCHÖNSTEN REISEZIELE

Mecklenburg-Vorpommern

Dachte Bismarck an Klütz, als er spottete, in Mecklenburg wünsche er beim Weltuntergang zu sein, weil hier alles rund 100 Jahre später passiere? Noch immer ist die Marienkirche höchster Punkt des 3500-hundert zu einer zweischiffigen Backsteinkirche umgebaut. Ihre Prunkstücke sind die Kalksteinkanzel (1588) und der Kreuzgang der einstigen Klosteranlage. Der Turm der Marienkirche (13. Jahrhundert), heute eine Konzertkirche, ist schon von Weitem sichtbar. Auf das 15. Jahrhundert geht die Spitalkapelle St. Georg zurück.

Feldberg Am Südwestufer des Haussees liegt die kleine Provinzstadt an der Grenze zum Bundesland Brandenburg. Zwischen dem 7. und 9. Jahrhundert stand hier eine slawische Burg, in der rund 1000 Menschen lebten. Die Heimatstube im ehemaligen Spritzenhaus am Amtsplatz beherbergt heute ein Museum zur Geschichte der Burg.

* **Stargard** In der bewaldeten Hügellandschaft thront, schon von Weitem zu erkennen, eine wehrhafte Burg über diesem kleinen Städtchen. Die Feste entstand im 13. Jahrhundert zur Verteidigung eines wichtigen strategischen Punktes während der deutschen Ostexpansion. In den kleinen Straßen der Altstadt, die in ihrer heutigen Gestalt auf das 18. Jahrhundert zurückgeht und immer noch den Charakter einer idyllischen Handwerkerstadt aufweist, befinden sich die Stadtkirche und die Kapelle, in der das sehenswerte Heimatmuseum untergebracht ist.

* **Heilige Hallen** In der Nähe von Lüttenhagen bei Feldberg erstreckt sich das Naturschutzgebiet »Heilige Hallen«, das Bestandteil des Naturparks Feldberger Seenlandschaft ist. Es verdankt seinen Namen rund 350 Jahre alten Rotbuchenbeständen, deren bis zu 50 Meter hohen Stämme Großherzog Georg von Mecklenburg-Strelitz an gotische Kirchen erinnerten – daher der Name.

* **Carwitz** Der reizvoll an Seen und Flüssen gelegene Ort ist die Heimat des durch seine sozialkritischen Romane bekannt gewordenen Schriftstellers Hans Fallada. Der einstige Wohnsitz der Familie am Ende des Dorfes beherbergt heute das Hans-Fallada-Museum. Fallada erwarb das Fachwerkhaus, nachdem er mit seinem Roman »Kleiner Mann – was nun?« großen Erfolg feiern konnte. In seinem Roman »Heute bei uns zu Hause« berichtet er vom Landleben in Carwitz. Sein Arbeitszimmer inklusive der alten Schreibmaschine blieb fast unangetastet. Die niedliche Fachwerkkirche des Ortes wurde 1706 errichtet. Sie weist einen barocken Kanzelaltar auf und enthält Schnitzfiguren sowie Flügel eines spätgotischen Altars.

** **Naturpark Feldberger Seenlandschaft** Der rund 360 Quadratkilometer große Naturpark zwischen Fürstenberg, Woldegk und Neustrelitz umfasst 15 kleinere Naturschutzgebiete mit uralten Buchenwäldern, klaren Seen und Kesselmooren. Zu den bekanntesten Seen gehören Breiter und Schmaler Luzin, Haussee, Zansen und Carwitzer See. In der Ungestörtheit der Seenlandschaft leben neben See-, Fisch- und Schreiadler noch zahlreiche Fischotter und Biber. In der nordöstlichen Region des Naturparks können Gartenanlagen des Landschaftsarchitekten Peter Josef Lenné bewundert werden.

* **Woldegk** Der unscheinbare Ort liegt etwas östlich der Mecklenburgischen Seenplatte. Der Abstecher zu ihm lohnt sich vor allem wegen eines Komplexes von fünf noch gut erhaltenen Windmühlen. Die 1993 restaurierte Holländerwindmühle aus dem Jahr 1883 beherbergt heute ein Heimatmuseum.

Schwerin und Elbetal

Die beschauliche Landeshauptstadt mit ihrer Vielzahl historischer Gebäude und dem Schloss versprüht ihren ganz eigenen Charme. Von hier lassen sich Abstecher an die ehemalige innerdeutsche Grenze und an die untere Mittelelbe unternehmen.

** **Schwerin** Siehe Stadtplan auf Seite 103

* **Neustadt-Glewe** Die Kleinstadt wird dominiert von der Alten Burg, die um 1250 erbaut wurde. Auf einem künstlichen Hügel hat sich der älteste Profanbau des Landes erhalten. Im 17. Jahrhundert entstand das Schloss, einst Nebenresidenz der Mecklenburger Herzöge.

* **Parchim** Um die Burg, die um 1170 erstmals erwähnt wurde, bildete sich die Altstadt, die mit ihren reich verzierten Fachwerkhäusern am Marktplatz und dem Rathaus aus dem 14. Jahrhundert sehr sehenswert ist. Die gotische Georgenkirche am Alten Markt birgt einen schönen Schnitzaltar.

* **Gadebusch** 1225 erhielt die Siedlung am Schnittpunkt der Handelswege von Wismar nach Hamburg und von Schwerin nach Lübeck das Stadtrecht. Das Rathaus wurde 1614 als Backsteinbau errichtet. Hinter dem Rathaus befindet sich die *Kirche St. Jakob und St. Dionysos von 1230 mit Backsteinverzierungen am Südportal, Bronzetaufe (1450) und Kanzel (1607). Das Renaissanceschloss ließ Herzog Christoph 1570 erbauen. Der ehemalige Wirtschaftstrakt des Schlosses beherbergt heute ein Heimatmuseum. Im nahen Möllin steht

Das Schloss von Schwerin mit märchenhaft anmutenden Erkern und Türmchen (rechts)

TIPP++TIPP++

Literaturzentrum Neubrandenburg e.V. mit Brigitte-Reimann-Literaturhaus
Im Brigitte-Reimann-Literaturhaus, das an der Stelle des letzten Wohnhauses der deutschen Schriftstellerin (1933–1973) steht, befinden sich eine ständige Ausstellung zu Brigitte Reimann mit wertvollen Ausstellungsstücken aus ihrem Nachlass, das Hans-Fallada-Archiv und ein Literaturarchiv der Regionalliteratur nach 1945. Das ursprüngliche Gebäude aus dem Jahr 1914 stürzte bei den Sanierungsarbeiten ein und musste vollständig abgerissen werden. An seiner Stelle steht nun der im Vorfeld heftig umstrittene, bei seiner Eröffnung am 20. Februar 1999 aber begeistert angenommene Neubau des Brigitte-Reimann-Literaturhauses.
Neubrandenburg, Gartenstraße 6,
www.literaturzentrum-nb.de

Schloss Bothmer
Schloss Bothmer liegt im Klützer Winkel am Rande der Ortschaft Klütz. Eine über 200-jährige Linden-

allee führt zu dem 1726 bis 1732 erbauten barocken Schlosskomplex. Das Schloss ist von einem breiten Wassergraben umgeben, den Ehrenhof erreicht man über eine Brücke. Die gepflegte Parkanlage umfasst mehrere Hektar, ihr Erscheinungsbild wird durch Alleen, Rasenflächen, seltene Bäume und eine Teichanlage geprägt.
**Klütz, Schlossstraße, Dienerhaus
Tel. 0 38 41/22 43 97,**
www.schloss-bothmer.info

Klützer Winkel

Einwohner-Städtchens. So markiert sie heute wie einst die Grenzen des Klützer Winkels: Dem Volksmund nach endet er nämlich dort, wo die Kirchturmspitze außer Sicht gerät. Die Region zwischen Lübecker und Wismarer Bucht gehört zu den Landschaften, in denen während des Kalten Krieges die Zeit stillstand. Kopfsteinpflaster und Reetdächer haben in einer leicht hügeligen Natur, die von der letzten Eiszeit geformt wurde, überdauert. Die einstige Randlage hinter dem Todesstreifen lockt heute Touristen. Die nahe Küste ist vielfach unbebaut, in zahlreichen Dörfern stehen noch ehemalige Gutshöfe und herrschaftliche Häuser. Paradestück ist Schloss Bothmer in Klütz – mit fast zwölf Hektar die größte Barockanlage Mecklenburgs. Eine prächtige Lindenallee (links) bildet das malerische Entrée zum Schloss.

Mecklenburg-Vorpommern

seit 1788 ein reetgedecktes Hallenhaus, das Rauchhaus Möllin, in dem Schinken und Mettwurst geräuchert werden.

* Zarrentin Jahrzehntelang fristete Zarrentin als innerdeutsches Grenzstädtchen ein wenig beachtetes Dasein. Doch gerade deshalb konnte es sich einen ganz eigenen Charme bewahren. Von einem Zisterzienserkloster, das sich um 1250 hier befunden hat, sind noch der Ostflügel und die Klosterkirche erhalten geblieben. Der Ortskern präsentiert sich mit Häusern aus dem 18. und 19. Jahrhundert.

* Boizenburg Auch die kleine Siedlung an der Mündung der Boize in die Elbe war Grenzort. Sehenswert ist das *Rathaus, ein schöner Fachwerkbau mit Laternenturm und Laubengang. Die Stadtkirche wurde um 1860 neugotisch umgestaltet. 1998 wurde hier das erste deutsche Fliesenmuseum eröffnet.

** Naturpark Mecklenburgisches Elbetal Der Naturpark erstreckt sich zwischen Boizenburg und Dömitz über 65 Kilometer entlang der Elbe. In dem UNESCO-Biosphärenreservat hat sich noch eine naturnahe Flussauenlandschaft mit Schwarzstörchen und Wanderdünen erhalten.

** Redefin Das Landgestüt Redefin ist eines der schönsten Europas. Es wurde von Herzog Friedrich Franz I. von Mecklenburg-Schwerin gegründet und 1820 im Stil des Klassizismus nach Plänen des mecklenburgischen Oberlandbaumeisters Carl Heinrich Wünsch erbaut.

** Dömitz In der kleinen Stadt zwischen Elbe, Dove Elbe und der Müritz-Elde-Wasserstraße steht Deutschlands einzige erhaltene Flachlandfestung (1565). Der Dichter Fritz Reuter saß hier 1839/40 in Festungshaft. Ein Prunkstück ist das prächtige Renaissancetor. Im Innenhof befindet sich das Kommandantenhaus mit Museum. Die neugotische Backsteinstadtkirche des Orts geht auf das Jahr 1872 zurück.

** Ludwigslust An der Stelle eines Jagdschlosses beim Dorf Klenow ließ sich Herzog Friedrich der Fromme 1772 bis 1776 eine barocke Residenz erbauen. Das ****Schloss Ludwigslust** wurde mit Sandstein verblendet, das Attikageschoss mit 40 Statuen geschmückt und der riesige Schlosspark mit Wasserspielen, Brücken und Kanälen versehen. Die ****Schlosskirche** (1765–1770) beeindruckt mit toskanischen Säulen und dem Altarbild »Die Anbetung der Hirten«.

Schloss Ludwigslust

Landgestüt Redefin

Schwerin

In der mit rund 100 000 Einwohnern kleinsten deutschen Landeshauptstadt dreht sich alles ums Wasser. Gleich mehrere Seen inner- und außerhalb des Stadtgebiets verleihen Schwerin eher ländlichen Charakter.

Bereits zu slawischen Zeiten ragte auf der heutigen Schlossinsel eine Burg auf (erstmals 1018 erwähnt). 1160 gründete Heinrich der Löwe neben der Insel eine Siedlung und erhob sie zur Stadt. 1167 wurde Schwerin Bischofssitz, 1358 erfolgte die Gründung der Grafschaft Schwerin. Damit war der Weg geebnet für den Aufstieg Schwerins zum politischen und kulturellen Mittelpunkt Mecklenburgs.

Das heutige Erscheinungsbild Schwerins geht vor allem zurück auf den Großherzog Paul Friedrich. Er hatte die Stadt im 19. Jahrhundert als Residenz auserkoren und viele Repräsentationsbauten errichten lassen. Märchenhaft mutet das ****Schweriner Schloss** an, das sein heutiges Aussehen 1843 bis 1857 nach dem Vorbild des Loireschlosses Chambord erhielt. Sehenswert sind die Prunkräume in Beletage und Festetage mit vergoldeten Stuckaturen und Intarsienböden. Vom Burggarten gelangt man in den Schlossgarten, 1748 bis 1756 im Stil des Barock angelegt. Im ****Alten Garten** befindet sich ein ***spätklassizistisches Gebäude**, in dem das Staatliche Museum mit einer Kunstsammlung residiert. Das Staatstheater neben dem Museum wurde 1886 erbaut. Das Alte Palais (Ende 18. Jahrhundert) diente als Witwensitz. Das Kollegiengebäude (1883–1886) entwarf Georg Adolph Demmler.

Die Innenstadt wird dominiert von Häusern aus dem 18. und

Staatstheater und Staatliches Museum (rechts) von Schwerin

19. Jahrhundert wie dem Brandenstein'schen und dem Neustädtischen Palais. Der Marktplatz wird von Bürgerhäusern gesäumt. An der Nordseite des Platzes erhebt sich die alte Markthalle von 1785. Der ****Schweriner Dom St. Maria und St. Johannes** (13.–15. Jahrhundert) ist ein gut gelungenes Exemplar norddeutscher Backsteingotik. Der Kreuzaltar stammt von 1440, die Grabplatten aus dem 14. Jahrhundert. Unweit des Doms liegt de ****Pfaffenteich mit Wohnhäusern aus dem 19. Jahrhundert. Einen Abstecher lohnt die Siedlung ****Schelfstadt** von 1705.

Schaalsee

Das Reich der Stille liegt etwa 50 Kilometer östlich von Hamburg und erstreckt sich von Zarrentin gen Ostsee: Eine weite Wasserfläche breitet sich aus, am Ufer nickt der Schilf, hinter Bruchwäldern und glucksenden Tümpeln liegen alte Dörfchen, oft mit nur einem Dutzend Häusern. Der Schaalsee (links) ist ein Paradies – und das ist letztendlich der deutschen Teilung zu verdanken: Der 24 Quadratkilometer große See mit seinem umgebenden Ring von Feuchtgebieten und Auen liegt im einstigen Grenzgebiet und war früher eingezäunt. Rund 40 Jahre lang konnte die Natur hier frei walten. Als die Grenze 1989 fiel, kam dieses einzigartige Naturrefugium mit Seeadlern, Kranichen, Fischottern und Bibern, Amphibien und 200 Vogelarten zutage. Im Jahr 2000 wurde das 309 Quadratkilometer große Areal als UNESCO-Biosphärenreservat ausgewiesen.

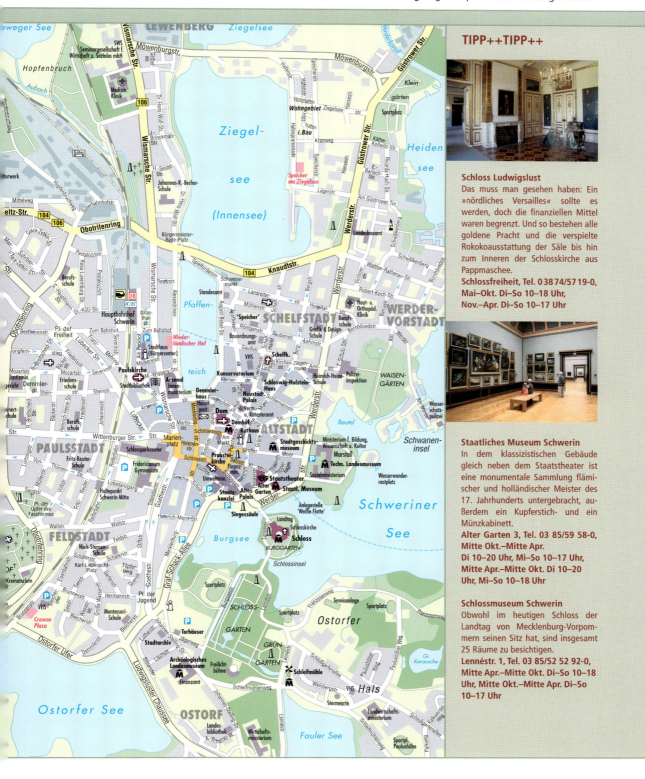

TIPP++TIPP++

Schloss Ludwigslust
Das muss man gesehen haben: Ein »nördliches Versailles« sollte es werden, doch die finanziellen Mittel waren begrenzt. Und so bestehen alle goldene Pracht und die verspielte Rokokoausstattung der Säle bis hin zum Inneren der Schlosskirche aus Pappmaschee.
Schlossfreiheit, Tel. 03874/57 19-0, Mai–Okt. Di–So 10–18 Uhr, Nov.–Apr. Di–So 10–17 Uhr

Staatliches Museum Schwerin
In dem klassizistischen Gebäude gleich neben dem Staatstheater ist eine monumentale Sammlung flämischer und holländischer Meister des 17. Jahrhunderts untergebracht, außerdem ein Kupferstich- und ein Münzkabinett.
Alter Garten 3, Tel. 03 85/59 58-0, Mitte Okt.–Mitte Apr. Di 10–20 Uhr, Mi–So 10–17 Uhr, Mitte Apr.–Mitte Okt. Di 10–20 Uhr, Mi–So 10–18 Uhr

Schlossmuseum Schwerin
Obwohl im heutigen Schloss der Landtag von Mecklenburg-Vorpommern seinen Sitz hat, sind insgesamt 25 Räume zu besichtigen.
Lennéstr. 1, Tel. 03 85/52 52 92-0, Mitte Apr.–Mitte Okt. Di–So 10–18 Uhr, Mitte Okt.–Mitte Apr. Di–So 10–17 Uhr

DIE SCHÖNSTEN REISEZIELE

Glanzstück des Friderizianischen Rokoko: Schloss Rheinsberg am Grienericksee

Brandenburg

Mehr als 100 Jahre nach ihrem Erscheinen haben Fontanes »Wanderungen durch die Mark Brandenburg« kaum etwas von ihrer Aktualität eingebüßt. Dieses Labyrinth aus Flüssen, Kanälen und Mooren, sich scheinbar ins Unendliche erstreckenden Wiesen, Wäldern und Seen wurde einst von mächtigen Gletschern geformt. Unter alten Fischerdörfern und traditionsreichen Hansestädten ragt das alles übertrumpfende Potsdam heraus. Schloss Sanssouci ist ein Gesamtkunstwerk und zugleich das Wahrzeichen des Landes Brandenburg.

Brandenburg

Fontane und Brandenburg – man kann kaum das eine sagen, ohne das andere zu denken: »Wanderungen durch die Mark Brandenburg«, »Herr von Ribbeck auf Ribbeck im Havelland« … Kein anderer großer

Ruppiner Land und Prignitz

170 durch Flüsse und Kanäle miteinander verbundene Seen machen die Rheinsberger Seenkette im romantischen Ruppiner Land zum Eldorado für Wassersportler. Die Prignitz zwischen Elbe und Dosse ist ein Paradies für Zehntausende Wasservögel und zahlreiche Störche.

Schloss Oranienburg beherbergt heute ein Kunstmuseum.

∗ Oranienburg Seinen Namen verdankt die Stadt Kurfürstin Luise Henriette, die eine Prinzessin von Oranien war und hier das ab 1651 erbaute Schloss bewohnte. Ab 1689 wurde es nach holländischem Vorbild im Stil des Barocks umgebaut. Das Schlossmuseum beherbergt Elfenbeinmöbel und Gemälde von niederländischen Meistern. Vor den Toren Oranienburgs erstreckt sich auf dem Areal des einstigen Konzentrationslagers die ∗∗Mahn- und Gedenkstätte Sachsenhausen. Bis 1945 wurden hier Zigtausende bei Massentötungsaktionen ermordet oder starben an Hunger und Krankheiten. Nach Kriegsende befand sich hier das sowjetische »Speziallager Nr. 7«, in dem bis zur Auflösung 1950 rund 60 000 Häftlinge einsaßen.

∗ Neuruppin Die beiden berühmtesten Söhne des schmucken Landstädtchens am Ruppiner See sind der 1781 hier geborene große Baumeister Preußens, Karl Friedrich Schinkel, sowie Theodor Fontane, der in der ∗Löwenapotheke 1819 das Licht der Welt erblickte. Nach einem verheerenden Brand 1787 wurde der Ort frühklassizistisch wiederaufgebaut. Heute steht er als herausragendes Beispiel klassizistischer Städtebaukunst komplett unter Denkmalschutz: dazu zählen die Marienkirche, die Dominikanerklosterkirche, Rathaus, Tempelgarten und Stadtpark.

∗∗ Rheinsberg Ein Wasserschloss im Stil der Renaissance ließ Kronprinz Friedrich, der spätere König Friedrich II. von Preußen, 1734 durch seinen Architekten Knobelsdorff um-

Theodor Fontane

deutscher Schriftsteller ist so in einer Landschaft verwurzelt wie Theodor Fontane (ganz links: Aufnahme von 1885), der 1819 in Neuruppin als Sohn eines Apothekers zur Welt kam. Mit 19 Jahren veröffentlichte er seine erste Novelle. Jahrelang arbeitete er an verschiedenen Orten als Apotheker und schrieb regelmäßig. Die sich seit 1847 anbahnende Revolution politisierte auch ihn, er kämpfte zeitweilig auf den Barrikaden. 1849 entschloss er sich, nur noch zu schreiben. Zunächst produzierte er vor allem Texte für Zeitungen, auch Auslandsberichte, Theaterkritiken und Kriegsreportagen. Seit 1862 schrieb er über 15 Jahre an den »Wanderungen«. Später entstanden Werke wie »Effi Briest«, »Stine«, »Irrungen, Wirrungen«, »Die Poggenpuhls« und »Der Stechlin« (links: Originalmanuskripte aus dem Fontane-Archiv Potsdam). Fontane starb 1898.

auen. In malerischer Lage am Grienericksee verbrachte Friedrich die glücklichste Zeit seines Lebens. Heute ist das barock und frühklassizistisch geprägte *Schloss Rheinsberg im Sommer Kulisse für Opernaufführungen, zu denen die Kammeroper Schloss Rheinsberg unter freiem Himmel einlädt. In seinen »Wanderungen durch die Mark Brandenburg« setzte Theodor Fontane der Stadt ein literarisches Denkmal, und Kurt Tucholsky machte Rheinsberg 1912 in seiner Erzählung »Rheinsberg – ein Bilderbuch für Verliebte« zum Schauplatz einer unbeschwerten Sommerliebe.

Fürstenberg Hauptsehenswürdigkeiten des idyllischen Luftkurorts am Schwedt- und Röblinsee sind das Wasserschloss mit Heimatmuseum und das dreiflügelige Barockschloss. In unmittelbarer Nachbarschaft von Fürstenberg liegt das einstige »Frauen-KZ« Ravensbrück, das zwischen 1939 und 1945 Leidensstätte für über 130000 Frauen und Kinder war. 1959 wurde die Anlage in eine **Mahn- und Gedenkstätte umgewandelt.

*** **Biosphärenreservat Flusslandschaft Elbe-Brandenburg** Auwälder, Brackwasser und weite Feuchtgebiete prägen das 3750 Quadratkilometer große Naturschutzgebiet in der Prignitz, das sich Mecklenburg-Vorpommern, Niedersachsen, Schleswig-Holstein, Sachsen-Anhalt und Brandenburg entlang der Elbe auf 400 Stromkilometern teilen. Wasservögeln wie Kranichen, Schwänen und Blessgänsen hat die Natur eine reichhaltige Tafel bestellt. Über den Auen kreisen Fisch- und Seeadler, am Boden baut der Biber seine Burgen. Rund 50 Storchenpaare ziehen ihren Nachwuchs im Dörfchen *Rühstädt auf.

Barnimer Land und Uckermark

Von Westen nach Osten durchzieht der Oder-Havel-Kanal das Barnimer Land, das in weiten Teilen von den Wäldern und Seen der Schorfheide eingenommen wird. Die stille Uckermark im nordöstlichsten Winkel Brandenburgs mit ihren mehr als 400 Seen gehört zu den am dünnsten besiedelten Regionen Deutschlands.

** **Templin** Eine fast vollständig erhaltene, im 13./14. Jahrhundert aus massiven Feldsteinen errichtete **Stadtmauer umschließt die schmucke Altstadt des kleinen Thermalbadeorts. Nahebei wird aus 1635 Meter Tiefe jodhaltige Thermalsole gefördert. 57 °C warm tritt sie

Bezaubernde Flussauenlandschaften im Nationalpark Unteres Odertal (oben)

TIPP++TIPP++

Museum Neuruppin

»Was ist der Ruhm der Times gegen die zivilisatorische Aufgabe des Ruppiner Bilderbogens?«, fragte einst Theodor Fontane. In der Tat ist die in der Welt einmalige Sammlung dieser Bilderbögen beeindruckend. Vor der Erfindung der Fotografie

wurden die wichtigen Ereignisse erstaunlich aktuell einem breiten Publikum vermittelt.
Neuruppin, Museum und Galerie, August-Bebel-Str. 14–15, 47–48, Tel. 0 33 91/4 58 06-0

Brandenburg

Tucholsky kam am 9. Januar 1890 in Berlin als Sohn eines Bankkaufmanns zur Welt (ganz links: Aufnahme aus der Zeit um 1930). Er studierte ab 1909 Jura, begann sich aber immer mehr für Literatur zu interessie-

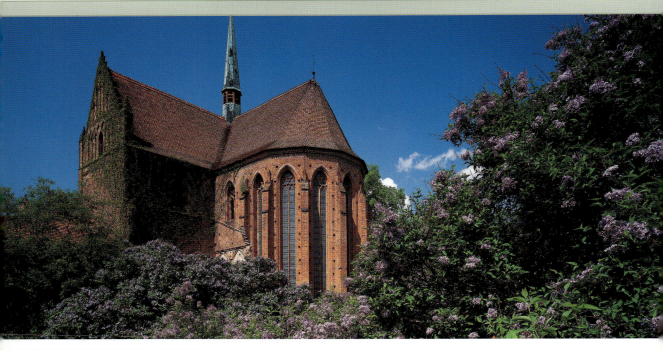

TIPP++TIPP++

Choriner Musiksommer
Eine schönere Kulisse für ein Klassik-Festival kann man sich nicht wünschen. In der Ruine des ehemaligen Zisterzienserklosters musizieren alljährlich berühmte Orchester und namhafte Solisten. Aber auch die Besichtigung des Baudenkmals allein ist einen Ausflug wert.
Chorin, Klosterverwaltung,
Amt Chorin 11,
Tel. 03 33 66/7 03 77,
jährlich Konzerte von Anfang bis Juni–Aug./Sept.,
Geschäftsstelle in Eberswalde:
Tel. 0 33 34/65 73 10

zutage und speist die **Naturtherme Templin mit ihren therapeutischen Einrichtungen, Thermalsole-Badelandschaft und Sauna- und Wellnessbereich.

★★ **Biosphärenreservat Schorfheide-Chorin** Die ausgedehnten Wälder, Seen, Moore und Wiesenlandschaften der Schorfheide wurden auf 1300 Quadratkilometern als UNESCO-Biosphärenreservat ausgewiesen. Viele bedrohte Tierarten haben hier ihr Habitat: See- und Fischadler, Schwarzstörche, Eisvögel, Kraniche, Kreuzottern und Rotbauchunken. Der Werbellinsee lädt mit schönen Stränden zum Baden ein.

★★ **Nationalpark Unteres Odertal** Auf 105 Quadratkilometern steht hier eine der letzten natürlichen Flussauenlandschaften Mitteleuropas unter Schutz. Zwischen Hohensaaten und Stettin umfasst der Park die weiten Auen an den Oderufern und geht jenseits der Grenze in den polnischen Landschaftsschutzpark Unteres Odertal über.

★★ **Kloster Chorin** Die backsteinrote Klosteranlage Chorin im Herzen der Schorfheide zählt zu den schönsten Werken der norddeutschen Backsteingotik. Um 1273 gestiftet, wurde sie in der Reformation aufgelassen, verfiel, diente als Steinbruch und wurde 1817 vom preußischen Baumeister Karl Friedrich Schinkel wiederentdeckt. Auf seine Initiative hin begannen die Restaurierungsarbeiten, die mit Unterbrechungen bis 1960 andauerten. Seit diesem Jahr findet in der ehemaligen Zisterzienserabtei der »Choriner Musiksommer« statt.

★ **Niederfinow** Wo am Rande der Schorfheide das Land auf einmal fast senkrecht abknickt, hievt seit 1934 das **Schiffshebewerk Niederfinow Flusskähne und Ausflugsdampfer über das Gefälle vom Oder-Havel-Kanal in die Alte Oder. In nur fünf Minuten überwindet der Schiffsfahrstuhl die 36 Meter Höhenunterschied. Das Hebewerk ist ein Industriedenkmal, gleichwohl noch in Betrieb.

Oder-Spree-Seengebiet und Märkisch Oderland

Leicht gewellt und von Seen und Wäldern bedeckt zeigt sich das Land hier östlich von Berlin. Zahlreiche Gewässer funkeln im Oder-Spree-Seengebiet. Nordöstlich davon haben die Hügel in Märkisch Oderland der Region den Namen »Märkische Schweiz« eingetragen. Vor der Grenze zum Nachbarland Polen wird Brandenburg vom Oderbruch abgeschlossen. Auf einer Breite von bis zu 20 Kilometer erstreckt sich an der Oder das herb-schöne Auenland.

★ **Bad Freienwalde** Bereits Ende des 17. Jahrhunderts entdeckte man die Wirkung der heilkräftigen Quellen im ältesten Kurort von Brandenburg.

Ein imposantes Zeugnis märkischer Backsteingotik stellt die Kirche des Klosters Chorin dar (oben).

Kurt Tucholsky

ren. 1912 erschien seine Erzählung »Rheinsberg – ein Bilderbuch für Verliebte« – die verspielt-erotische Schilderung des Ausflugs eines jungen Berliner Paars in das märkische Residenzstädtchen; es wurde sofort ein Erfolg. Im Jahr darauf begann er für die Zeitschrift »Schaubühne« zu arbeiten, später für die »Weltbühne« und veröffentlichte dort Reportagen, Leitartikel, Theaterkritiken und Buchbesprechungen. Er war so produktiv, dass er außer seinem Namen noch vier Pseudonyme mit Leben füllte. Von 1929 an lebte er aus politischen Gründen überwiegend in Schweden und veröffentlichte fast nichts mehr. Am 21. Dezember 1935 starb Kurt Tucholsky in einem Göteborger Krankenhaus an den Folgen einer Überdosis Schlaftabletten. Auf der Grabplatte in Mariefred steht das Faust-Zitat »Alles Vergängliche ist nur ein Gleichnis« (links).

Frankfurt an der Oder

Zwischen Oderbruch und Spreewald, an der Grenze zu Polen, liegt die größte Stadt Ostbrandenburgs.

Im Zweiten Weltkrieg wurde Frankfurt großteils zerstört. An der hier 1506 gegründeten Universität wirkten viele bedeutende Gelehrte. Die 1811 geschlossene Alma Mater wurde 1991 als Europa-Universität Viadrina wiedereröffnet. Die Franziskanerklosterkirche wird heute als Konzertsaal genutzt, die ursprünglich gotische Gertraudenkirche wurde immer wieder umgestaltet. Die Marienkirche,

Frankfurt/Oder mit Rathaus

seit 1945 eine Ruine, wird seit 1980 wiederaufgebaut; inzwischen wurden die von Russland als »Beutekunst« zurückgegebenen Bleiglasfenster wieder eingebaut. In der ehemaligen, von Friedrich Knoblauch 1777 erbauten Garnisonsschule befindet sich ein dem hier geborenen Heinrich von Kleist gewidmetes Museum. Sehenswert ist auch das mittelalterliche Rathaus. Im einstigen Junkerhaus sind im Bezirksmuseum Viadrina Exponate zu Früh-, Vor- und Stadtgeschichte ausgestellt. Bemerkenswert sind die Schuhsammlung und die Musikinstrumentensammlung.

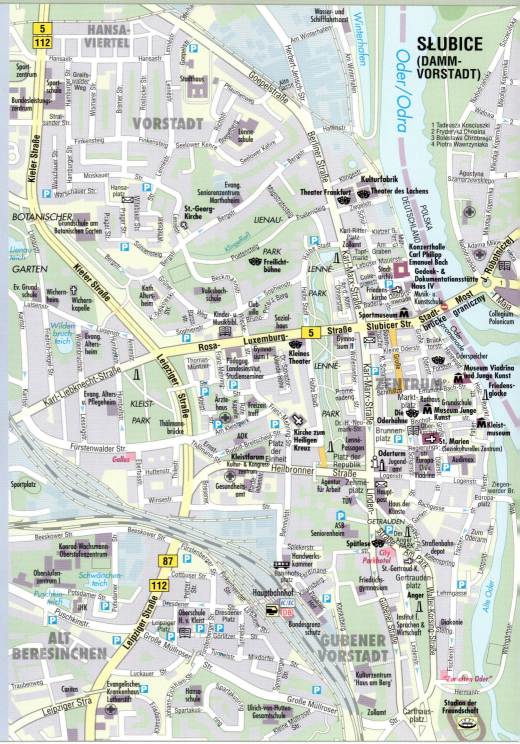

DIE SCHÖNSTEN REISEZIELE **109**

Brandenburg

Friedrich II. von Preußen (ganz links: Porträt von Anton Graff, 1781), genannt der Große, ist immer noch der beliebteste deutsche König, erkennbar auch am kumpelhaften Spitznamen »der Alte Fritz«. Die musische

TIPP++TIPP++

Museum Junge Kunst
Das Museum Junge Kunst besitzt eine der wesentlichsten Sammlungen von Kunst aus dem Osten Deutschlands. Aber nicht alleine sein Kunstbesitz, auch sein Ausstellungsprogramm macht es zu einer der ambitioniertesten Einrichtungen für Gegenwartskunst. Alte Bauformen und zeitgenössische Kunst bilden einen herausfordernden Dialog. Für einen Besuch stehen zwei Häuser zur Verfügung:
**Frankfurt/Oder, Packhof des Museums, Carl-Philipp-Emanuel-Bach-Straße 11,
Tel. 03 35/40 15 60,
Rathaus, Marktplatz 1,
Tel. 03 35/ 5 52 41 50; Öffnungszeiten: Di–So 11–17 Uhr**

Kleist-Museum
Das Museum widmet sich dem Leben und Werk des in Frankfurt/

Oder geborenen Dichters Heinrich von Kleist (1777–1811). Mehr als 34 000 Bestandseinheiten bilden die weltweit umfangreichste Sammlung zu dem Künstler und seinem literarischen Umfeld.
**Frankfurt/Oder, Faberstraße 7,
Tel. 03 35/53 11 55,
www.kleist-museum.de
Öffnungszeiten: Di–So 10–18 Uhr, Montag geschlossen**

N-Ostalgie-Museum
Bilder, Dokumente, Konsumartikel und eine umfangreiche Sammlung von Alltagsgegenständen der DDR. Dokumentiert wird außerdem die Geschichte der Stadt Brandenburg/Havel von 1945 bis 1990.
**Brandenburg/Havel,
Steinstraße 52,
Tel. 0 33 81/22 06 20,
www.n-ost-algie.de**

Gerne weilte die preußische Königin Friederike Luise in der Idylle, für sie errichtete Baumeister David Gilly ein *Schloss im frühklassizistischen Stil. Das nahe Dorf **Altranft mit seinen typisch ostbrandenburgischen Häusern, mit Schule, Schmiede, Fischerhaus, Korbmacherei und Schloss aus dem 16. Jahrhundert fungiert heute als Freilichtmuseum.

* **Buckow** Den kleinen Ort in der Märkischen Schweiz wählten Bertolt Brecht und Helene Weigel als Sommersitz. 1952 bezogen sie ihr Ferienhaus am Ufer des Schermützelsees, seit 1977 ist das hiesige *Brecht-Weigel-Haus ein Museum, das jährlich zum Literatursommer Brecht-Freunde aus aller Welt anzieht.

** **Naturpark Märkische Schweiz** Wiesen und Wälder, zwischen denen zahlreiche Seen und Teiche aufblitzen, bedecken die sanften Hügel im ältesten Naturpark Brandenburgs. Beinahe 150 Brutvogelarten werden hier gezählt, darunter Schwarz- und Weißstorch, Milan und Bussard, Seeadler und Kranich, und in den Schilfgürteln rund um die Teiche rasten unzählige nordeuropäische Zugvögel. Von zwei Aussichtskanzeln bei *Altfriedland aus kann man sie mit dem Feldstecher beobachten oder dort im Frühjahr den Wasservögeln beim Brüten zuschauen.

** **Frankfurt an der Oder**
Siehe Stadtplan auf Seite 109

* **Eisenhüttenstadt** Das einstige Fürstenberg war ursprünglich eine slawische Siedlung, die später zu Böhmen und Kursachsen gehörte, bevor sie 1815 an Preußen fiel. Sehenswert ist allenfalls die gotische Pfarrkirche, aufschlussreich dagegen das einstige Stalinstadt, eine 1951 auf dem Reißbrett entworfene sozialistische Industriesiedlung. Rund um die Hochöfen und die Hafenanlagen entstand in mehreren Bauphasen eine Stadt, an der sich heute der Geschmack der SED-Planer von den 50er- bis in die 80er-Jahre ablesen lässt. Nachdem Stalin postum in Ungnade gefallen war, wurde der Name des Eisenhüttenkombinats geändert und Stalinstadt und Fürstenberg 1961 zu Eisenhüttenstadt zusammengelegt.

* **Neuzelle** Nur wenige Kilometer südlich von Frankfurt an der Oder stiftete 1268 der Markgraf von Meißen und der Ostmark das **Zisterzienserkloster Neuzelle. Als einzige Anlage des Zisterzienserordens in Brandenburg überdauerte es die Reformation, wurde im 18. Jahrhundert barock umgestaltet und 1817 säkularisiert. Prunkstück ist die Stiftskirche mit ihrer barocken Innendekoration. In den Sommermonaten findet ein buntes Kulturprogramm mit Konzerten und Ausstellungen statt. In der Klosterbrauerei wird seit 1589 ein kräftiges Schwarzbier gebraut.

** **Naturpark Schlaubetal** Durch Seen, Wälder, Wiesen und Moore schlängeln sich die Flüsschen Schlaube, Oelse und Dorche. Zahlreiche Mühlen klapperten einst an ihren Wassern. Von ihnen sind noch die *Ragower Mühle im Schlaubetal und die *Schwerzkoer Mühle im Dorchetal erhalten und laden, sorgfältig restauriert, zur Besichtigung ein. Das Tor zum Schlaubetal ist das lauschige Örtchen Müllrose, mit seiner barocken *Pfarrkirche und einer Barockorgel von 1772.

Stiftskirche des ehemaligen Zisterzienserklosters Neuzelle

Friedrich der Große

Ader des Regenten spricht für sich (links: »Flötenkonzert Friedrich des Großen« von Adolph Menzel). Im Europa des 18. Jahrhunderts erregte Friedrichs straff organisierter kleiner Staat Aufsehen: Während sonst jeder Provinzfürst dem französischen »Sonnenkönig« Ludwig XIV. nacheiferte und am eigenen Versailles bastelte, verkündete Friedrich: »Ich bin der erste Diener meines Staates.« Er schaffte die Folter ab, erlaubte Religionsfreiheit, ließ Einwanderer ins Land und verfügte die Gleichbehandlung aller Bürger. Trotzdem hatte das Militär absolute Priorität – ganz der Vater, der »Soldatenkönig« Friedrich Wilhelm I., gegen dessen autoritäre Erziehung er sonst rebellierte. Den Beinamen verdankte Friedrich der Große seinem Einsatz im Siebenjährigen Krieg (1756 bis 1763), bei dem Preußen durch seinen Sieg als europäische Großmacht hervorging.

Havelland

Von sanften Hügelketten umrahmt, ist das Havelland ganz vom Wasser geprägt. Zwischen Feldern, Wiesen und Wäldern erstrecken sich weit verzweigte Seen, die von der gemächlich dahinfließenden Havel ausgeformt werden. Sie bilden die Kulisse für die einzigartige Potsdamer Schlösser- und Gartenlandschaft, die seit 1990 zum UNESCO-Weltkulturerbe zählt.

** Naturpark Westhavelland Wasser, so weit das Auge reicht, weite Feuchtniederungen, große Moor- und Sumpfgebiete wie das Havelländische Luch oder das Rhinluch prägen zusammen mit kleinen, typisch märkischen Dörfern die Landschaft im Naturpark. Tausende von Gänsen aus Nordeuropa rasten hier auf ihrem Zug in den Süden, und der Kampfläufer nutzt das feuchte Land als Bühne für Balzauftritte und leidenschaftliche Schaukämpfe. Mit dem gespreizten Federkragen ist der streng geschützte Vogel das Wappentier des Naturparks.

* Paretz Unter Baumeister David Gilly entstanden 1797 bis 1804 **Schloss und Dorf Paretz als Sommerresidenz für Friedrich Wilhelm III. und seine Gemahlin Luise. Das Schloss zählt zu den herausragenden Beispielen der Landbaukunst in Preußen um 1800. Und auch im denkmalgeschützten Dörfchen wandelt man auf den Spuren der von Volk wie Hochadel geliebten Königin Luise.

** Brandenburg Im fluss- und seenreichen Gebiet der mittleren Havel liegt die älteste Stadt der Mark, die ihr auch den Namen gab. Hier ist vor allem der reich ausgestattete Dom St. Peter und Paul aus dem 13. Jahrhundert sehenswert.

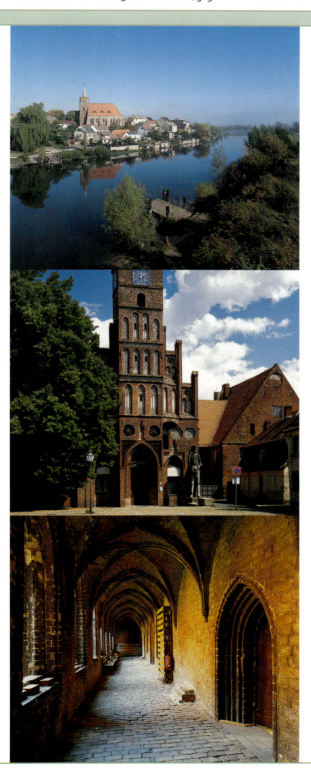

Auch das Dommuseum lohnt einen Besuch. Weitere sehenswerte Gotteshäuser sind die Gotthard-, die Katharinen- und die Nikolaikirche. Imponierend auch das Altstädtische Rathaus, ein Paradebeispiel gotischer Backsteinbaukunst. Der turmbewehrte Bau verfügt über einen blendengeschmückten Staffelgiebel, neben dem Hauptportal steht eine Rolandstatue. Außerdem sind die Altstadt und die alte Befestigung eine Besichtigung wert. Im Heimatmuseum kann man sich über die Stadtgeschichte informieren und Plastiken von August Wredow bewundern.

* Petzow Zwischen Schwielowsee und Glindower See erhebt sich in einem von Peter Joseph Lenné gestalteten Landschaftspark das neugotische *Schloss Petzow. Für die Planung des 1825 fertiggestellten Schlosses war einmal mehr Karl Friedrich Schinkel zuständig.

*** Potsdam Siehe Stadtplan auf Seite 113

* Caputh Mit dem winzigen Flecken am Templiner See verbindet sich einer der größten Namen der Wissenschaftsgeschichte. 1929 bezogen Albert Einstein und seine Frau Elsa ihr am Waldrand errichtetes *Sommerhaus. 1933 zwangen die Nationalsozialisten das Ehepaar zur Emigration. Nahebei stellt *Schloss Caputh eine Besonderheit unter den preußischen Adelssitzen dar. Ab 1662 erbaut, ist es das einzige erhaltene Schloss aus der Zeit des Großen Kurfürsten Friedrich Wilhelm von Brandenburg.

Von oben: Blick über die alte Oder auf den alten Stadtteil Fürstenberg von Eisenhüttenstadt; spätgotisches Rathaus mit Roland in der Stadt Brandenburg; Kreuzgang im Kloster St. Pauli in Brandenburg

DIE SCHÖNSTEN REISEZIELE

Brandenburg

Schloss Glienicke ist Bestandteil des Gesamtkunstwerks der Berlin-Potsdamer Kulturlandschaft, in der die Hohenzollern-Herrscher seit dem 17. Jahrhundert berühmte Architekten und Gartenkünstler Parks, Schlösser

* Jüterbog Am Nordwestrand des Niederen Fläming gründete Erzbischof Wichmann 1174 diese Stadt, die erst 1815 an Brandenburg-Preußen fiel. An die mittelalterliche Vergangenheit erinnern die Liebfrauenkirche, die seit dem 12. Jahrhundert ständig erweitert und umgebaut wurde, die Nikolaikirche aus dem 13. Jahrhundert mit dem »Tetzelkasten« (einer Baumtruhe als Zeugnis der Ablasspredigten Tetzels von 1517) und die Mönchskirche des ehemaligen Franziskanerklosters. Von der Stadtbefestigung sind weite Teile mit Wiekhäusern, sieben Wehrtürme und drei Stadttore erhalten. Am Marktplatz steht das spätgotische Rathaus.

* Kloster Zinna Etwa vier Kilometer nördlich von Jüterbog liegt das 1171 gegründete Zisterzienserkloster Zinna. Um 1220 begann der Bau der Klosterkirche, die bis zum 18. Jahrhundert mehrfach erweitert und umgebaut wurde. Von den Klostergebäuden sind Siechen- und Gästehaus aus dem 14. Jahrhundert sowie das Abthaus aus dem 15. Jahrhundert erhalten. Im Abthaus ist das Heimatmuseum untergebracht, das die Geschichte von Abtei und Ort für die Nachwelt festhält.

** Kloster Lehnin Das Dorf Lehnin als Kern der heutigen Großgemeinde wurde 1180 von Markgraf Otto I. gegründet und um 1260 vollendet. Das dem Ort den Namen gebende Kloster Lehnin ist die älteste Abtei der Mark Brandenburg, die maßgeblich zur Entwicklung der Region beitrug. Mit einem für die Zisterzienser typischen Dachreiter schmückt sich der backsteinerne Bau. Darunter ragt die als kreuzförmige Pfeilerbasilika ausgeführte Klosterkirche heraus. Zur Reformation wurde die Anlage säkularisiert, später ließ der Große Kurfürst das Konversiengebäude zum Jagdschloss umbauen; Kurfürstin Luise-Henriette nutzte Lehnin als Sommersitz und starb hier auch. Ende des 19. Jahrhunderts wurden die Gebäude der inzwischen verfallenen Anlage samt Kirche, Königshaus und Falkonierhaus restauriert. Weitere Sanierungen erfolgten nach der deutschen Wiedervereinigung. Seit 1911 wird Lehnin von der Evangelischen Landeskirche genutzt, die hier diakonische Einrichtungen betreibt.

Kloster Zinna bei Jüterbog

Potsdam

Die einstige Residenzstadt von Preußen und heutige Hauptstadt von Brandenburg bildet das Zentrum einer einzigartigen Schlösser- und Parklandschaft.

»Jott-weh-deh« (janz weit draußen) gründete im 17. Jahrhundert Kurfürst Friedrich Wilhelm von Brandenburg in Potsdam seine Residenz. Ab 1745 ließ sein Urenkel, König Friedrich II., hier auf einem Weinberg Schloss ***Sanssouci errichten, das erste einer Reihe von königlich-friderizianischen Bauwerken, die im ***Park Sanssouci in den folgenden Jahrzehnten entstanden: **Neue Kammern, **Chinesisches Haus, **Bildergalerie, *Neues Palais und Belvedere, der kuppelgekrönte Rundbau auf dem Klausberg. Friedrich Wilhelm IV. vervollkommnete Sanssouci durch die im Stil italienischer Renaissancevillen erbaute **Orangerie sowie ***Schloss Charlottenhof nach Plänen von Schinkel. An den Ufern des Jungfernsees und des Heiligen Sees erstreckt sich der ***Neue Garten, als Gegenentwurf zum ursprünglich barocken Park Sanssouci im Auftrag Friedrich Wilhelms II. nach Art englischer Landschaftsparks angelegt. In seinem Zentrum erhebt sich das klassizistische ***Marmorpalais. Ab 1913 ließ Kaiser Wilhelm II. das nahe gelegene **Schloss Cecilienhof errichten. Hier tagte 1945 die Potsdamer Konferenz, bei der die Teilung Deutschlands beschlossen wurde. Das **Belvedere auf dem Pfingstberg bietet eine herrliche Aussicht. Klassizistische Bürgerhäuser zieren die Potsdamer Altstadt, die im Westen vom *Brandenburger Tor abgeschlossen wird. Der Alte Markt wird vom Kuppelbau der klassizistischen *Nikolaikirche dominiert. 134 Häuschen in rotem Klinkerstein zählt das **Holländische Viertel. Die russische Kolonie **Alexandrowka entstand 1827 auf Geheiß Friedrich Wilhelms III. Hauptattraktionen des Stadtteils Babelsberg sind das neugotische *Schloss samt ***Park sowie Filmstudio und Filmland Babelsberg.

Potsdam: Alter Markt mit Nikolaikirche und Altem Rathaus

Schloss Glienicke

und Villen an markanten Uferzonen erschaffen ließen. Prinz Carl von Preußen hatte 1824 von Fürst Hardenberg das Schloss erworben. Letzterer hatte um das einstige Gutshaus von Lenné einen bis zur Havel reichenden »Pleasureground« anlegen lassen. Prinz Carl ließ die Anlage dann unter dem Eindruck einer Italienreise nach Entwürfen von Schinkel und Parsius im Stil eines klassizistischen Schlosses umbauen (ganz links; links: Detail der Rotunde »Große Neugierde« im Park), Lenné wurde weiterhin mit der Umgestaltung der umgebenden Gartenlandschaft beauftragt. Auch die Glienicker Brücke über die Havel wurde von Schinkel entworfen. Sie wurde jedoch 1907 durch eine Eisen- und Stahlbrücke ersetzt. Bekannt geworden ist diese dann als »Agentenbrücke« zwischen Ost und West in der Zeit des Kalten Kriegs.

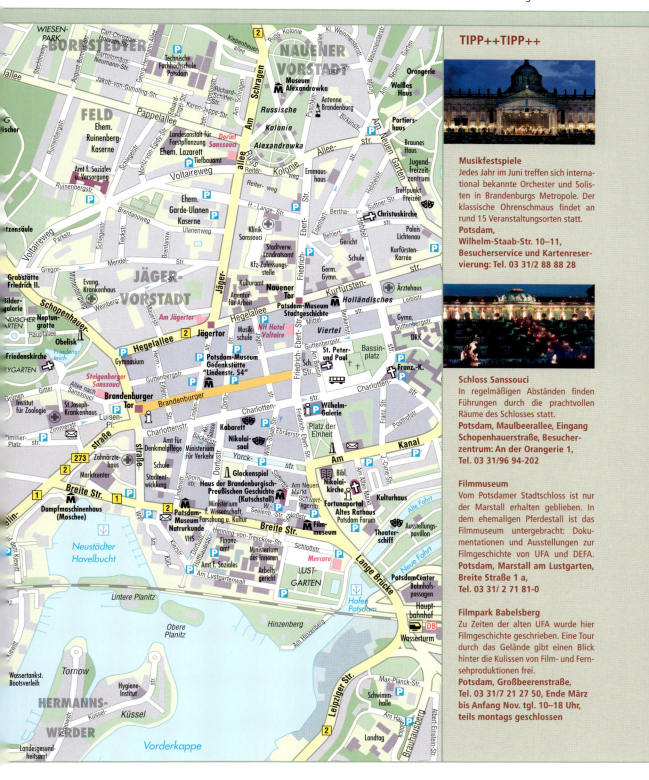

TIPP++TIPP++

Musikfestspiele
Jedes Jahr im Juni treffen sich international bekannte Orchester und Solisten in Brandenburgs Metropole. Der klassische Ohrenschmaus findet an rund 15 Veranstaltungsorten statt.
**Potsdam,
Wilhelm-Staab-Str. 10–11,
Besucherservice und Kartenreservierung: Tel. 03 31/2 88 88 28**

Schloss Sanssouci
In regelmäßigen Abständen finden Führungen durch die prachtvollen Räume des Schlosses statt.
**Potsdam, Maulbeerallee, Eingang Schopenhauerstraße, Besucherzentrum: An der Orangerie 1,
Tel. 03 31/96 94-202**

Filmmuseum
Vom Potsdamer Stadtschloss ist nur der Marstall erhalten geblieben. In dem ehemaligen Pferdestall ist das Filmmuseum untergebracht: Dokumentationen und Ausstellungen zur Filmgeschichte von UFA und DEFA.
**Potsdam, Marstall am Lustgarten,
Breite Straße 1 a,
Tel. 03 31/ 2 71 81-0**

Filmpark Babelsberg
Zu Zeiten der alten UFA wurde hier Filmgeschichte geschrieben. Eine Tour durch das Gelände gibt einen Blick hinter die Kulissen von Film- und Fernsehproduktionen frei.
**Potsdam, Großbeerenstraße,
Tel. 03 31/7 21 27 50, Ende März bis Anfang Nov. tgl. 10–18 Uhr, teils montags geschlossen**

DIE SCHÖNSTEN REISEZIELE

Die weltberühmten Schlossbauten und der Park von Sanssouci sind ein außergewöhnliches Ensemble von Architekturschöpfungen und Landschaftsgestaltung des 18. und 19. Jahrhunderts. »Sanssouci«, »ohne Sorge«, wollte der preußische König Friedrich der Große in seiner Sommerresidenz in Potsdam leben. Teils nach eigenen Entwürfen ließ er das Schloss 1745 bis 1747 durch Georg Wenzeslaus von Knobelsdorff

Sanssouci

auf den Weinbergterrassen als eingeschossigen Bau anlegen (unten). Mit seinem plastischen Schmuck und der reichen Ausstattung gilt es als ein Hauptwerk des deutschen Rokoko. Von Knobelsdorff stammt auch der Entwurf für den Park. Weitere Bauwerke kamen hinzu, wie die Neptungrotte, der Freundschafts- und der Antikentempel, das Chinesische Haus, der Belvedere auf dem Klausberg, die Bildergalerie, die Neuen Kammern und das gewaltige Neue Palais. Friedrich Wilhelm IV. setzte im 19. Jahrhundert die Bautätigkeit fort. Nach Plänen von Schinkel und Persius wurde auf einem angrenzenden Areal Schloss Charlottenhof errichtet; Joseph Lenné gestaltete den Park Charlottenhof im romantischen Sinn. Bis 1860 wurde der Park Sanssouci durch die Römischen Bäder (links), die Orangerie und die Friedenskirche vervollkommnet.

Brandenburg

Als Folge der letzten Eiszeit vor rund 20 000 Jahren teilte sich die Spree in ein fein gegliedertes Netz von Fließen und Kanälen. Aufgrund des geringen Gefälles des Geländes hatte sich hier einst ein Binnendelta

TIPP++TIPP++

Filmfestival Cottbus
Cineasten mit gehobenem Anspruch zieht es jeden Herbst gegen November nach Cottbus. Das Festival bietet keinen Hollywood-Glamour, sondern hochwertigen, neuen osteuropäischen Film, der sonst kaum ein deutsches Publikum erreichen kann.
Film-Festival Cottbus, Bautzener Str. 91, Tel. 03 55/43 10 70

Apothekenmuseum Cottbus
Wie man einstmals sein Zipperlein auskurierte, ist in der ehemaligen Löwenapotheke ausführlich dokumentiert. In fachkundigen Führungen werden dem Besucher die historischen Räumlichkeiten und die Heilmethoden erklärt.
Cottbus, Altmarkt 24, Tel. 03 55/2 39 97, Führungen: Di–Fr 11 und 14 Uhr, Sa, So und Fei 14 und 15 Uhr

Staatstheater Cottbus
Das Gebäude – ein Bauwerk des sezessionistischen Jugendstils – ist die

perfekte Symbiose aus Architektur, Kunsthandwerk, Malerei und Plastik. Nach nur 16 Monaten Bauzeit wurde das Theater am 1. Oktober 1908 mit Lessings Schauspiel »Minna von Barnhelm« eröffnet. Seit 1992 ist es das einzige Staatstheater im Land Brandenburg.
Cottbus, August-Bebel-Straße 2, Service Tel. 0 18 03/44 03 44, verschiedene Spielstätten

Spreewald und Niederlausitz

Auf den »Straßen« im Spreewald wird nicht gefahren, sondern in kiellosen Kähnen gestakt. Unzählige Wasserarme – Fließe genannt – durchziehen den Spreewald zwischen Lieberoser Heide und Lausitzer Grenzwall und bilden einen märchenhaft anmutenden Gewässerirrgarten. Ein weiteres Wasserparadies entsteht in der Niederlausitz durch Flutung ehemaliger Braunkohletagebauflächen.

* **Luckau** Die Stadt am Westrand der Niederlausitz wurde um 1300 nahe einer heute nicht mehr existierenden Burg gegründet. Aus dieser Zeit stammt auch die Stadtkirche St. Nikolai, an der mehrere Hundert Jahre lang gebaut wurde. Nach einem Brand 1644 wurde die Kirche im barocken Stil neu gestaltet. Ebenfalls aus dem 13. Jahrhundert stammt die Georgenkapelle mit ihrem dominierenden Hausmannsturm. Die mittelalterliche Stadtmauer blieb in weiten Teilen erhalten, wobei insbesondere der Rote Turm sehenswert ist. In der Umgebung des Marktes stehen noch viele alte Schmuckgiebelhäuser aus dem 18. Jahrhundert. Das Rathaus wurde 1852 im spätklassizistischen Stil fertiggestellt.

* **Lübbenau** Mit seinem Kahnfährhafen ist der kleine Ort Lübbenau die »Metropole« des Spreewalds. Bootspartien führen in das Lagunendorf *Leipe, das noch bis 1968 nur per Kahn zu erreichen war, sowie zum Lagunendorf **Lehde, dem »Venedig des Spreewalds«. Das Freilandmuseum im 160-Einwohner-Flecken Lehde wartet mit drei altsorbischen Bauernhöfen, Kahnbauerei, Trachtenausstellung und Deutschlands einzigem Gurkenmuseum auf, in dem sich alles um die kulinarische Spezialität aus dem Spreewald dreht. Noch etwa 60 000 Sorben leben in der Region. Als Nachkommen slawischer Stämme, die einst im Zuge der Völkerwanderung hiergekommen waren, sind sie nach jahrhundertelanger Unterdrückung inzwischen als ethnische Minderheit anerkannt. Ihre Sprache und ihre spitzengeklöppelten Trachten, ihr Brauchtum und ihre Lieder haben die Sorben bis heute bewahrt.

* **Cottbus** Die Herren von Cottbus verkauften den Ort 1455 an Brandenburg. Von ihrem Schloss ist nur der Amtsturm erhalten geblieben. Von der Backsteinstadtmauer stehen noch einzelne Teile, darunter ein Wiekhaus, der Münzturm und der Spremberger Turm. Backstein war auch das Baumaterial der Oberkirche St. Nikolai (13. Jahrhundert) und der Franziskanerklosterkirche. Die Schlosskirche wurde 1730 für die eingewanderten Hugenotten fertiggestellt. Sehenswert ist auch das in den 1980er-Jahren restaurierte Jugendstiltheater. Rund um den Markt stehen Wohnhäuser aus der Zeit des Barocks und des Klassizismus.

** **Schloss und Park Branitz** 1845 zog der leidenschaftliche Gartenbaukünstler Fürst Hermann von Pückler-Muskau, Schöpfer des in Sachsen gelegenen Muskauer Parks, in das

Altmarkt von Cottbus mit Marktbrunnen und Barockhäusern

heruntergekommene Schloss Branitz südöstlich von Cottbus und baute es nach Plänen Gottfried Sempers um. Um den spätbarocken Herrschaftssitz herum legte er einen Landschaftspark mit Teichen und Wasserläufern nach englischem Vorbild an. Kurioser Höhepunkt dort sind Deutschlands einzige Pyramiden. In der größeren, mitten in einem Teich, liegt der exzentrische Fürst begraben.

Inmitten eines herrlichen Landschaftsgartens liegt Schloss Branitz (rechts) mit dem Fürst-Pückler-Museum.

Biosphärenreservat Spreewald

herausgebildet, mit zahlreichen Flussarmen, das der Mensch im Laufe der Jahrhunderte durch seine Nutzung prägte. Eine Fläche von knapp 500 Quadratkilometern umfasst das von der Spree gespeiste Naturschutzgebiet rund 100 Kilometer südlich von Berlin. Heute durchzieht ein fein gegliedertes Netz von Fließen – insgesamt mehr als 1500 Kilometer lange natürliche und künstliche Wasserläufe – den Spreewald. In den teils noch naturnahen, mit Niederungswäldern bestandenen Moor- und Auenlandschaften, die lediglich mit Kahn oder Kanu angesteuert werden können, gibt es eine große Artenvielfalt von Pflanzen und Tieren. So nisten hier auch seltene Vögel wie Kranich, Seeadler, Schwarzstorch und Eisvogel. Seit 1991 ist die einzigartige Wasserlandschaft zum UNESCO-Biosphärenreservat erklärt, um den Lebensraum zu schützen.

Klassizistisches Ensemble: Schauspielhaus und Marmorstatue Schillers am Gendarmenmarkt

Berlin

Berlin ist nicht nur Hauptstadt und die größte Stadt Deutschlands. Zusammen mit dem brandenburgischen Speckgürtel im Umland bildet es einen der größten Ballungsräume Europas. Menschen aus über 190 Nationen leben in der pulsierenden Spreemetropole. Kosmopolitische Weltläufigkeit, ein breites Angebot an Hochkultur, eine kunterbunte Szenekultur und ein großer Reichtum an Zeugnissen aus Geschichte und Gegenwart haben Berlin zu einem der beliebtesten europäischen Städtereiseziele gemacht.

Berlin

Berlins aufregendste Treppe führt über 27 Stufen, vorbei an Göttern und Giganten, hinauf zum Pergamonaltar (ganz links). Carl Humann hat den um 180 bis 160 v. Chr. geschaffenen Altar ausgegraben und 1902 nach

TIPP++TIPP++

Bode-Museum
Nach fast sechsjähriger Renovierungszeit wurde das Bode-Museum im Oktober 2006 glanzvoll wiedereröffnet. Der an der Spitze der Museumsinsel gelegene Bau beherbergt die Skulpturensammlung, das Museum für Byzantinische Kunst, das Münzkabinett sowie Werke der Gemäldegalerie.
Bodestr. 1–3, Tel. 0 30/20 90 55 77, tgl. 10–18, Do 10–22 Uhr, www.smb.spk-berlin.de

Alte Nationalgalerie
Der Musentempel für ursprünglich nur deutsche Kultur, 1876 erbaut, präsentiert sich nach umfangreicher Sanierung als Hort europäischer Kunst. Die Gemäldesammlung umfasst Meisterwerke aus Klassizismus, Romantik, Impressionismus und Moderne mit Werken von Menzel, Friedrich, Manet, Monet, Renoir, Liebermann, Cezanne und anderen.
Bodestr. 1–3, tgl. 10–18, Do bis 22 Uhr, Tel. 0 30/20 90 58 01

Berliner Ensemble
Für viele das schönste Theater der Stadt, in dem Bertolt Brecht und Heiner Müller immer wieder auf dem Spielplan stehen.
Bertolt-Brecht-Platz 1, Tel. 0 30/28 40 81 55, www.berliner-ensemble.de

Historisches Zentrum

Die Spreeinsel im Herzen der Stadt ist die Wiege Berlins. Noch vor 1450 wurde dort der Grundstein zu einem Schloss gelegt. 1470 machten die brandenburgischen Kurfürsten Berlin zu ihrer Residenz, und mit dem Aufstieg Preußens zur Großmacht im 18. Jahrhundert begann der repräsentative Ausbau der Stadt. Von der Spreeinsel bis zum Brandenburger Tor reihen sich am Prachtboulevard Unter den Linden eine Fülle historischer Sehenswürdigkeiten aneinander. Im Zweiten Weltkrieg wurden sie überwiegend zerstört, später rekonstruiert. Das Gebiet östlich der Spreeinsel hat man dagegen als das neue Berlin in der damaligen Hauptstadt der DDR modern wiederaufgebaut. Nördlich der Spree entwickelte sich die Spandauer Vorstadt seit der Wiedervereinigung zur touristischen Ausgehmeile. Im südlichen historischen Zentrum sind Friedrichstraße und Gendarmenmarkt beliebte Ziele von Stadtspaziergängern.

★★ **Oranienburger Straße** Das Scheunenviertel rings um die Oranienburger Straße war zu DDR-Zeiten in seiner baulichen Substanz völlig heruntergekommen. Unmittelbar nach dem Mauerfall erwachte es zu neuem Leben: Kneipen und Cafés jeglicher Couleur, avantgardistische Galerien sowie Szenetreffs schossen wie Pilze aus dem Boden. Später kamen vornehmere Restaurants und Bars hinzu. Das alte Postfuhramt Ecke Tucholskystraße, einer der repräsentativsten Behördenbauten Berlins, wird derzeit als Ausstellungsort für Fotografien genutzt. Erholen vom Trubel der Oranienburger Straße kann man sich im angrenzenden Monbijoupark mit Strandbar und Uferpromenade gegenüber der Museumsinsel.

★★ **Neue Synagoge** Weithin sichtbar sind die goldenen Kuppeln des jüdischen Gotteshauses, das 1859 bis 1866 von Eduard Knoblauch und Friedrich August Stüler erbaut wurde. Vom ursprünglichen Bau blieb nach Kriegszerstörungen nur die Vorsynagoge direkt an der Oranienburger Straße erhalten. Nur diese wurde 1988 bis 1993 originalgetreu rekonstruiert; dahinter markieren auf einer Freifläche schlichte Marmorstelen den Grundriss der früheren Hauptsynagoge und den einstigen Standort des Thoraschreins.

Imposantes Hoflabyrinth: die Hackeschen Höfe in Berlin-Mitte

★★★ **Hackesche Höfe** Am Hackeschen Markt befindet sich Deutschlands größtes geschlossenes Hofareal. Kurz nach 1900 bezogen die ersten Mieter das acht Höfe umfassende Quartier, das man in der damals berlintypischen Mischung für Wohn- und Gewerbezwecke errichtete. Mit Boutiquen, Kino, Theater, Cafés, Restaurants, Galerien und Ateliers nebst Wohnungen sind die Hackeschen Höfe auch heute noch ein viel und gern frequentierter Ort.

★★ **Fernsehturm** 368 Meter hoch ragt der 1969 fertiggestellte Turm als höchstes Bauwerk der Stadt auf. Vom Sockel saust ein Fahrstuhl in 40 Sekunden hinauf zum Tele-Café, das sich zweimal pro Stunde um die Achse dreht.

★ **Alexanderplatz** Das weitläufige, von Hochhäusern und vielspurigen Straßen geprägte Geviert erlangte durch Alfred Döblins Roman »Berlin Alexanderplatz« 1929 literarischen Ruhm. Von der Vorkriegsbebauung haben sich nur das ★Alexander- und das ★Berolinahaus aus den 1930er-Jahren erhalten. Sehenswert sind auch Erich Johns ★Urania-Weltzeituhr und Walter Womackas ★Brunnen der Völkerfreundschaft.

★ **Rotes Rathaus** Roter Backstein ziert das Neorenaissance-Gebäude (1861–1869), den Sitz des Berliner Senats. Auf dem Platz davor plätschert der ★★Neptunbrunnen (1891), der die vier Hauptflüsse des damaligen Deutschen Reiches symbolisiert.

★★ **Nikolaiviertel** Das von zahlreichen Cafés, Kneipen und Restaurants durchsetzte Alt-Berliner Viertel zwischen Spree, Rathaus und Mühlendamm, im 18. Jahrhundert errichtet und im Zweiten Weltkrieg zerstört, wurde 1987 zum 750. Stadt-

Pergamonmuseum

Berlin bringen lassen. Das gigantische Weihegeschenk von König Eumenes an Zeus und Athene, Schutzgöttin der Stadt Pergamon in Kleinasien (heute das türkische Bergama), sollte in Berlin in einem eigens errichteten Gebäude ausgestellt werden. So wurde nach Plänen von Alfred Messel und Ludwig Hoffmann anstelle eines Vorgängerbaus das älteste Architekturmuseum der Welt gebaut (1910 bis 1930). Die Dreiflügelanlage beherbergt heute die Antikensammlung, das Museum für Islamische Kunst und das Vorderasiatische Museum. Hauptattraktionen sind – neben dem Pergamonaltar – das Markttor von Milet, das Ischtar-Tor (links) samt Prozessionsstraße von Babylon sowie zahlreiche von der Deutschen Orientgesellschaft zwischen 1898 und 1917 ausgegrabene Exponate der hethitischen, assyrischen, babylonischen und persischen Kultur.

jubliäum nahezu originalgetreu wiederaufgebaut. Aus der Zeit um 1380 stammt die spätgotische **Nikolaikirche. Eine Ausstellung informiert über die bau- und kirchengeschichtliche Rolle des Gotteshauses.

** **St.-Marien-Kirche** Die Hallenkirche zu Füßen des Fernsehturms wurde bereits um 1270 im Stil der Backsteingotik errichtet. Damit ist sie eines der ältesten Gotteshäuser Berlins.

*** **Museumsinsel** Das 1824 bis 1930 enstandene Ensemble von Museumsbauten auf der nördlichen Hälfte der Spreeinsel hat Berlin den Namen »Spree-Athen« eingetragen. Seit 1999 gehört es zum UNESCO-Weltkulturerbe. Als erstes Bauwerk eröffnete 1830 das klassizistische **Alte Museum, das nach Plänen von Karl Friedrich Schinkel erbaut wurde. Es birgt kostbare Sammlungen der griechischen und römischen Antike. Zwischenzeitlich war hier auch die Sammlung des *Ägyptischen Museums (mit der Büste der Nofretete) untergebracht, das zusammen mit einem Teil des Museums für Vor- und Frühgeschichte nach abgeschlossener Sanierung ab 2009 im 1843 bis 1855 von Friedrich August Stüler errichteten **Neuen Museum residiert. Als dritter Bau folgte 1876, ebenfalls nach Entwürfen Stülers, die **Alte Nationalgalerie, die Malerei des 19. Jahrhunderts ausstellt. Ein wertvolles Münzkabinett, das Museum für Byzantinische Kunst und die Skulpturensammlung vereinigt das **Bode-Museum. Jüngstes Bauwerk am Platz ist das **Pergamonmuseum (1910–1930) mit archäologischen Monumentalexponaten wie dem namengebenden Pergamonaltar.

** **Berliner Dom** Neubarock und goldverziert präsentiert sich das direkt an der Spree gelegene Gotteshaus (1894 bis 1905). Zur kostbaren Innenausstattung gehören Schinkels Altarwand, Stülers Marmoraltar sowie die Mosaiken in der 74 Meter hohen Kirchenkuppel, die Kaiser Wilhelms II. Lieblingsmaler, Anton von Werner, schuf. In der Hohenzollerngruft ruhen zahlreiche Mitglieder des Herrschergeschlechts.

** **Kronprinzenpalais und Opernpalais** Im Kronprinzenpalais wurde Geschichte geschrieben: 1859 kam hier der letzte deutsche Kaiser zur Welt, 1990 wurde in seinen Räumlichkeiten der deutsch-deutsche Einigungsvertrag unterzeichnet. Seit 1811 ist es mit dem benachbarten Opernpalais verbunden, dessen Operncafé schon zu DDR-Zeiten für seine Torten berühmt war.

*** **Friedrichswerdersche Kirche** Von der historischen Bebauung auf der südlichen Hälfte der Spreeinsel hat sich nur die von Schinkel errichtete neugotische Kirche (1824 bis 1831) erhalten. Heute ist sie ein Museum mit einer Ausstellung zum Werk des preußischen Architekten und mit klassizistischen Skulpturen von Künstlern der Berliner Schule (Schadow, Rauch, Wolff, Tieck).

*** **Zeughaus** 1695 bis 1730 als Waffenkammer erbaut, ist das Zeughaus das bedeutendste Barockgebäude Berlins. Seit 1991 beherbergt es das Deutsche Historische Museum (dort Dauerausstellung »Deutsche Geschichte in Bildern und Zeugnissen«), das 2003 um einen Ausstellungsbau von I. M. Pei erweitert wurde.

Von oben: Neue Synagoge mit Kuppel; Rotes Rathaus im Zentrum; Berliner Dom und Reiterskulptur am Gendarmenmarkt; Zeughaus am Boulevard Unter den Linden

Berlin

Nicht dass es der Hauptstadt an Fünfsternehotels mangelte. Aber das »Adlon«, das bleibt etwas Besonderes. »Tempel der Lüste« nannte es Kaiser Wilhelm II. und bestand darauf, bei der Eröffnung 1907 als Erster

*** **Neue Wache** Schinkels 1816 bis 1818 entstandene Wache dient heute als zentrale Gedenkstätte der Bundesrepublik Deutschland für die Opfer von Krieg und Gewaltherrschaft. Den Innenraum nimmt im Zentrum eine lebensgroße Kopie der Pietà von Käthe Kollwitz ein.

*** **Forum Fridericianum** Nach dem Regierungsantritt Friedrichs des Großen entstand das Forum Fridericianum ab 1741 als Zentrum der Kunst und der Wissenschaft. 1743 eröffnete die von Knobelsdorff entworfene **Deutsche Staatsoper Unter den Linden, 1773 wurde in der Nachbarschaft die nach Plänen desselben Baumeisters erbaute **St.-Hedwigs-Kathedrale eingeweiht, die dem römischen Pantheon nachempfunden ist. Die katholische Bischofskirche geht auf Skizzen Friedrichs II. zurück, der mit diesem Bau die religiöse Toleranz Preußens demonstrieren wollte. Die beiden Gebäude flankieren den Bebelplatz, auf dem (er hieß damals noch Opernplatz) 1933 die erste Bücherverbrennung der Nationalsozialisten stattfand. Seit 1995 erinnert die ins Erdreich eingelassene *Versunkene Bibliothek von Micha Ullmann daran. Bereits 1753 war das *Prinz-Heinrich-Palais für den Bruder des Königs fertiggestellt worden. Es dient heute der Humboldt-Universität ebenso wie die neubarocke *Alte Bibliothek. Dessen konkave und konvexe Formen brachten dem barocken Bauwerk den Spitznamen »Kommode« ein. Das 13 Meter hohe **Reiterstandbild Friedrichs des Großen mitten auf dem Boulevard Unter den Linden bildet den kunstvollen Abschluss des Forums.

Schiller-Statue mit allegorischen Figuren auf dem Gendarmenmarkt, im Hintergrund der Französische Dom (links)

** **Unter den Linden** Vom Glanz des bedeutendsten Boulevards Berlins hatten die alliierten Fliegerbomben im Zweiten Weltkrieg wenig übrig gelassen. Inzwischen hat der Boulevard wieder etwas von seinem alten Flair. Von der Schlossbrücke mit ihren Schinkel-Figuren bis zum Pariser Platz säumen auf einer Strecke von anderthalb Kilometern zahlreiche geschichtsträchtige Bauten die Prachtstraße, darunter die 1810 gegründete Humboldt-Universität, das 1963 wiedererrichtete Prinzessinnen- und Kronprinzenpalais, die Neue Wache Schinkels, das Zeughaus, das 2001 bis 2003 vollständig rekonstruierte Kommandantenhaus und die russische Botschaft.

*** **Brandenburger Tor und Pariser Platz** Am westlichen Ende der Straße Unter den Linden erhebt sich am Pariser Platz das Berliner Wahrzeichen schlechthin, das Brandenburger Tor, das von der von Schadow geschaffenen Quadriga mit der Siegesgöttin gekrönt wird. Unmittelbar davor verlief bis 1989 die Mauer. Der kriegszerstörte Platz, jahrzehntelang im Grenzstreifen gelegen, erstand erst nach dem Fall der Mauer wieder neu und wird heute vom **Luxushotel Adlon sowie dem *Haus Sommer und dem *Haus Liebermann zu beiden Seiten des Brandenburger Tors flankiert. Außergewöhnliche Gebäude unter den Neubauten am Platz sind die von Günther Behnisch entworfene **Akademie der Künste und die nach Plänen von Frank O. Gehry entstandene **DZ-Bank.

*** **Gendarmenmarkt** Mit seinem Ensemble aus Schauspielhaus, Deutschem und Französischem Dom sowie der Marmorstatue Schillers gilt der Gendarmenmarkt als einer der schönsten Plätze Berlins und a

Das »Adlon«

die Schwelle zu überschreiten. Schon das Foyer schien aus Glanz und Zauberlicht, Dekadenz und Geld gewirkt. Bäder gab es, und angenehmen Firlefanz wie Klingeln mit Quasten fürs Personal und Bänkchen für Taschentuch und Täschchen. Und noch ein Märchen gehört zum Adlon – das vom Tischlergesellen und Schausteller Lorenz Adlon, der aus Mainz kam und Hotelkönig und Patron der Nobelherberge wurde.

Das Gebäude hatte Luftangriffe halbwegs überstanden, aber ein brennendes Streichholz zerstörte die Legende im Mai 1945. Nach der Wende erstand das Adlon 1996 wieder als erstes Haus am Pariser Platz (ganz links; links: Lobby). Die Adresse Unter den Linden 1 hatte man erhofft, die Nr. 77 ist es geworden. Kritiker schmähen das Haus als »Architektur der röhrenden Hirsche«. Berlinern und Besuchern gefällt es.

Inbegriff des romantischen Klassizismus. Schon Friedrich II. hatte auf dem nach den Gens d'Armes, einem Kürassierregiment, benannten Platz ein Komödienhaus errichten lassen. Die Kirchen verdanken ihre landläufige Bezeichnung den Kuppeln ihrer identischen Türme (französisch: »dôme«). Friedrich II. hatte Carl von Gontard beauftragt, den zu Beginn

fernt worden und kehrte erst 1987 wieder zurück an ihren Platz.

✶✶ Friedrichstadtpassagen und Galerie Lafayette Lange Zeit im Schatten der Mauer gelegen, ist die pulsierende Friedrichstraße nach der Wiedervereinigung als eine der ersten Shopping-Adressen Berlins wiedererstanden. Unter den

zu einem ausgedehnten Einkaufsbummel ein.

✶✶ Geschichtsmeile Wilhelmstraße Bis zum Untergang des »Tausendjährigen Reiches« ballte sich in der Wilhelmstraße mit Reichskanzlei, Führerbunker und zahlreichen Ministerien die Exekutive des nationalsozialistischen Regimes. Von ihnen überdauerten nur wenige die Bombennächte des Zweiten Weltkriegs, darunter das Reichsministerium für Volksaufklärung und Propaganda sowie das gigantische Reichsluftministerium (heute Sitz des Finanzministeriums).

✶✶ Topographie des Terrors Zwischen Wilhelm- und Niederkirchnerstraße befanden sich bis 1945 die wichtigsten Einrichtungen des nationalsozialistischen Terrorapparats: Gestapo, Reichsführung SS und Reichssicherheitshauptamt. Organisation und Vorgehensweise dieser Institutionen werden in den baulichen Überresten in einem Ausgrabungsgang dokumentiert. Auf dem Gelände soll ein Ausstellungsgebäude errichtet werden.

✶✶✶ Holocaust-Mahnmal Wenige Schritte südlich vom Brandenburger Tor erstreckt sich auf rund 19 000 m² das von Peter Eisenman entworfene »Denkmal für die ermordeten Juden Europas« (2005). 2711 unterschiedlich hohe, im Raster angeordnete Stelen erinnern an den Massenmord an sechs Millionen Juden während des Nationalsozialismus.

✶✶ Martin-Gropius-Bau Das 1881 von Martin Gropius und Heino Schmieden im Stil der italienischen Renaissance errichtete Gebäude an der Niederkirchner Straße war Sitz diverser Museen. Heute dient es als Präsentationsort für hochrangige Wechselausstellungen.

TIPP++TIPP++

Friedrichstadtpalast
Große Revuen und Shows präsentiert Europas modernstes Revuetheater mit Platz für 2000 Besucher.
Friedrichstr. 107,
Tel. 0 30/23 26 23 26,
www.friedrichstadtpalast.de

Maxim-Gorki-Theater
In der ehemaligen Singakademie hinter der Neuen Wache inszenieren Gastregisseure und russische Autoren kritische Gegenwartsstücke.
Am Festungsgraben 2,
Tel. 0 30/20 22 11 15,
www.gorki.de

**Hamburger Bahnhof –
Museum für Gegewart**
Ein Prachtbau für zeitgenössische Kunst, deren Schwerpunkt die

Sammlung Erich Marx mit Werken von Joseph Beuys, Andy Warhol und Anselm Kiefer bildet. Fast bescheiden wirken daneben die weitläufigen Hallen der Friedrich Christian Flick Collection mit Werken von Bruce Naumann und Pippilotti Rist.
Invalidenstr. 50/51,
Tel. 0 30/39 78 34 12,
www.smb.spk-berlin.de, Di–Fr 10–18, Sa 11–20, So 11–18 Uhr

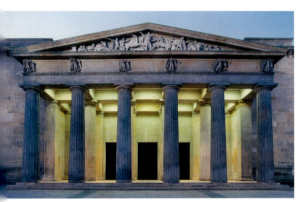

Die Neue Wache von Schinkel, heute nationale Gedenkstätte

Brandenburger Tor, das Wahrzeichen Berlins

des 18. Jahrhunderts bereits existierenden Kirchen die repräsentativen Kuppeltürme aufzusetzen. Die Schiller-Statue von Reinhold Begas vor der Freitreppe, sechs Meter hoch und von Allegorien der Künste Lyrik, Dramatik, Philosophie und Geschichte umringt, war 1935 entfernt zahlreichen Neubauten gelten die aus drei Gebäudekomplexen bestehenden Friedrichstadtpassagen und die Galerie Lafayette als die spektakulärsten. 1997 eröffnet, sind sie unterirdisch miteinander verbunden und laden mit ihren Läden, Boutiquen und einem Kaufhaus

In der Nacht zum 13. August 1961 begannen DDR-Grenztruppen mit dem Bau des »antifaschistischen Schutzwalls«, der die Flucht der Menschen aus dem Ostteil der Stadt verhindern sollte. 28 Jahre lang teilte die Mauer nicht nur Familien, sondern auch die Welt. In der Euphorie nach dem Mauerfall wurde abgeklopft, abgerissen, zerteilt und geschreddert, was an die Teilung der Stadt erinnerte, bis sich Besucher und Berli-

ner fragten, wo die Mauer denn nun stand. Inzwischen führt ein Mauer-Radweg 155 Kilometer durch und teils um die Stadt herum; im Zentrum markiert ein Pflasterstreifen im Asphalt ihren Verlauf (links: bemalte Mauerreste »East Side Gallery«). Erst 2006 befasste sich der Berliner Senat damit, an Originalschauplätzen Gedächtnisstätten zu bewahren (unten: Mauergedenkstätte Bernauer Straße). Das mit der Mauer verbundene Gefühl der alltäglichen Gewalt ist verloren gegangen, lebt im Gedächtnis einzelner Menschen jedoch fort. Eine Betonmauer durch die Stadt, ein stets ausgeleuchteter Todesstreifen, 293 Beobachtungstürme, Hundelaufanlagen, Patrouillenwege, Selbstschussanlagen, Panzersperren und eine 100 Meter breite Sperrzone sind kaum noch vorstellbar. 237 »Republikflüchtlinge« wurden mit Schusswaffen, 33 durch Minen getötet.

Berlin

Die 50. Internationalen Filmfestspiele in Berlin wurden im Februar 2000 zum ganz besonderen Ereignis. Erstmals wurde der rote Teppich am nagelneuen Potsdamer Platz ausgerollt, während die Füße rundherum noch im

Regierungsviertel und Potsdamer Platz

Westlich des Brandenburger Tors dehnt sich das grüne Herz der Innenstadt, der Tiergarten, aus. Einst Jagdrevier der brandenburgischen Kurfürsten, wurde er 1740 unter Friedrich dem Großen gärtnerisch gestaltet und später in einen Landschaftspark umgewandelt. Ab 1991 entstanden am Ostrand rund um den Reichstag das neue Regierungsviertel und südlich der neue Potsdamer Platz.

Reichstagsgebäude mit der Kuppel von Sir Norman Foster

★★★ **Reichstagsgebäude** Kaiser Wilhelm I. persönlich legte 1884 den Grundstein zu dem Gebäude, das wie kein anderes für die Wechselfälle der jüngeren deutschen Geschichte steht. 1894 tagte ein deutsches Parlament erstmals in dem von einer mächtigen Kuppel überwölbten Neorenaissancebau. 1918 proklamierte Philipp Scheidemann hier die Republik, 1933 ging der Reichstag kurz nach Hitlers Ernennung zum Reichskanzler in Flammen auf. 1961 bis 1989 verlief an seiner Rückseite die Mauer, 1990 fanden hier die offiziellen Feiern zur Wiedervereinigung statt. 1995 von Christo vorübergehend in silberglänzende Folie verpackt, verwandelte sich der Reichstag ihn den folgenden Jahren in eine gigantische Baustelle. Am 23. Mai 1999 nahm der Deutsche Bundestag seine Arbeit im Reichstagsgebäude auf – nun gekrönt von der gläsernen ★★★Kuppel von Sir Norman Foster, die seitdem das neue Wahrzeichen von Berlin ist.

★ **Kanzleramt** Östlich und nördlich flankieren den Bundestag Gebäude mit Abgeordnetenbüros und für Ausschusssitzungen. Als »Band des Bundes« korrespondieren sie vis-à-vis mit dem von Schultes und Frank entworfenen Kanzleramt, einem 2001 fertiggestellten postmodernen Monumentalbau.

★★ **Hauptbahnhof** Ende Mai 2006 wurde der größte Kreuzungsbahnhof Europas im nördlichen Spreebogen eröffnet. Seine beiden von Gerkan konzipierten 46 Meter hohen Bügelbauten überspannen ein 321 Meter lange gläserne Ost-West-Halle, die eine 40 Meter kürzere Nord-Süd-Halle kreuzt.

★★ **Haus der Kulturen de Welt** 1957 wurde Hugh Stubbins »Schwangere Auster« – s genannt wegen ihrer wie ein geöffnete Muschel wirkender Dachkonstruktion – im Rahme der Internationalen Bauausstel lung errichtet. Seit 1989 dien das Haus als Veranstaltungsor für Musik, Tanz, Theater un Kunst aus aller Welt.

★★ **Siegessäule** Im Zentrun des Großen Sterns am Tiergar ten steht diese von der Sieges göttin Victoria gekrönte Säule Das 1873 nach den siegreiche preußischen Einigungskriege enthüllte Monument kann übe 280 Stufen bestiegen werden.

★★ **Schloss Bellevue** Da dreiflügelige frühklassizistisch Schloss, 1785 vollendet, ist heu te als Amtssitz des Bundespräs denten die erste Staatsadresse

Berliner Filmfestspiele

Schlamm versanken. Das Musical-Theater (links) wurde zum Filmpalast, und auch die Stars, die zuvor oft den tristen Berliner Winter gescheut hatten, waren wieder dabei. Nicht nur, um den Berlinale-Bären nach Hause zu tragen. Es war ein neuer Anfang. 14 Jahre vorher hatte Wim Wenders hier seinen »Himmel über Berlin« gedreht und den 86 Jahre alten Curt Bois in die Einöde rufen lassen: »Ich kann den Potsdamer Platz nicht finden ...«. Als IFB, Internationale Filmfestspiele Berlin, hat 1951 begonnen, was nach einer Idee der Kabarettistin Tatjana Sais zur Berlinale wurde. Die alliierten Kulturoffiziere förderten das neue Ereignis im Westberliner Zoopalast, ein Festspiel aus der Retorte, mit eingeflogenen Filmrollen und bestellten Stars zur Erbauung der Zivilbevölkerung. Zur Konkurrenz für Venedig und Cannes wurde die Berlinale erst spät und allmählich.

Hauptbahnhof Berlin mit seinen markanten Bügelbauten

*** Potsdamer Platz Vor dem Krieg einer der verkehrsreichsten Plätze Europas, wurde der Potsdamer Platz nach dem Mauerbau ödes Brachland. Nach dem Fall der Mauer wurde er großflächig bebaut, es entstanden hier komplett neue Stadträume. 19 Gebäude zählt die ***Daimler City, die unter Federführung von Renzo Piano heranwuchs. An der Nordostspitze stellt das weinrot geklinkerte **Kollhoff-Hochhaus eine besondere Wegmarke dar. Daneben glänzt der 103 Meter hohe gläserne Büroturm des ***Sony Center von Helmut Jahn, dessen Forum eine imposante Zeltdachkonstruktion überspannt. An das Sony-Areal schließt sich mit zwei weißen Hochhäusern das **Beisheim-Center von Hilmer & Sattler und Albrecht an. Nach Süden abgeschlossen wird der Platz durch die *Park-Kolonnaden von Giorgio Grassi.

*** Neue Nationalgalerie Die 1965 bis 1968 nach Plänen Mies van der Rohes erbaute Stahl-Glas-Konstruktion beherbergt eine exquisite Sammlung von Werken der klassischen Moderne und ist Schauplatz spektakulärer Sonderausstellungen.

** Kulturforum Das Kulturforum ist ein weiterer bedeutender Museumsstandort Berlins. 1984 eröffnete hier das **Musikinstrumentenmuseum, 1985 das **Kunstgewerbemuseum. Dazu gesellten sich 1993 das **Kupferstichkabinett und die **Kunstbibliothek sowie 1998 die **Gemäldegalerie.

** Philharmonie Ganz im Dienst der Musik steht das Hauptwerk von Hans Scharoun, das das Kulturforum nach Norden zum Tiergarten hin abschließt. 1960 bis 1963 errichtet, gilt die Spielstätte der Berliner Philharmoniker als eines der herausragenden Bauwerke der Nachkriegsmoderne in Westberlin

Architektonische Wegmarken: Philharmonie von Scharoun, Kanzleramt von Schultes und Frank (oben links und rechts)

TIPP++TIPP++

Museum für Film und Fernsehen Unter einem Dach befinden sich im Sony Center am Potsdamer Platz das Filmmuseum, ein Fernsehmuseum (seit 2006), die Deutsche Film- und Fernsehakademie Berlin, das

Internationale Forum des Jungen Films der Berlinale, die Stiftung Deutsche Kinemathek mit Filmarchiven sowie das Programmkino »Arsenal«. Es gibt fast nichts, was Freunde der Filmgeschichte hier nicht erfahren können.
**Potsdamer Str. 2,
Tel. 0 30/3 00 90 30,
Di–So 10–18, Do bis 20 Uhr,
www.deutsche-kinemathek.de**

DIE SCHÖNSTEN REISEZIELE

Berlin

Rund 160 000 Juden lebten 1933 in Berlin. 1939 hatte schon die Hälfte von ihnen das Land verlassen. 55 000 wurden verschleppt, am S-Bahnhof Grunewald in Viehwaggons gesperrt, in Vernichtungslager transportiert und ermordet. Viele der 8000 Überlebenden warteten 1945 in großen Sammelunterkünften auf ihre Auswanderungsgenehmigung. Berlins ältester jüdischer Friedhof an der Großen Hamburger Straße

West-City

Seit der Wiedervereinigung sind die Touristenmagneten im alten Zentrum Westberlins ein wenig ins Hintertreffen geraten. Dennoch haben die Sehenswürdigkeiten rund um die Kaiser-Wihelm-Gedächtnis-Kirche und den platanengesäumten Kurfürstendamm nichts von ihrer Attraktivität eingebüßt.

★★ **Kaiser-Wilhelm-Gedächtniskirche** »Hohler Zahn« nannte die Berliner Schnauze das Gotteshaus von 1895, von dem im Zweiten Weltkrieg nur der Kirchturm erhalten blieb. Diesem fügte man 1956 ein modernes Kirchenschiff an. Dergestalt wurde die Kirche zu einem der Wahrzeichen Westberlins.

★★ **Europacenter** Der 1965 errichtete 22-stöckige Bau mit dem riesigen Mercedes-Stern auf dem Dach war das erste Hochhaus Berlins. Davor gurgelt der *Weltkugelbrunnen, den die Berliner »Wasserklops« nennen.

★★★ **KaDeWe** 1907 öffnete das Kaufhaus des Westens am Wittenbergplatz seine Tore. Binnen weniger Jahre stieg es zu einem der größten Warenhäuser des Kontinents auf.

★★★ **Zoologischer Garten** Der älteste Zoo Deutschlands (1844) ist auch der artenreichste der Welt. Einschließlich des Aquariums können hier, teils in spektakulären zooarchitektonischen Bauten, fast 1500 Tierarten mit 15 000 Individuen bestaunt werden.

★★ **Kurfürstendamm** Die über drei Kilometer lange Straße, von den Berlinern Ku'damm genannt, war einst neben dem Boulevard Unter den Linden die Flaniermeile Berlins, mit zahlreichen Geschäften, Theatern und Cafés. Seit dem Mauerfall hat sie zugunsten von Berlin-Mitte an Bedeutung verloren.

★★★ **Schloss Charlottenburg** »Hier finde ich mein Versailles wieder!«, rief 1806 Napoleon mit Blick auf das prachtvolle Bauwerk aus. 1695 bis 1699 wurde der barocke Kernbau fertiggestellt. Erweiterungsbauten folgten. Im Verlauf eines Jahrhunderts war ein majestätisches Domizil für die preußischen Kö

TIPP++TIPP++

Schaubühne am Lehniner Platz
Die legendäre Sprechbühne ist, nachdem die Choreografin Sasha Waltz die Bühne verlassen hat, heute das Refugium von Thomas Ostermeier, der mit zeitgenössischen Inszenierungen viel Beachtung findet.
Kurfürstendamm 153,
Tel. 0 30/89 00 23,
www.schaubuehne.de

Käthe-Kollwitz-Museum
Eines der wenigen Privatmuseen der Stadt zeigt sozialkritische und politische Grafiken sowie das plastische Gesamtwerk der deutschen Künstlerin (1867–1945).
Fasanenstr. 24, Tel. 0 30/8 82 52 10, Mi–Mo und Feiertage 11–18 Uhr, www.kaethe-kollwitz.de

Prächtiger Barockbau im Westen Berlins: Schloss Charlottenburg

Jüdisches Leben

wurde zerstört, und Europas größter jüdischer Friedhof in Weißensee bedarf dringend der Sanierung. Heute zählt die jüdische Gemeinde in Berlin wieder 12 000 Mitglieder. Die Hauptstadt krankt noch immer am Verlust einer Elite, die nicht nur das geistige Leben der Stadt, sondern das einer ganzen Epoche prägte: Max Liebermann, Lesser Ury, Martin Buber, Ludwig Marcuse, Walter Benjamin, Albert Einstein, Kurt Tucholsky, Lion Feuchtwanger, Samuel Fischer, Rudolf Mosse und Leopold Ullstein – um nur einige zu nennen. Die Zahl der jüdischen Einrichtungen in Berlin nimmt heute wieder zu. Der Zentralrat der Juden in Deutschland hat 1999 seine Arbeit in Berlin aufgenommen, es gibt wieder jüdische Theater, Menschen besuchen ihre Synagogen (links: Synagoge Rykestraße), und Museen erzählen vom Berliner jüdischen Alltag vor dem Krieg.

…ige entstanden. Den Höhepunkt der glanzvollen Inneneinrichtung bilden der Thron- und der Speisesaal Friedrichs des Großen sowie die Goldene Galerie, die zu den schönsten Rokokosälen Deutschlands zählt. Heute wird das Schloss als Standort von Museen genutzt, der barocke Schlosspark ist Erholungsareal für die Bewohner Charlottenburgs.

* **Funkturm und Messegelände** 1926 ging der 150 Meter hohe »Lange Lulatsch« in Betrieb. Von der Aussichtsplattform genießt man einen Blick über die Dächer Berlins, auf das elegante *Palais am Funkturm aus den 1930er-Jahren sowie das silberglänzende Internationale Kongresszentrum (ICC).

* **Olympia-Stadion** Kennzeichen der für die Olympischen Spiele 1936 eingeweihten Sportarena ist das Olympische Tor mit den beiden 35 Meter hohen Türmen und den olympischen Ringen. Für die Fußball-WM 2006 wurde das Stadion denkmalgerecht modernisiert.

Prenzlauer Berg

Zu DDR-Zeiten bevölkerten oppositionelle Künstler und Schriftsteller die bröckelnden Gründerzeithäuser in dem einstigen Arbeiterviertel nördlich der Stadtmitte. Prachtvoll saniert zählt das Ausgehviertel heute zu den teuersten Innenstadtlagen.

* **Kulturbrauerei** Auf dem Gelände der alten Schultheiß-Brauerei werden auf rund 20 000 Quadratmetern Kino, Konzerte, Theater, Ausstellungen und Lesungen geboten. Eine stattliche Café- und Kneipenparade hat sich in den Straßen ringsum etabliert.

* **Kollwitzplatz** Von zahlreichen Restaurants, Bars, Cafés und exquisiten Läden gesäumt wird dieser vor allem bei Touristen beliebte Platz im Kollwitz-Kiez. Samstags gibt es hier einen Markt mit Öko-Bauern und Kunsthandwerkern.

* **Synagoge** In der Rykestraße steht Deutschlands größte Synagoge. Das 1904 geweihte Gotteshaus mit Platz für rund 2000 Menschen wurde 1938 in der Reichspogromnacht geschändet. 1953 wurde sie wieder eingeweiht und 2007 – nach umfassender Sanierung – wieder eröffnet.

* **Husemannstraße** Während ringsum alles verfiel, wurde diese kleine Straße für die 750-Jahr-Feier der Hauptstadt der DDR 1987 sorgfältig restauriert. Mit alten Gaslaternen und nostalgischen Kramläden hat sie ihren Charme bis heute bewahrt.

* **Wasserturm** Im Jahr 1877 ging der »Dicke Hermann« als der erste Wasserturm Berlins in Betrieb. Gegenüber, in der Knaackstraße, reiht sich ein Café an das andere.

* **Kastanienallee** Zwischen Mitte und Prenzlauer Berg hat sich hier in den vergangenen Jahren ein Szenetreffpunkt etabliert, mit jeder Menge Bars, Cafés, Restaurants, dem Prater-Biergarten und hippen Modeboutiquen.

Breitscheidplatz mit Turmruine der Kaiser-Wilhelm-Gedächtniskirche (oben links), Giraffenhaus im Zoo (oben rechts)

Einst Braustätte, heute Kulturzentrum: die Kulturbrauererei

Berlin

Die Karibik und Río de Janeiro liegen an Pfingsten in Kreuzberg. Was 1996 in der Werkstatt der Kulturen entwickelt wurde, die das künstlerische Potenzial der in Berlin lebenden Zuwanderer fördern und erlebbar ma-

TIPP++TIPP++

Deutsches Historisches Museum
Nach jahrelanger Renovierung des Zeughauses und der Errichtung des Erweiterungsbaus von I. M. Pei lassen sich hier eine Dauerausstellung zu den Epochen der deutschen Geschichte sowie interessante Wechselausstellungen besichtigen.
**Unter den Linden 2,
Tel. 0 30/20 30 40,
tgl. 10–18 Uhr,
www.dhm.de**

Konzerthaus Berlin
Das von Karl Friedrich Schinkel in den Jahren 1818 bis 1821 errichtete

Schauspielhaus, am traditionsreichen Gendarmenmarkt gelegen, gehört zu den Meisterwerken klassizistischer Architektur in Deutschland.
**Gendarmenmarkt 2,
Tel. 0 30/20 30 90,
www.konzerthaus.de**

Jüdisches Museum
Am Eingang steht ein Granatapfelbaum, er steht in der jüdischen Kultur für Fruchtbarkeit und leitet hier ein in 2000 Jahre jüdischer Geschichte. Die zeigt sich in Dokumenten einzelner jüdischer Schicksale in verschiedenen Jahrhunderten, aber auch in Objekten wie der Barbiepuppe mit Kippa.
**Lindenstr. 9–14, Tel. 0 30/25 99 33 00, ww.jmberlin.de,
tgl. 10–20, Mo bis 22 Uhr, an jüdischen Feiertagen geschl.**

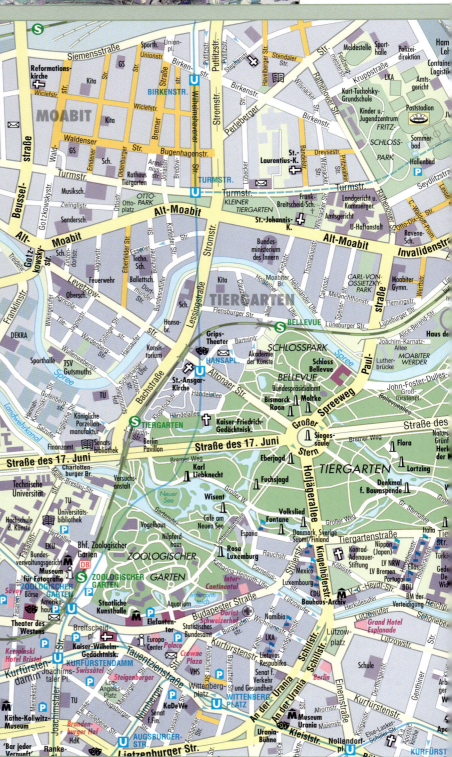

130 DIE SCHÖNSTEN REISEZIELE

Karneval der Kulturen

chen will, ist im Laufe der Jahre zu einem Volksfest geworden, an dem mittlerweile Millionen Besucher teilnehmen. Alle Altersgruppen sind vertreten, viele Emigrantenvereine, aber auch Berliner Jugend- und Kultureinrichtungen. Wenn der Karnevalszug, von rund tausend Künstlern gestaltet, mit Masken, Musik, geschmückten Wagen und Tänzern den ganzen Tag lang die Kreuzberger Hasenheide entlangzieht, lassen sich viele Zuschauer von den fremden Rhythmen anstecken. Etwa 450000 Ausländer leben in Berlin. Mit Masken und Kostümen sowie ihrer heimatlichen Musik präsentieren auch diejenigen ihre Kultur, deren Heimat keinen Karneval kennt. Die Vorbereitungen für das nächste Fest beginnen, wenn das vorherige zu Ende ist – dann werden wieder aufwendige Kostüme (links) genäht und Choreografien einstudiert.

DIE SCHÖNSTEN REISEZIELE **131**

Berlin

1906 machte der 57 Jahre alte Schuhmacher Wilhelm Voigt (links: Denkmal vor dem Rathaus Köpenick) aus Tilsit den Berliner Bezirk überregional bekannt. Da ihm die Obrigkeit nach einem Gefängnisaufenthalt die Rückkehr in eine bürgerliche Existenz verwehrte – in Potsdam bekam er keine Arbeit, aus Berlin wurde er ausgewiesen –, erstand er bei Trödlern, was ihn als Hauptmann des 1. Garderegiments kenntlich

Kreuzberg – Friedrichshain

»Kreuzberger Nächte sind lang« – der Gassenhauer von 1978 ist nach wie vor gültig. Was die Oranienburger Straße für die Stadtmitte, ist die Oranienstraße zwischen Skalitzer Straße und Heinrichplatz mit dem für Kreuzberg einst legendären SO 36: Kneipenrevier Nr. 1. Clubgänger zieht es Richtung Oberbaumbrücke und Osthafen, wo in den vergangenen Jahren diesseits und jenseits der Spree im Wrangel-Kiez sowie in Friedrichshain rund um den Boxhagener Platz Berlins angesagteste Partyzone entstanden ist.

★★ Karl-Marx-Allee Die Magistrale, die vom Alexanderplatz ostwärts durch Friedrichshain verläuft, wurde ab 1952 von Tausenden von freiwilligen Helfern im stalinistischen Zuckerbäckerstil aufgebaut. Die beiden kuppelgeschmückten Hochhäuser von Norbert Henselmann am Frankfurter Tor (1960) bilden ihren östlichen Abschluss.

★ Oberbaumbrücke Einst unüberwindbare Grenzanlage, verbindet die neugotische türmchengeschmückte Spreebrücke am Osthafen (1894–1896) heute Kreuzberg und Friedrichshain.

★★ East Side Gallery Am östlichen Spreeufer zwischen Ostbahnhof und Oberbaumbrücke blieben mehrere Hundert Mauermeter erhalten, die 1990 von Künstlern aus aller Welt bemalt wurden.

★ Checkpoint Charlie Bis zum Mauerfall diente der hermetisch abgeriegelte innerstädtische Kontrollpunkt alliierten Streitkräften, Ausländern und Diplomaten als Grenzübergang zwischen West- und Ostberlin. Westberliner und Westdeutsche durften hier nicht passieren. Ein Originalschild mit der Aufschrift »You are leaving the American Sector« und das **★★Mauermuseum am Checkpoint Charlie** erinnern heute noch daran.

★★★ Jüdisches Museum Bereits Monate vor der offiziellen Eröffnung 2001 standen die Menschen Schlange, um Daniel Libeskinds grandiosen Muse-

Geborstener Davidstern: das Jüdische Museum

umsneubau zu besichtigen. Das in Form eines zerborstenen Davidsterns errichtete silberglänzende Bauwerk beherbergt eine Dauerausstel-lung zur deutsch-jüdischen Geschichte.

★ Neues Kreuzberger Zentrum Eine Attraktion der anderen Art ist das »NKZ« am Kottbusser Tor. Der in den 1970er-Jahren erbaute Betonkoloss zählt heute zu den sozialen Brennpunkten der Stadt.

★ Luftbrückendenkmal Die »Hungerkralle« am Platz der Luftbrücke erinnert an die Blockade Westberlins 1948/1949, während der amerikanische »Rosinenbomber« die Bevölkerung aus der Luft versorgten.

★★★ Deutsches Technikmuseum Ein »Rosinenbomber« schwebt vor der Hauptfassade des Museums, das auf 50 000 Quadratmeter Innenfläche und in einem angeschlossenen Museumspark Dampfmaschinen, historische Verkehrsmittel und andere Objekte aus der Geschichte der Technik präsentiert.

Der Strausberger Platz bildet den Auftakt zum Gebäudeensemble der Karl-Marx-Allee (oben links). Zu Baden und Wassersport lädt der Wannsee ein (oben rechts).

Der Hauptmann von Köpenick

machte: Uniform und Mantel. Dann unterstellte er zwölf Grenadiere von der Militärbadeanstalt Plötzensee seinem Kommando, fuhr mit diesem Trupp nach Köpenick und verhaftete dort den Oberstadtsekretär und den Bürgermeister Dr. Langerhans. Eine Kutsche wurde herbeigeschafft, um den Bürgermeister und dessen Frau zur Wache nach Berlin zu bringen. Voigt selbst begab sich mit zwei seiner Soldaten ins Kassenzimmer, erklärte, er habe die Verwaltung der Stadt übernommen und müsse den Geldbestand überprüfen. Für die vorhandenen 4002 Mark ließ er sich zwei Beutel bringen – das Geld sei beschlagnahmt. Er ordnete die Rückkehr seiner Mannschaft an und fuhr selbst nach Berlin. Der Tipp eines ehemaligen Mithäftlings führte zu Voigts Verhaftung. Carl Zuckmayer machte den falschen Hauptmann zur literarischen Figur.

Peripherie

Berlin ist eine grüne Stadt. Das zeigt sich schon in den historischen Zentren, erst recht weiter außerhalb, wo man an Wälder und Seen Erholung findet. Am Rande der südlichen Innenstadt liegt zudem ein Architekturdenkmal der besonderen Art.

* **Flughafen Tempelhof** Am 30. Oktober 2008 endete hier eine Ära, als von einem der einst größten Flughäfen Europas das letzte Flugzeug abhob. Hauptattraktion ist das gigantische Flughafengebäude, das sich in seiner bogenförmigen Anlage über eine Länge von 1,2 Kilometern erstreckt und zu einer Entstehungszeit 1936 bereits viele Merkmale moderner Flughäfen aufwies. Der Gebäuderiegel sollte das südliche Ende der gigantischen Nord-Süd-Achse in Hitlers Reichshauptstadt Germania sein. Am 6. Juni 1948, nachdem die Sowjetunion alle Zufahrtswege nach West-Berlin blockiert hatte, begann, was Tempelhof bis heute zum Mythos macht: die Luftbrücke, während der die Bevölkerung bis September 1949 von »Rosinenbombern« versorgt wurde. Über die künftige dauerhafte Nutzung des Areals ist noch nicht entschieden.

* **Grunewald** Der nach dem gleichnamigen Stadtwald benannte Stadtteil ist mit seiner Villenkolonie eine von Berlins exklusivsten Adressen. Das Viertel entstand entstand Ende des 19. Jahrhunderts auf Initiative Bismarcks. Am Bahnhof Grunewald erinnert das Mahnmal »Gleis 17« an die Berliner Juden, die von dort aus ab 1942 deportiert wurden.

* **Strandbad Wannsee** Das 1907 eröffnete Strandbad im Südwesten der Stadt am Ostufer des Wannsees ist eines der ältesten in Deutschland. Ein 1300 Meter langer Sandstrand lässt hier fast Mittelmeerstimmung aufkommen. Die denkmalgeschützte Anlage wurde zum hundertjährigen Jubiläum 2007 umfassend saniert.

*** **Pfaueninsel** Berühmt wurde die »Perle im Havelmeer«, gerade 98 Hektar groß, als Liebesnest von Friedrich Wilhelm II. Hier wollte er seine Geliebte Wilhelmine Encke, die er zur Gräfin Lichtenau adeln ließ, treffen. Sie gebar ihm fünf Kinder, 1797 starb er in ihren Armen. Da war das Schlösschen noch gar nicht fertig. Sohn Friedrich Wilhelm III. verbannte die Gräfin und nutzte die Insel mit Königin Luise als Sommersitz. An einigen Wochentagen durfte auch die Bevölkerung kommen und erlebte eine Märchenwelt mit Fontänen, Rosengärten und Palmen, eine Menagerie, die später zum Grundstock des Zoologischen Gartens wurde. Riesen und Zwerge gab es als Hofangestellte zu sehen. und ein Afrikaner vervollständigte die Exotik. Heute gibt es nach kurzer Überfahrt mit der Fähre Rosen- und Biedermeiergarten sowie Wiesen zu bewundern.

* **Müggelsee** Im Bezirk Treptow-Köpenick erstreckt sich der vier Kilometer lange und bis zu zwei Kilometer breite Müggelsee. Seit über 70 Jahren bietet das denkmalgeschützte Strandbad am nördlichen Seeufer die Möglichkeit zum Badespaß in der eigenen Stadt.

TIPP++TIPP++

Berlinische Galerie
Das Landesmuseum für Moderne Kunst, Fotografie und Architektur präsentiert sehr anschaulich in Berlin entstandene Kunst von 1870 bis zur Gegenwart.
Alte Jakobstr. 124–128,
Tel. 0 30/78 90 26 00,
Mo–So 10–18 Uhr,
www.berlinischegalerie.de

Liebermann-Villa am Wannsee
Ein ganzer Werkzyklus ist dort entstanden, wo der Maler Max Liebermann 1909 ein Ufergrundstück am Großen Wannsee erwarb. Der Garten ist wieder nach seinen Ideen gestaltet worden. Besucher können auf weißen Bänken die Perspektiven seiner Bilder nacherleben.
Colomierstr. 3, Tel. 0 30/80 58 38 30, April–Okt. Mi–Mo 11–18, Do 11–20 Uhr,
www.max-liebermann.de

Museen in Dahlem
Gleich vier Museen sind in Dahlem unter einem Dach vereint, drei davon zu außereuropäischer Kunst und Kultur: das Museum für Indische Kunst (u. a. Turfan-Sammlung mit Wandmalereien und Skulpturen aus buddhistischen Klöstern), das Museum für Ostasiatische Kunst (u. a. mit einem kompletten japanischen Teeraum), das Ethnologische Museum und das Museum Europäischer Kulturen.
Lansstr. 8, Tel. 0 30/8 30 13 61 und 8 30 14 38,
Di–Fr 10–18, Sa, So 11–18 Uhr

Haus Bodelschwingh in Dortmund: Die Wasserburg vereint Gotik, Renaissance und Barock.

Nordrhein-Westfalen

Das einwohnerstärkste Bundesland umfasst das größte Ballungsgebiet Deutschlands, beeindruckt aber auch durch seine Vielfalt unterschiedlicher Landschaften. Die Wege durch Münsterland und Teutoburger Wald führen vorbei an romantischen Windmühlen und trutzigen Wasserschlössern. Ganz anders als Westfalen präsentiert sich das nördliche Rheinland, wo in Köln oder Düsseldorf das urbane Leben tobt. Im Ruhrgebiet, einst Synonym für Kohle- und Stahlindustrie, erfreuen heute reizvolle Landschaftsparks das Auge.

Nordrhein-Westfalen

Ostwestfalen und Lippe

Das bewegte Relief des östlichen Westfalen formen Mittelgebirge wie der Teutoburger Wald, Hochflächen, Bördelandschaften und die Westfälische Bucht. Ein gewisses zähes Eigenleben behauptet Lippe – es konnte sein Symbol, die Rose, als eigenen Bestandteil des nordrhein-westfälischen Landeswappens durchsetzen.

* **Minden** Die **Propsteikirche war einst Mittelpunkt des wohl 799 gegründeten Bistums Minden. Ein imposanter spätromanischer Querbau schließt das sonst gotische Gotteshaus nach Westen ab. Wertvolle Stücke, darunter ein Bronzekruzifix von 1070, birgt der Domschatz. Vom Rathaus (13. Jahrhundert) am Marktplatz blieb der untere Teil erhalten. Die Museumszeile Ritterstraße 23–33 ist ein Bürgerhausensemble aus dem 16. Jahrhundert.

* **Porta Westfalica** Durch die »Westfälische Pforte« tritt die Weser ins Tiefland, rechts das Weser-, links das Wiehengebirge. Der Durchbruch ist außerdem ein Knotenpunkt der Wanderwege durch diese waldreichen Höhezüge. Hauptattraktion ist das gewaltige Kaiser-Wilhelm-Denkmal (88 Meter) auf dem Wittekindsberg.

Enger In St. Dionysius befindet sich das Grabmal des 707 verstorbenen »Sachsenherzogs« Widukind. Der zähe Widersacher von Kaiser Karl dem Großen begegnet uns hier als *Flachrelief (um 1080) auf der Sargplatte.

* **Herford** Die evangelische *Münsterkirche (13. Jahrhundert), ursprünglich das Gotteshaus eines Damenstifts, gilt als älteste Hallenkirche Westfalens. Wertvollstes Ausstattungsstück ist der großartige Taufstein (um 1500). Auch die Marienkirche (13./14. Jahrhundert) und die Johanniskirche (14. Jahrhundert) verdanken ihr Entstehen einem Stift. Spektakuläre Architektur der Moderne bietet das *MARTa, (ein Museum für Möbel, Kunst, Architektur und Ambiente) von Frank O. Gehry.

** **Lemgo** Das Stadtbild wird geprägt von der Weserrenaissance, berühmtestes Bauwerk ist das *Hexenbürgermeisterhaus von 1571. Eine reich geschmückte Fassade weist auch der Erker am Rathaus auf (16. Jahrhundert). Weitere schöne Bürgerhäuser säumen den Marktplatz. Darüber erheben sich die Türme der Nikolaikirche (13.–15. Jahrhundert). Zentrum der Neustadt ist die Marienkirche (13./14. Jahrhundert). Im **Schloss Brake des gleichnamigen Lemgoer Stadtteils ist das Weserrenaissance-Museum untergebracht. Sein Turm und sein Nordflügel weisen die charakteristischen Schmuckformen dieses Regionalstils auf.

* **Bielefeld** Die an einer alten Handelsstraße gelegene junge Universitätsstadt hat eine große Tradition als Zentrum der Leinenherstellung und -verarbeitung. Ihr Mittelpunkt ist der Alte Markt mit Brunnen und historischen Bürgerhäusern. Wichtigstes Gotteshaus ist die **Neustädter Marienkirche, ein Hallenbau aus dem 14. Jahrhundert über kreuzförmigem Grundriss. Um 1320 wurde in der Kirche das Grabmal des Grafen Otto III. von Ravensberg und seiner Gemahlin Hedwig zur Lippe errichtet.

Marienfeld Die ehemalige *Klosterkirche der Zisterzienserinnen (Weihe 1222) bestimmte die Entwicklung der westfälischen Hallenkirche. Die riesige Orgel schuf Johann Patroklus Möller um 1750.

Rheda-Wiedenbrück Beispielhaft verschränkt der Torturm (um 1225) von Schloss Rheda Wohn- und Wehrfunktion. Ein besonders schönes Beispiel

Spektakuläre Felsformation: Externsteine im Teutoburger Wald

staufischer Architektur ist die *Kapelle. Im Stadtteil Wiederbrück beeindruckt die Kirche St. Ägidius vor allem wegen ihres Taufsteins (um 1500) und der üppigen Kanzel (um 1630).

* **Senne** Südlich von Bielefeld erstreckt sich bis vor die Tore Paderborns ein Sandterrain, das über eine längere Zeit hinweg Truppenübungsplatz war. Hier konnte sich deshalb eine offene Landschaft aus Heiden, Mooren und mageren Wiesen halten, die heute sehr rare Lebensräume, die ihrerseits bedrohten Tier- und Pflanzenarten Asyl bieten.

Hermann wurde als Sohn des Cheruskerfürsten Sigimer geboren. Er stammte aus der Oberschicht der Cherusker, die in der Gegend um Weser und Elbe lebten, war aber im Römischen Reich aufgewachsen und dort ausgebildet worden. Er und sein Bruder waren als Kinder dorthin verschleppt worden – damals kein ungewöhnliches Schicksal. In der römischen Armee, wo er eine Einheit aus cheruskischen Söldnern führte, lernte er das

---

TIPP++TIPP++

Vogel- und Blumenpark Heiligenkirchen
Unterhalb des Hermann-Denkmals wurde ein Park eingerichtet, der durch seine Blumenpracht besticht. Inmitten des Blütenmeers zwitschern über 2000 heimische und exotische Vögel. Besonders beliebt ist die Papageien-Show. Es stehen aber auch Fahrgeschäfte und ein Kinderspielplatz zur Verfügung. Nach Vereinbarung bietet die Zooschule Führungen für Kinder und Erwachsene an. Auch Führungen für Blinde sind möglich.
Vogelpark Heiligenkirchen, Ostertalstraße 1, Tel. 0 52 31/ 474 39, März–Nov. tgl. 9–18 Uhr

Westfälisches Freilichtmuseum
Den ganz normalen Alltag der Menschen auf dem Land zwischen 1800

und 1930 zeigt das Westfälische Freilichtmuseum Detmold.
**Detmold, Paderborner Straße/ Krummes Haus,
Tel. 0 52 31/70 61 04,
Apr.–Okt. Di–So 9–17 Uhr**

Hermann der Cherusker

Kriegshandwerk. Als Offizier und Bürger des Römischen Reichs kehrte er wahrscheinlich um das Jahr 7 oder 8 n. Chr. in seine Heimat zurück. Dort führte er einen Aufstand gegen die Römer an. In den folgenden Kämpfen schlug er das zahlenmäßig weit überlegene römische Heer unter Publius Quinctilius Varus in der berühmten »Varusschlacht« im Teutoburger Wald (links: Hermannsdenkmal) so vernichtend, dass dies das Ende der römischen Expansion in Germanien bedeutete. Sein Ziel, aus diesem Sieg politisches Kapital zu schlagen und eine größere Zahl germanischer Stämme gegen die Römer zu vereinen, erreichte er jedoch nur kurzfristig. Im Jahre 21 wurde er von innercheruskischen Gegnern ermordet – vermutlich von Segestes, dem Vater seiner Frau Thusnelda, die Hermann aus dessen Haus entführt und gegen dessen Willen geheiratet hatte.

★★ Detmold Prunkstück der Residenzstadt des Fürstentums Lippe-Detmold ist das repräsentative ★★Schloss. Der Vierflügelbau wuchs über drei Jahrhunderte zu seiner heutigen Größe heran. Ältester Teil ist der Bergfried (wohl 14. Jahrhundert). 1549 begann der Bau des eigentlichen Schlosses unter Cord Tönnies, einem der profiliertesten Baumeister der Weserrenaissance. Zuletzt wurden Teile der Anlage bis 1715 barockisiert. Im Süden Detmolds liegt das ★★Westfälische Freilichtmuseum, mit 95 alten Bauernhäusern aus der Region das größte seiner Art in Deutschland.

★ Externsteine Die großartigen, bis zu 40 Meter hoch aufragenden Sandsteinklippen am Südostende des Teutoburger Walds sind ein bedeutendes Natur- und Kulturdenkmal. Aus den Felsen haben die Mönche des Paderborner Klosters Abdinghof um 1115 das größte Kreuzabnahmerelief Europas unter freiem Himmel gemeißelt.

★★ Höxter Im historischen Zentrum finden sich schöne Renaissance-Fachwerkhäuser aus dem 16. Jahrhundert. Machtvoll vertritt das Rathaus (1613) die Weserrenaissance. Die ★Kilianikirche wurde um 1400 zu einer zweischiffigen, quer gestellten Halle umgestaltet. Erhalten blieb ihr romanischer Westbau. Im Ortsteil ★★★Corvey liegt mit der ehemaligen Klosterkirche der älteste Sakralbau Deutschlands. Sein Westwerk (873 bis 885) reicht bis in karolingische Zeit zurück. Im Barock entstand als schlossähnlicher Vierflügelbau das neue Kloster mit dem Kaisersaal und den einzigartigen Beständen der Bibliothek. Im Kirchhof liegt die Grabstätte Hoffmanns von Fallersleben, des Autors des Deutschlandslieds.

★ Warburg Die Neustädter Pfarrkirche (13.–15. Jahrhundert) krönt ein von Fachwerkbauten geprägtes Stadtbild. An der Grenze von Neu- und Altstadt liegt das Rathaus von 1568 (1902 erweitert). Die Altstadt am Diemelufer wird von der Kirche Mariä Heimsuchung (Chorweihe 1297) beherrscht.

★★ Paderborn Zentrum der Bistumsstadt ist der ★★★Dom (11.–13. Jahrhundert) mit seinem markanten Westturm. Um 1250 entstand das Paradiesportal, sein Aussehen wurde durch Umbauten des 16. und 17. Jahrhunderts verändert. Neben dem Dom wurden die Reste zweier Kaiserpfalzen Karls des Großen und Heinrichs II. gefunden. Letztere wurde rekonstruiert und beherbergt heute ein Museum. Das ★Rathaus mit seiner eindrucksvollen Westfassade wurde 1620 vollendet. Die barocke Portalfront der Gaukirche lässt nichts von der klaren romanischen Architektur im Inneren ahnen. Herbe Romanik offenbart die 1078 geweihte ★★Abdinghofkirche, während die Franziskanerkirche (1671) und die ehemalige ★Jesuitenkirche (1692) mit prunkvollem Barock imponieren. Im Stadtteil ★★Schloss Neuhaus glänzt die ehemalige fürstbischöfliche Residenz mit ihrem barocken Erscheinungsbild.

★ Büren Trotz barocker Schaufront gilt die 1772 vollendete ★★Immaculatakirche als der schönste Rokokobau Nordwestdeutschlands. Sie gehörte zum Jesuitenkolleg (1728), dessen Dreiflügelbau ganz der Schlossarchitektur verpflichtet ist. Die ★Wewelsburg aus dem 17. Jahrhundert, eine machtvolle Dreiecksanlage über dem Almetal, diente einst als SS-Ordensburg.

Von oben nach unten: Renaissancerathaus in Lemgo; Fachwerkpracht in Minden; Dom zu Paderborn; Schloss Corvey mit Klosterkirche

Nordrhein-Westfalen

Die Trinkwasserversorgung des Ruhrgebiets wird zu einem großen Teil durch die Stauseen im Sauerland gewährleistet. Außerdem dienen diese der Wasserregulierung der Ruhr und verringern somit die Hochwas-

Sauerland und Siegerland

Seit jeher hat der gebirgige Süden Westfalens die Verbindung zur Handelsstraße des Hellwegs gesucht. Der Soester Börde folgt der Arnsberger Wald am Nordrand des Sauerlands, das eine Religionsgrenze in das kurkölnische Herzogtum Westfalen und das protestantische Märkische Sauerland aufteilte. Den südlichsten Zipfel von Nordrhein-Westfalen bildet die Region Wittgensteiner und Siegerland.

Geseke Eindrucksvoll gelegen, weist die Kirche *St. Cyriakus noch Bauteile aus der Zeit um 950 auf. Die ungewöhnliche Chorfassade entstand im 12. Jahrhundert, ebenso der Westturm (jedoch im 19. Jahrhundert verändert). Die Halle des Langhauses wurde etwa ein Jahrhundert später errichtet, die Ausstattung stammt großteils aus dem Barock.

** **Lippstadt** Die *Pfarr- und Marktkirche St. Marien hat einen imposanten Turm mit Wahrzeichencharakter und ist eine der bedeutendsten Hallenkirchen Westfalens. Nur noch als eindrucksvolle Ruine hat sich die ehemalige Stiftskirche St. Marien mit schönen Maßwerkfenstern erhalten. Allen Zauber des Rokoko zeigen **Haus Köppelmanns Wand- und Deckenstuckaturen von etwa 1750. Schloss Overhagen liegt im gleichnamigen Stadtteil; seine reizvolle Schaufassade datiert in die Spätrenaissance.

** **Soest** Der **historische Kern der einstigen Hansestadt sucht in Deutschland seinesgleichen. Rund 600 Häuser stehen unter Denkmalschutz, die Gotteshäuser setzen besonders kräftige Akzente. Die monumentale **Propsteikirche St. Patroklus hat einen gewaltigen Turm, dessen Baugeschichte die der ganzen Kirche (12./13. Jahrhundert) widerspiegelt.

Marsberg Im Stadtteil Obermarsberg befinden sich mit St. Nikolaus und St. Peter und Paul gleich zwei sehenswerte Gotteshäuser. Die qualitätsvolle Halle von St. Nikolaus weist ein schönes Südportal der späten Romanik auf. Die einstige Klosterkirche St. Peter und Paul (13. Jahrhundert) soll in der sagenumwobenen Eresburg errichtet worden sein.

* **Brilon** Das Rathaus (Arkaden um 1250, Fassade um 1755) und der historische Marktbrunnen bezeichnen das Zentrum der einstigen »Hauptstadt« des Herzogtums Westfalen und des kurkölnischen Sauerlands. Die Propsteikirche St. Petrus und Andreas hat eine Halle als Langhaus (1276 geweiht).

Meschede Bedeutendster Bau des Sauerlandstädtchens ist die Pfarrkirche St. Walburga (um 1660, mit älterem Westturm), deren *Ringkrypta auf die Karolingerzeit (um 900) zurückgeht.

** **Rothaarsteig** Der Hauptweg von Brilon im Norden nach Dillenburg im Süden führt über mehr als 200 Kilometer durch die reizvollsten Partien des Rothaargebirges. Abseits der Straßen und Forstwege ist er ein Steig, der intensive Landschaftserlebnisse garantiert und ausschließlich Wanderern vorbehalten bleibt.

* **Neuer Hagen** Im Hochsauerland, östlich von Niedersfeld und dicht an der Grenze zu Hessen, liegt diese größte Zwergstrauchheide des Landes. Sie hat ein fast alpines Gepräge und bietet als weite Hochfläche ein ausgesprochen melancholisches Landschaftsbild.

Stauseen des Sauerlands

sergefahr. Für den Touristen jedoch sind sie wahre Freizeitparadiese: Wanderwege und Fahrradtouren an den Seeufern sowie Surf-, Segel-, Schwimm- und Angelmöglichkeiten gibt es zuhauf. 1 135 Millionen Kubikmeter Wasser werden an der 40 Meter hohen und 650 Meter langen Staumauer des »Westfälischen Meeres« aufgestaut. Seit 1913 versorgt die Möhnetalsperre im Norden des Naturparks Arnsberger Wald (links) das Ruhrgebiet mit Wasser. Neben den üblichen Wassersport- und Wandermöglichkeiten rund um den See gibt es deutliche Beschränkungen im Naturschutzgebiet Hevearm, um die einzigartige Vogelwelt zu schützen. Der zwischen 1957 und 1965 entstandene Biggesee ist der größte Stausee Westfalens. Nach der Flutung wurde die Kuppe einer Erhebung zur Insel, die Lebens- und Brutraum für seltene Vogelarten darstellt.

Schmallenberg Das touristische Zentrum des Sauerlands kann im Ortsteil Wormbach eine kleine *Hallenkirche (13. Jahrhundert) mit einer regionaltypischen Barockausstattung vorweisen.

* Arnsberg Hoch über einer spektakulären Ruhrschleife gelegen und von der Schlossruine gekrönt, bietet die Altstadt ein malerisches Erscheinungsbild. Die *Propsteikirche St. Laurentius (13.–15. Jahrhundert) mit bedeutenden Glasmalereien (um 1250) besitzt drei sehenswerte Grabmale aus dem 14. und dem 17. Jahrhundert. Im Stadtteil Oerlinghausen imponiert *St. Peter, ehemals das Gotteshaus eines Prämonstratenserinnenklosters, mit üppiger Barockausstattung.

Balve Der ältere Teil von St. Blasius – 1910 kam ein mächtiger Kuppelbau hinzu – ist eine typische südwestfälische Hallenkirche. Einer der bedeutendsten eiszeitlichen Siedlungsplätze in Deutschland findet sich in der Balver Höhle. Das Industriedenkmal *Luisenhütte Wocklum ist ein fast komplett eingerichteter Montanbetrieb, in dem noch mit Holzkohlehochofen gearbeitet wurde.

Attendorn Das imposante historische *Rathaus am Alten Markt geht auf das 14. Jahrhundert zurück, die Arkaden im Erdgeschoss dienten als Kaufhalle. Die Pfarrkirche St. Johannes Baptist ist nur wenig älter, ihr Westturm stammt von einem romanischen Vorgängerbau. Die nahe *Burg Schnellenberg (17. Jahrhundert) beherbergt im Torturm der Oberburg eine Kapelle mit sehenswerter Ausstattung.

Iserlohn Die größte Stadt des Sauerlands war berühmt für ihr Messinggewerbe. Prunkstück der Obersten Stadtkirche ist ein flandrischer *Schnitzaltar (um 1400) mit 18 Apostel- und Heiligenfiguren.

Hagen Das »Tor zum Sauerland« verdankt seine wichtigsten Baudenkmäler dem Jugendstil. Dazu gehört das von Henry van de Velde gestaltete Karl-Ernst-Osthaus-Museum. Von ihm stammt auch der *Hohenhof in der Gartenstadt. Im Stadtteil Selbecke ist das **Westfälische Freilichtmuseum einen Abstecher wert.

Bad Berleburg Das *Schloss über der Oberstadt erhielt 1733 sein heutiges Gesicht. Die effektvollen Rokokostuckaturen des Musiksaals entstanden nur wenige Jahre später. In der Unterstadt imponiert die Ludwigsburg, ein reizvoller Fachwerkbau aus dem 18. Jahrhundert.

Siegen Das Zentrum des alten Eisenlandes wurde im Krieg stark zerstört. Die Martinikirche (13. und 15. Jahrhundert) liegt auf einem Sporn oberhalb der Sieg, die *Nikolaikirche gleich am Marktplatz. Letztere ist ein bemerkenswerter Zentralbau, der überwiegend aus dem 13. Jahrhundert stammt. Mit dem Unteren und dem *Oberen Schloss beherbergt die Stadt gleich zwei Herrensitze.

* * Freudenberg In kaum einem Buch über Fachwerkbau fehlt die eindrucksvolle Kulisse des »Alten Fleckens«. Die fünf Häuserzeilen in Schwarz-Weiß, die den Hang bis zur Kirche dominieren, entstanden großteils nach dem Stadtbrand von 1666.

Fachwerkgeschmücktes Stadtzentrum von Soest (links); Schloss Berleburg (oben)

TIPP++TIPP++

Wendener Hütte
Die Hochofenanlage, eine der ältesten erhaltenen dieser Art, ist als technisches Kulturdenkmal der Öffentlichkeit zugänglich.
Wenden, Hochofenstraße 6 d,
Tel. 0 27 61/8 14 01, Apr.–Okt.
Di–So 15–18 Uhr, Führungen n. V.

Atta-Höhle
Steinbrucharbeiter der Biggetaler Kalkwerke trauten am 19. Juli 1907 bei Sprengungen ihren Augen nicht: Sie erblickten ein Labyrinth aus kunstvoll gewachsenen Stalagmiten und Stalaktiten. Das größte zusammenhängende Tropfstein-Höhlensys-

tem Deutschlands, benannt nach der Fürstin Atta, die der Hansestadt Attendorn ihren Namen gab.
Atta-Höhle Attendorn,
Finnentroper Str. 39,
Tel. 0 27 22/ 93 75-0

DIE SCHÖNSTEN REISEZIELE **139**

Nordrhein-Westfalen

Aus altem westfälischem Adel stammend und auf dem Familiensitz Schloss Hülshoff (ganz links) im Münsterland geboren, war Annette von Droste-Hülshoff (links Mitte) zeitlebens in das Korsett ihrer Gesellschafts-

TIPP++TIPP++

Westfälisches Landesmuseum für Kunst und Kulturgeschichte
Die umfangreiche Sammlung von Malerei und Plastik reicht vom Mittelalter bis in unsere Tage hinein. Einen Schwerpunkt bildet die Westfälische Tafelmalerei. Neben der ständigen Ausstellung werden auch Wechselausstellungen angeboten.
Münster, Domplatz 10,
Tel. 02 51/59 07 01, Di, Mi und Fr–So 10–18 Uhr, Do 10–20 Uhr

Krippenmuseum Telgte
Im Krippenmuseum herrscht das ganze Jahr über weihnachtliche Stimmung. Wechselnde Ausstellungen zeigen kunsthandwerkliche Meisterleistungen. Überraschend ist die große Vielfalt der Krippen.
Telgte, Herrenstr. 2,
Tel. 0 25 04/9 31 20, Di–So 10 bis 18 Uhr

Münsterland

Die nordwestlichste Region Westfalens erstreckt sich zwischen dem Teutoburger Wald und der Lippe. Hier leben die »Stockwestfalen«. Attraktivstes Reiseziel sind die vielen Wasserburgen. Zentrum der Region ist die Bischofs- und Universitätsstadt Münster.

★★ **Warendorf** Die »Pferdestadt« weist ein charakteristisches Ortsbild auf, mit vielen historischen Fachwerk- und Massivhäusern. Ihren Markt überragt die Pfarrkirche St. Laurentius mit dem Warendorfer Altar (um 1430). Im Stadtteil Freckenhorst liegt die ehemalige ★★Stiftskirche St. Bonifatius (Weihe 1129). Die mächtige Pfeilerbasilika weist kaum Bauzier auf, dafür aber fünf Türme und ein imposantes Westwerk, das noch in die vorletzte Jahrtausendwende datiert.

Telgte Die Kleinstadt östlich von Münster ist vor allem als Wallfahrtsort bekannt. Mittelpunkt der populären Marienwallfahrt ist ein gotisches Gnadenbild in der Wallfahrtskapelle, einem Zentralbau des Barock.

★★ **Münster** Das »Rom Niederdeutschlands« entwickelte sich aus einer sächsischen Siedlung zum Bischofssitz. Bald wurde der Bischof auch Landesherr und Münster weltliches Zentrum eines Fürstbistums. Ausgangspunkt der städtischen Entwicklung war der Bezirk um den ★★Dom (12.–16. Jahrhunderts), der als bedeutendstes Bauwerk Westfalens gilt. Von hohem Rang ist die 1230–1240 entstandene Plastik in der Vorhalle, innen findet die ★astronomische Uhr (1560) die größte Aufmerksamkeit. Im ★★Rathaus, einem der prächtigsten seiner Art aus dem 14. Jahrhundert, wurde 1648 das Ende des Dreißigjährigen Krieges besiegelt. Der historische Sitz des Stadtregiments liegt am Prinzipalmarkt; mit den exquisiten Geschäften unter seinen Lauben ist er die Visitenkarte der Stadt. Die Überwasser- und die ★Marktkirche St. Lamberti sind zwei gotische Gotteshäuser, St. Lamberti gilt als Prototyp der westfälischen Stufenhalle. Mit der ★Clemenskirche (1753) schuf Johann Conrad Schlaun (1695–1773) einen ambitionierten Sakralbau des Barocks

Pferdegespann bei der Warendorfer Hengstparade

schicht eingebunden. Ihre Ausbildung erhielt sie bei einem Hauslehrer. Dabei entdeckte sie schon früh ihre Begabung für das Schreiben. 1826 zog sie nach dem Tod des Vaters mit Mutter und Schwester in das Rüschhaus in Nienberge bei Münster (heute Museum; links), wo die meisten ihrer Werke entstanden. Erst 1838 gelang es ihr, erste Gedichte zu veröffentlichen. Ihre Dichtung, obwohl zur Zeit der Restauration entstanden, wurzelt eher in der Romantik, jedoch ohne deren Ungestüm und Ironie. 1842 erschien ihr bekanntestes Werk, die Novelle »Die Judenbuche«, eine tiefgründig-moralische Kriminalgeschichte mit gesellschaftskritischem Unterton. Ab 1841 verbrachte sie einen Großteil ihrer Zeit bei ihrem Schwager in Meersburg am Bodensee, wo sie 1843 ein Häuschen kaufte. Hier starb sie im Mai 1848.

auch der **Erbdrostenhof (1753 bis 1757) ist ein großer Wurf von ihm. Den Schlussstein seines Wirkens setzte er mit dem *Fürstbischöflichen Residenzschloss (1773, heute Universität), einem glanzvollen Abgesang der Epoche. Im Stadtteil Nienberge errichtete Schlaun für sich selbst *Haus Rüschhaus (1748). Hier lebte von 1826 bis 1846 die Dichterin Annette von Droste-Hülshoff.

** Schloss Nordkirchen Dem »westfälischen Versailles« kommt keine hiesige Anlage in Größe und Weitläufigkeit gleich. 1703 bestimmte sie der Fürstbischof zu seiner Residenz. Hofarchitekt Pictorius lieferte die Pläne, wobei er sich deutlich an französischen Schlössern orientierte. Eine historische Gartenanlage umgibt das Schloss.

* Schloss Cappenberg Die ehemalige Propstei (1708), auf einer Anhöhe hoch über der Lippeniederung gelegen, wurde vom Freiherrn von Stein als Familiensitz erworben und beherbergt noch das Familienarchiv. Die zugehörige Kirche St. Johannes Evangelist ist ein gotisch überprägter romanischer Bau, der Kunstwerke höchsten Ranges birgt, etwa das **Kopfreliquiar als Bildnis des Kaisers Barbarossa und die von ihm geschenkte Taufschale für Otto von Cappenberg (heute Kopien).

* Burg Vischering Die besterhaltene Wasserburg Westfalens am nördlichen Stadtrand von Lüdinghausen ist eine Wehranlage und kein Schloss. Das eindrucksvolle Torhaus der runden Hauptburg entstand 1519, der noch imposantere Dreistaffelgiebel 1622.

Steinfurt-Burgsteinfurt Die 1129 erstmals erwähnte Anlage auf zwei Inseln der Aa gliedert sich in *Schloss und Vorburg. Aus der Romanik stammt die Schlosskapelle (um 1200), der Rittersaal aus dem 13. Jahrhundert wurde 1879 überarbeitet. Im weitläufigen Park aus dem 18. Jahrhundert liegt das *Bagno, ein europaweit einzigartiger Konzertsaal von 1774.

Billerbeck *St. Johannes der Täufer entstand um 1230 als dreischiffige Hallenkirche. An ihrer Außenfront weist sie eine reichere Bauzier auf als die meisten anderen Kirchen Westfalens aus der späten Romanik.

Zwillbrocker Venn Ein sechs Kilometer langer Wanderweg führt durch eine Heide- und Moorlandschaft um den See. Größte Attraktion ist eine Flamingokolonie.

* Schloss Raesfeld Die heutige Anlage entstand größtenteils im 17. Jahrhundert und verkörpert den Übergang von Renaissance zu Barock. Eindrucksvoll ist die Schlosskapelle (1658) im Bereich der Vorburg. Ihre Doppelturmfassade lässt auf die großen politischen Ambitionen des Bauherrn schließen, der Raesfeld zum Mittelpunkt eines Fürstentums machen wollte.

Bocholt Die Stadt (seit 1222) hat ein *Renaissance-Rathaus mit offener Halle und repräsentativer Fassade nebst besonders prunkvollem Erker. Die 1486 vollendete Kirche St. Georg ist eine Stufenhalle. Ihre Schatzkammer birgt hochrangige sakrale Kunstwerke.

* Schloss Anholt Das dicht an der Grenze zu den Niederlanden gelegene Wasserschloss (13.–17. Jahrhundert) begeistert vor allem durch einen großzügigen Landschaftspark.

Oben links: Prinzipalmarkt in Münster; rechts von oben nach unten: Schlösser Nordkirchen, Vischering, Raesfeld und Anholt

Nordrhein-Westfalen

Auf rund 150 Jahre Bergbau und Schwerindustrie blickt das zwischen den Flüssen Lippe und Ruhr gelegene Revier zurück. Die Erfindung der Dampfmaschine ermöglichte einst die Förderung der Kohle, vorher nur

TIPP++TIPP++

Gasometer Oberhausen
Der Gasometer ist mehr als ein Industriedenkmal. Seit seiner Stilllegung vor rund zwanzig Jahren hat er sich zum Wahrzeichen der Stadt entwickelt. Neben wechselnden Ausstellungen ist allzeit der faszinierende Blick vom Dach des Gasometers über das westliche Ruhrgebiet zu empfehlen: von den Stahlwerken am Rhein bis zur Arena auf Schalke in Gelsenkirchen.
Oberhausen, Arenastraße 11, Tel. 02 08/8 50 37 30

Deutsches Bergbau-Museum
Ebenerdige Ausstellungen und ein originalgetreues Anschauungsbergwerk in 17 bis 22 Meter Tiefe des Museumsgeländes eröffnen den Besuchern umfassende Einblicke in die Welt des Bergbaus. Zusätzlich bietet das Fördergerüst in 50 Meter und 62 Meter Höhe einen fantastischen Blick über Bochum und Ruhrgebiet.
Bochum, Am Bergbaumuseum 28, Besuchereingang: Europaplatz, Anmeldung/Führungen: Tel. 02 34/58 77-1 46, www.bergbaumuseum.de

Villa Hügel
Das ehemalige Wohnhaus der Krupp-Dynastie liegt in einem 75 Hektar großen Waldpark und ist seit 1953 der Öffentlichkeit zugänglich. Die Historische Sammlung Krupp im Kleinen Haus erzählt die Geschichte der Stahlbarone.
Essen, Hügel 15, Tel. 02 01/42 25 59, Di–So 10–18 Uhr

Ruhrgebiet

Über die Provinzgrenzen von Rheinland und Westfalen hinweg hat die Industrialisierung das Ruhrgebiet konstituiert. Noch heute und mitten im Strukturwandel bildet die Region einen Kernraum, der sich seiner Kohle- und Stahltradition mit Stolz besinnt. Die ganze »Route der Industriekultur« erschließt die eindrucksvollsten architektonischen Zeugen dieser Vergangenheit.

Hamm Das auffälligste Kunstwerk im Nordosten des Ruhrgebiets ist der Glaselefant im Maximilianpark. Der Park verdankt Namen und Gelände einer Zeche, die nur kurz in Betrieb war, und ist heute eine Freizeitanlage mit Schmetterlingshaus und Eisenbahnmuseum.

* **Dortmund** Die ehedem Freie Reichs- und (spätere) Bierstadt hat im Alten Markt ihren historischen Mittelpunkt. Der 104 Meter hohe Turm der nahen *Reinoldikirche ist ein Monument der Bürgerstolzes. Die *Marienkirche kann mit dem außerordentlichen Marienaltar (um 1415) des Konrad von Soest ein Hauptwerk deutscher Tafelmalerei vorweisen, die Petrikirche birgt einen gewaltigen Antwerpener Flügelaltar (1521) und die Propsteikirche mit dem Hochaltar (um 1470) eine Arbeit des Weseler Malers Derick Baegert. Hauptattraktion der heute stark durchgrünten Ruhrmetropole ist der Westfalenpark.

Marl Am Nordwestrand des Ruhrgebiets entwickelte sich Marl mit der Abteufung zweier Schächte 1905 vom unbedeutenden Dorf zur prosperierenden Industriestadt. 1938 siedelte sich die chemische Großindustrie hier an. Dies verwandelte die Region aber nicht in eine eintönige Industrielandschaft, wie es der Citysee, der Volkspark in Alt-Marl, die Loemühle und der Naturpark Hohe Mark unter Beweis stellen. Ein Museum der besonderen Art ist der »Glaskasten« genannte Skulpturenpark, der etwa 60 Großplastiken namhafter Künstler des 20. Jahrhunderts unter freiem Himmel vereint, darunter Arbeiten von Max Ernst, Hans Arp und Richard Serra.

Recklinghausen Mit den Ruhrfestspielen hat sich die einstige Hansestadt in der Nachkriegs-

Freizeitpark in Hamm

zeit einen Namen als Kulturstadt gemacht. Darüber hinaus gibt es hier eine bedeutende Ikonensammlung sowie moderne Malerei und Grafik in der Städtischen Kunsthalle zu sehen. Nach einem Bummel im Stadtgarten oder einem Zoobesuch kann man im Planetarium der Volkssternwarte in entfernte Galaxien vordringen.

Bochum Der 68 Meter hohe Förderturm des Deutschen Bergbaumuseums ist die Kennmarke der Stadt. Im Stadtteil Stiepel gibt es in der evangelischen Pfarrkirche Wandmalereien aus dem 12. bis 16. Jahrhunderts zu sehen, darunter auch eine Darstellung des bethlehemitischen Kindermords.

Gelsenkirchen Die Stadt ist mehr als nur die neue »Arena auf Schalke«. Auf einer Industriebrache entstand der *»Skulpturenwald Rheinelbe«, und mit *Schloss Horst (Baubeginn 1552) im gleichnamigen Stadtteil hielt die Renaissancearchitektur in Westfalen Einzug. Erst als Kohle und Stahl Mitte des 19. Jahrhunderts ihren Siegeszug antraten, verlor Gelsenkirchen seinen dörflichen Charakter. Mittlerweile hat es sich zu einer modernen Großstadt mit attraktivem Freizeitangebot und lebendiger Kulturszene entwickelt. Die Zeche »Consolidation« und die Bergarbeitersiedlungen in Buer und Schüngelberg vermitteln immer noch einen guten Eindruck von der einstigen Bedeutung der Kohleförderung.

* **Kirchheller Heide und Hiesfelder Wald** Großenteils zwischen den Ruhrstädten Oberhausen und Bottrop erstreckt sich dieses Waldgebiet, das von Eichen und Buchen dominiert wird. Von landschaftlichem Reiz sind hier außerdem die Auen kleiner Bäche.

** **Essen** Als europäische Kulturhauptstadt 2010 hat die rheinische Ruhrmetropole auch Weltkulturerbe zu bieten. Die ***Zeche Zollverein ist ein spektakuläres Industriedenkmal. Das *Opernhaus nach Plänen des finnischen Architekten Alvar Aalto (1898–1976) zählt zu den Schlüsselbauten der Moderne. Im **karolingischen Münster mit majestätischem Westwerk (10./11. Jahrhundert) ist die »Goldene Madonna« (um 980) zu bewundern, das älteste vollplastische Bildwerk der abendländischen Kunst. Im Stadtteil Werden steht die Basilika *St. Ludgerus, einst Zentrum einer reichsunmittelbaren

142 DIE SCHÖNSTEN REISEZIELE

Monumente der Industriekultur

im Tagebau gewonnen, auch aus tieferen Erdschichten – Voraussetzung für die Entwicklung der Schwerindustrie, die das Ruhrgebiet in kürzester Zeit radikal veränderte. Fördertürme, Hochöfen und rauchende Schlote galten lange als Symbole wirtschaftlicher Stärke. Um 1970 setzte ein radikaler Strukturwandel ein, weg von der Schwerindustrie, hin zum Dienstleistungssektor. Heute sind die eisernen »Industriekathedralen«, soweit noch erhalten, museale Erinnerungsstücke in einer weitläufigen Erlebnis-, und Kulturlandschaft. Da sind stillgelegte Zechen mit Fördertürmen und Maschinenhallen (von links: Zeche Nordstern in Gelsenkirchen, Zeche Zollern in Dortmund), ehemalige Stahlwerke mit Hochöfen wie der »Landschaftspark Duisburg-Nord« oder der 116 Meter hohe gigantische Gasometer bei Oberhausen.

Abtei. Auch hier blieb ein eindrucksvolles Westwerk (Weihe 943) erhalten.

Oberhausen Nicht nur während der Kurzfilmtage ist die Stadt einen Besuch wert. Abgesehen von der Wasserburg Vondern sucht man alte Bauwerke zwar vergeblich, doch die Industriearchitektur an der Essener Straße und die Arbeitersiedlungen aus dem 19. Jahrhundert in Osterfeld sind durchaus akzeptable Entschädigungen. Nach einem Spazier-

Werke des Bottroper Malers Joseph Albers beherbergt. Ein Beispiel für gelungene moderne sakrale Baukunst ist die Heilig-Kreuz-Kirche mit dem berühmten Glasfenster von Georg Meistermann. Nahe dem barocken Wasserschloss Beck wurde ein Märchenwald eingerichtet. Etwas mehr »Action« bietet der Filmpark in Kirchhellen.

Mülheim an der Ruhr Im Ortsteil Broich lohnt der Besuch der MüGA-Parks mit verschiedenen Attraktionen. Die

Hansaplatz in Dortmund

gang durch den Kaisergarten kann man im Schloss Oberhausen die Kunst der DDR besichtigen. Das gigantische CentrO steht für modernes Shopping, und der Revierpark Vonderort ist eine beliebte Freizeitanlage.

Bottrop Hier sollte man einen Besuch des Medienzentrums »Quadrat« einplanen, das ein Museum für Ur- und Ortsgeschichte, die Moderne Galerie sowie eine Sammlung der

Die ehemalige Meidericher Eisenhütte im Landschaftspark Duisburg-Nord wird bei Dämmerung zu einer spektakulären Lichtskulptur (rechts).

Geschichte des stattlichen Schlosses lässt sich bis in die Karolingerzeit zurückverfolgen. In Mülheim-Saarn steht eine der wenigen nahezu vollständig erhaltenen Klosteranlagen der Zisterzienserinnen.

Duisburg Mit dem Städtebauprojekt *Innenhafen wird der größte Binnenhafen Europas zur Stadt hin geöffnet. Hier hat der Künstler Dani Karavan einen »Garten der Erinnerungen« geschaffen. Der **Landschaftspark Duisburg-Nord verbindet auf 200 Hektar Industriebrache Natur und Kultur. Ein Gasometer beherbergt dort Europas größtes Tauchsportzentrum.

DIE SCHÖNSTEN REISEZIELE **143**

Nordrhein-Westfalen

Im Briller Viertel von Elberfeld, heute ein Stadtteil von Wuppertal, wuchs die dort 1894 geborene expressionistische Dichterin Else Lasker-Schüler auf. Sie hinterließ nicht nur ein großes literarisches Werk, sondern illustrierte auch einige ihrer Bücher selbst, zeichnete und malte. Liebeslyrik nimmt in ihrem ungemein facettenreichen Werk einen breiten Raum ein, ebenso religiös-mystische Gedichte. Sie neigte zu grandioser Selbst-

Bergisches Land, Niederrheinische Bucht und Eifel

Tief greift die Niederrheinische Bucht ins Rheinische Schiefergebirge ein, seit jeher ist dieser Teil des Rheinlands auf das Zentrum Köln ausgerichtet. Das Bergische Land gehört zu den frühen deutschen Industrieregionen. Kultur und Natur vereint die Eifel. Das meistbedichtete Landschaftsbild aber sind die Vulkankuppen des Siebengebirges.

Wuppertal Die Stadt ist das kulturelle Zentrum des Bergischen Landes. Ihre größte Attraktion ist die direkt über der Wupper verlaufende *Schwebebahn. Als idyllischster Stadtteil gilt *Beyenburg hoch über dem Stausee. Inmitten bergischer Bürgerhäuser liegt hier die um 1500 errichtete Kreuzherrenklosterkirche St. Maria Magdalena, eines der schönsten spätgotischen Gotteshäuser der Region.

Solingen Im Stadtteil Ohligs-Merscheid steht als Denkmal der bekannten bergischen Eisenindustrie die *Gesenkschmiede Henrichs. *Schloss Burg an der Wupper, ein Wiederaufbau des 19. Jahrhunderts, war Sitz der Grafen von Berg. Die Müngstener Brücke ist eine spektakuläre Stahlgitter-Bogenkonstruktion und verbindet Solingen und Remscheid 107 Meter über der Wupper.

★★ Altenberger Dom Die Kirche (1255–1379) der ehemaligen Zisterzienserabtei am Flüsschen Dhünn ist eines der schönsten gotischen Bauwerke im Rheinland. Sie war bis 1511 Grablege der Grafen und späteren Herzöge von Berg.

★★ Blankenberg Fachwerkhäuser des 17. und 18. Jahrhunderts, die Stadtbefestigung mit den Ruinen einer ehemaligen Landesburg und die Pfarrkirche St. Katharina (1245/1246) hoch über der Sieg hat das Burgstädtchen ein selten prägnantes Ortsbild bewahrt.

Einblicke in den Altenberger Dom

★ Siegburg Auf einer Vulkankuppe gelegen, beherrscht die Abtei Michaelsberg eindrucksvoll das Stadtbild. Ein Schmuckstück der Kirche ist der Anno-Schrein (wohl 1183), ein Hauptwerk rhein-maasländischer Goldschmiedekunst.

★ Königswinter Mit dem Drachenfels (321 Meter) liebt neben dem Städtchen der »höchste Berg Hollands«. Auf halber Höhe zur Burgruine liegt die *Drachenburg (19. Jahrhundert), die alle Pracht der Gründerzeit bündelt. Der Berg kan(n) erwandert oder mit der Zahnradbahn erobert werden. Ein(e) Ikone der Rheinromantik is(t) die **Chorruine Heisterba(ch) (1237) in dem Ortsteil Obe(r)dollendorf.

★ Siebengebirge Obwohl n(ur) maximal 461 Meter hoch (Gr(o)ßer Ölberg), waren die Vulka(n)kuppen unmittelbar am Rhe(in) immer ein beliebtes Objekt po(e)tischer Naturbeschreibungen.

inszenierung, trug weite Hosen und kurze Haare (links) oder verkleidete sich als Prinz von Theben, sie jonglierte im Leben und im Schreiben mit Fakten und Fiktion, spielte mit Namen und Daten, reicherte ihre Biografie mit fantastischen Legenden an, sodass sie selbst im exaltierten Berlin der 20er-Jahre, wo sie seit 1894 lebte, als Paradiesvogel galt. Künstler wie Gottfried Benn, Georg Trakl, Karl Kraus und Franz Marc verehrten sie; von den Bürgern dagegen wurde sie als zweifach geschiedene, immer in Geldnöten lebende Vagabundin verachtet und verspottet. 1933 floh sie vor den Nationalsozialisten in die Schweiz, 1939 ließ sie sich endgültig in Palästina nieder. Als sie am 23. Januar 1945 in Jerusalem auf dem Ölberg beigesetzt wurde, hatte ein wildes, ungeheuer kreatives, unkonventionelles Leben seinen Abschluss gefunden.

inem der ältesten Naturschutzgebiete Deutschlands ietet die Pflanzen- und Tierwelt der stromzugewandten elspartien einen Hauch von Mediterranität. Und jenseits om Drachenfels findet der Wanderer einsame Wege durch en Laubwald, die oft mit wunerschönen Ausblicken auf die Rheinlandschaft überraschen.

ad Honnef Hier lohnen sich ine Besichtigung der ursprünglich romanischen, später gosierten Basilika St. Johann aptist und ein Besuch des denauer-Hauses im Ortsteil höndorf.

Bad Godesberg Die Godesurg ist das Wahrzeichen der nst selbstständigen Stadt, eute Stadtteil von Bonn. 1210 urde mit dem Bau begonnen, er 1583 im Truchsessischen rieg einer Sprengung zum Opr fiel. Vom Turm der Ruine aus enießt man einen Panoramaick über die Kölner Bucht auf as Siebengebirge. Die Michaekapelle stammt aus dem 7. Jahrhundert, erhielt aber erst im Barock ihr heutiges Aussehen. Sehenswert ist auch der in Terrassen angelegte Burgfriedhof. Die spätklassizistische Redoute war bis 1999 Ort repräsentativer Staatsbankette und Diplomatenempfänge.

★★ **Bonn** Die ehemalige Bundeshauptstadt hat sich seit Anfang der 1990er-Jahre als bedeutender Museumsstandort etabliert. Entlang der Museumsmeile, eines Abschnitts der B 9, reihen sich die modernen Museumsbauten des Hauses der Geschichte (mit dem Bonn auch sich selbst ein Denkmal gesetzt hat), des Kunstmuseums und der Bundeskunsthalle. Das *Münster im Zentrum (11.–13. Jahrhundert) ist ein markanter Bau der Romanik, ein barockes Kleinod (um 1750) dagegen die heilige Stiege an der Kreuzbergkirche. Mehr Besucher lockt das Geburtshaus Beethovens an. Den rechtsrheinischen Stadtteil Schwarzrheindorf beherrscht die zweigeschossige *Doppelkirche.

★★★ **Köln** Siehe Stadtplan auf Seite 147

★★ **Brühl** Die Kölner sind zwar katholisch, doch das Verhältnis zur geistlichen Obrigkeit war nie besonders herzlich. So fühlten sich die Erzbischöfe seit 1288 im nahen Brühl sicherer. Nachdem die Residenz der geistlichen Würdenträger 1689 von französischen Truppen gesprengt worden war, ließ Erzbischof Clemens ab 1725 einen Neubau errichten. Schloss Augustusburg imponiert durch seinen bezaubernden Barockgarten und das Treppenhaus von Balthasar Neumann. Nach dem anstrengenden Geschäft der Diplomatie entspannten sich die hohen Herren gern bei der Falkenjagd. Zu diesem Zweck schuf François Cuvilliés 1729 bis 1740 das Jagdschloss Falkenlust. Die Brühler Schlösser sind mit dem Schlosspark seit 1984 UNESCO-Weltkulturerbe.

Oben links und rechts: Schwebebahn in Wuppertal; Treppenhaus in Schloss Augustusburg

TIPP++TIPP++

Museumsmeile Bonn
Zwei spektakuläre Neubauten beherbergen die bedeutendsten Kunstschätze Bonns. Die Kunst- und Ausstellungshalle der Bundesrepublik Deutschland zeigt hochkarätige Wechselausstellungen. August Macke, rheinische Expressionisten und deutsche Kunst nach 1945 gibt es im Kunstmuseum Bonn.
Kunst- und Ausstellungshalle:
Friedrich-Ebert-Allee 4,
Tel. 02 28/9 17 12 00, Di bis So 11–18 Uhr, Mi bis 21. Uhr;
Kunstmuseum Bonn:
Friedrich-Ebert-Allee 2,
Tel. 02 28/77 62 60 oder 77 62 70, Di–So 10–18 Uhr

Nordrhein-Westfalen

Bei einem Spaziergang durch das Stadtzentrum von Köln stößt man allenthalben auf Spuren des römischen Erbes. Als Ausgangspunkt bietet sich das Praetorium an. Wo heute das Rathaus steht, residierte im 1. Jahrhundert der Statthalter der römischen Provinz Niedergermanien. Die Reste des Palastes können auch unterirdisch besichtigt werden. Die wichtigsten oberirdischen Baudenkmäler der Römerzeit bilden die

Beide Paläste präsentieren bestes Barock und Rokoko. Ein eigenes Museum ist dem in Brühl geborenen Maler und Bildhauer Max Ernst gewidmet. Für Familien mit Kindern bietet sich ein Besuch im Freizeitpark Phantasialand an.

** Bad Münstereifel Auch diese Stadt verdankte ihren Wohlstand dem Tuchgewerbe. Ende des 13. Jahrhunderts ließen die Grafen von Jülich die Stadtbefestigung und die weniger gut erhaltene Burg errichten. Das Rathaus mit der rot getünchten Fassade stammt aus dem 15. Jahrhundert, die Jesuitenklosterkirche St. Donatus wurde 1670 geweiht. Das beherrschende Gotteshaus ist **St. Chrysanthus und Daria, das sein heutiges Erscheinungsbild samt Doppelturmfassade im 12. Jahrhundert erhielt. Im Mittelschiff befindet sich das Hochgrab des Grafen Gottfried von Bergheim (vor 1350).

Steinfeld Das ehemalige Prämonstratenserkloster zählt zu den besterhaltenen Klosteranlagen des Rheinlands. Der um drei Höfe gruppierte Bau erhielt sein schlossähnliches Erscheinungsbild im 17. und 18. Jahrhundert. Die *Kirche St. Maria und Potentinus ist wesentlich älter (1142–1160), ihr mächtiger Westbau mit den runden Flankentürmen schon weithin sichtbar.

* Monschau Dem an einer Rurschleife gelegenen Städtchen, seit dem 17. Jahrhundert vom Tuchgewerbe geprägt, lässt der tief eingeschnittene Fluss nur wenig Raum zur Erweiterung. Von den dicht gedrängten Wohnstätten ist das 1756 vom Tuchfabrikanten Johann Heinrich Scheibler erbaute **Rote Haus das stattlichste.

** Nationalpark Eifel In der hohen Eifel prägen Stauseen und Buchenwälder die Szenerie. Hier leben noch Schwarzstorch und Wildkatze. Die Blüte der raren Wilden Narzisse lockt Ende April Tausende Besucher in die Gegend nahe der belgischen Grenze. Zum abwechslungsreichen Landschaftsmosaik an der oberen Ahr gehören anmutige Wiesentäler mit reichen Orchideenvorkommen. Auf Wanderwegen lässt sich der ganze Nationalpark gut erwandern.

* Nideggen Das malerische Städtchen wird gekrönt von den Ruinen einer *Burg (12.–14. Jahrhundert), die auf einer steilen Sandsteinklippe hoch über dem Rurtal erbaut wurde und zu den eindrucksvollsten Wehranlagen des Landes zählt. Die Pfarrkirche St. Johann Baptist aus dem 13. Jahrhundert ist ein typischer Sakralbau der rheinischen Romanik.

* Kornelimünster St. Kornelius war einst die **Abteikirche

Monschau: Fachwerkzeile am Flüsschen Rur

Köln

Neben Dom, Karneval und Kölsch gibt es in der bereits seit Römerzeiten existierenden Rheinmetropole noch sehr viel mehr zu entdecken, vor allem alte und neue Kunst.

Unumstrittener Besuchermagnet Kölns ist der ***Dom, der als Vollendung der französischen Kathedralgotik gilt, seit 1996 UNESCO-Weltkulturerbe. 1248 begonnen, wurde er erst 1880 fertiggestellt. Seine bedeutendsten Schätze sind der **Dreikönigsschrein (um 1200) von Nikolaus von Verdun, das 200 Jahre ältere **Gerokreuz mit monumentaler Christusfigur sowie der Altar der Stadtpatrone von Stephan Lochner (um 1440). Von höchstem Rang sind auch die großen romanischen Kirchen der Stadt: St. Pantaleon reicht mit imposantem Westwerk (um 1000) noch in die Zeit der Ottonen zurück. Der markanteste Bauteil von **St. Maria im Kapitol (geweiht 1065) ist der Kleeblattchor. Als schönster Vierungsturm der Romanik gilt derjenige von *Groß St. Martin. Der Grundriss von **St. Gereon hält noch den spätantiken Zentralbau gegenwärtig aus dem das 1227 vollendete Zehneck hervorging. Während der Romanik entstand auch *St. Ursula, wurde später aber gotisch und barock umgestaltet. Inzwischen hat sich die einstige Industriestadt zu einem bedeutenden Kunst- und Medienstandort entwickelt. Davon zeugen nicht nur Dutzende von Kunstgalerien und bedeutende Kunstmessen wie die Art Cologne, sondern auch Museen von Weltrang. Zu nennen sind hier das Wallraf-Richartz-Museum mit Gemälden vom Mittelalter bis zum Impressionismus, das der Kunst des 20. Jahrhunderts und der Gegenwart gewidmete Museum Ludwig, das Römisch-Germanische Museum mit Exponaten aus der prähistorischen und römischen Epoche der Stadt und das Rautenstrauch-Joest-Museum mit Kunst und Kultur außereuropäischer Völker.

Groß St. Martin, Dom und Hohenzollernbrücke

Severinsbrücke und Imhoff-Schokoladenmuseum

Römisches Erbe von Köln

vereinzelten Reste der Stadtmauer, so etwa im Schatten des Doms das Nordtor. In der benachbarten Tiefgarage können noch Mauerreste aufgespürt werden. Der mit 140 Meter längste Abschnitt der ursprünglich rund vier Kilometer langen Befestigungsanlage findet sich etwas abgelegen am Mauritiussteinweg. Von den einst 19 Türmen existieren nur Reste, am besten erhalten ist der Römerturm, der die Nordwestecke der antiken Stadt markierte. Seine Zinnen haben aber nichts mit den Römern zu tun, sie wurden ihm erst vor einem Jahrhundert aufgesetzt. Ein besonderes Relikt der Römerzeit ist für Tagesbesucher nicht zu Fuß erreichbar: An der Aachener Straße liegt eine Grabkammer, die zu einem Gutshof gehörte. Wer in die zwölf Quadratmeter große Gruft steigt, wird von dem originalen Sarkophag (links) begeistert sein.

TIPP++TIPP++

Römisch-Germanisches Museum
Das römische Erbe von Colonia Claudia Ara Agrippinensium bewahren die Kölner im 1974 eröffneten Museumsbau im Schatten des Doms. Das bekannteste Ausstellungsstück ist das prächtige Dionysosmosaik.
Köln, Roncalliplatz 4, Tel. 02 21/ 2 21 45 90, Di–So 10–17 Uhr

Philharmonie
Im Stammhaus des Gürzenichorchesters und des überregional bekannten WDR-Sinfonieorchesters treten zahlreiche renommierte Künstler aus der ganzen Welt auf.
Köln, Bischofsgartenstr. 1, www.koelnmusik.de

4711
Bereits seit zwei Jahrhunderten zählt »4711 Echt Kölnisch Wasser« zu den weltweit bekannten Kölner Klassikern. Im Stammhaus in der Glockengasse lockt eine riesige Auswahl an hauseigenen Duftwässern, Seifen, Erfrischungstüchern, auch in attraktiven Geschenkpackungen.
Glockengasse, Tel. 02 21/57 28 92 50, Mo–Fr 9–19 Uhr, Sa 9–18 Uhr, www.4711.de

DIE SCHÖNSTEN REISEZIELE **147**

»Einmol Prinz zu sin, in Kölle am Rhing …«, davon träumt so mancher Kölner. Prinz, Bauer und Jungfrau (unten) sind als Dreigestirn seit fast 200 Jahren die höchsten Repräsentanten des Kölner Karnevals. Als sich 1823 der erste Rosenmontagszug durch die Innenstadt schlängelte, hieß der Prinz noch »Held Karneval« und verkörperte die romantische Idee eines Freudenfürsten. Schon damals wurde er von »seiner Def-

Dreigestirn, Prinzen- und Ehrengarde

tigkeit«, dem Bauern, begleitet. Als Schild- und Wap-penhalter symbolisiert er die Wehrhaftigkeit der Stadt Köln. Kettenhemd und Dreschflegel gehören neben den Stadtschlüsseln bis heute zur bäuerlichen Ausstattung. Die Dritte im Bunde ist die Jungfrau, unter deren Kostüm und Perücke stets ein Mann steckt. »Ihre Lieblichkeit« symbolisiert die Unabhängigkeit, die zinnenförmige Krone weist auf die Unversehrtheit der mittelalterlichen Stadtmauer hin. Jedes Jahr stellt eine andere Gesellschaft das karnevalistische »Trifolium«. Für die drei Herren bedeutet die Karnevalssaison harte Arbeit: Nach der Inthronisation Anfang des Jahres absolvieren sie bis Aschermittwoch rund 400 Auftritte. Bauer und Jungfrau werden von der Ehrengarde (links) begleitet, dem Prinzen steht mit der Prinzengarde (ganz links) ein eigenes Korps zu.

DIE SCHÖNSTEN REISEZIELE **149**

Nordrhein-Westfalen

Ludwig Mies van der Rohe (links), gebürtig in Aachen als Sohn eines Steinmetzes (1886 bis 1969), ist einer der bedeutendsten deutschen Architekten der Moderne. In seinem Geburtsort als Steinmetz und an

TIPP++TIPP++

Stiftung Museum Schloss Moyland
Seit 1997 erstrahlt das Wasserschloss Moyland wieder im alten Glanz. Das Museum beherbergt eine eindrucksvolle Kunstsammlung des 19. und 20. Jahrhunderts. Schwerpunkt sind zahlreiche Objekte des Künstlers Joseph Beuys.
Kalkar, Am Schloss 4,
Tel. 0 28 24/95 10 66, Nov.–März Di–So 10–17 Uhr, Apr.–Okt. Sa bis Do 10–18 Uhr, Fr 10–21 Uhr

Archäologischer Park Xanten
Wie das Leben der Römer in der einstigen Colonia Ulpia Traiana ausgesehen hat, demonstrieren die sorgfältigen Rekonstruktionen im Archäologischen Park.
Xanten, Wardter Straße,
Tel. 0 28 01/98 30 10, März–Nov. tgl. 9–18 Uhr, Dez.–Feb. tgl. 10–16 Uhr

Stadttheater Aachen
Das städtische Theater bietet im Großen Haus, den Kammerspielen, dem Mörgens und weiteren Spielstätten ein breites Spektrum in den Bereichen Oper, Schauspiel, Tanz und Konzert an. Seit 1825 residiert es in einem neoklassizistischen Bau.
Aachen, Theaterplatz Tel. 02 41/ 47 84-2 44 und -2 37

eines begüterten Benediktinerklosters (814 gegründet). 1310 wurde das ottonische Gotteshaus durch einen Neubau ersetzt. Dank lebhaftem Pilgerzuspruch konnte St. Kornelius mehrfach erweitert werden, 1706 entstand als Anbau an den Hauptchor eine Reliquienkapelle. Zur Ausstattung der Kirche gehören das Chorgestühl des 14. Jahrhunderts und die steinerne Plastik des Kirchenpatrons vom Kölner Dombaumeister Konrad Kuyn.

✱✱ Aachen Bedeutendstes Denkmal der Kaiserstadt ist der ✱✱✱Dom, von 936 bis 1531 Krönungsort 30 deutscher Könige und seit 1978 UNESCO-Weltkulturerbe. Seinen Kern bildet die Pfalzkapelle Karls des Großen (um 800 geweiht), ein achteckiger Zentralbau, der über zwei Geschosse hinweg ein 16-seitiger Umgang einfasst. Im Westen auf der Empore steht der Karlsthron, von dem aus der Kaiser den Gottesdienst verfolgte. Um 1350 wurde dem karolingischen Bau ein Chor in elegantester Gotik hinzugefügt. Mit dem Karls- (1215) und dem Marienschrein (beginnen um 1220) birgt der Dom zwei außerordentlich wertvolle Reliquiare. Grandiose Kunstwerke sind auch der goldene Ambo (um 1014) und der Barbarossaleuchter, gestiftet 1165 von Kaiser Friedrich I. Das Rathaus der Stadt ging aus der Palastaula Karls des Großen hervor, im prächtigen Krönungsfestsaal (14. Jahrhundert) wird heute der Karlspreis verliehen. An das mondäne Bad Aachen erinnert der Elisenbrunnen (begonnen 1822), ein bedeutendes Monument des Klassizismus. Kurzentrum ist heute der Ortsteil Burtscheid, in dem Johann Joseph Couven mit der ✱Pfarrkirche St. Michael (1747–1751) und der ✱Klosterkirche St. Johann (1754 vollendet) ein imposantes Barockensemble schuf.

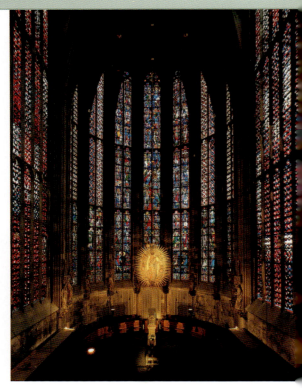

Niederrheinisches Tiefland

Das ist der Niederrhein schlechthin – die weite, oft wiesengrüne Ebene des Stroms, die nur ein paar Eiszeitmoränen gliedern. In den Randbereichen blieben Heiden und Bruchlandschaften erhalten. Dennoch ist diese Region altes Kulturland, fest verbunden auch mit der Nibelungensage.

Emmerich Zur einst bedeutenden Handelsstadt gehört heute die längste Hängebrücke der Republik. Im ältesten Stadtkern steht die Pfarrkirche St. Aldegundis aus der späten Gotik. ✱St. Martin ist eine ehemalige Stiftskirche, der vor allem die Hochwasser des Rheins zu einer bewegten Baugeschichte verholfen haben. Ihr Kirchenschatz birgt mit der Arche des hl. Willibrord (10. Jahrhundert, spätgo-

tisch umgearbeitet) das wohl älteste Reliquiar am Niederrhein.

✱✱ Kleve Burg- und Kirchberg prägen das Stadtbild. Die Schwanenburg (15.–17. Jahrhundert) soll ihren Namen Lohengrin verdanken, dem Helden der Nibelungensage. Die spätgotische Stiftskirche ✱St. Mariä Himmelfahrt musste mehrfach erneuert werden, erhalten blieben jedoch wertvolle Holzplastiken und das vorzügliche Doppelgrabmal des Grafen Adolf V. und seiner Gemahlin Margaretha von Berg. Ein schönes Beispiel europäischer Gartenkunst ist das ✱✱Amphitheater am Stadtberg (17. Jahrhundert), das auf Johann Moritz von Siegen-Nassau zurückgeht.

✱✱ Kalkar Von der reichen Handelsstadt des späten Mittelalters zeugen die repräsentativen Backsteingiebel der Bürgerhäuser und das Rathaus a

Ludwig Mies van der Rohe

der Gewerbeschule ausgebildet, hatte er zunächst als Stuckzeichner und ab 1908 im Büro von Peter Behrens in Berlin gearbeitet. 1912 machte er sich als Architekt selbstständig. 1927 leitete er den Bau der berühmten Weißenhofsiedlung in Stuttgart, bei der er auch als Architekt mit zwei Häusern vertreten war. Aufsehen erregte er 1929 mit dem deutschen Pavillon für die Weltausstellung in Barcelona, einem flachen, lichten Betonbau mit klaren, minimalistischen Formen. Ab 1930 bis zu seiner Auflösung 1933 leitete van der Rohe das Bauhaus. 1938 floh er vor den Nationalsozialisten und emigrierte in die USA. Dort leitete er fortan die Architekturabteilung am Illinois Institute of Technology in Chicago. Sein bekanntestes Werk und zugleich sein letztes großes Projekt in Deutschland ist die Neue Nationalgalerie in Berlin (1965–1968; ganz links).

Schloss Kleve, auch Schwanenburg genannt

Marktplatz (1438–1446). Sie werden noch übertroffen vom Gesamtkunstwerk der **Kirche St. Nikolai (15. Jahrhundert). Allein ihr Reichtum an hochrangigen Schnitzaltären lohnt einen Besuch der Stadt.

Goch Auch wenn der Ort auf eine über 700-jährige Geschichte zurückblicken kann, ist das Stadtbild nur wenig spektakulär. Eine Ausnahme stellt die Backsteinkirche St. Maria Magdalena (14. Jahrhundert) dar, deren Turm 1993 als Spätfolge von Kriegsschäden einstürzte. Den Reiz der Stadt macht die einmalige Landschaft an Niers und Reichswald aus, aber auch der Kahlbecker Wald und die Gocher Heide laden zu ausgiebigen Spaziergängen ein.

★★ Kevelaer Neben Lourdes und Tschenstochau ist Kevelaer einer der wichtigsten Marienwallfahrtsorte Europas. Seit 1645 wird die Muttergottes von Kevelaer, die 1641 einem Kaufmann erschienen sein soll, in der Gnadenkapelle verehrt. Mitte des 19. Jahrhunderts entstand die neugotische Wallfahrtskirche St. Maria, die jährlich von etwa 500 000 Gläubigen besucht wird. Viele kleine Geschäfte bieten Pilgerbedarf aller Art an, vom preiswerten Menü bis zu Rosenkränzen, Kruzifixen und sonstigen Devotionalien.

★★ Xanten Einst gehörte der **Dom (1263–1519) zu einem der reichsten Stifte des Erzbistums Köln, und seine grandiose Ausstattung blieb selten vollständig erhalten. Ein wenig nördlich liegt der **Archäologische Park Xanten, der die alte Römerstadt Ulpia Traiana als Rekonstruktion neu erstehen lässt.

Wesel Nur wenig erinnert an die große Vergangenheit der einstigen Hansemetropole. In den letzten Kriegstagen wurde der schöne Stadtkern beinahe vollständig zerstört. In reduzierter Form wiederaufgebaut hat man die Stadtkirche St. Willibrord mit ihren sehenswerten Maßwerkfenstern. Auch Teile der Stadtmauer sind noch erhalten, so das barocke Zitadellentor und das Berliner Tor von 1722. Geschmeide aus Gold und Edelsteinen sowie rheinische Kunst kann man im Stadtmuseum in der Ritterstraße besichtigen.

Dinslaken Das Gebiet am rechten Niederrhein ist etwas weniger attraktiv, doch in Dinslaken

Oben links: Glasfenster im Hochchor des Aachener Doms; oben rechts: Amphitheater und Hafentempel im Archäologischen Park von Xanten

Nordrhein-Westfalen

Heinrich Heine kam als Sohn eines Tuchhändlers in Düsseldorf zur Welt, eine Gedenktafel erinnert an sein Geburtshaus (links). Fürs Geschäftliche zeigte er weder Neigung noch Begabung, dafür aber ein hitziges

TIPP++TIPP++

Stiftung Insel Hombroich
Die Stiftung Insel Hombroich ist ein Freilichtmuseum unter dem Motto »Kunst parallel zur Natur«. Der Düsseldorfer Sammler und Immobilienmakler Karl-Heinrich Müller (1936 bis 2007) hat hier seine Kunstobjekte im Dialog mit der Umgebung installiert. In Zusammenarbeit mit mehreren bildenden Künstlern und dem Düsseldorfer Bildhauer Erwin Heerich entstand so eine Auenlandschaft mit integrierten Exponaten.
Neuss-Holzheim, Stiftung Insel Hombroich, Minkel 2, Tel. 0 21 82/20 94, April–Sept. 10–19 Uhr, Okt. 10–18 Uhr, Nov.–März 10–17 Uhr

Kom(m)ödchen
Das von Kay und Lore Lorentz gegründete Kabarett genießt seit 50 Jahren einen ausgezeichneten Ruf. Alle namhaften deutschen Kabarettisten haben schon auf der kleinen Bühne in der Altstadt gastiert.
Düsseldorf, Kay-und-Lore-Lorentz-Platz,
Kasse: Tel. 02 11/32 94 43

Deutsches Textilmuseum
Die Themen der Wechselausstellungen reichen von mittelalterlicher Garderobe bis zur Geschichte des Dessous.
Krefeld, Andreasmarkt 8,
Tel. 0 21 51/57 20 46,
Termine der Wechselausstellungen sind zu erfragen

kann man Planwagenfahrten buchen oder die einzige Halbmeilentrabrennbahn Deutschlands besuchen. Das »Haus der Heimat« vermittelt einen guten Eindruck vom bürgerlichen und bäuerlichen Leben in der Region. In der denkmalgeschützten Wassermühle in Hiesfeld ist ein Museum untergebracht.

* **Dingdener Heide** Einen Streifzug durch Natur und Geschichte bietet diese alte Kulturlandschaft an der Grenze von Nordrhein und Westfalen. Drei Zeitstufen kann der Wanderer durchschreiten und erleben, wie es hier vor zehn, vor 120 und sogar vor 600 Jahren ausgesehen hat.

Kamp-Lintfort Das 1123 gegründete Kloster Kamp ist die älteste Zisterzienserniederlassung Deutschlands. Die stimmungsvolle Anlage mit der Abteikirche glänzt vor allem durch ihren ungewöhnlichen Terrassengarten, der nach barockem Vorbild unter Einbezug moderner Architekturelemente gestaltet wurde.

Moers Bis in die 70er-Jahre hinein glich die Altstadt von Moers eher einem Ruinenfeld. Nach ihrer Sanierung erstrahlen die historischen Bauten, etwa in der Friedrich- und in der Pfefferstraße, wieder in altem Glanz. Der renovierte »Klompenwinkel« in der Neustraße, einst die Werkstatt eines Holzschuhmachers, erinnert an ein altes Handwerk. Das von einem wunderschönen Park umgebene Moerser Schloss beherbergt das kleine, aber feine Schlosstheater sowie das Grafschaftmuseum. Sowohl das Jazzfestival »MoersFestival« als auch das Comedy-Arts-Festival von Moers sind weit über die Region hinaus bekannt.

** **Düsseldorf** Siehe Stadtplan auf Seite 153

* **Neuss** Das *Münster St. Quirin (spätes 13. Jahrhundert) gehört zu den schönsten Gotteshäusern der rheinischen Spätromanik und zeigt schwelgerischen Formenreichtum. Zur Stadt gehört auch die **Museumsinsel Hombroich, deren parkartig gestaltete Aue moderne Architektur, Kunst und Natur aufs Glücklichste vereint.

Krefeld Der Wohlstand der Stadt gründete sich früher auf die Seidenweberei. Daran erinnern das Deutsche Textilmuseum, die alten Weberhäuser am Andreasmarkt sowie die imposante Stadtresidenz des Seidenbarons Konrad von der Leyen, seit 1860 das Rathaus von

Innenraum mit Chor des Neusser Münsters St. Quirin

Krefeld. Aus dem 12. Jahrhundert stammt die malerische Burg Linn, die heute ein Landschaftsmuseum mit archäologischen Funden aus der Römerzeit beherbergt. Kunst aus neuerer Zeit wird im Kaiser-Wilhelm-Museum gezeigt, und Freunde des Bauhauses kommen in Haus Lange und in Haus Esters auf ihre Kosten.

Mönchengladbach Auch hier blühte einst die Textilindustrie, wie das Museum im Wasserschloss Rheydt eindrucksvoll dokumentiert. Dessen Name geht auf die Klostergründung

am »klaren Bach« zurück. Die Ursprünge des Klostergebäudes auf dem Abteiberg, das heute als Rathaus dient, reichen bis ins 10. Jahrhundert zurück. Das *St.-Vitus-Münster (1257) ist ein schöner Bau der rheinischen Spätromanik mit einem gotischen Chor (1300). Mit dem Museum Abteiberg hat Hans Hollein ein wegweisendes Gebäude der Architektur der Moderne (1982) entworfen. Am *Schloss im Stadtteil Rheydt offenbaren die Schauseiten eine Abkehr von der italienischen (Außenfront von 1569) zugunsten der niederländischen Renaissance (Hoffassade von 1581). Und für alle Fußballfans obligatorisch sind die Altstadt

rund um den Markt mit über 100 Kneipen, Cafés und Diskotheken sowie die Eickener Fußgängerpassage mit den in Bronze gegossenen Fußballlegenden Netzer, Vogts und Wimmer.

* **Naturpark Maas-Schwalm-Nette** Über die Grenze zu den Niederlanden hinweg verlaufen Rad- und Wanderwege durch beschauliche Bruchwälder, Heide- und Seenlandschaften. Im deutschen Teil bieten zahlreiche Schutzgebiete Lebensraum für seltene Fauna und Flora wie Blaukehlchen und Grauheide.

Heinrich Heine

Temperament und einen brillanten Intellekt. In Göttingen wurde er 1825 zum Doktor der Rechte promoviert, am liebsten wäre er Universitätsprofessor geworden, doch er stand sich selbst im Weg. Legendär ist seine Polemik gegen Göttingen (»berühmt für seine Würste und Universität«), und auch in München wollte man diesen Querdenker nicht haben. Dabei begann er schon in dieser Zeit, sich als Dichter einen Namen zu machen: 1824 war in einer Gedichtsammlung die »Loreley« erschienen, 1826 folgte die »Harzreise«, 1827 das erfolgreiche »Buch der Lieder«. Um dem zunehmenden Druck in Deutschland zu entgehen, siedelte Heine 1831 nach Paris über und schrieb für französische Blätter über die Verhältnisse in Deutschland (ganz links: Porträt von Moritz Daniel Oppenheim, 1831). 1856 starb er im Alter von 58 Jahren.

Düsseldorf

Die Landeshauptstadt ist ein wichtiges Verwaltungs- und Finanzzentrum und bedeutender Standort für Mode und Kultur.

Besondere städtebauliche Akzent setzen der **Medienhafen mit dem Neuen Zollhof von Frank O. Gehry und der neue Landtag. Zu den großen Boulevards des Kontinents zählt die *Königsallee. In der meist ganz anders konnotierten *Altstadt (»längste Theke der Welt«) liegen die ehemalige Jesuitenkirche St. Andreas und die einstige *Stiftskirche St. Lambertus mit

Jan-Wellem-Denkmal, Rathaus

Neuer Zollhof von Frank Gehry

dem Grabmal Herzog Wilhelms des Reichen. Außerdem eine Besichtigung wert sind das *Rathaus (16. Jahrhundert), die **Kunstsammlung Nordrhein-Westfalen, das **Deutsche Keramikmuseum, das *Stadt- und das **Filmmuseum. Im Stadtteil Kaiserswerth beeindruckt neben Überresten der Pfalz Kaiser Friedrich Barbarossas auch die romanische Suitbertus-Basilika am stimmungsvollen **Stiftsplatz. Einen Höhepunkt europäischer Palastarchitektur stellt das spätbarocke **Schloss Benrath samt zugehörigem Park dar.

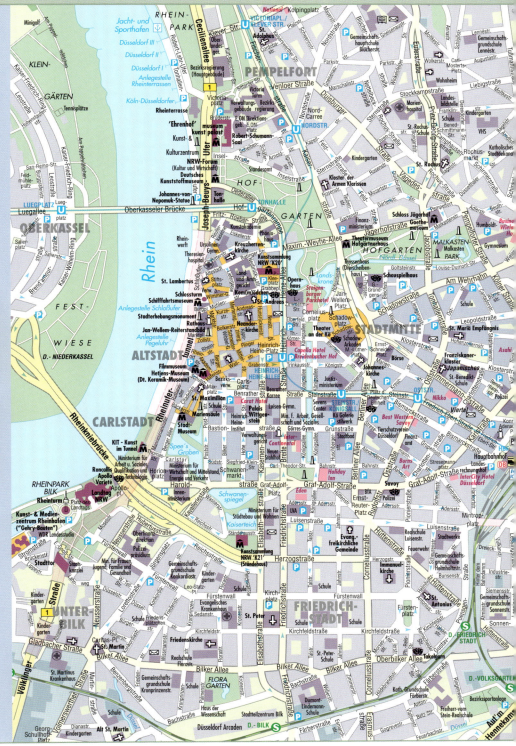

DIE SCHÖNSTEN REISEZIELE 153

Im Zentrum der Heimatstadt Martin Luthers: der Marktplatz von Eisleben

Sachsen-Anhalt

Der Harz mit seinen Skipisten, Wanderwegen, romantischen Fachwerkstädten und Kurorten ist seit alters ein klassisches Reiseziel. Auf dem Brocken fühlt sich die deutsche Seele besonders zu Haus. Vom Gipfel schweift der Blick über dunkle Wälder und kleine Städte. Die Region zwischen Harz und Erzgebirge, Neiße, Elbe und Saale gilt als historisches Stammland deutscher Kultur und Geschichte. In keinem anderen Bundesland finden sich so viele romanische Kirchen und Klöster, wo die Reformation Martin Luthers ihren Ausgang nahm.

Sachsen-Anhalt

Otto von Bismarck (ganz links: Porträt von Franz von Lenbach, stammte aus altem Adel. Er kam am 1. April 1815 auf dem Familiensitz Gut Schönhausen in der Altmark zur Welt, rund 70 Kilometer nördlich von Magdeburg.

TIPP++TIPP++

Prignitz-Museum Havelberg
Das Museum besitzt Sammlungen zur Siedlungsgeschichte der Region, aus den Bereichen Sakralkunst, Dombaugeschichte, Bistums- und Stadtgeschichte.
Havelberg, Domplatz 3, Tel. 03 93 87/2 14 22, Öffnungszeiten: Di–So 10–12 und 13–18 Uhr

Altmärkisches Museum
In den Räumen des einstigen Katharinenklosters erhellen Exponate aus weit über tausend Jahren die Geschichte der Altmark.
Stendal, Schadewachten 48, Tel. 0 39 31/65 17 00, März–Okt. Di 13–17 Uhr, Mi–Fr 10–17 Uhr, Sa 13–17 Uhr, So, Fei 11–17 Uhr

Jenny-Marx-Haus
Von 1809 bis 1816 diente das Gebäude dem Unterpräfekten Johann Ludwig von Westphalen als Amts- und Wohnhaus, in dem am 12. Februar 1814 dessen Tochter Jenny geboren wurde, die spätere Ehefrau von Karl Marx. Seit 1968 beherbergt das Haus eine Marx-Gedenkstätte. Die Bronzeplastik »Jenny« in der Gartenanlage wurde von Heinrich Apel künstlerisch gestaltet.
Salzwedel, Jenny-Marx-Straße 20, Tel. 0 39 01/42 30 81

Altmark

Die nördlichste Region von Sachsen-Anhalt ist vorwiegend flaches Land, das nur in der Gegend um Gardelegen etwas hügelig und als westlicher Teil der Mark Brandenburg im Osten durch die Elbe begrenzt wird. Im Norden bestimmen größere Waldgebiete das Bild, im Süden dehnt sich das riesige Gebiet der Letzlinger Heide aus. Den Südwesten nimmt der Naturpark Drömling ein.

** **Havelberg** Reizvoll erhebt sich über der Havel der Bischofsberg mit dem **Dom, der 1170 als romanische Basilika geweiht und im 13. Jahrhundert gotisch umgebaut wurde. Meisterhaft ausgeführt sind das wuchtige Chorgestühl aus dem 13. Jahrhundert und der Lettner (um 1400). Im Zentrum des Orts bestimmen spätklassizistische Fassaden das Bild, etwa die des Rathauses. Die Stadtkirche *St. Laurentius ist ein schöner Backsteinbau.

* **Werben** Diese Kleinstadt in der Niederung der Wische beeindruckt mit einem prächtigen, aus Torhaus und Tor bestehenden zinnenbekrönten Backsteinbau, dem Elbtor von 1460/70. In der Johanniskirche ist die mittelalterliche Ausstattung sehenswert. Herausragend auch der **Schnitzaltar (um 1430) mit einer Szene der Marienkrönung.

* **Arendsee** Am Südufer des gleichnamigen Sees erhebt sich die 1184 bis 1240 erbaute *Klosterkirche als Teil einer Benediktinerniederlassung. Sie gilt als Nachfolgebau der Klosterkirche von **Jerichow und beeindruckt durch ihre Verarbeitung und die Wirkung des Backsteins. Südlich der Kirche steht der spätgotische Kluhturm. Von den Klostergebäuden sind jedoch nur noch Reste vorhanden.

** **Salzwedel** Salz gab dem Ort seinen Namen, der an der alten Salzstraße von Magdeburg nach Lüneburg liegt. Bereits im 9. Jahrhundert sicherte den wichtigen Handelsknotenpunkt eine Burg, von der nur noch der runde Bergfried mit einem Durchmesser von 14 Metern erhalten ist. Lohnend auch ein Rundgang durch die Altstadt, in der Balken und Türpfosten mit Figuren, Sprüchen und Jahreszahlen versehen sind. In der *Mönchskirche aus dem 15. Jahrhundert beeindrucken an der Brüstung der Orgelempore 24 gemalte Szenen aus dem Neuen Testament. Zu den herausragenden Kirchen der Altmark zählt die **Marienkirche wegen ihrer reichen Ausstattung, mit Resten einer Wandmalerei (13. Jahrhundert), Hauptaltar (1510), Bronzetaufe (1520), Glasmalereien (14. bis 16. Jahrhundert) und einer großen Orgel. In der nahe gelegenen Propstei befindet sich das Johann-Friedrich-Danneil-Museum mit Bibliothek und wertvollen Sammlungen zu Kunst und Handwerk. Rund um die Marienkirche verlaufen urig schmale Gassen, die von schönen Bürgerhäusern gesäumt sind.

** **Diesdorf** Vom einstigen Franziskanerchorfrauenstift (12. Jahrhundert) hat sich nur noch die **Klosterkirche (13. Jahrhundert) erhalten. Sie ist neben der Kirche in Arendsee eine der am besten erhaltenen spätromanischen Kirchen der Altmark. Etwas außerhalb des Dorfes befindet sich ein **Freilichtmuseum.

* **Naturpark Drömling** Mit seinem ausgeklügelten System der Wasserregulierung wird der

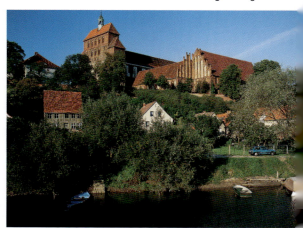

Hoch über der Elbe thront der Mariendom von Havelberg.

Naturpark auch als »Land der tausend Gräben« bezeichnet. Er entstand auf den Befehl Friedrichs des Großen hin, dieses große Moorgebiet zu entwässern und zu kultivieren. Der 800 Hektar große Naturpark ist Lebensraum für seltene Vögel wie Schwarzstorch, Kranich und Seeadler. Neben 13 Fledermausarten leben hier Biber und Fischotter. Auch Weißstörche haben sich dank Schutzmaßnahmen im Naturpark wieder vermehrt angesiedelt.

** **Gardelegen** Zwischen Hellbergen und der riesigen Flä-

Otto von Bismarck

Er studierte in Göttingen, arbeitete kurz als Beamter und kümmerte sich um die Familiengüter, bis er Ende der 1840er-Jahre eine politische Karriere begann. Zunächst als Abgeordneter des Preußischen Landtags, ab 1851 als preußischer Gesandter beim Bundestag in Frankfurt, vertrat er eine strikt monarchistische, antidemokratische und preußisch-nationalistische Linie. 1862 wurde Bismarck preußischer Ministerpräsident und Außenminister und führte durch mehrere Kriege die Gründung eines einheitlichen Deutschen Reichs unter der Führung Preußens herbei (links: Proklamation des Deutschen Kaiserreichs 1871 in Versailles). Der außenpolitisch außerordentlich geschickte Bündnispolitiker und Einiger Deutschlands wurde 1890 vom jungen und allzu ehrgeizigen Kaiser Wilhelm II. entlassen. Bismarck starb am 30. Juli 1898 in Friedrichsruh.

---

che der Letzlinger Heide gelegen, war Gardelegen im Mittelalter ein wichtiger Knotenpunkt der beiden Handelsstraßen von Lüneburg nach Magdeburg und von Oebisfelde nach Stendal. Obwohl der Ort vor dem Dreißigjährigen Krieg laut Chronik nur 478 Häuser zählte, gab es hier einst 250 Brauereien. Imponierendstes Monument der Stadtbefestigung ist das *Salzwedeler Tor. In der **Marien-kirche (14. Jahrhundert) beeindruckt neben diversen Schnitzarbeiten der vierflügelige Schnitzaltar (Anfang des 15. Jahrhunderts). Einen schönen Anblick bietet auch der Marktplatz mit dem über 700 Jahre alten Rathaus.

* **Jagdschloss Letzlingen** Das Schloss erinnert an die Zeit, als die Letzlinger Heide für deutsche Kaiser, Fürsten und Reichskanzler noch ein bevorzugtes Jagdgebiet war. Dieser romanisierende Putzbau mit Türmen, Zinnen und Wassergraben geht auf einen von 1560 stammenden Vorgängerbau zurück und wurde vom preußischen Baumeister Friedrich August Stüler 1843 im Stil englischer Adelsburgen umgebaut.

* **Großsteingräber in Steinfeld** Kurz vor Stendal lohnt sich der Besuch eines der größten Großsteingräber der mittleren Steinzeit in Deutschland. Das Hünenbett ist zehn Meter lang, drei Meter breit und von einer 47 Meter langen Steinumhegung eingefasst.

** **Stendal** Die Existenz einer markgräflichen Münzstätte sowie Markt- und Zollprivilegien ließen das Straßendorf »Steinedal« im Mittelalter auf-

Am Marktplatz von Stendal wacht die drittgrößte Rolandsfigur Deutschlands vor der gotischen Backsteinkirche St. Marien (rechts).

Sachsen-Anhalt

Otto I., der zu seinen Lebzeiten (912–973) Otto der Große genannt wurde, war eine ähnlich herausragende Figur wie Karl der Große, der zweieinhalb Jahrhunderte vor ihm gelebt hatte. Auch sonst sind einige

TIPP++TIPP++

Kulturhistorisches Museum
Die einst bedeutende Gemäldesammlung wurde im Zweiten Weltkrieg fast völlig vernichtet. Zu sehen sind das Original des »Magdeburger Reiters«, historische Möbel und Kunstgewerbe sowie eine informative Darstellung zur Stadtgeschichte.
Magdeburg,
Otto-von-Guericke-Str. 68–73,
Tel. 03 91/5 40 35 01,
Di–So 10–17 Uhr

Puppentheater Magdeburg
Das Repertoire des Magdeburger Puppentheaters besteht kontinuierlich aus 25 bis 30 Inszenierungen. Geschichten für die Kleinsten gehören ebenso dazu wie klassische Märchen, Gegenwartsdramatik und Klassiker der Weltliteratur.
Magdeburg, Warschauer Straße 25, Tel. 03 91/5 40-33 10

blühen. Heute stellt der Marktplatz mit dem Rathaus und der dahinter aufragenden mächtigen Marienkirche eines der schönsten städtebaulichen Ensembles im nordöstlichen Deutschland dar. Vor dem Rathaus (15. Jahrhundert) mit Schweifgiebel und Zwerchhäusern steht der Roland, eine originalgetreue Nachbildung des verwitterten Originals von 1525. Die *Marienkirche aus dem 14./15. Jahrhundert war außer Gotteshaus auch Markthalle und Versammlungsraum. Zeugnis davon legt das trennende Eisengitter in der prächtigen Chorschranke ab, das den Altarbereich schützte. Eine besondere Kostbarkeit findet sich unter der Orgelempore mit der astronomischen Uhr aus dem 16. Jahrhundert. Die Stiftskirche, allgemein auch als *Dom bezeichnet, gilt als eine der gelungensten und größten Backsteinkirchen der Altmark. Als Teil der Stadtbefestigung hat sich das reich verzierte Uenglinger Tor, wohl das schönste märkische Stadttor, erhalten.

** **Tangermünde** Backstein- und Fachwerkbauten bestimmen das Erscheinungsbild dieser Stadt am Zusammenfluss von Elbe und Tanger. Von der noch größtenteils vorhandenen Stadtbefestigung gilt das **Neustädter Tor (1450) – mit verschiedenen brandenburgischen Wappen verziert als das schönste. Sehenswert ist auch das Rathaus, das 1430 im Stil deutscher Backsteingotik mit prachtvollem Schaugiebel errichtet wurde. Beherrschender Kirchenbau ist die *Stephanskirche, die bereits 1184 begonnen wurde. Von der Burg haben sich neben Teilen der Ringmauer das kompakte Tor und der mehr als 50 Meter hohe Bergfried erhalten.

** **Jerichow** Weithin sichtbar ragen aus der Ebene die Spitztürme der einstigen Prämonstratenser-Stiftskirche in den Himmel. Als erster geistlicher Konvent in der Diözese Havelberg 1144 gegründet, entstand hier bis 1240 das Kollegiatsstift mit Kirche, Klausurgebäuden, Kreuzgang und Krypta. Ebenfalls ein spätromanischer Backsteinbau ist die Stadtkirche Jerichow. Unweit davon steht noch eine 2005 restaurierte Holländerwindmühle.

Die Börde

Im Süden und Westen der sachsen-anhaltinischen Landeshauptstadt Magdeburg erstreckt sich eine ebene Niederung, die als Magdeburger Börde bekannt ist. Diese Landschaftsformation verdankt ihre Entstehung der Eiszeit, als dicke Eispanzer die Fläche »glatt hobelten«. Später angewehte, bis zu zwei Meter mächtige Lössböden bildeten die fruchtbare Schwarzerde, die vorwiegend für den Anbau von Weizen und Zuckerrüben genutzt wird.

* **Haldensleber Forst** In der sogenannten »historischen Quadratmeile« gibt es inmitten eines schönen Mischwaldes 84 Jungsteinzeitgräber. Im Haldensleber Forst befand sich vor 4500 Jahren ein Zentrum von Ackerbauern und Viehzüchtern. Allerdings gehört etwas Spürsinn dazu, die teilweise vor Gras bewachsenen Grabstellen aus Findlingssteinen zu finden.

Tangermünde mit der Silhouette der Stephanskirche jenseits der Elbwiesen (oben)

Otto I., der Große

Parallelen zwischen ihnen augenfällig: So wussten beide, dass sie die Macht der Kirche systematisch einbinden mussten, um ihr Reich im Inneren zu stabilisieren. Beide ließen sich vom herrschenden Papst zum Kaiser krönen, nachdem sie ihm zuvor zu Hilfe gekommen waren. Ottos Leistung bestand in der Konsolidierung des ostfränkischen Reichs und dessen Neuerfindung als »Heiliges Römisches Reich Deutscher Nation«. Einer seiner größten Erfolge war 955 der triumphale Sieg über ein ungarisches Reiterheer, der das Ende der jahrzehntelangen ungarischen Raubzüge bedeutete. Otto ließ Magdeburg zum Machtzentrum ausbauen (links: Reiterstatue auf dem Magedburger Markt), gründete das Bistum Merseburg und damit die Basis für mitteldeutsche Romanik. Sein Grab befindet sich im Magdeburger Dom (ganz links).

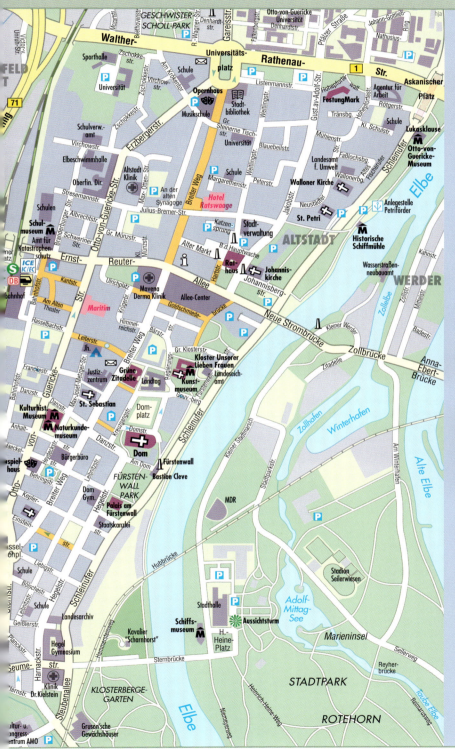

Magdeburg

Die Geschichte des einstigen »dritten Roms« ist eng mit den deutschen Kaisern verbunden, die hier Kirchen und Klöster gründeten.

Bereits 805 wurde Magdeburg als karolingischer Handelshof erwähnt. Auf dem Domplatz entstand 955 eine prachtvolle Basilika. An ihrer Stelle steht heute der gewaltige **Dom** (1209 begonnen), der erste gotische Sakralbau auf deutschem Boden. Zur Ausstattung zählen der Figurenzyklus der klugen und der törichten Jungfrauen sowie das thronende Sitzpaar –

Rathaus, Magdeburger Reiter

Das Innere des Doms

angeblich Otto I. und seine Frau Editha. Meisterwerke sind auch die Kanzel (1395–1397) und zahlreiche Grabmäler (12.–16. Jahrhundert). Attraktionen unweit des Doms sind das **Kloster Unser Lieben Frauen** mit einem schönen Kreuzgang und dem ältesten Brunnenhaus Deutschlands (12. Jahrhundert) und die *Propsteikirche St. Sebastian. Im Kulturhistorischen Museum steht der Magdeburger Reiter, das älteste frei stehende Reiterstandbild Deutschlands, eine Kopie davon am Alten Markt vor dem Magdeburger Rathaus.

DIE SCHÖNSTEN REISEZIELE **159**

Sachsen-Anhalt

Während die Städte am Harzrand meist schon tausend Jahre oder älter sind, wurde der Harz als solcher im Mittelalter gemieden. Mit seinen undurchdringlichen Wäldern, schroffen Klippen und wolkenverhange-

** **Magdeburg** Siehe Stadtplan auf Seite 159

* **Barby** Von der mittelalterlichen Stadtbefestigung blieb nur das »Prinzesschen«, ein hübscher Turm mit Fachwerkaufsatz, erhalten. In der **Johanniskirche (13. Jahrhundert), der ehemaligen Klosterkirche der Franziskaner, ist eine im mitteldeutschen Raum einzigartige Sammlung von Grabplatten zu bewundern.

* **Calbe** Der am südöstlichen Rand der Börde gelegene Ort war zeitweilig Residenz der Bischöfe von Magdeburg. Hübsch anzusehen ist hier der Markt mit Häusern aus dem 17. und 18. Jahrhundert sowie dem Rathaus im Neorenaissancestil, vor dem eine Rolandstatue wacht.

* **Egeln** Die Klosterkirche des 1259 gegründeten und in einer Auenmulde der Bode gelegenen Zisterzienserklosters beeindruckt durch ihre prunkvolle Ausstattung mit einem bis in die Chorwölbung reichenden Hauptaltar von 1737.

* **Wanzleben** Die hübsche Kleinstadt an der Sarre wurde im Jahre 889 erstmals urkundlich erwähnt. Von der Burg (12. Jahrhundert) blieb nur der quadratische Bergfried erhalten. Um den dreieckigen Markt finden sich schöne Fachwerkgeschosse und alte Portale.

* **Gröningen** Die Bode trennt den Ort vom Kloster. Im Zentrum fallen einige hübsche Fachwerkhäuser aus dem 17. Jahrhundert ins Auge. Die ursprünglich dreischiffige **Basilika St. Cyriakus (um 1100) des Klosters präsentiert sich als erlesenes Baudenkmal. Bemerkenswert sind hier zierende Ornamente in Form von Bändern, Pflanzen und Tieren.

** **Hamersleben** Nach der Verlegung des Augustinerchorherrenstifts von Osterwieck nach Hamersleben begann man um 1110 mit der Errichtung der **Stiftskirche St. Pankratius. Der romanische Bau beeindruckt durch seine Strenge und Schlichtheit sowie den reichen hochromanischen Schmuck der Säulenkapitelle.

* **Flechtingen** Sehr romantisch mutet am Ortsrand die auf einem Porphyrfelsen im künstlich angestauten Schlosssee gelegene Burg (um 1300) an. Fachwerkgeschosse auf Steinmauern verleihen dem engen dreieckigen Innenhof besonderen Reiz.

* **Oebisfelde** Am Rand einer Sumpfniederung der Aller erhebt sich die Burg des Ortes. Das 1267 erstmals erwähnte Bauwerk kann mit einem vollständig erhaltenen Zinnenkranz aufwarten.

Harz

Tief eingeschnittene Täler zwischen bizarr verwitterten Felsformationen, wilde Flussläufe und der Gipfel des Brockens – das ist der Harz. Wie eine Insel erhebt sich dieses Mittelgebirge aus dem Tiefland. Ausgedehnte Laub- und Nadelwälder wechseln sich ab mit Bergwiesen und Wasserfällen. Besondere Anziehungspunkte der Region sind Tropfsteinhöhlen und kulturhistorische Sehenswürdigkeiten.

** **Osterwieck** In der bedeutendsten Kleinstadt der Region steht der gesamte historische Stadtkern unter Denkmalschutz. Fachwerkhäuser aus verschiedenen Epochen findet man in der Neukirchen-, Nikolai-, Mittel- und Kapellenstraße. Besonders prachtvoll ist der Gasthof »Zur Tanne« von 161

Der »Brocken«

nen Gipfeln war er unheimlich und galt als Sitz von Hexen und Unholden. Besonders traf dies auf den 1142 Meter hohen Brocken zu (links: »Hexenaltar«). In späterer Zeit aber übte gerade das Geheimnisvolle einen unwiderstehlichen Reiz aus und wurde ein begehrtes Reiseziel. 1736 entstand auf dem kahlen Gipfel die erste Schutzhütte. Seit Goethe in seinem »Faust« die Walpurgisnacht schilderte, wuchs der Berg den Deutschen ans Herz. »Der Brocken ist ein Deutscher«, befand Heinrich Heine. Zwar gebe er sich mit der Nebelkappe auf seinem Kahlkopf zuweilen als Philister aus, »aber, wie bei manchen anderen großen Deutschen, geschieht es aus purer Ironie«, und wirkt »recht echtdeutsch romantisch verrückt«. Durch die Einrichtung des Nationalparks Hochharz wird der Brocken heute vor allzu erdrückender Besucherliebe geschützt.

in der Rosmarinstraße. Überragt wird das Städtchen vom 53 Meter hohen Turmpaar der Stephanikirche, in deren Innenraum neben Kanzel (1570) und Chorgestühl (1620) vor allem die Friese aus Pflanzenmotiven und die Wappen in den Arkadenbögen sehenswert sind.

* **Ilsenburg** Berühmt wurde der Ort durch die »Harzreise« von Heinrich Heine, aber auch durch den Metallguss, über dessen Tradition ein Hüttenmuseum informiert. Verträumt liegen an einem Steilabfall zur Ilse das neugotische Schloss und der spätromanische Ost- und Südflügel des einstigen Klosters samt Kirche (11. Jahrhundert).

* **Drübeck** Die hiesige Klosterkirche wurde bereits in einer Urkunde Kaiser Heinrichs II. 1004 als »moderne« Kirche erwähnt. Das wichtigste romanische Baudenkmal nördlich des Harzes geht auf eine Missionsgründung des Klosters Corvey im 10. Jahrhundert zurück.

* **Kloster Huysburg** Wo sich die Höhenrücken von Fallstein, Huy und Hakel am Rande des Harzes entlangziehen, ragen die beiden spitzen Türme der Kirche von Kloster Huysburg auf. Im 11. Jahrhundert begonnen, ist sie ein seltenes Zeugnis der Architektur des Übergangs von Früh- zu Hochromanik. Heute lebt ein kleiner Konvent von Benediktinermönchen hier.

** **Halberstadt** Seit dem Mittelalter neben Goslar mächtigste Stadt der nördlichen Harzregion und Sitz eines Bistums der Erzdiözese Mainz, verfügt Halberstadt mit dem **Dom St. Stephanus und St. Sixtus** über eines der bedeutendsten Bauwerke der Gotik. Besonders sehenswert ist der reiche **Domschatz**, eine Sammlung künstlerischer und kunstgewerblicher Kostbarkeiten des Mittelalters. Ebenbürtig auch die monumentale **Triumphkreuzgruppe** (um 1220) auf einem Balken über dem Lettner. In der **Liebfrauenkirche** beeindrucken die weithin berühmten Stuckreliefs der Chorschranken (13. Jahrhundert). In der Altstadt finden sich zahlreiche Fachwerkbauten, von der Gotik bis zum Klassizismus.

* **Burg Regenstein** Auf einem 75 Meter hohen schroffen Sandsteinmassiv blieben nur noch Reste der angeblich ältesten Steinburg Deutschlands erhalten. Das heute als Freilichtmuseum genutzte Ensemble ist durchlöchert von

Pankratius-Kirche in Hamersleben (links oben); Markt mit Stephani-Kirche in Osterwieck (darunter); Dom und Martini-Kirche in Halberstadt (oben)

TIPP++TIPP++

Kloster Ilsenburg
Eine Reise in die Vergangenheit führt in das Mittelalter und die Zeit der Ottonenkaiser: In den 1000-jährigen Klosteranlagen in Ilsenburg

findet man ein historisches Kleinod von hoher architektonischer und kulturhistorischer Bedeutung. Öffnungszeiten der Klosteranlage: Mo 10–14.30 Uhr, Di–Fr 10–15 Uhr, Sa und So 13–15 Uhr, Eintritt ist frei, Führungen unter Tourist-Information Ilsenburg Tel. 03 94 52/1 94 33

Sachsen-Anhalt

Romantische Gassen und Fachwerkhäuser aus dem Zeitraum vom 16. bis zum 19. Jahrhundert bestimmen das Erscheinungsbild der »bunten Stadt am Harz« Wernigerode. Ihr Schmuckstück und unverwech-

TIPP++TIPP++

Lyonel-Feininger-Galerie
Einem Freund des deutsch-amerikanischen Malers und Grafikers Lyonel Feininger (1871–1956), dem Quedlinburger Dr. Hermann Klumpp, gelang es, die heute in der Galerie befindlichen Kunstwerke vor der

Vernichtung durch die Nazis zu bewahren. Die Sammlung umfasst Werke aus der Schaffenszeit von 1906 bis 1937.
Quedlinburg, Finkenherd 5 a, Tel. 0 39 46/22 38 oder 23 84, Apr.–Okt. Di–So 10–18 Uhr, Nov.–März Di–So 10–17 Uhr, Führung n. V.

natürlichen und künstlich in den Stein gehauenen Höhlen, die dem Sandsteinfelsen sein kurioses Aussehen geben.

*** Quedlinburg Rund 1300 Fachwerkhäuser, die über einen Zeitraum von 600 Jahren errichtet wurden, legen Zeugnis von der Geschichte des niedersächsischen Fachwerkbaus ab. Das Zentrum der Altstadt – seit 1995 UNESCO-Weltkulturerbe – bildet der Marktplatz mit dem *Rathaus, das, im Kern spätgotisch, 1619 umgebaut wurde. Eines der schönsten spätbarocken Fachwerkhäuser ist das Gebäude der ehemaligen Ratswaage. In der *Marktkirche St. Benedikti mit ihrer malerischen Turmkomposition sind zwei spätgotische Schnitzaltäre und der barocke Hochaltar sehenswert. Das dominierende Ensemble auf dem Burgberg bilden die **romanische Stiftskirche St. Servatius (1129) mit großteils erhaltener romanischer Ausmalung der Krypta (1070) sowie das Renaissanceschloss (16. bis 18. Jahrhundert) mit herrlichem Ausblick auf die Stadt.

** Thale und das Bodetal Wo die liebliche Landschaft des Harzrandes – lediglich von der steil aufragenden Felsformation der Teufelsmauer unterbrochen – an die Hänge des Harzes stößt, liegt Thale. Das Gebirge sowie die bizarre Felsschlucht des Bodetals mit den Felsen der Roßtrappe und des ***Hexentanzplatzes bieten hier ein imposantes Panorama.

** Stolberg An der alten, von Braunschweig nach Erfurt führenden Handelsstraße gelegen, gehört Stolberg mit seinen gut erhaltenen Fachwerkhäusern des 15. bis 18. Jahrhunderts zu den reizvollsten Kleinstädten in Sachsen-Anhalt. Von der ***Lutherbuche aus genießt man die Aussicht auf die Stadt mit der Stadtkirche St. Martini (13.–15. Jahrhundert) und dem Schloss (16. Jahrhundert). Originell ist die in der Rundturm gebaute Schlosskapelle St. Julia mit ihren Stern- und Netzgewölben. Am *Rathaus mit Fachwerkobergeschoss prangt eine Sonnenuhr von 1724. Auf dem nahen Auersberg steht das 38 Meter hohe *Josephskreuz, das größte eiserne Doppelkreuz der Welt.

* Biosphärenreservat Karstlandschaft Südharz Im Südwesten von Sachsen-Anhalt gelegen, ist diese Gipskarstlandschaft reich an Naturschönheiten. Orchideenbuchenwälder und Halbtrockenrasen bieten Lebensraum für eine vielfältige Flora und Fauna.

* Blankenburg Der Weg nach Blankenburg führt von Timmenrode aus am schönsten Stück der Teufelsmauer entlang. Am Schnappelberg steht im hübschen barocken Lustgarten da

Wernigerode

selbares Wahrzeichen ist das über 500 Jahre alte Rathaus mit den zwei schlanken, aus der Schaufront hervorspringenden Erkern mit spitzen Schieferhelmen und Prunkfassade (ganz links). Neben der gelungenen Fachwerkkonstruktion fällt an dem Gebäude besonders der figürliche Schmuck auf. Die Holzfiguren stellen vorwiegend Heilige, Handwerker und Narren dar. Eines der bekanntesten Fachwerkhäuser, das Krummelsche Haus (1674) mit fein geschnitzter Barockfassade, kann in der Breiten Straße bewundert werden. Eine weitere bauliche Pretiose ist das *Nöschenröder Amtshaus (1598) mit seinem beachtlichen Fassadenschmuck. Hoch über der Stadt thront Schloss Wernigerode mit seinen bizarren Türmen und Erkern (links), das im 17. und im 18. Jahrhundert im Stil des Barocks und des Historismus umgebaut wurde.

tiftskirche St. Cyriakus in Gernrode

eine *Schloss (1777). Zum Ensemble der insgesamt über 100 ektar großen Schlossgärten ehören der *Schlosspark, der er- und der Berggarten.

Nationalpark Harz Laubisch- und Bergfichtenwälder estimmen das Bild des knapp 25 000 Hektar umfassenden Nationalparks. Vom 1142 Meter hoch gelegenen Brocken bieten sich herrliche Aussichten auf Thüringer Wald und Wesergebirge. Im 1890 angelegten Brockengarten wachsen über 1500 Pflanzenarten aus allen Hochgebirgsregionen der Erde.

Anhalt

Anders als im hügeligen Harzkreis bestimmen im von Saale, Mulde und Elbe durchflossenen Tiefland von Anhalt flache, von Ackerbau und Viehzucht geprägte Landschaften das Bild.

* **Burg Falkenstein** Als Stammsitz der Herren von Konradsburg (»Grafen von Falkenstein«) entstand ab 1120 die am besten erhaltene mittelalterliche Burganlage des Harzes. Sehenswert sind die Stuckarbeiten (16. Jahrhundert) in Schiefem Saal und Grüner Stube. Als Juwel des Biedermeiers gilt die Ausstattung des Herrensaals.

* **Ballenstedt** Sehenswert ist der barocke Garten von Schloss Ballenstedt, der 1862 nach Entwürfen von Peter Joseph Lenné im englischen Stil umgestaltet wurde. Über dem Park thront das Schloss (16. Jahrhundert).

** **Gernrode** Als eines der bedeutendsten Zeugnisse ottonischer Architektur gilt die über 1000 Jahre alte Stiftskirche St. Cyriakus mit den original erhaltenen quadratischen Mittelschiffwänden. Ältester Teil des Gotteshauses ist die Ostkrypta (um 960).

** **Aschersleben** Von der einst mustergültigen Stadtbefestigung sind mehrere Türme erhalten. Der markanteste ist der 42 Meter hohe *Johannisturm (vor 1450) mit Schieferhaube und vier Ecktürmchen. Alle Türme der Stadt überragt der 80 Meter hohe Turm der **Stephanikirche (1406–1507). Sehenswert ist auch das **Rathaus mit Treppenturm und der barocken Kunstuhr, bei der zur vollen Stunde zwei Ziegenböcke aufeinander zustürmen.

Oben links und rechts: Fachwerkimpressionen aus Quedlinburg und Stolberg

DIE SCHÖNSTEN REISEZIELE **163**

Sachsen-Anhalt

Geboren in Eisleben, hatte Martin Luther (1483–1546) Philosophie und Rechtswissenschaften studiert, bevor er 1505 ins Kloster ging. Nach zwei Jahren bei den Augustinern wurde er zum Priester geweiht und bald nach

Kahnfahrt im Wörlitzer Park, mit Venustempel im Hintergrund

** **Bernburg** An beiden Ufern der Saale gelegen, teilt sich der Ort in eine Tal- und eine Bergstadt. In der Talstadt ist die Neustädter Brücke mit ihren sechs mächtigen Bögen zu eine der wenigen erhaltenen Natursteinbrücken von Sachsen-Anhalt. Hat man vom reizvollen Markt aus die Saalebrücke überquert, führen mehrere Wege hinauf zum Schloss (16. Jahrhundert), das malerisch auf einem Felsen thront.

* **Biosphärenreservat Mittelelbe** Entlang der Elbe von Wittenberg über das Dessau-Wörlitzer Gartenreich bis kurz vor Magdeburg sowie entlang ihres Nebenflusses Mulde erstreckt sich diese fast unberührte Flussauenlandschaft mit Elbebibern und Weißstörchen.

* **Hecklingen** Hier steht eine der am besten erhaltenen romanischen Basiliken, die Benediktiner-Klosterkirche aus dem 12. Jahrhundert. Besondere Aufmerksamkeit verdienen die 14 Engelsfiguren (1230–1240) über den Arkadenzwickeln.

** **Köthen** Unter Fürst Ludwig von Anhalt-Köthen (1579 bis 1650) wurde die kleine Residenzstadt durch die Gründung der »Fruchtbringenden Gesellschaft«, der ersten deutschen Sprachgesellschaft, ein bedeutsames kulturelles Zentrum. Alle Häupter des Fürstenhauses sind in der Gruft der *Stadtkirche St. Jakob bestattet. An die Tätigkeit Johann Sebastian Bachs (1685 bis 1750) als Hofkapellmeister erinnert das Denkmal auf dem Bachplatz. Im Stil des Spätklassizismus erbaut wurde die Schlosskirche St. Marien, im Schloss selbst ist besonders de **Spiegelsaal sehenswert.

** **Mosigkau** Nur acht Kilometer südwestlich von Dessau liegt Mosigkau, wo ein sehenswertes Schloss mit Park de Besuch lohnt. Berühmt ist de Gartensaal (1756), der woh schönste Rokokosaal Anhalts.

** **Dessau** Unter Fürst Leo pold III. Friedrich Franz (174 bis 1814) wurde das klein Fürstentum Anhalt-Dessau z einem Musterstaat der deut schen Aufklärung. In und u Dessau entstand auf seine In tiative Ende des 18. Jahrhun derts das ***»Gartenreich«, dem englische Landschaftsgä ten und Natur ineinander übe gehen. In Dessau selbst gehö ren hierzu die Schlösser u Parks **Georgium und Luisiu Weltberühmt ist das **Bau haus, das als Hochschule fü

Martin Luther

Wittenberg (links: Lutherhaus) versetzt. Die Erfahrung einer Romreise und sein Suchen nach dem richtigen Verhältnis zu Gott führten ihn zu einer zunehmend kritischen Haltung gegenüber der Amtskirche. Luther (ganz links: Cranach-Porträt) prangerte alle Formen von Bigotterie an, besonders den Ablasshandel. Im »Turmzimmererlebnis« überkam ihn die Erkenntnis, dass die Gnade Gottes dem Einzelnen nur direkt zuteil werden kann und die kirchlichen Autoritäten dabei keine Rolle spielen. Durch Thesenpapiere (der Thesenanschlag an der Wittenberger Schlosskirche ist historisch umstritten) gewann sein Kampf an Schärfe. 1521 wurde er exkommuniziert und für vogelfrei erklärt. Kurfürst Friedrich der Weise versteckte ihn auf der Wartburg, wo Luther das Neue Testament ins Deutsche übersetzte und so zum bedeutenden Sprachschöpfer wurde.

Gestaltung zum Inbegriff moderner Architektur und Formgestaltung wurde. Walter Gropius entwarf hier 1925/26 das Bauhaus-Gebäude sowie die Meisterhäuser, aus teils normierten Elementen gefertigte Doppelhäuser, in denen Kandinsky, Klee, Feininger und Schlemmer mit ihren Familien wohnten.

* Waldersee In dem heutigen Dessauer Stadtteil erbaute Friedrich Wilhelm von Erdmannsdorff ab 1775 das Schlösschen Luisium, das sich in einem Park auf einem sanften Hügel über einem Teich erhebt. Im Park befinden sich auch eine Orangerie sowie das neugotische Schlangenhäuschen.

*** Wörlitz Der berühmteste Landschaftspark Sachsen-Anhalts entstand ab 1764 unter Leopold III. Friedrich Franz von Anhalt-Dessau nach Plänen von Erdmansdorff und Johann Friedrich Eyserbeck. Er erstreckt sich auf einer Fläche von über 100 Hektar am Wörlitzer See. Kanäle, Inseln, Gärten, Tempel, Grotten und Plastiken gliedern das Areal. Das Schloss, im Stil englischer Landsitze erbaut, beeindruckt durch seine Ausstattung, u. a. mit Gemälden von Rubens, Canaletto und Pesne. Sehenswert ist auch die Bibliothek mit Fresken und Reliefs.

** Oranienbaum Vor dem Schloss – einer niederländisch geprägten barocken Dreiflügelanlage mit Ehrenhof (1698) – steht das Wahrzeichen von Oranienbaum, ein schmiedeeisernes Orangenbäumchen mit vergoldeten Früchten. Der englisch-chinesische Garten bezaubert mit Pagode, Teehäuschen und Bogenbrücken.

* Naturpark Dübener Heide Der zu Sachsen (35 000 Hektar) und zu Sachsen-Anhalt (40 000 Hektar) gehörende Park ist gekennzeichnet durch Wälder, Heideflächen, Moore, Feuchtgebiete und Auenlandschaften. Seine Fauna umfasst Kraniche, Seeadler und Schwarzstörche sowie andere seltene Vogelarten.

*** Lutherstadt Wittenberg Die Stadt steht ganz im Zeichen Martin Luthers, der hier mit seinen 95 Thesen die Reformation einleitete. An die Tür des Nordportals der Schlosskirche soll er 1517 seine weltberühmten Thesen geschlagen haben, in der *Stadtkirche St. Marien mit dem Hauptaltar von Lukas Cranach d. Ä. predigte er. Sehenswert ist das Ensemble des *Marktplatzes mit dem Rathaus, den Denkmälern von Luther und Melanchthon sowie der Kirche St. Marien

Hoch über der Saale thront das prächtige Renaissanceschloss von Bernburg (oben).

TIPP++TIPP++

Anhaltische Gemäldegalerie
Die bedeutendste Sammlung alter Malerei und Grafik, darunter Werke von Lucas Cranach und Hans Baldung Grien, von Flamen und Niederländern. Auch Meister des 19. und

20. Jahrhunderts sind vertreten.
Dessau, Schloss Georgium und Historisches Fremdenhaus, Puschkinallee 100, Tel. 03 40/ 61 38 74, Di–So 10–17 Uhr

Walter Gropius (1883–1969) trat 1907 in das Büro von Peter Behrens in Berlin ein, wo er auch Le Corbusier und Mies van der Rohe kennenlernte. 1910 machte er sich als Architekt und Industriedesigner selbstständig. Gleich sein erster großer Auftrag geriet zu einem Meilenstein der deutschen Industriearchitektur: das Fagus-Werk in Alfeld/Leine, das er ab 1911 mit Adolf Meyer baute. Mehrere Gestaltungselemente, die Gro-

Walter Gropius

pius und Meyer hier entwickelten, setzten sich rasch weltweit durch: die Glasfassade, die kubischen Formen sowie die Skelettbauweise der Stahlträger, die das Gebäude leicht und elegant wirken lassen (großes Bild: Haus Muche in Dessau). 1919 wurde Gropius (unten links) Direktor der großherzoglich-sächsischen Hochschule für Bildende Kunst in Weimar, die er in »Staatliches Bauhaus« umbenannnte und zu Weltgeltung führte. Seine Architektur übte maßgeblichen Einfluss auf den International Style aus. 1925 zog das Bauhaus nach Dessau um, wo Gropius das Bauhausgebäude (ganz links) entwarf. 1934 floh er vor den Nationalsozialisten nach England und in die USA, wo er Professor in Harvard wurde. Nach dem Krieg verwirklichte Gropius wieder Projekte in Deutschland, so das Museumsgbäude »Bauhaus-Archiv« in Berlin (links).

Sachsen-Anhalt

Georg Friedrich Händel (links) kam am 23. Februar 1685 in Halle an der Saale zur Welt – im selben Jahr wie Johann Sebastian Bach und Domenico Scarlatti. Früh erkannte man die Begabung des Knaben, und er erhielt ersten Orgelunterricht. Dennoch begann Georg Friedrich 1702 zunächst ein Jurastudium und arbeitete nebenbei als Organist. Ab 1703 widmete er sich ganz der Musik und zwar als Geiger des Opernorchesters

TIPP++TIPP++

Händel-Haus
Zehn Ausstellungsräume des Museums informieren über Leben, Werk und Zeit Georg Friedrich Händels. Bei einem Rundgang können sich die Besucher von Musik und kurzen Erläuterungen in wahlweise mehreren Sprachen leiten lassen. Etwa 700 historische Musikinstrumente gehören zu den Sammlungen
Halle (Saale), Große Nikolaistr. 5, Auskünfte und Anmeldungen unter Tel. 03 45/50 09 01 27

Geburtshaus Martin Luthers
Familie, Kindheit und Jugend Luthers sind die Themen der kleinen Ausstellung in dem spätgotischen Gebäude, das auch als solches sehenswert ist.
**Eisleben, Lutherstr. 15,
Tel. 0 34 75/60 27 75, Apr.–Okt. tgl. 10–18 Uhr, Nov.–März Di–Fr 10–16 Uhr, Sa, So 10–12 Uhr**

Spengler-Museum
Das 1952 eröffnete Haus zeigt in verschiedenen Abteilungen Exponate zur Stadt- und Bergbaugeschichte sowie zur Vor-, Früh- und Naturgeschichte – darunter ein intaktes Mammutskelett.
Sangerhausen, Bahnhofstr. 33, Tel. 0 34 64/57 30 48, Di–Fr, So 10–17 Uhr, Sa 14–17 Uhr

Zwischen Saale und Unstrut

Die südliche Region von Sachsen-Anhalt hat viele Gesichter. Berühmt sind die Weine, die am Zusammenfluss von Saale und Unstrut schon seit dem 10. Jahrhundert reifen. Aber auch Flussauen und Streuobstwiesen, Wälder und Trockenrasen prägen das Landschaftsbild dieser Region.

* **Lutherstadt Eisleben** Im Geburts- und Sterbeort Martin Luthers wird man auf Schritt und Tritt an den Reformator erinnert. Den schönen Markt mit Rathaus und *St.-Andreas-Kirche schmückt sein Denkmal, in der Lutherstraße steht das schlichte *Geburtshaus und in der Sangerhäuser Straße das *»Museum Luthers Sterbehaus«. Getauft wurde Luther in der *Kirche St. Peter und Paul, woran vier kleine Gemälde (16. Jahrhundert) erinnern.

* **Naturpark Unteres Saaletal** Steil aufragende Felsen wechseln sich hier ab mit sanften Hängen. Zur Fauna und Flora gehören seltene Orchideen, Schmetterlinge, Grasmücken und Stieglitze sowie andere rare Brutvögel.

*** **Sangerhausen** Das ***Rosarium gehört zu den bedeutendsten Rosengärten der Welt. Auf 15 Hektar blühen hier neben zahlreichen Wildrosenarten über 6500 Rosensorten. Die *Ulrichskirche (um 1100) ist eine bemerkenswerte romanische Basilika.

* **Bad Lauchstädt** Einst Modebad des kursächsischen Adels im 18. und 19. Jahrhundert, sind die historischen Kuranlagen mit Teich, Pavillons (1776), Kursaal (1780) und hölzernen Kolonnaden auch heute noch einen Besuch wert.

** **Halle an der Saale** In der über 1000-jährigen Stadt beeindrucken am Markt die spätgotische **Marktkirche mit zwei Turmpaaren und sehenswerter Innenausstattung, das *Marktschlösschen sowie der **Rote Turm (15. Jahrhundert). In der Mitte des Platzes steht das Denkmal für Georg Friedrich Händel, dessen Geburtshaus sich in der nahen Großen Nikolaistraße befindet. In der *Moritzburg sind das **Brautzimmer der Halloren (Bruderschaft der Salzwirker) sowie die **Moritzburggalerie einen Besuch wert. Das Portal zur Sakristei des *Doms ist eines der vorzüglichsten Frührenaissancemonumente in Mitteldeutschland. Von der Oberburg der **Burg Giebichenstein bietet sich der schönste Blick auf Saale und Giebichensteinbrücke.

* **Lützen** Berühmt wurde der kleine Ort durch die Schlacht zwischen den Schweden und den kaiserlichen Truppen 1632. Obwohl Erstere siegten, fiel ihr König Gustav Adolf II. in der Schlacht. An ihn erinnern ein Standbild am Rathaus, die Gustav-Adolf-Gedächtniskapelle und das »Schwedenzimmer« im Gasthaus »Roter Löwe«.

** **Merseburg** Die reizvolle Anlage der Domburg ist eine Symbiose von Schloss und

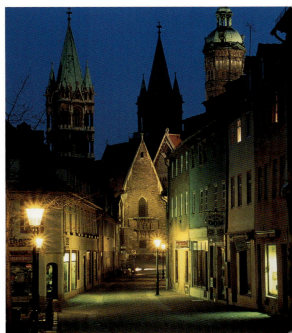

Naumburger Altstadt mit Dom im Hintergrund

****Dom**. Im Dom imponiert besonders die monumentale Orgel (1697). Nördlich vom Schloss erstreckt sich der **Schlossgarten (1661), eine schöne Parkanlage mit der toskanischen Säulenhalle eines zweigeschossigen Schlossgartensalons (1729 bis 1738).

* **Freyburg** Der Ort im unteren Unstrut-Tal ist das Zentrum des Weinanbaus in Sachsen-Anhalt. Oberhalb der Weinhänge thront auf einem Bergsporn

Georg Friedrich Händel

in Hamburg. Dort entdeckte er seine Liebe zur Bühne, was schon 1705 zur Aufführung seiner ersten Oper »Almira« führte. Um seine musikalischen Kenntnisse zu vertiefen und Kontakte zu knüpfen, reiste er von 1706 bis 1710 durch Italien. Zurück in Deutschland, begab er sich in die Dienste des Kurfürsten von Hannover. Ab 1712 lebte er überwiegend in London, wo er aufgrund der Beziehungen des Hauses Hannover erste Aufträge erhielt. 1714 wurde sein Dienstherr Kurfürst Georg von Hannover zum König Georg I. von England gekrönt. In London feierte Händel große Erfolge mit italienischen Opern wie »Giulio Cesare in Egitto« oder »Rodelinda«, später mit Oratorien wie dem »Messias«. Ebenso schrieb er glänzende Kirchenmusiken und Konzerte. 1726 ließ er sich in England einbürgern, wo er am 14. April 1759 starb.

die Neuenburg (1062) mit der um 1180 auf dem inneren Burghof erbauten Doppelkapelle.

* **Naturpark Saale-Unstrut-Triasland** Kleine, verstreut gelegene Weinberge bestimmen hier das Landschaftsbild. Besonders typisch hierfür ist der »Herzogliche Weinberg« in Freyburg.

** **Weißenfels** Das Stadtbild wird dominiert von Schloss Neu-Augustusburg, einer frühbarocken Dreiflügelanlage. Die Schlosskirche imponiert durch ihre barocke Ausstattung. Auffälligster Renaissancebau der Stadt ist das *Geleitshaus.

** **Naumburg** Ein Rundblick über die weitgehend homogen erhaltene, fast 1000-jährige Stadt bietet sich von der Aussichtsplattform des Turms der Wenzelkirche. Zu den wertvollsten europäischen Kulturdenkmälern gehört der **Dom St. Peter und Paul (spätromanisch-frühgotisch) mit den weltberühmten zwölf Stifterfiguren im Westchor. Am Markt vermitteln schöne Fassaden der Spätgotik und Renaissance ein heiteres Bild, das Rathaus begrüßt den Besucher mit einem prachtvollen Renaissanceportal.

* **Zeitz** In der »Zeitzer Unterwelt« mit ihren seit dem 13. Jahrhundert angelegten Gängen und Gewölben wurde einst Bier gelagert. Anziehungspunkt ist auch das spätgotische *Rathaus (1505–1509) mit Ziergiebel am Markt. Das frühbarocke Schloss **Moritzburg hält neben einer Möbelsammlung von der Spätgotik bis zum Biedermeier Malereien in der Tafelstube (1663) von Christian und Wilhelm Richter parat.

Georg Friedrich Händel grüßt auf dem Marktplatz von Halle vor der Kulisse der Marienkirche vom Podest (rechts).

Einzigartige Kulisse am Dresdner Theaterplatz: Hausmannturm, Hofkirche und Semperoper

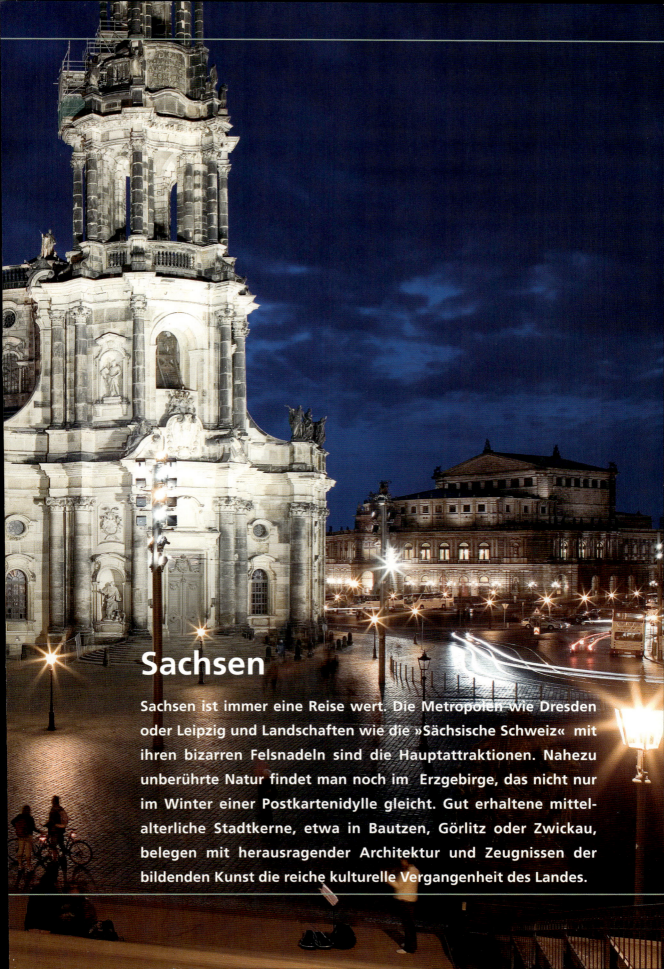

Sachsen

Sachsen ist immer eine Reise wert. Die Metropolen wie Dresden oder Leipzig und Landschaften wie die »Sächsische Schweiz« mit ihren bizarren Felsnadeln sind die Hauptattraktionen. Nahezu unberührte Natur findet man noch im Erzgebirge, das nicht nur im Winter einer Postkartenidylle gleicht. Gut erhaltene mittelalterliche Stadtkerne, etwa in Bautzen, Görlitz oder Zwickau, belegen mit herausragender Architektur und Zeugnissen der bildenden Kunst die reiche kulturelle Vergangenheit des Landes.

Sachsen

Müsste man einen Komponisten nennen, der mehr als alle anderen die Musik seiner Zeit befruchtet und die nach ihm Kommenden beeinflusst hat, dann fiele die Wahl wohl auf Johann Sebastian Bach (links). Im Kontrast zu seiner universellen Wirkung steht die Tatsache, dass sich fast sein gesamtes Leben in einem überschaubaren Radius in Thüringen, Sachsen und Anhalt abgespielt hat. Noch mehr mag überraschen, dass er zu

Leipzig und das Sächsische Burgenland

Das Sächsische Burgen- und Heideland erstreckt sich rings um Leipzig im nördlichsten Abschnitt Sachsens. Den flachen nordwestlichen Teil nimmt die Leipziger Tieflandsbucht ein. Südlich von Leipzig, wo einst riesige Bagger Braunkohle förderten, laden heute Seen zur Erholung ein. Westlich von Leipzig durchschneidet die von Burgen und alten Städten gesäumte Mulde eine sanfte Hügellandschaft.

★★ **Leipzig** In Chemnitz wird gearbeitet, in Leipzig gehandelt und in Dresden gefeiert – so heißt es im Volksmund. Schon im 17. Jahrhundert wurden in Leipzig Waren aus aller Welt gehandelt. Heute ist das neue *Messegelände fester Treffpunkt im internationalen Messekalender. Gegründet wurde Leipzig 1015 als Burg an der Kreuzung wichtiger Handelsstraßen. 1409 entstand hier die zweitälteste Universität Deutschlands. Im 18. Jahrhundert etablierte sich ein starkes Bürgertum, das zum Träger eines florierenden Kulturlebens wurde. Die wichtigsten Sehenswürdigkeiten sind am und um den Markt zu finden: das Alte **Renaissance-Rathaus mit der barocken Börse dahinter und die zahlreichen *Passagen vom Beginn des 20. Jahrhunderts, etwa die Mädlerpassage. Die gotische **Thomaskirche ist Heimat des Thomanerchors. Johann Sebastian Bach war hier Kantor und ist auch in der Apsis begraben. An der Südseite des Kirchhofs befindet sich das Bosehaus, heute Sitz des Bacharchivs und -museums. Die *Nikolaikirche war 1988/89 Schauplatz der Montagsdemonstrationen, die zur friedlichen Revolution in der DDR führten. Der Sachsenplatz wurde völlig umgestaltet: Hier stehen das Opernhaus (1960), das *Neue Gewandhaus (1981) und die Universität. Im modernen *Bildermuseum sind berühmte Gemälde und Skulpturen zu bewundern. Lebendige Gründerzeitviertel haben sich im Westen und Süden der Stadt erhalten. Unübersehbar ist etwas außerhalb der dunkle, 91 Meter hohe Turm des monumentalen **Völkerschlachtdenkmals, das an die verlorene Schlacht Napoleons von 1813 erinnert.

Machern Wichtigste Sehenswürdigkeit in dem lang gestreckten Straßendorf ist der 1792 angelegte *Landschaftspark. Beim Spaziergang unter seltenen alten Bäumen stößt man immer wieder auf Überraschungen – von einer ägyptischen Pyramide über eine mittelalterliche Burgruine bis zum griechischen Tempel.

★ **Wurzen** Wo die Mulde au dem nordsächsischen Kuppen land in die Tiefebene übergeh liegt das um 960 gegründe Wurzen. 1487 bis 1518 war de romanisch-gotische Dom B schofssitz. Unterhalb des Dom bezirks liegt der Markt mit ba rocken Bürgerhäusern und de klassizistischen Alten Rathaus

★ **Dübener Heide** 1915 wurd in dem kleinen Korbmache städtchen Bad Düben an de Mulde ein Eisenmoorbad e öffnet. Direkt an den Kuro schließt sich der Naturpar Dübener Heide an. Ein Teil d Wald- und Moorlandschaft i Naturschutzgebiet.

★ **Dahlener Heide** Zwische Torgau und Dahlen erstreck sich Sachsens größtes Waldg

Johann Sebastian Bach

Lebzeiten als Organist und Cembalovirtuose berühmt war, als Komponist aber im Schatten seiner Zeitgenossen Händel und Telemann stand. Geboren (1685) und aufgewachsen in Eisenach, kam Bach durch einen verwandten Organisten schon früh mit Kirchen- und Orgelmusik in Berührung. Als er neun Jahre alt war, starben Mutter und Vater innerhalb eines dreiviertel Jahres. Er zog zu seinem älteren Bruder Johann Christoph, von dem er Orgelspielen und Komponieren lernte. Außerdem war er bereits als Chorsänger tätig. Nach Stationen als Organist in Arnstadt und Mühlhausen wurde er Hoforganist und Konzertmeister in Weimar, schließlich Hofkapellmeister bei Fürst Leopold von Anhalt-Köthen. 1723 erlangte er die gut dotierte Stelle des Thomaskantors in Leipzig. Bach starb 1750 in Leipzig (ganz links: Grabstätte in der Thomaskirche Leipzig).

iet, die Dahlener Heide, die mit ihren Wäldern, Lichtungen, een und bis zu 205 Meter hohen Hügeln äußerst abwechslungsreich ist.

ollmberg Das leicht wellige ügelland zwischen Wermsdorf nd Oschatz wird vom 316 Meer hohen Collmberg überragt. nter der 1000-jährigen Linde ielten im Mittelalter die Markrafen von Meißen ihre Landtae ab. Vom Aussichtsturm kann an an klaren Tagen bis Leipzig nd zum Erzgebirge sehen.

Schloss Hubertusburg achsens größtes Barockschloss Wermsdorf wurde unter Auust III. 1751 erbaut. Wenig späer wurde es durch preußische ruppen geplündert. Danach urde es als Lazarett, psychirisches Krankenhaus und efängnis genutzt – deshalb iegeln im Inneren nur Schlosskapelle und Schlossmuseum die äußere Pracht wider.

Oschatz Schon von Weitem sieht der ankommende Besucher die Doppeltürme der gotischen Stadtkirche St. Ägidien. Weitere Sehenswürdigkeiten sind das von Gottfried Semper nach einem Stadtbrand wiederaufgebaute Rathaus und ein Rest der Stadtbefestigung mit der sogenannten Ratsfronfeste. Hier erinnert das *Stadtmuseum an die Waagenproduktion. Die Landschaft des Döllnitz-Tals südlich von Oschatz kann man mit der Schmalspurbahn *»Wilder Robert« erkunden.

* **Grimma** Das Städtchen an der Mulde beeindruckt vor allem mit seinem Renaissance-Rathaus von 1442 und der gotisch überbauten romanischen Kirche »Unserer Lieben Frauen«.

Leisnig Markantestes Gebäude hoch über dem Tal der Freiberger Mulde ist die fast 1000 Jahre alte *Burg Mildenstein, die auf eine wechselvolle Geschichte unter Saliern, Staufern und Wettinern zurückblickt.

** **Schloss Rochlitz** Wie eine Kathedrale erheben sich die beiden Türme von Schloss Rochlitz über das Muldental. Auch der Ort selbst wartet mit vielen historischen Bauwerken auf. Seine Altstadt steht unter Denkmalschutz.

** **Kloster Wechselburg** Sachsens besterhaltene romanische Kirche (1160–1180) ist seit 1993 wieder Benediktinerklosterkirche. Besonders wertvoll ist der Kanzellettner (um 1230).

Leipzig: Mädlerpassage mit steinernen »Faust«-Szenen vor »Auerbachs Keller« (oben)

TIPP++TIPP++

Orgelkonzerte Thomaskirche
Wer würde nicht gerne einem Konzert des Thomanerchors stilvoll in der Thomaskirche lauschen wollen? Motette ist freitags um 18 Uhr (in der liturgischen Form der Vesper, Dauer 1 Stunde) und samstags um 15 Uhr (mit einer Kantate von Johann Sebastian Bach, Dauer 75 Minuten). Wenn der Thomanerchor

ortsabwesend ist (Schulferien, Konzertreisen), singt ein Gastchor, oder es ist zur gleichen Zeit Orgelvesper.
Leipzig, Richard-Wagner-Str. 1,
Tel. 03 41/7 10 42 60

Sachsen

Die gekreuzten blauen Schwerter gehören zu den ältesten Markenzeichen der Welt. Sie zieren das Meissener Porzellan, dessen Ursprünge vor rund 300 Jahren nicht in Meißen, sondern in Dresden lagen. Der Herrscher

Sächsisches Elbland und Dresden

Das Sächsische Elbland erstreckt sich vom Elbsandsteingebirge bis Torgau. Sein Zentrum ist Dresden, nordwestlich schließt sich entlang der Elbe bis Diesbar-Seußlitz ein Weinbaugebiet an, das durch die Sächsische Weinstraße erschlossen wird.

Sächsisches Staatsweingut Schloss Wackerbarth bei Radebeul mit Belvedere

* * **Torgau** Schon 973 stand hier eine Burg. Die Wettiner erhoben die Stadt 1456 zu ihrer Residenz. Nach der sächsischen Landesteilung blieb Torgau bis 1547 Residenz der ernestinischen Linie. Danach verlor es rasch an Bedeutung, sein Renaissance-Stadtbild blieb fast vollständig erhalten. Weithin sichtbar thront **Schloss Hartenfels über der Elbe. Der Wendelstein ist ein Meisterwerk der sächsischen Renaissance. Der Markt wird beherrscht von Rathaus und *Nikolaikirche.

* **Großenhain** Die 800-jährige Stadt hat ihr spätbarockes Gesicht weitgehend bewahrt. Besonders sehenswert ist die *Marienkirche. Auf T-förmigem Grundriss entstand 1746 bis 1748 eine der originellsten Raumschöpfungen dieser Zeit.

* **Schloss Schönfeld** Ganz im Stil der Neorenaissance mit zahlreichen Türmchen, Spitzen, Kuppeln und Giebeln präsentiert sich das Schloss von 1882. Umgeben ist es von einem großen Landschaftsgarten.

* * **Meißen** Von Kaiser Heinrich I. gegründet, war Meißen ab 968 als Bischofssitz geistliches Zentrum, mit Unterbrechungen bis 1485 auch Residenz der Wettiner und damit Hauptstadt Sachsens. Der **Dom auf dem Burgberg gilt als eines der stilreinsten Zeugnisse der Gotik im Osten Deutschlands. Die spätgotische **Albrechtsburg ist Deutschlands erster Schlossbau. Die 1710 gegründete ***Staatliche Porzellan Manufaktur mit Schauhalle und zwei Schauwerkstätten lohnt ebenso einen Besuch wie die mittelalterliche und barocke *Altstadt mit gotischer *Frauenkirche und spätgotischem *Rathaus oder der *Jahnaische Friedhof. In mehreren *Weingütern kann man den Meißener Tropfen probieren.

* * * **Schloss Moritzburg** 1723 bis 1733 ließ August der Starke einen Vorgängerbau zu einem barocken Jagd- und Lustschloss mit vier markanten Rundtürmen inmitten eines Teiches umbauen. Zum Ensemble gehören auch das später errichtete Fasanenschlösschen und ein 3,3 Hektar großer Park.

* **Radebeul** Die von Villen geprägte Stadt am Rand der Weinberge entstand aus der

Meissener Porzellan

über Sachsen und Polen, August der Starke, hatte eine Leidenschaft für Porzellan entwickelt, eine »Maladie de Porcelaine« (»Porzellankrankheit«). Doch die zerbrechlichen Kostbarkeiten mussten teuer aus China eingeführt werden. 1707 ließ August deshalb den als vermeintlichen Goldmacher arretierten Apothekergehilfen Johann Friedrich Böttger in der Dresdner Jungfernbastei mit Experimenten zur Herstellung von Porzellan beginnen. Dort gelang diesem mit Ehrenfried Walter von Tschirnhaus zunächst die Herstellung von braunem Feinsteinzeug, dem Jaspisporzellan. Eine Labornotiz über das Brennen eines weißen durchscheinenden Scherbens vom Januar 1708 markierte die Geburtsstunde des europäischen Hartporzellans. Eine bedeutende Sammlung historischen Porzellans findet sich im Museum der Porzellan-Manufaktur Meißen (links).

Zusammenschluss mehrerer Dörfer. Der schönste Dorfkern ist in Altkötzschenbroda erhalten. Die *Hoflößnitz mit holzgetäfeltem Festsaal war das Weingut der Kurfürsten. **Schloss Wackerbarth ist heute Sitz des sächsischen Staatsweinguts, die Villa des Abenteuerschriftstellers Karl May *Museum. Daneben fährt die Schmalspurbahn »Lößnitzdackel« an Moritzburg vorbei nach Radeburg.

*** **Dresden** Siehe Stadtplan auf Seite 177

** **Nossen** Hauptsehenswürdigkeiten des Orts sind die Klosterruine **Altzella, romantisch in einem Landschaftspark gelegen, und *Burg Nossen, ein Renaissanceschloss auf einem Felsen am Ende der Altstadt.

* **Tharandt** Hier sieht man den Wald vor lauter Bäumen nicht: Im *Forstbotanischen Garten hat jeder Baum seine eigene Geschichte. Sehenswert auch die Burgruine und die Kirche oberhalb des Marktes.

Oberlausitz und Niederschlesien

Weite, teils unberührte Landschaften, von trockener Ebene im Norden bis zu kühlen, regenreichen Mittelgebirgen im Süden, prägen die Oberlausitz und Niederschlesien. Hier leben die Sorben – Reste der slawischsprachigen Urbevölkerung Sachsens.

*** **Bad Muskau** Hier gilt es, auf 50 Kilometer Wegenetz ein UNESCO-Welterbe zu erwandern in Gestalt des von Herman Fürst von Pückler-Muskau 1815 bis 1844 im englischen Stil angelegten Muskauer Parks. Der acht Quadratkilometer große Landschaftspark beiderseits der deutsch-polnischen Grenze an der Neiße – die beiden Teile sind durch eine Brücke miteinander verbunden – ist der größte seiner Art in Mitteleuropa.

Hoyerswerda Einst Zentrum des Braunkohleabbaus, besinnt sich die Stadt nach drastischem Bevölkerungsschwund wieder ihrer historischen Wurzeln. Die Altstadt mit *Langer Straße, Johanniskirche und Schloss wurde vorbildlich restauriert.

Königsbrück Das Städtchen in der Westlausitz wurde bekannt durch seine Töpferbetriebe und die *Kameliensammlung. Mittelpunkt ist ein von einem Park umgebenes Barockschloss.

* **Kamenz** Hier wurde 1729 Gotthold Ephraim Lessing geboren. An ihn erinnert ein *Museum. Überragt wird Kamenz vom Turm der gotischen *Hauptkirche St. Marien. Der Markt mit dem Rathaus (1848) im toskanischen Stil erinnert an eine italienische Piazza.

Bischofswerda Hier hatten die Meißener Bischöfe ihren Stammbesitz. Da die gesamte Stadt 1813 von Napoleons plündernden Soldaten dem Erdbo-

Sächsische Schlösser- und Burgenpracht: Albrechtsburg mit Dom in Meißen sowie Moritzburg (oben links und rechts)

TIPP++TIPP++

Schloss Hartenfels
In den historischen Gewölben unter der Schlosskirche und in der ehemaligen unteren Hofstube werden über 80 herausragende originale Zeugnisse der Bildhauer- und Steinmetzkunst des Schlosses präsentiert. Die Wappengalerie ist eine Ahnenaufstellung ganz besonderer Art.
Torgau-Informations-Center,
Markt 1, Tel. 0 34 21/7 01 40

Hengstparade
Alljährlich im September lädt das Sächsische Landgestüt zur traditionellen Hengstparade ein. Zwischen den züchterisch und sportlich geprägten Vorstellungen sind die Fahrvorführungen lohnende Fotomotive.
Landgestüt Moritzburg,
Schlossallee 1,
Tel. 03 52 07/89 01 06

DIE SCHÖNSTEN REISEZIELE **175**

Sachsen

Das Weinanbaugebiet Sachsen erstreckt sich der Elbe folgend von Pirna über Dresden, Radebeul und Meißen bis Diesbar-Seußlitz. Es ist das nordöstlichste Europas. Die 55 Kilometer lange Sächsische Weinstraße

den gleichgemacht wurde, fasziniert das Stadtbild heute durch die Einheitlichkeit der klassizistischen Architektur des frühen 19. Jahrhunderts, wie sie auch das Rathaus aufweist.

★★ Rammenau Das hiesige Barockschloss (1721–1737) gehört zu Sachsens schönsten Repräsentationsbauten. Nach Entwürfen von Johann Christoph Knöffel entstand über einem hufeisenförmigen Grundriss ein zweigeschossiger Dreiflügelbau aus Sandstein. Die enormen Baukosten haben den prestigesüchtigen Bauherrn letzten Endes ruiniert, und die Zwangsversteigerung folgte auf dem Fuße.

Hutberg und Seenlandschaft Biehla Der 294 Meter hohe Hutberg ist der Hausberg von Kamenz. Musikfreunde pilgern im Sommer zur Open-Air-Bühne. Naturliebhaber dagegen lassen sich lieber von den blühenden Rhododendren begeistern, die den Wald in ein prächtiges Farbenmeer tauchen.

★★ Kloster Marienstern Ein wichtiges geistliches Zentrum des katholischen und sorbisch sprechenden Teils der Oberlausitz ist dieses 1248 gegründete Zisterzienserinnenkloster. Von außen präsentiert es sich im Barockstil. Das Innere der Klosterkirche beeindruckt durch seine schlichte Backsteingotik.

★ Biosphärenreservat Oberlausitzer Heide- und Teichlandschaft Das 26 000 Hektar große Biosphärenreservat mit über 2000 Seen und Teichen erhielt 1996 die höheren Weihen der UNESCO. Störche, Graureiher, Kormorane, Adler und andere Tiere haben hier ein Refugium gefunden.

★ Pulsnitz Das Geburtshaus des Dresdner Bildhauers Ernst Rietschel und die *Nikolaikirche sind die wichtigsten Sehenswürdigkeiten des hübschen Städtchens. In der Adventszeit können Besucher hier den traditionellen *Pfefferküchlern und den Töpfern über die Schulter schauen.

★★★ Bautzen Geschichte ist in der 1002 erstmals erwähnten Hauptstadt der sorbischen Oberlausitz auf Schritt und Tritt spürbar. Bedeutende Sehenswürdigkeiten der gut erhaltenen Altstadt sind der gotische **Dom St. Peter (1213–1497), das barocke *Rathaus (1732), die Bürgerhäuser entlang der *Inneren Lauenstraße und der *Reichenstraße sowie der schiefe Reichenturm. In der *Ortenburg dokumentiert das **Sorbische Museum die Traditionen der Sorben, der kleinsten slawischen Sprachgemeinschaft. Die *Alte Wasserkunst pumpte als technisches Meisterwerk des Mittelalters das Wasser der Spree in die 50 Meter höher gelegene Altstadt.

Löbau Eine überraschende Stilmischung weist das hiesige Rathaus auf, dessen mittelalter-

Dresden

Mit dem Barock begann die Blütezeit der sächsischen Residenzstadt. Im 18. Jahrhundert wurde das »Elbflorenz« eine Metropole der Kunst und der Wissenschaft.

In der Dresdner Altstadt reiht sich ein Höhepunkt an den anderen: Das *Albertinum beherbergt die ***Gemäldegalerie Neue Meister und die Skulpturensammlung. Der barocke ***Zwinger (darin die weltgrößte **Porzellansammlung) mit der angeschlossenen *Sempergalerie (mit ***Gemäldegalerie Alte Meister), die ***Semperoper und das **Residenzschloss (mit Wandfries *Fürstenzug und ***Grünem Gewölbe) umrahmen den Theaterplatz. Erst kürzlich wiederaufgebaut wurden die ***Frauenkirche und ein Teil der barocken Bürgerhäuser am *Neumarkt. Von der *Augustusbrücke fällt der Blick auf die ***Elbsilhouette. Prächtige Bauwerke wie die gründerzeitliche Kunstakademie oder die spätbarocke ***Kathedrale St. Trinitatis überragen die Stadtbefestigung mit der **Brühlschen Terrasse. Sehenswert auch die Innere Neustadt mit Barockgebäuden wie dem *Japanischen Palais. Die Äußere Neustadt mit geschlossener Gründerzeitbebauung ist Dresdens Szeneviertel, die *Kunsthofpassage eine gelungene Symbiose von Alt und Neu. Weiter östlich schließen sich die *Villenvororte Preußisches Viertel, Weißer Hirsch, Losch-

Bautzen: Blick von der Friedensbrücke auf die Stadtkulisse

Elbblick mit Hofkirche, Semperoper; Zwinger mit Wallpavillon

witz sowie südlich der Elb Blasewitz und Striesen an. Di Elbe wird von *Schloss A brechtsburg, Lingner Schloss Schloss Eckberg und **Schlos Pillnitz gesäumt. Einen Abste cher wert sind die *Kreuzkirch am Altmarkt, das *Deutsch Hygiene-Museum und der Gr ße Garten mit der *Gläse nen Automanufaktur, dem Zo und dem ältesten Barockpala Dresdens. Der Stadtteil *Helle au ist Deutschlands erste Gar tenstadt. Mit Festspielhaus un Deutschen Werkstätten ist hi Dresdens Aufbruch in die M derne nachzuvolllziehen.

Sächsische Weinstraße

führt durch eine alte Kulturlandschaft mit langer Weinbautradition. Bereits um 1100 soll Bischof Benno von Meißen nahe dem Burgberg Weinstöcke gepflanzt haben, die erste urkundliche Erwähnung fand der Weinanbau in Sachsen 1161. Heute gedeihen an den sonnigen Elbhängen auf 470 Hektar Rebfläche vor allem weiße Sorten wie Müller-Thurgau, Riesling und Weißburgunder, der Rotweinanteil liegt bei rund 15 Prozent. Zu den bekanntesten Produzenten der Region zählen das Sächsische Staatsweingut Schloss Wackerbarth in Radebeul, das Schloss Proschwitz Prinz zur Lippe in Meißen und die Winzergenossenschaft Meißen. 2004 wurde ein 90 Kilometer langer Weinwanderweg eingeweiht, vorbei an Weinbergen, -lokalen und Aussichtspunkten (links: barocke Weinbergkirche Zum Heiligen Geist. unterhalb des Pillnitzer Königlichen Weinbergs).

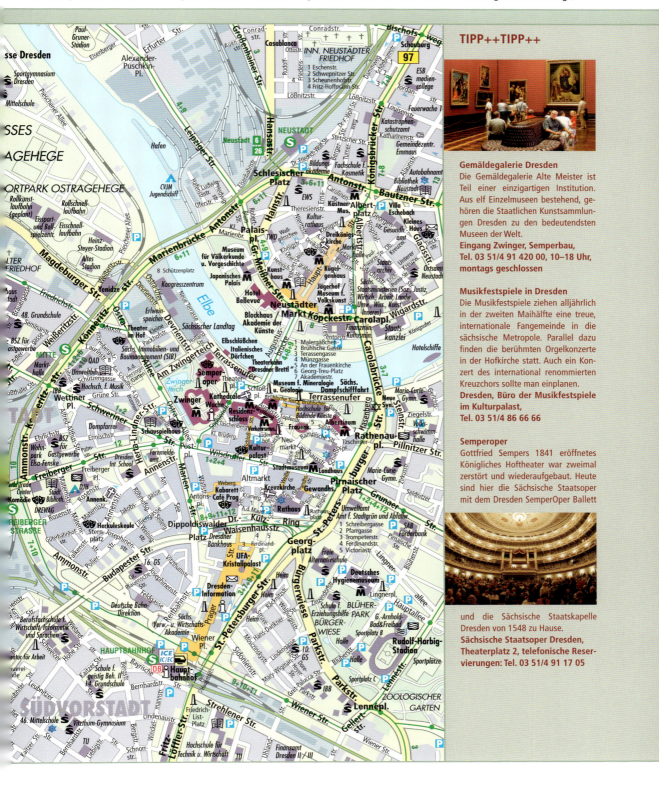

TIPP++TIPP++

Gemäldegalerie Dresden
Die Gemäldegalerie Alte Meister ist Teil einer einzigartigen Institution. Aus elf Einzelmuseen bestehend, gehören die Staatlichen Kunstsammlungen Dresden zu den bedeutendsten Museen der Welt.
Eingang Zwinger, Semperbau, Tel. 03 51/4 91 420 00, 10–18 Uhr, montags geschlossen

Musikfestspiele in Dresden
Die Musikfestspiele ziehen alljährlich in der zweiten Maihälfte eine treue, internationale Fangemeinde in die sächsische Metropole. Parallel dazu finden die berühmten Orgelkonzerte in der Hofkirche statt. Auch ein Konzert des international renommierten Kreuzchors sollte man einplanen.
Dresden, Büro der Musikfestspiele im Kulturpalast, Tel. 03 51/4 86 66 66

Semperoper
Gottfried Sempers 1841 eröffnetes Königliches Hoftheater war zweimal zerstört und wiederaufgebaut. Heute sind hier die Sächsische Staatsoper mit dem Dresden SemperOper Ballett und die Sächsische Staatskapelle Dresden von 1548 zu Hause.
Sächsische Staatsoper Dresden, Theaterplatz 2, telefonische Reservierungen: Tel. 03 51/4 91 17 05

Der Anblick ist märchenhaft: Am Loschwitzer Elbhang stehen hoch über dem Fluss und eingerahmt von Parks und Weinbergen drei Schlösser. Mitte des 19. Jahrhunderts entwarf Adolph Lohse, ein Schüler Karl Friedrich Schinkels, das Schloss Albrechtsberg für Prinz Albrecht von Preußen sowie die benachbarte Villa Stockhausen für den Kammerherrn des Prinzen. Letztere ging später in den Besitz des Odol-Fabrikanten Karl August Lingne

Elbhangschlösser

über und wurde so zum Lingnerschloss. Karl August Lingner hinterließ seinen feudalen Wohnsitz der Stadt »zum Besten der Bevölkerung von Dresden und Umgebung.« Auch er selbst blieb dem Elbhang treu und ruht in einem Mausoleum im Weinberg des Schlosses (links). Auf Schloss Albrechtsberg residieren heute die »Jugend & KunstSchule« sowie eine Hotel- und Gaststättenschule. Im Lingnerschloss hat das »Welterbezentrum Dresdner Elbtal« seit 2007 sein Domizil. Beide Schlösser dienen zudem als extravagante Veranstaltungsorte. Das bis 1861 für den Großkaufmann Johann Daniel Souchay errichtete Schloss Eckberg beherbergt ein Luxushotel. Vom linken Elbufer oder vom Dampfer der Sächsischen Schifffahrt lässt sich das stattliche, einer römischen Renaissancevilla nachempfundene Schloss Albrechtsberg in seiner ganzen Pracht erleben (großes Bild).

Sachsen

Deutschlands östlichste Stadt ist auch eine der schönsten des Landes. Sie überstand den Zweiten Weltkrieg weitgehend unversehrt; mehr als 3500 Baudenkmäler aller Stilepochen bilden in der Neiße-Stadt ein

licher Bergfried aus einem schönen barocken Umbau von 1711 emporsteigt. Das benachbarte Stadthaus von 1720 ist einer der beeindruckendsten Bürgerbauten des Ortes. Weitere schöne Häuser stehen in der Rittergasse hinter dem Rathaus.

Ostritz Der im Neißetal nördlich anschließende Ort wurde bereits 1005 erstmals urkundlich erwähnt und ist damit älter als alle heute bedeutenderen Nachbarstädte. Im Jahr 1243 legte hier in der Nähe die böhmische Königin Kunigunde den Grundstein zum Zisterziensernonnenkloster Marienthal. Nach einem Brand in der Mitte des 17. Jahrhunderts wurden die Kirche, der Konvent und die Probstei im damals vorherrschenden Stil des Barocks neu errichtet.

* Herrnhut Das Städtchen ist ab 1722 als Gründung der protestantisch-pietistischen Brüdergemeine entstanden, die aus Böhmen kommend hier Zuflucht fand. Einen Besuch lohnt das Völkerkundemuseum, in dem die Sammlungen der Missionare präsentiert werden.

** Zittau Im Dreiländereck von Tschechien, Polen und Deutschland gelegen, hat Zittau als böhmischer Handelsplatz schon bessere Zeiten erlebt. Davon künden eindrucksvolle Bauten und eine weitgehend intakte Altstadt. Das von Karl Friedrich Schinkel entworfene *Rathaus gibt dem Markt eine italienische Anmutung. Ebenfalls von Schinkel stammen die Pläne für die klassizistische *Johanniskirche (1837). Eine berühmte Reliquie sind die in der ehemaligen Friedhofskirche zum Heiligen Kreuz ausgestell-

ten beiden mittelalterlichen **Zittauer Fastentücher.

** Zittauer Gebirge/Oybin Deutschlands kleinstes Mittelgebirge ist durch kühles, feuchtes Klima geprägt. Markantester Berg ist der *Oybin, der von den Ruinen einer Burg (später Kloster) bekrönt wird, die schon Caspar David Friedrich inspirierte.

Festung Königstein mit dem Flankierungsturm Friedrichsburg hoch über der Elbe

180 DIE SCHÖNSTEN REISEZIELE

Görlitz

architektonisches Ensemble, das in seiner Geschlossenheit hierzulande seinesgleichen sucht. Während die Berliner Straße und den Postplatz prächtige Gründerzeitbauten säumen, stehen am Marienplatz die gotische Frauenkirche und das bestens erhaltene Jugendstilkaufhaus. Barock präsentiert sich der lang gestreckte Obermarkt mit der gotischen Dreifaltigkeitskirche, in böhmischer Renaissance dagegen der Untermarkt mit dem Rathaus (ganz links, mit Rathausturm). Hinter Laubengängen verbirgt sich der Eingang zum neuen Schlesischen Museum. In der Neißstraße befindet sich die Oberlausitzische Bilbiothek der Wissenschaften (links). Domartig erhebt sich die gotische Hallenkirche St. Peter und Paul über der Neiße. In der Nikolaivorstadt liegt das Heilige Grab, ein Nachbau des Jerusalemer Jesusgrabs (1481–1505).

Sächsische Schweiz

Deutschlands »Grand Canon« mit schroffen Felsen und tief eingeschnittenen Tälern, sanfte Hochebenen und idyllische Orte – all das ist die Sächsische Schweiz, der deutsche Teil des Elbsandsteingebirges südöstlich von Dresden. Zwei in Dresden tätige Schweizer Hofmaler gaben dem Gebirge im 18. Jahrhundert seinen Namen.

** Burg Stolpen Fasts 49 Jahre lang büßte Gräfin Cosel, die berühmte Mätresse Augusts des Starken, hier als Gefangene für ihre politischen Ambitionen. Von hier oben hat man einen herrlichen Ausblick auf die Altstadt und das weite hügelige Umland.

Sebnitz Das Städtchen in einem tief eingeschnittenen Tal war einst Zentrum der Produktion von Kunstblumen aus Seide. In einer *Schauwerkstatt kann man diese Tradition noch nachvollziehen. Afrika-Haus, Dorfkirche und Markt sind weitere Sehenswürdigkeiten.

* Barockgarten Großsedlitz Hier erfreut ein in seiner Substanz fast unverändertes spätbarockes Gartenkunstwerk mit Terrassen, Treppen, Orangerien, Skulpturen, Brunnen, Wasserspielen und Hunderten von Kübelpflanzen, darunter 150 Bitterorangen, das Auge. August der Starke hatte 1723 das Areal erworben und von seinen besten Architekten gestalten lassen.

* Pirna Der *Marktplatz mit dem Renaissancerathaus und zahlreichen historischen Bürgerhäusern sieht immer noch aus wie einst von Canaletto gemalt. Die spätgotische **Marienkirche (1502–1546) entfaltet im Inneren ihre ganze Pracht, mit dem Renaissance-Sandsteinaltar als Hauptwerk. Sehenswert ist auch das *Landschloss Zuschendorf mit seiner Kameliensammlung.

** Bastei Zwischen Rathen und Wehlen überagt der fast senkrecht abfallende Basteifelsen fast 200 Meter das Elbtal. Schon im frühen 19. Jahrhundert war er ein beliebtes Motiv für Reiseschriftsteller und Landschaftsmaler wie Caspar David Friedrich und wurde als Ausflugsziel touristisch erschlossen. Seit 1851 überspannt eine Sandsteinbrücke die 40 Meter tiefe Schlucht »Marterdelle«. Von der Aussichtsplattform genießt man einen grandiosen Blick auf Fluss und Felsen.

Kultur- und Naturdenkmäler im Tal der Elbe: Untere Orangerie im Barockgarten Großsedlitz (oben links) sowie Felsformation Bastei mit Brücke (oben rechts)

TIPP++TIPP++

Zisterzienserinnenabtei Kloster St. Marienthal
An der Neiße bei Ostritz liegt das älteste deutsche Zisterzienserinnenkloster (1234). Nach einem Brand wurde es 1683 im Stil des böhmischen Barock erneuert.
Ostritz, St. Marienthal 1,
Tel. 03 58 23/77 300,
www.kloster-marienthal.de

Schloss Weesenstein
Sachsens eigenwilligstes Schloss wurde von oben nach unten gebaut. Ältester Teil ist der Turm an der Spitze eines Bergkegels. Es folgten weitere Anbauten, u. a. eine prachtvolle Barockkapelle.
Müglitztal, Am Schlossberg 1,
Tel. 03 50 27/62 60
www.schloss-weesenstein.de,
tägl. 9–18 Uhr, Nov.–März 10 bis 17 Uhr

Burg Stolpen
Weithin sichtbar erhebt sich die Burg mit ihren markanten Türmen über das Land.
Burg Stolpen, Schlossstr. 10,
Tel. 03 59 73/2 34 10,
tgl. April–Okt. 9–18 Uhr,
Nov.–März 10–16 Uhr

Sachsen

Das Elbsandsteingebirge ist das Eldorado der Klettersportler. Genau genommen, wurde das Klettern ohne Hilfsmittel hier sogar erfunden. Die sportliche Erstbesteigung des Falkensteins durch fünf junge Schandauer

Rathen Hier lockt der Besuch der *Felsenbühne, Europas wohl schönstem Naturtheater, wo im Sommer regelmäßig Webers »Freischütz« oder Karl Mays »Winnetou« aufgeführt werden.

★★ Festung Königstein In der größten Bergfestung Europas zeugen Gebäude aus unterschiedlichen Epochen – von der Friedrichsburg über Brunnenhaus und Kriegslazarett bis zum Schatzhaus – von der wechselvollen Geschichte der Burg.

Bad Schandau Der malerische Kurort mit seinem komplett unter Denkmalschutz stehenden Zentrum knüpft mit der modernen *Toskana-Therme an die alte Kurtradition an. Ein 1904 erbauter Aufzug verbindet den Ort mit höher gelegenen Stadtteilen.

★★★ Nationalpark Sächsische Schweiz Deutschlands kleinster Nationalpark besteht aus zwei Teilen: Der eine erstreckt sich rings um den Basteifelsen, der andere schließt sich östlich an Bad Schandau an. Die Felsen der Schramm- und Affensteine, der Große Winterberg oder der kuriose Lichtenhainer Wasserfall sind markante Orte des östlichen Nationalparks.

★ Hinterhermsdorf »Sachsens schönstes Dorf« nennt sich der Ort unmittelbar an der tschechischen Grenze. Hier stehen noch die liebevoll restaurierten typischen Umgebindehäuser und eine hübsche Dorfkirche. Über romantische Waldwege erreicht man die *Obere Schleuse. Hinter der 1567 eingerichteten Stauanlage kann man auf einem See Boot fahren.

Links: Eine herrliche Aussicht auf das Durchbruchstal der Elbe genießt man von den Felstürmen der Bastei aus.

Erzgebirge und Westsachsen

Das Erzgebirge ragt über 1200 Meter auf. In die Tiefe kann man dort in zahlreichen Schaubergwerken vorstoßen. In Westsachsen dominiert das sanfte Hügelland um die Zwickauer Mulde das Landschaftsbild.

★★ Freiberg In der restaurierten Silberstadt findet sich mit *Rathaus, *Marktplatz, alten Kirchen und Deutschlands ältestem Stadttheater historisches Flair. Der ***Dom offenbart seine Werte erst im Inneren, mit goldener Pforte, zwei Kanzeln und einer Silbermann-Orgel. Sehenswert ist auch die *Mineraliensammlung »terra mineralia« auf Schloss Freudenstein. Die *Besucherbergwerke »Reiche Zeche« und »Alte Elisabeth« veranschaulichen, was die Stadt einst reich gemacht hat.

★ Glashütte Gleich drei renommierte Manufakturen produzieren hier handwerkliche Präzisionsuhren. Im *Uhrenmuseum kann man mehr darüber erfahren.

★ Schloss Kuckuckstein Das neugotische Schloss war einst Ritterburg und Zentrum der sächsischen Freimaurer. Heute ist es der romantische Mittelpunkt des Städtchens Liebstad

★ Lauenstein Ein *Renaissanceschloss mit Erzgebirgsmuseum und Falkenzucht sowie ein historischer Marktplatz machen den Ort hoch über der Müglitz zu einem beliebten Ausflugsziel.

★ Frauenstein Die mächtige Burg bietet nicht nur Ausblick auf die Erzgebirgslandschaft sondern auch Einblicke in Leben und Werk des Orgelbaumeisters Gottfried Silbermann.

Klettern im Elbsandsteingebirge

Turner 1864 war die Geburtsstunde der Bergsportbewegung in der Sächsischen Schweiz. In den folgenden Jahrzehnten entschlossen sich immer mehr Kletterer, die Felsen ohne künstliche Hilfsmittel zu erklimmen. Der 1910 entwickelte Grundsatz des »freien Kletterns« ging in die drei Jahre später in einem Kletterführer von Rudolf Fehrmann erstmals veröffentlichten Sächsischen Kletterregeln ein. Diese legten fest, an welchen Felsen und unter welchen Bedingungen geklettert werden durfte, und bestimmten, dass Hilfsmittel künftig ausschließlich der Sicherung zu dienen hatten. Das Regelwerk gilt in seinen Grundzügen bis zum heutigen Tag und hat geholfen, den sensiblen, von Erosion bedrohten Sandstein zu schützen. Heute existieren rund 1100 Kletterfelsen mit Kletterrouten unterschiedlichster Schwierigkeitsgrade (links).

**** Schloss Augustusburg** Schon von Weitem sieht man Sachsens bekanntestes Renaissanceschloss auf der Kuppe des 516 Meter hohen Schellenbergs. Kurfürst August ließ den Prachtbau 1568 bis 1572 als Jagdschloss errichten.

*** Chemnitz** Der »Nischel«, das *Kolossaldenkmal von Karl Marx, ist das Wahrzeichen der Stadt. Weitere Höhepunkte sind die *Schlosskirche, die *Jugendstilvilla Esche, der Theaterplatz mit dem *Opernhaus, *Kunstsammlungen und dem **Steinernen Wald sowie etwas außerhalb das romantische Barockschloss *Lichtenwalde.

**** Seiffen** Das *Spielzeugmuseum und diverse Schau-

Imposanter Renaissancebau: Schloss Augustusburg

werkstätten künden hier von der Tradition der Holzspielzeugmacher. Die *Seiffener Kirche dient als Holzmodell zahlreicher Schwibbögen (Lichterbögen).

*** Annaberg-Buchholz** Die traditionsreiche alte Stadt mitten im Erzgebirge wird von der wuchtigen **St.-Annen-Kirche überragt. Im überraschend lichten Inneren entfaltet sich ein Bilderbuch aus Bibelszenen. Direkt neben der Kirche geht es im *Bergbaumuseum in die Unterwelt. Ein Museum erinnert an den hier geborenen Rechenkünstler Adam Ries.

*** Fichtelberg** Der 1214 Meter hohe Fichtelberg ist ein beliebtes Wintersportgebiet. Vom Gipfel bietet sich ein schöner Rundblick nach Deutschland und Tschechien. Von Oberwiesenthal, der höchstgelegenen Stadt Deutschlands (914 Meter), führt eine Seilbahn auf den Berg.

Schwarzenberg Die *St.-Georgen-Kirche bietet ein eindrucksvolles barockes Raumerlebnis. Das Schloss (1555) und die malerische Altstadt lohnen ebenfalls einen Besuch.

*** Schneeberg** 1470 wurde hier Silber gefunden. Vom einstigen Reichtum zeugen *St. Wolfgang, die größte gotische Hallenkirche Sachsens, und das barocke Stadtbild. Hier ist auch ein Zentrum der erzgebirgischen Weihnachtstradition.

**** Zwickau** Das **Robert-Schumann-Haus erinnert an den 1810 hier geborenen Komponisten. Sehenswert in der schön herausgeputzten Stadt sind der gotische **Dom St. Marien, die mittelalterlichen *Priesterhäuser und das *Renaissance-Gewandhaus. Im Gründerzeitviertel sticht das *Johannisbad hervor. Der Geschichte des Zwickauer Automobilbaus, von Horch über Audi, DKW und Trabant bis zu VW, ist das **August-Horch-Museum gewidmet.

Vogtland

Sanfte Hügel und ein raues Klima prägen das sächsische Vogtland. Seinen Namen verdankt es den Vögten, die der Kaiser im Mittelalter mit der Verwaltung des Landstrichs betraute. Im 19. und 20. Jahrhundert wurde die Region stark industrialisiert.

*** Mylau** Fast so eindrucksvoll wie die mächtige *Burg Mylau ist die nahe gelegene **Göltzschtalbrücke (1846 bis 1851), die größte Ziegelbrücke der Welt.

*** Naturpark Erzgebirge/Vogtland** Die schönsten Abschnitte zwischen Bad Elster im Vogtland und Holzhau im Osterzgebirge sind als Naturpark deklariert. 15 Landschafts- und 41 Naturschutzgebiete sowie Naturdenkmäler wie die Drachenhöhle in Syrau oder die Greifensteine bei Ehrenfriedersdorf bieten darin auf 1495 Quadratkilometern Lebensraum für seltene Pflanzen und Tiere.

*** Plauen** Die größte Stadt im Vogtland ist für die Plauener Spitze berühmt, deren Herstellung man in Fabriken und in einem Museum nachvollziehen kann. Die doppeltürmige St. Johanniskirche, das *Alte Rathaus, das Theater, das *Vogtlandmuseum und das Museum für den Karikaturisten E. O. Plauen sind weitere Attraktionen.

**** Musikwinkel** Hier befindet sich bereits seit Jahrhunderten ein Zentrum des deutschen Musikinstrumentenbaus. In den Hauptorten Markneukirchen und Klingenthal kann man in *Schauwerkstätten sowie im *Musikinstrumentenmuseum die Entstehung von Akkordeons, Mundharmonikas, Geigen und Saxofonen sowie die Geschichte des Instrumentenbaus studieren.

TIPP++TIPP++

Sächsische Staatsbäder
Mondän geworden ist Bad Elster im »Bäderwinkel« an der tschechischen Grenze. Das Albertbad bietet hinter historischer Fassade Kuren und Wellness. Im Kurhaus und im Alberttheater kann man Kultur genießen, im weitläufigen Kurpark Entspannung suchen. Kleiner und ländlicher ist das nahe Bad Brambach.
Sächsische Staatsbäder GmbH, Bad Brambach, Badstr. 47, Bad Elster, Badstr. 6, Tel. 03 74 37/7 11 11

August-Horch-Museum Zwickau
Genau im Herzen des alten Audi-Werkes, am Ursprung großer Automobilhistorie, kann man in diesem einzigartigen Umfeld seit September 2004 die legendäre Geschichte authentisch erleben.
Zwickau, Audistraße 7, Tel. 03 75/2 71 73 80

Festival »Mitte Europa«
Das Festival im Dreiländereck Sachsen – Böhmen – Bayern, das jedes Jahr im Juli/August in Plauen stattfindet, ist grenzüberschreitend. Es gibt Veranstaltungen in rund 40 Städten und ländlichen Gemeinden in Oberfranken, der Oberpfalz, Westböhmen und dem Vogtland. Die Bandbreite der Veranstaltungen reicht von Kunstausstellungen über Konzerte, Symposien und Theateraufführungen bis hin zu Workshops.
Plauen, Paul-Gerhardt-Str. 14, Tel. 0 37 41/52 53 31

Südöstlich von Dresden erstreckt sich eine der ungewöhnlichsten und schönsten Landschaften Mitteleuropas. In der Kreidezeit lag hier ein Meer, auf dessen Grund sich Sedimente ablagerten, die schließlich eine 600 Meter mächtige Sandsteinschicht bildeten. Nach dem Rückzug des Wassers formten Erosionskräfte daraus ein Gebirge aus Tafelbergen und bizarren Sandsteinfelsen (großes Bild: Basteifels). Die Schweizer

Nationalpark Sächsische Schweiz

Maler Adrian Zingg und Anton Graff, die das Elbsandsteingebirge Ende des 18. Jahrhunderts erkundeten, fühlten sich hier an ihre eidgenössische Heimat erinnert – so kam die Sächsische Schweiz zu ihrem Namen. Nur Wochen vor der deutschen Wiedervereinigung im Herbst 1990 erklärte die letzte DDR-Regierung zwei räumlich getrennte rechtselbische Gebiete zum Nationalpark Sächsische Schweiz. Auf fast 40 Prozent dieser 93,5 Quadratkilometer kann sich die Natur weitgehend ursprünglich ohne lenkendes Eingreifen des Menschen entfalten. Wildschweine sowie Rot- und Schwarzwild gibt es hier reichlich. Außerdem ist es ein Refugium für seltene Tierarten wie Fischotter und Luchs (Bildleiste von unten). Insgesamt stehen drei Viertel des Elbsandsteingebirges unter Schutz, der Anteil soll in den nächsten 30 Jahren steigen.

Kulminationspunkt deutscher Geschichte: die Wartburg hoch über Eisenach

Thüringen

Die Wartburg und die Minnesänger, Eisenach und Luther, Weimar mit Goethe und Schiller – wem fielen beim Stichwort Thüringen nicht die Namen großer Deutscher ein. Es ist das Städte-Kleeblatt Gotha – Erfurt – Weimar – Jena, in dem bewegende europäische Kulturgeschichte geschrieben wurde. Thüringen ist die Wiege von Reformation und Aufklärung, das Zentrum von Sturm und Drang und deutscher Klassik. Die waldreiche Lage in der Mitte Deutschlands begründet seinen Beinamen »Grünes Herz Deutschlands«.

Thüringen

Von Kaiser Friedrich I. (1122 bis 1190), wegen seines roten Bartes Barbarossa genannt, geht die Sage, dass er in einer Höhle in dem Berg Kyffhäuser sitze und auf seine Wiederkehr warte. Kleiner Haken an der Geschichte: Sie wurde gar nicht für Barbarossa erdacht, sondern für seinen Enkel Friedrich II. Barbarossa war offenbar charismatisch, gut aussehend (links, mit Söhnen), maßlos in vielerlei Hinsicht und besaß die Gabe,

Nordthüringen und Kernland

Das Tal der Unstrut, die im Eichsfeld entspringt, bildet die Grenze zwischen dem Thüringer Kernland mit der Landeshauptstadt Erfurt und Nordthüringen mit dem thüringischen Harz und dem sagenumwobenen Kyffhäusergebirge. Etwas südlich der Unstrut bei Mühlhausen markiert die 1991 gepflanzte »Mittelpunktslinde« den geografischen Mittelpunkt des vereinten Deutschlands.

* **Heiligenstadt** An die jahrhundertelange Herrschaft des Erzbistums Mainz im Eichsfeld erinnert der Barockbau des Kurmainzer Schlosses (1736 bis 1738). Wahrzeichen der Stadt sind die beiden Türme der gotischen *St.-Marien-Kirche (»Altstädter Kirche«), die im Inneren eine schöne spätgotische Madonna und einen bedeutenden Flügelaltar birgt. Außerdem sehenswert sind die *St.-Annen-Kapelle, ein Meisterwerk gotischer Baukunst, die *St.-Aegidien-Kirche mit prächtiger Barockausstattung (darunter ein reich geschnitzter Hochaltar und Kanzel), die gotische St.-Martins-Kirche »Auf dem Berge« (14./15. Jahrhundert) sowie das Literaturmuseum Theodor Storm in einem Fachwerkbau (15. Jahrhundert).

* **Nordhausen** Der Nordhäuser Doppelkorn ist das heute bekannteste Produkt des 400 Jahre alten Branntweingewerbes der einstigen Reichs- und Hansestadt am Südrand des Harzes, die auch Hochburg des Kautabaks war. Alles darüber erfährt man im *Museum für Nordhäuser Handwerks- und Industriegeschichte im Tabakspeicher. Hauptsehenswürdigkeit ist jedoch der doppeltürmige **Heilig-Kreuz-Dom mit der romanischen Krypta (um 1130), dem frühgotischen Chor (um 1250) und der spätgotischen Halle (15. Jahrhundert) mit Netz- und Sterngewölbe. Spätgotisch ist die *Blasiikirche mit dem prächtigen Fachwerkpfarrhaus (1713). Die Kirche St. Maria auf dem Berge, ältestes Baudenkmal der Stadt, geht auf die Zeit vor 1200 zurück.

** **Kyffhäuserdenkmal** Inmitten des Kyffhäusergebirges mit seinen herrlichen Laubwäldern befindet sich das 81 Meter hohe Kyffhäuserdenkmal, das Ende des 19. Jahrhunderts als nationales Monument geschaffen wurde. Die in Stein gehauene Figur des aus dem Schlaf erwachenden Stauferkaisers Friedrich I. Barbarossa (reg. 1155–1190), über der das Reiterstandbild Kaiser Wilhelms I. (reg. 1871–1888) steht, knüpft an die mittelalterliche Kaisersage an: Demnach ist der Herrscher nicht tot, sondern nur im Berg entrückt, um eines Tages zur Erlösung seines Landes wiederzukehren. Vom Turm des Denkmals aus hat man eine großartige Aussicht. Die Anlage befindet sich an historischem Ort: Hier sind die Reste der im 11. Jahrhundert erbauten Reichsburg Kyffhausen zu sehen, damals eine der größten Höhenburgen Europas.

* **Barbarossahöhle** Gigantische Hohlräume, geheimnisvolle Grotten, glasklare unterirdische Seen und bizarre Deckengebilde bestimmen das Erscheinungsbild im Inneren der Höhle am südlichen Rand des Kyffhäusergebirges. Der Führungsweg (800 Meter) erschließt für Touristen einen Teil des weitläufigen Höhlensystems (Zugang nahe Bad Frankenhausen).

Nordhäuser Roland

Barbarossa

andere zu begeistern. Er führte fast permanent Krieg. Mit 25 Jahren wurde er als Nachfolger seines Vaters Herzog von Schwaben, fünf Jahre später, als sein Onkel Konrad III. starb, deutscher König. Seine Regierung wurde bestimmt von Dauerkonflikten mit dem Papst und den oberitalienischen Städten. Beim Kampf zwischen der Stadt Rom und Papst Hadrian IV. schlug er sich zunächst auf die Seite des Papstes und ließ sich dafür 1155 von diesem zum Kaiser krönen. Dennoch entfremdeten sich beide zunehmend, und als Hadrian IV. 1159 starb, führten widerstreitende Ansprüche zur Kirchenspaltung, dem Alexandrinischen Schisma. 1189 brach Barbarossa zum Kreuzzug auf. 1190 ertrank er im Fluss Saleph, dem heutigen Göksu, in der südlichen Türkei. Seine sterblichen Überreste wurden an unbekannter Stelle bestattet.

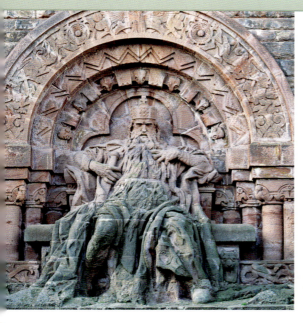

* Schloss Heldrungen Ein eindrucksvolles Zeugnis barocken Festungsbaus ist das Schloss (1664–1668) am Ortsrand von Heldrungen mit seinen Wassergräben, Rundbastionen und Wehrmauern.

* Bad Frankenhausen Die Salzgewinnung steht am Anfang der rund tausendjährigen Stadtgeschichte, und dank der heilkräftigen Sole gibt es in Bad Frankenhausen seit fast 200 Jahren Kurbetrieb. Auf die Auslaugung der unterirdischen Steinsalzlager ist auch das Kuriosum des schiefsten Turms Deutschlands zurückzuführen: Gut vier Meter ist der Turm der einstigen Oberkirche (1382) schon aus dem Lot geraten. Außerdem sehenswert sind die barocke Unterkirche (1703) mit prachtvoll geschnitzter Orgel, Teile der Altstädter Kirche St. Petri (um 1000), der Hausmannsturm, ehemals zur fränkischen Wehranlage gehörig, ferner im Kreisheimatmuseum im Renaissanceschloss (1533) mehrere naturkundliche und kulturhistorische Sammlungen zur Kyffhäuserlandschaft sowie im *Panoramamuseum auf dem Schlachtberg ein Rundgemälde zum Bauernkrieg (1525), der an dieser Stelle mit einer blutigen Niederlage der Aufständischen endete.

* Sondershausen Eindrucksvoll erhebt sich über dem altehrwürdigen Städtchen das ehemalige Residenzschloss der Fürsten von Schwarzburg-Sondershausen: eine gelungene Mischung unterschiedlicher Baustile und der bedeutendste Schlosskomplex Nordthüringens, mit Prunkräumen, Ahnengalerie und Schlossmuseum. Letzteres zeigt Kunst und Kuriositäten aus den fürstlichen Sammlungen sowie die städtischen Sammlungen zur Regionalgeschichte; beachtlich ist die Musikabteilung mit Instrumenten und Notenschriften.

** Mühlhausen Der Beiname »Thomas-Müntzer-Stadt« erinnert an jene Zeit, als der radikale Reformator und Bauernkriegsführer Thomas Münzer (um 1490–1525) in Mühlhausen den Kampf gegen die kirchliche und weltliche Ordnung predigte und schließlich nach der vernichtenden Niederlage der Bauern bei Frankenhausen hier enthauptet wurde. Dank dieser revolutionären Vergangenheit wurde das alte Stadtbild schon zu DDR-Zeiten sorgsam gepflegt. Noch fast vollständig erhalten ist die mittelalterliche *Stadtbefestigung. Weitere Sehenswürdigkeiten sind die gotische *Marienkirche mit reicher Bauplastik und spätgotischen Flügelaltären sowie das Rathaus (14.–16. Jahrhundert) mit freskengeschmückter Ratsstube und Ratssaal.

* Creuzburg Schon das Entrée in das Städtchen im Werratal ist mittelalterlich. Die *Werrabrücke (1223) gehört zu den ältesten deutschen Steinbrücken nördlich der Donau – Indiz dafür, dass Creuzburg schon früh ein bedeutender Handelsplatz war. Wichtigste Sehenswürdigkeit ist die *Creuzburg,

Oben: Kyffhäuserdenkmal mit Barbarossa bei Bad Frankenhausen (Mitte); Marienkirchen in Heiligenstadt (links) und Mühlhausen (rechts)

TIPP++TIPP++

Stadtfeste Mühlhausen
Die Leute in Mühlhausen feiern gern. Zu ihren schönsten Festen zählen das Brunnenfest an der Popperoder Quelle, das jedes Jahr im Juli von einer Schule veranstaltet wird, und die Holzfahrt im Stadtwald. Außerdem gibt es noch das Innenstadtfest zu Pfingsten und die einwöchige Stadtkirmes Ende August.
Mühlhausen-Information,
Ratsstr. 20, Tel. 0 36 01/40 47 70

Barbarossahöhle
Die Besichtigung der Barbarossahöhle ist aufgrund bergrechtlicher Vorschriften nur im Rahmen einer Führung möglich.
Tgl. geöffnet 10–17 Uhr,
Nov.– März bis 16 Uhr,
Tel. 03 46 71/5 45 13

Thüringen

Eigentlich wurde die berühmte Weimarer Bibliothek bereits 1691 von Herzog Wilhelm Ernst im Stadtschloss begründet. Der Landesfürst setzte 1706 den Wittenberger Universitätsprofessor Konrad Samuel Schurzfleisch zum ersten Direktor der Fürstlichen Bibliothek ein. Unter Herzogin Anna Amalia (1739 bis 1807), einer Förderin der schönen Künste, zog die höfische Büchersammlung 1766 in das Grüne Schloss um. Ihr Sohn Carl

TIPP++TIPP++

Ekhof-Festival
Auf den »Vater der deutschen Schauspielkunst«, Konrad Ekhof (1720–1778), geht die Gründung des ersten deutschen Nationaltheaters zurück, das sich in Schloss Friedenstein befindet. Zwischen Juni und September findet in dem zauberhaften kleinen Barocktheater, das etwa 250 Besucher fasst, das Festival statt.
Gotha, Tourist-Info, Hauptmarkt 33, Tel. 0 36 21/5 07 85 70

Zwiebelmarkt in Weimar
Alljährlich am zweiten Oktoberwochenende läuten die Rathausglocken den Zwiebelmarkt ein. Den ersten gab es bereits 1653. Auch Goethe hat dort einkaufen lassen, die Zwiebelration für ein ganzes Jahr kostete ihn nur 14 Pfennige. Heute ist der Markt eines der beliebtesten Volksfeste und bietet viel mehr als nur Gemüse, nämlich auch Gaukler und Musikanten – und eine Zwiebelkönigin.
Weimar, Tourist-Information, Friedensstr. 1,
Tel. 0 36 43/74 5-0

Goethes Geburtstag in Weimar
Rund um den Geburtstag des deutschen Nationaldichters (28. August) richten die Stadt Weimar und die Goethe-Gesellschaft verschiedene Feiern aus: Lesungen, Aufführungen etc. Die öffentlichste davon – und die dem lebenslustigen Dichter wohl entsprechendste – ist das Weinfest auf dem Frauenplan.

einst Residenz der thüringischen Landgrafen, mit romanischem Palas und Renaissancebau »Gelbes Haus«.

* **Werradurchbruch** Imposante Muschelkalkfelsen säumen den Werradurchbruch bei Creuzburg. Nicht zuletzt aufgrund der jahrzehntelangen Isolierung der Region entlang der innerdeutschen Grenze konnte sich an den malerischen Flussschleifen die Natur so ungestört entfalten. Seltene Pflanzen (Orchideen) und Tiere haben hier ihr Refugium.

terlichen Stadtmauer umgeben. Am Marktplatz finden sich historische Bürgerhäuser, das noble barocke Rathaus (18. Jahrhundert), der Marktbrunnen (1582) und die spätgotische Bonifatiuskirche (14./15. Jahrhundert). Das barocke Friederikenschlösschen (18. Jahrhundert) gehört zum Kurbereich.

* **Gotha** Eine der ältesten Städte Thüringens und im Mittelalter bedeutender Handelsplatz, wurde Gotha 1640 Residenzstadt des Herzogtums Sachsen-Gotha. Seither be-

* **Drei Gleichen** Durch die Autobahn geteilt ist das Ensemble der drei mittelalterlichen Burgen, die nach der sagenumwobenen Burgruine Gleichen »Drei Gleichen« genannt werden.

* * **Arnstadt** An Johann Sebastian Bach, der hier 1703 bis 1707 Organist der 1683 vollendeten »Bachkirche« war, erinnern das Denkmal am historischen Marktplatz – wo das *Renaissancerathaus besonders sehenswert ist –, die Bach-Gedenkstätte im Haus zum Palmbaum (17. Jahrhundert)

Nach französischem Vorbild ab 1742 erbaut: Orangerie von Schloss Friedenstein in Gotha

* * **Nationalpark Hainich** Der Muschelkalkhöhenzug Hainich, seit 1997 Nationalpark, ist das größte zusammenhängende Laubwaldgebiet in Deutschland. Der vorherrschende Baum in diesem mitteleuropäischen Urwald ist die Rotbuche, die von Frühjahr bis Herbst immer wieder andere Farben annimmt. Diese wunderbaren Baumwelten erlebt man hautnah auf dem »Baumkronenpfad«: Der gut 300 Meter lange Holzbohlenweg führt durch das Dach des Waldes zu einem 40 Meter hoch gelegenen Aussichtspunkt.

* **Bad Langensalza** Der Kern des traditionsreichen Thermalbads ist noch von der mittelal-

herrscht das grandiose *Schloss Friedenstein das Stadtbild. Zur barocken Dreiflügelanlage mit dem schönen Innenhof gehört eines der ältesten deutschen Barocktheater, in dem noch die Bühnentechnik erhalten ist. Sehenswert sind auch die Kunstsammlungen im Schlossmuseum. Jenseits des im englischen Landschaftsstil gestalteten Schlossparks steht das Barockschloss Friedrichsthal. Das Herz der Altstadt bildet der Hauptmarkt mit seiner historischen Bebauung und dem prächtigen *Renaissancerathaus (1574). Eine Besichtigung verdient die gotische, im 17./18. Jahrhundert barockisierte Augustinerkirche mit malerischem Kreuzgang (14. Jahrhundert).

sowie auf dem Alten Friedhof die Grabstätten von zahlreichen Vorfahren und Verwandten des großen Komponisten. Bedeutendster Sakralbau ist die romanisch-gotische *Liebfrauenkirche (1180–1330) mit einer bemerkenswerten Ausstattung, darunter ein spätgotischer Vierflügelaltar. Kostbarkeiten birgt auch das barocke *Schloss (um 1730) mit Renaissancegobelin, Porzellansammlung sowie der zauberhaften Puppensammlung »Mon Plaisir« (um 1700). In Schaukästen sind rund 400 kleine Wachspuppen zu Szenen aus dem Leben der Barockzeit arrangiert.

* * **Erfurt** Siehe Stadtplan auf Seite 195.

Herzogin-Anna-Amalia-Bibliothek

August förderte weiterhin Literatur und Kunst und berief 1797 Johann Wolfgang von Goethe und dessen Ministerkollegen Christian Gottlob zum Leiter der Bibliothek. 35 Jahre lang, bis zu seinem Tod 1832, hatte Goethe die Oberaufsicht als Bibliothekar. Unter seiner Ägide wurde sie eine der bedeutendsten Buchsammlungen Mitteleuropas, mit einem breiten Spektrum von Kunst, Geschichte und Literatur. Bei einem Großbrand 2004 wurde das einzigartige Ensemble aus Büchern, Kunstbestand und Architektur, das zum UNESCO-Weltkulturerbe gehört, im dritten Geschoss und in der Mansarde gänzlich zerstört, rund 50 000 antiquarische Bücher verbrannten. 2007 wurde das historische Bibliotheksgebäude mit dem Rokokosaal (links: Wendeltreppe) nach umfassender Restaurierung und ergänzt um den Erweiterungsbau »Bücher-Kubus« wiedereröffnet.

Saaleland und Ostthüringen

Vom Ilmtal im Westen bis zum Thüringer Schiefergebirge im Osten, von Weimar bis Altenburg reicht diese geschichtsträchtige Region. Das landschaftlich prägende Tal der Saale weitet sich im Süden mit den riesigen Wasserflächen der Stauseen zum »Thüringer Meer«.

★★★ **Weimar** Als »Stadt der deutschen Klassik« genießt Weimar Weltruhm. Dank Goethe und Schiller und des »Musenhofes« von Herzogin Anna Amalia und ihrem Sohn Herzog Carl August war es um 1800 Mittelpunkt des deutschen Geisteslebens. Politische Geschichte schrieb Weimar 1919, als die Nationalversammlung der ersten deutschen Republik hier eine Verfassung gab. In die Kunstgeschichte ging das Bauhaus ein, die 1919 in Weimar gegründete *Ausbildungsstätte für Kunst, Architektur und Design, dokumentiert im **Bauhausmuseum. Bedeutendste Baudenkmäler des klassischen Weimar sind **Goethes Wohnhaus mit Goethe-Nationalmuseum, *Goethes Gartenhaus, *Schillers Wohnhaus, *Wittumspalais (1767) der Herzogin Anna Amalia mit Wieland-Museum, **Residenzschloss 1774–1803) mit exquisiten klassizistischen Prunkräumen und das **Schlossmuseum mit Kunstsammlungen von europäischem Rang. Der grandiose Rokoko-Bibliothekssaal der Anna-Amalia-Bibliothek im *Grünen Schloss wurde nach dem Großbrand von 2004 wieder restauriert. Sehenswert sind auch die gotische *Hallenkirche St. Peter und Paul sowie das Kirms-Krackow-Haus.

Von Schinkel entworfen: Dichterzimmer im Residenzschloss von Weimar (rechts)

Der deutschen Kleinstaaterei ist es wohl zu verdanken, dass die beschauliche Residenzstadt eines Herzogtums Ende des 18. Jahrhunderts zum geistig-literarischen Zentrum Deutschlands werden konnte. Herzogin Anna

Stadt der deutschen Klassik: Weimar

Amalia hatte 1772 als Erzieher ihrer Prinzen Christoph Martin Wieland an den Hof von Weimar geholt und mit diesem im Wittumspalais und in Schloss Tiefurt alsbald einen literarischen Kreis um sich versammelt. Bald berief Karl August, der Herzogin Sohn, Johann Gottfried von Herder und Johann Wolfgang von Goethe nach Weimar. 1799 folgte Friedrich Schiller. Gemeinsam begründeten sie den Weimarer Kreis und mit ihrem Schaffen den Ruhm ihrer Wahlheimat als Stadt der deutschen Klassik. Zu Zugpferden des heutigen Kulturtourismus avancierten vor allem die beiden Letzteren. Hauptpilgerort ist das Goethehaus am Frauenplan, wo der Geheimrat 47 Jahre lang lebte. Der schlichte Barockbau präsentiert sich original ausgestattet (links: Juno-Zimmer, Bibliothek). Authentisch nachgestellt ist die Einrichtung des Schillerhauses (unten: Wohnraum, Außenansicht).

Thüringen

Das fünfte von zwölf Kindern eines Weimarer Kunstdrechslermeisters erwies sich schon früh als technikbegeistert. Bereits während seiner Lehre beim Jenaer Hofmechanikus erhielt der junge Carl Friedrich die Erlaubnis, an der Universität Vorlesungen zu besuchen. Nach siebenjähriger Wanderschaft, die ihn nach Stuttgart, Darmstadt, Wien und Berlin führte, studierte er ab 1845 in Jena Mathematik und Chemie. Davon offenbar nicht

Außerhalb der Stadt liegt die Gedenkstätte Buchenwald auf dem weitgehend unveränderten Gelände des NS-Konzentrationslagers, das ab 1945 der sowjetischen Besatzung diente.

** Dornburger Schlösser Malerisch auf dem Steilufer über den Flussauen der Saale gelegen, bilden Altes Schloss, Renaissanceschloss und Rokokoschloss mit ihren herrlichen Parkanlagen und den Wein- und Rosengärten ein eindrucksvolles Ensemble. Goethe hatte sich hier öfter aufgehalten.

Jena Im Talkessel der mittleren Saale liegt die traditionsreiche Universitätsstadt, die im Zweiten Weltkrieg schwer zerstört wurde. Erhalten blieb der historische *Marktplatz mit dem gotischen *Rathaus, dem *»Romantikerhaus« mit Literaturmuseum und der spätgotischen Michaeliskirche mit bemerkenswerter Ausstattung. Außerdem sehenswert sind das *Collegium Jenense, erste Heimat der 1558 gegründeten Universität, die *Friedenskirche, das *Zeiss-Planetarium mit Multivisionsshows, das *Optische Museum, *Schillers Gartenhaus, das *Ernst-Abbe-Denkmal und das *Ernst-Haeckel-Haus.

** Rudolstadt Einen Musenhof wie in Weimar zu kreieren gelang den Fürsten von Schwarzburg-Rudolstadt zwar nicht, gleichwohl gehört ihr **Schloss zu den schönsten Barockanlagen Deutschlands. Innen ist es prächtig ausgestattet und mit vorzüglichen Sammlungen (Thüringer Landesmuseum) bestückt. Zu seinen Füßen liegt die zauberhafte **Altstadt mit dem Lengefeld'schen Haus, wo sich Goethe und Schiller 1788 erstmals begegneten, und dem Barockschloss Ludwigsburg.

Bad Blankenburg Oberhalb des im malerischen Tal der Schwarza gelegenen Luftkurorts thront die Ruine Greifenstein. Einst hatte die 170 Meter hoch gelegene Feste Blankenburg geheißen. In der Stadt sind die Kirche Unser Lieben Frauen mit ihrem Turm (14. Jahrhundert) sowie das Fröbelmuseum sehenswert. Dieses erinnert an den Pädagogen Friedrich Fröbel, der hier 1840 den ersten deutschen Kindergarten einrichtete. Rund zehn Kilometer flussaufwärts steht eine weitere Burg hoch über der Schwarza. Mittelpunkt der Schwarzburg ist der Kaisersaal mit Herrscherbildnissen und einer Sammlung von Waffen und Rüstungen.

** Klosterruine Paulinzella Die monumentale romanische Architektur dieser Klosterruine hat schon Friedrich Schiller zu einem Gedicht inspiriert. Bis zur Reformation war das 1105 gegründete Kloster das geistige Zentrum der Region, ab 1664 wurde es teilweise abgetragen und dem Verfall preisgegeben.

Relikt romanischer Baukunst: Klosterruine Paulinzella

Erfurt

Die lebendige Landeshauptstadt Thüringens lässt mit ihren zahlreichen mittelalterlichen Prunkbauten und der über 600 Jahre alten Universität noch heute den Reichtum vergangener Tage erahnen.

Die im 8. Jahrhundert gegründete Stadt an der Gera galt im Mittelalter wegen ihrer vielen Kirchen und Klöster als »deutsches Rom« – und Kirchtürme prägen bis heute unverkennbar die Silhouette von Erfurt. Viel historische Bausubstanz hat sich zwischen Domplatz und Anger – seit Jahrhunderten der geschäftigste Platz der Stadt – erhalten. Eine einzigartige städtebauliche Konstellation bildet der weiträumige *Domplatz mit der breiten Freitreppe zum 1174 bis 1476 erbauten gotischen **Dom und zur 1278 bis 1340 errichteten gleichfalls gotischen **St.-Severi-Kirche. Den Dom sollte man nach Möglichkeit bei Sonnenschein besichtigen, wenn die herrlichen mittelalterlichen Glasmalereien (1370 bis 1420) am besten zur Geltung kommen. Zu den weiteren Sehenswürdigkeiten Erfurts gehören das in einem prächtigen Barockbau untergebrachte **Angermuseum mit seinen vorzüglichen kunst- und kulturhistorischen Sammlungen, das gotische **Augustinerkloster mit der Zelle, die Martin Luther 1505 bis 1511 als Mönch bewohnte, sowie Kreuzgang und Kirche, ferner die **Krämerbrücke, die längste bebaute Brückenstraße Europas mit vielen kleinen Läden, die Marktstraße mit alten Fachwerkhäusern, der *Fischmarkt mit seinen Renaissancegebäuden sowie von einem Roland-Standbild von 1581 bewacht, neugotische Rathaus.

Erfurter Dom (unten: Triangel-Portalvorhalle mit den klugen und törichten Jungfrauen) und benachbarte Severikirche

Carl Zeiss

ausgefüllt, eröffnete er 1846 seinen eigenen Betrieb und spezialisierte sich schon bald auf die Herstellung von Mikroskopen. Dabei legte er größten Wert auf Qualität. Auch wollte er sich nicht mit den damaligen Fertigungsverfahren begnügen, die nur Unikate ermöglichten. Zeiss erkannte, dass er zur Poduktoptimierung wissenschaftlich vorgehen musste. Er holte sich Mathematiker und Physiker in seine Firma. Nach vielen Fehlschlägen gelang dem Physiker Ernst Abbe der Durchbruch. Ab 1866 wurden alle Mikroskope von Carl Zeiss nach dessen Berechnungen gefertigt. Zeiss machte Abbe 1875 zum Teilhaber des stark gewachsenen Betriebs und bestimmte ihn zu seinem Nachfolger. Im selben Jahr gründeten die beiden auch eine firmeneigene Sozialversicherung, die Zeiss-Krankenkasse – wieder ihrer Zeit voraus. Zeiss ist auf dem Johannisfriedhof in Jena bestattet.

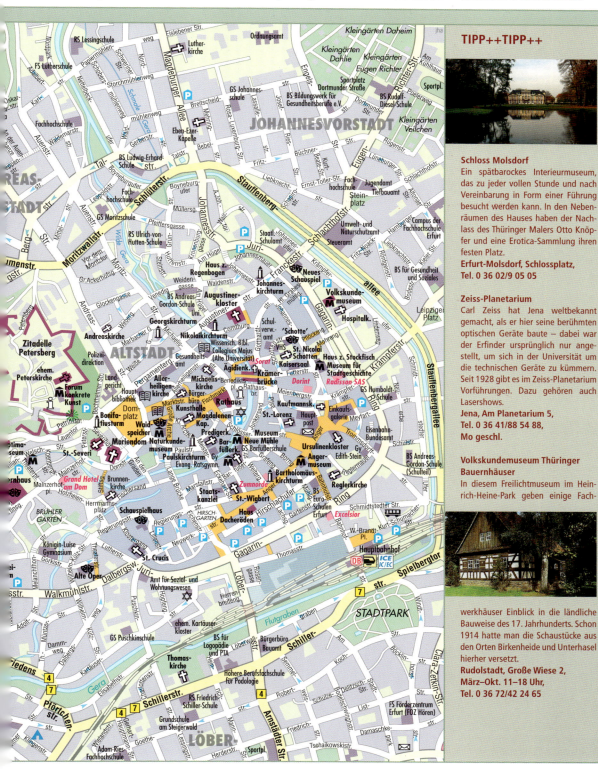

TIPP++TIPP++

Schloss Molsdorf
Ein spätbarockes Interieurmuseum, das zu jeder vollen Stunde und nach Vereinbarung in Form einer Führung besucht werden kann. In den Nebenräumen des Hauses haben der Nachlass des Thüringer Malers Otto Knöpfer und eine Erotica-Sammlung ihren festen Platz.
**Erfurt-Molsdorf, Schlossplatz,
Tel. 0 36 02/9 05 05**

Zeiss-Planetarium
Carl Zeiss hat Jena weltbekannt gemacht, als er hier seine berühmten optischen Geräte baute – dabei war der Erfinder ursprünglich nur angestellt, um sich in der Universität um die technischen Geräte zu kümmern. Seit 1928 gibt es im Zeiss-Planetarium Vorführungen. Dazu gehören auch Lasershows.
**Jena, Am Planetarium 5,
Tel. 0 36 41/88 54 88,
Mo geschl.**

Volkskundemuseum Thüringer Bauernhäuser
In diesem Freilichtmuseum im Heinrich-Heine-Park geben einige Fachwerkhäuser Einblick in die ländliche Bauweise des 17. Jahrhunderts. Schon 1914 hatte man die Schaustücke aus den Orten Birkenheide und Unterhasel hierher versetzt.
**Rudolstadt, Große Wiese 2,
März–Okt. 11–18 Uhr,
Tel. 0 36 72/42 24 65**

DIE SCHÖNSTEN REISEZIELE

Thüringen

Mit 22 Jahren hatte er bereits das Juraexamen geschafft, ein Zerwürfnis mit dem Vater hinter sich gebracht sowie nebenbei ein Kriminalstück geschrieben. 1773 veröffentlichte er den »Götz von Berlichingen« im

✱ **Ilmenau** Mit dem Geheimrat Goethe untrennbar verbunden ist die Kreisstadt am Fuße des Thüringer Walds. Der Dichterfürst schätzte sie wegen ihrer »Berg- und Waldnatur« als Erholungsort, war aber auch, als er den Bergbau – erfolglos – wiederzubeleben versuchte, Vorsitzender der hiesigen Bergwerkskommission. In dieser Funktion residierte er im Amtshaus von 1616, das zu einer Gedenkstätte umgewandelt wurde. Wie das Amtshaus geht auch das Rathaus auf die Renaissancezeit zurück. Letzteres hat man um 1785 erneuert. Ebenfalls im 18. Jahrhundert wurde die gotische Stadtkirche St. Jakob nach einem Brand im Stil der Zeit wiederaufgebaut.

✱ **Saalfeld** Hauptattraktion ist hier die ✱✱Feengrotte, aber auch das altertümliche Erscheinungsbild der durch Handel und Bergbau früh wohlhabenden Stadt macht Lust auf eine Besichtigung. Sehenswert sind besonders die spätgotische Hallenkirche ✱St. Johannis (1380 bis 1520) mit kostbarer Ausstattung, der romanische Wohnturm mit Hofapotheke, das Stadtmuseum im ehemaligen Franziskanerkloster sowie das barocke Schloss mit reich geschmückter ✱Schlosskapelle.

Pößneck Eine der schönsten Burgen Thüringens, Ranis, erhebt sich nahe dieses Städtchens mit seinem reizvollen Marktplatz, dem Rathaus aus Spätgotik und Renaissance und der gotischen Stadtkirche St. Bartholomäus. Ranis hat alles, was eine Bilderbuchburg ausmacht: Vor-, Haupt- und Unterburg sowie einen mächtigen Bergfried. Dieser stammt aus dem 12. Jahrhundert, während die Renaissanceflügel der Hauptburg um 1600 auf Fundamenten der Vorgängerburg emporwuchsen. Sie brannten allerdings nieder und erstanden

Johann Wolfgang von Goethe

Selbstverlag und, von dessen Erfolg beflügelt, kurz darauf »Die Leiden des jungen Werther«; mit 24 bereits ein Star der damaligen Literaturszene. Herzog Karl August von Sachsen-Weimar-Eisenach bot dem jungen Genie eine Stelle an seinem Hof in Weimar an, nicht allein, um den »Musenhof« zu bereichern, sondern um politische Aufgaben zu übernehmen. Ein Teil der Entlohnung bestand in dem Erwerb des Gartenhauses in Weimar für Goethe (ganz links). Hier schrieb er ein Stück Weltliteratur nach dem anderen, trieb naturwissenschaftliche Studien und pflegte eine intensive Freundschaft mit Friedrich von Schiller, die man später als Nukleus der »Weimarer Klassik« betrachtete. Seinen Ruf als Inbegriff des deutschen Dichters erwarb er vor allem mit der Tragödie in zwei Teilen: »Faust« (links: Büste von Christian Daniel).

7. Jahrhundert neu. Unter die orburg duckt sich die Ilsenöhle, in der sich schon vor 0 000 Jahren Menschen versammelten, wie Funde von Feursteinspitzen bezeugen.

aturpark Thüringer Schiergebirge Obere Saale Unterchiedliche Landschaften treffen im Südosten Thüringens ufeinander: die weiten wellien Hochflächen und die usgedehnten Wälder des Schiergebirges sowie die tief ngeschnittenen Täler von Schwarza und Sormitz, wo ch die Natur die einstigen chieferbrüche zurückerobert at. Dazu kommen das idyllihe *Plothener Teichgebiet nd das *»Thüringer Meer« — e riesigen Wasserflächen der auseen Hohenwarte und Bleich im Oberen Saaletal, beliebnaturnahe Erholungsgebiete.

Schloss Burgk Die exporte Lage auf einem Bergcken über der Saale, dazu ittelalterliche Festungsbauten und schließlich das im 17. Jahrhundert errichtete Jagdschloss der Fürsten Reuß mit Rittersaal, Prunkräumen, Schlosskapelle und Schlossküche ergeben ein eindrucksvolles Ensemble.

Weida Zwischen den Flüsschen Weida und Auma erbauten die elsterländischen Herren im 12. Jahrhundert ihre Feste, die Osterburg. Aus dem 12. Jahrhundert stammt die Basis des wuchtigen Bergfrieds, aus der Spätgotik dessen Oberbau und das benachbarte Giebelhaus, aus der Renaissance das dreigeschossige Schloss. Auch der Ort Weida hat eine lange Baugeschichte: So gehört die Widenkirche in die Spätromanik und die Hochgotik, die Stadtkirche in die Gotik und das Rathaus ins 16. Jahrhundert. Ein technisches Meisterwerk des 19. Jahrhunderts stellt die Eisenbahnbrücke über das Oschütztal dar.

Gera Die zweitgrößte Stadt Thüringens ist stolz auf ihren schönen *Marktplatz, auf dem das *Rathaus (15. Jahrhundert) mit dem prächtigen Portal, die *Stadtapotheke mit Renaissanceerker und Simsonbrunnen (1686) die Akzente setzen. Außerdem sehenswert sind die Orangerie mit **Kunstsammlungen, das *Geburtshaus von Otto Dix und das *Jugendstiltheater.

** **Altenburg** Die »Skatstadt«, in der seit 400 Jahren Spielkarten hergestellt werden und 1810 das Skatspiel erfunden wurde, hat ein Spielkartenmuseum im schönen **Schloss, das Baustile aus neun Jahrhunderten vereint. Im Schlosspark steht das *Lindenaumuseum mit einer erstklassigen Sammlung frühitalienischer Malerei. In der Altstadt gilt es alte Bürgerhäuser zu bewundern, ferner das Renaissancerathaus, das malerische Nikolaiviertel und die »Roten Spitzen« der beiden Türme der einstigen Augustinerkirche.

Thüringische Schlösserherrlichkeit: Schloss Burgk (links) und Schloss Altenburg (oben)

TIPP++TIPP++

Saalfelder Feengrotten

Als »farbenreichste Schaugrotten der Welt« stehen die Feengrotten im Guiness-Buch der Rekorde. Mit der Zeit schuf die Natur in den verlassenen Stollen und Weitungen ein unterirdisches Kleinod an Form und Farbe. Alljährlich lassen sich viele Besucher faszinieren von der unterirdischen Welt eines historischen Alaunschieferbergwerks.
Saalfeld, Feengrottenweg 2,
Tel. 0 36 71/5 50 40,
tgl. geöffnet, außer Januar nur am Wochenende

DIE SCHÖNSTEN REISEZIELE **197**

Thüringen

Die markanteste Erhebung des Thüringer Waldes ist der Große Inselberg, dessen runde Kuppe aus dem Grün der Bergkette ragt. Mit 916 Metern ist er eine der höchsten Erhebungen der von Nordwest nach Südost ver-

TIPP++TIPP++

Spielzeugmuseum Sonneberg
Auf drei Etagen findet man hier Spielzeuge von der Antike bis zur Gegenwart. Die Ausstellungen sind für Groß und Klein interessant.
Sonneberg, Beethovenstraße 10,
Die– So sowie an Feiertagen
9–17 Uhr, Tel. 0 36 75/42 26 34-0

Museum für Glaskunst
Es sammelt, dokumentiert, erforscht und präsentiert das Thüringer Glas in seiner gesamten zeitlichen und thematischen Breite: vom späten Mittelalter bis in die Gegenwart.
Lauscha, Oberlandstr. 10,
Di-So 10–17 Uhr,
Tel. 0 3 67 02/2 07 24

Thüringer Wald

Der Kamm des waldreichen Mittelgebirges, das durchschnittlich 650 bis 850 Meter hoch ist, zieht sich auf einer Länge von 120 Kilometern und einer Breite von bis zu 35 Kilometern durch den gesamten Süden Thüringens. Eine touristische Attraktion ist der 168 Kilometer lange Rennsteig, der bekannte Fernwanderweg auf den Höhen des Thüringer Waldes von der Werra im Westen bis zur Saale im Osten.

* **Naturpark Thüringer Wald**
Der Thüringer Wald stellt ein echtes Waldgebirge dar. In Höhen über 700 Meter ist die beinahe geschlossene Walddecke fast durchgängig mit Fichten bestanden, dazwischen finden sich Bergwiesen und Hochmoore. Rot- und Damwild hat hier ein Refugium, auch Schwarzwild, Fuchs, Marder und Wildkatze. Landschaftlich reizvoll ist der teils abrupte Gegensatz zwischen bewaldeten Höhen und tief eingeschnittenen Flusstälern. Die höchsten Erhebungen hat der mittlere Thüringer Wald mit dem Großen Beerberg (982 Meter) und dem Schneekopf (978 Meter). Touristisch ist das Gebiet für Wanderer und Skifahrer gut erschlossen.

Sonneberg Im südlichen Thüringer Wald liegt die traditionsreiche Spielzeugstadt, in der sich bereits im Jahr 1413 ein »Dockenmacher« (Spielzeugmacher) aus Nürnberg niederließ. Die einzigartige Sammlung des *Deutschen Spielzeugmuseums bringt nicht nur Kinderaugen zum Leuchten.

* **Lauscha** Was Sonneberg für Spielzeug ist, ist Lauscha für Glas: das einstige Zentrum einer weltweit boomenden Industrie. Einblick in Tradition und Bedeutung der Glasbläserei gibt das hiesige Museum für Glaskunst.

Römhild Auf dem Kleinen Gleichsberg bei Römhild findet sich das größte archäologische Bodendenkmal Thüringens, eine weitläufige *keltische Burganlage (5.–1. Jahrhundert v. Chr.), von der in den Wäldern noch kilometerlange Ringwälle auszumachen sind. Funde daraus sind im Steinsburg-Museum ausgestellt.

Schleusingen Als »castrum der Grafen von Henneberg« wurde das hiesige Schloss Bertholdsburg 1268 erstmals erwähnt. Die heutige Renaissanceanlage, die über dem Zusammenfluss von Schleuse, Nahe und Erle wacht, reicht in ihren Ursprüngen auf den Anfang des 16. Jahrhundert zurück. Den Marktplatz des Ortes umgeben historische Häuser aus dem 17. bis 19. Jahrhundert, das Renaissancerathaus stammt von 1550.

* **Hildburghausen** Durch seinen kraftvollen grünen Anstrich zieht das Rathaus der Werra-Stadt die Aufmerksamkeit des Betrachters sofort auf sich. D

Ausflugsziele im Thüringer Wald

laufenden Bruchscholle und zugleich die Wasserscheide zwischen dem Weser- und dem Elbstromgebiet. Über den Berg führt der sagenumwobene Kammweg des Thüringer Waldes, der Rennsteig. Bei klarem Wetter sind die Höhenzüge des Harzes und der Rhön gut erkennbar. Faszinierende Naturerlebnisse säumen die Wege (ganz links). Oberhof ist der bedeutendste Wintersportort im Thüringer Wald – schon seit der Jahrhundertwende, als man es das »Thüringische St. Moritz« nannte (links). Hier wurde zu SED-Zeiten das Medaillensammeln trainiert. Neben den üblichen Ski- und Rodelmöglichkeiten gibt es Sprungschanzen, Kunsteisbob- und Rennschlittenbahnen sowie ein Eisstadion. Noch heute werden hier alljährlich nationale und internationale Wettkämpfe ausgetragen. Einige Anlagen stehen dem Breitensport offen.

Ruine der romanischen Kirche von Kloster Veßra

von einem hohen Volutengiebel geschmückte Renaissancebau wurde 1595 errichtet. Dem Barock sind das ehemalige herzogliche Amtshaus sowie die Stadtkirche verpflichtet. Im Stadtmuseum kann man die Erstausgaben von Meyers Konversationslexikon bewundern.

* **Eisfeld** Ebenfalls an der Werra liegt diese altfränkische Siedlung. Aus der Spätgotik stammt die Stadtkirche St. Nikolai. Das Langhaus hat man während der Renaissance umgebaut. Prachtvoll zeigen sich das benachbarte Fachwerkpfarrhaus, das seinen letzten Schliff 1632 erhielt, und das Schulhaus von 1653. Über Stadt und Werratal thront das Schloss, von dessen ursprünglichem Bau aus dem 12. Jahrhundert nur Bergfried und Palas übrig geblieben sind. Die anderen Teile wurden um 1650 erneuert.

* **Kloster Veßra** Im ehemaligen Klosterbezirk der 1131 begründeten Prämonstratenserabtei, die 1939 bei einem Brand schwer beschädigt wurde, ist das Hennebergische Freilichtmuseum entstanden – mit eindrucksvollen Sakralbauten der Romanik und Gotik und mehreren Wirtschaftsgebäuden des 16. bis 19. Jahrhunderts eine kleine Welt für sich, umgeben von der alten Klostermauer.

* **Biosphärenreservat Vessertal** Die idyllische Tallandschaft inmitten des Naturparks Thüringer Wald – sie soll Goethe zu seinem Gedicht »Über allen Wipfeln ist Ruh ...« inspiriert haben – bezaubert durch abwechslungsreiche Kleinteiligkeit mit Wäldern und Auen, Wiesen und Mooren.

* **Rennsteiggarten** In der Nähe des bekannten Wintersportorts Oberhof sind auf einem weiträumigen Gelände Tausende von Gebirgspflanzenarten angepflanzt – ein botanischer Garten im natürlichen Umfeld des Thüringer Walds. Der Name verweist auf den beliebten Höhenwanderweg Rennsteig, dem im Mittelalter eine bedeutende Rolle als Handelsroute zukam.

** **Meiningen** In der zweiten Hälfte des 19. Jahrhunderts haben »die Meininger«, das Theaterensemble des Herzogs von Sachsen-Meiningen, Theatergeschichte geschrieben. Auch heute ist diese Tradition im Stadttheater (1808) und im Theatermuseum noch ganz lebendig. Letzteres ist, neben anderen Museen und Sammlungen, in den Prunkräumen des Ende des 17. Jahrhunderts

Impression aus dem Thüringer Wald (oben links); Foyer des Meininger Theaters, der Wiege des deutschen Regietheaters (oben rechts)

Thüringen

errichteten grandiosen Barockschlosses **Elisabethenburg untergebracht.

Zella-Mehlis Den bedeutendsten spätbarocken Saalbau Thüringens findet man hier, in einer Doppelstadt in einem engen Tal des Thüringer Waldes. Die Stadtkirche St. Blasius wurde 1768 bis 1774 auf den Fundamenten eines gotischen Vorgängerbaus errichtet, von dem noch ein Turm erhalten ist. Dies ist auch bei der Kirche St. Magdalenen (1623) im Stadtteil Mehlis der Fall.

Suhl Südlich von Zella-Mehlis liegt an der alten Passstraße von Schleusingen nach Gotha die größte Stadt Südthüringens, eingerahmt vom Domberg im Westen und dem Ringberg im Osten. Das schönste Bauwerk ist das um 1650 im hennebergisch-fränkischen Stil errichtete Malzhaus, in dem ein Waffenmuseum untergebracht ist. Die Herstellung von Handfeuerwaffen hat in Suhl eine 400-jährige Tradition. Das Stadtzentrum bildet der Marktplatz mit dem neugotischen Rathaus, dem Waffenschmied-Brunnen und der Hauptkirche St. Marien. Ein Bummel vom Markt über den Steinweg zur Kreuzkirche macht mit schönen Fassaden aus verschiedenen Jahrhunderten, vor allem aus Barock und Rokoko, bekannt. Fachwerkliebhaber sollten den eingemeindeten Ort Heinrichs und sein einzigartig schönes Rathaus besuchen.

* **Walldorf** Das markanteste Bauwerk des Fachwerkdorfs ist die spätmittelalterliche Kirchenburg, die wohl schönste der zahlreichen Wehrkirchen, die sich in der Region noch erhalten haben.

Renaissanceschloss Wilhelmsburg in Schmalkalden

* **Wasungen** Die traditionsreiche Karnevalshochburg gibt sich mit Stadtmauer, viel Fachwerk – besondere Höhepunkte sind das Rathaus (1533) und das Amtshaus (1607) – sowie dem Pfaffenburg-Turm (14. Jahrhundert) noch ganz altertümlich. In der Renaissance-Stadtkirche (16. Jahrhundert) ist vorzügliche Schnitzkunst zu bewundern.

Salzungen Im Werratal liegt das Sol- und Thermalbad, das schon in römischer Zeit wegen seiner Salzvorräte umkämpft war. Deutliche Zeichen einsti-

Wartburg

Um 1067 als Sitz der thüringischen Landgrafen gegründet, war die Wartburg (ganz links) im hohen Mittelalter Wirkungsstätte der hl. Elisabeth und Schauplatz des legendären »Sängerkriegs«, an dem auch Wolfram von Eschenbach, Heinrich von Ofterdingen und Walther von der Vogelweide teilnahmen. 1521/22 fand Martin Luther hier als »Junker Jörg« Zuflucht und übersetzte das Neue Testament ins Deutsche. 1817 begann mit dem Wartburgfest der Burschenschaftler die liberal-nationale Bewegung. Hauptsehenswürdigkeiten sind der spätromanische Palas (1220) mit Rittersaal, die original erhaltene Lutherstube (links) in der Vogtei, die Elisabethgalerie mit dem historischen Freskenzyklus von Moritz von Schwind, die Neue Kemenate und der Rüstsaal Dirnitz (19. Jahrhundert) mit kostbaren Kunstsammlungen.

en Reichtums sind Bürgerhäuser aus der Zeit der Renaissance sowie das Rathaus. Eine Attraktion bilden die Gradierwerke, deren erstes bereits 1796 entstand. Über Gestrüpp tropft die Sole herab, und die flanierenden Kurgäste atmen die salzhaltige Luft ein. Neben Husenkirche und Butlar'schem Schloss lohnt noch das Bergwerk Merkers eine Besichtigung, dessen Schmuckstück die 45 Meter lange »Kristallhöhle« ist.

** **Schmalkalden** Den Namen des romantischen Fachwerkstädtchens – die gesamte Altstadt steht unter Denkmalschutz – kennt man aus dem Geschichtsunterricht: Im Jahre 1531 schlossen die protestantischen Fürsten den Schmalkaldischen Bund gegen den katholischen Kaiser. Bedeutendste Sehenswürdigkeit ist das erhöht gelegene **Schloss Wilhelmsburg**, ein nobler Renaissancebau (1589) mit prächtiger Schlosskapelle (Orgel aus dem 16. Jahrhundert) und Prunksälen. Heute wird es als Museum genutzt. Einen Besuch wert ist auch das *technische Denkmal »Neue Hütte«, eine spätklassizistische Hochofenanlage.

** **Drachenschlucht** Der Name verrät, um was es sich handelt: eine wildromantische Klamm mit hohen Felswänden, Schluchtwäldern und sprudelnden Wasserläufen. Die Drachenschlucht bei Eisenach ist ein Teil des Annatals, das zum Naturschutzgebiet »Wartburg – Hohe Sonne« gehört, mit fast 500 Hektar eines der größten im Thüringer Wald.

*** **Eisenach** Zwar ist hier die ***Wartburg, die auf dem Wartberg über Eisenach thront, unzweifelhaft die Hauptattraktion. Aber auch die alte Residenzstadt selbst am nordwestlichen Rand des Thüringer Walds hat Eindrucksvolles zu bieten. Besonders sehenswert sind der Marktplatz mit Fachwerkrathaus, Marktbrunnen (1549), barockem Stadtschloss und spätgotischer Georgenkirche, das **Lutherhaus, in dem Martin Luther als Lateinschüler (1498 bis 1501) wohnte (mit Ausstellung), das **Bachhaus, in dem Johann Sebastian Bach 1685 geboren wurde (ebenfalls mit Ausstellung), die frühgotische Predigerkirche mit Kunstmuseum sowie das *Automobilbaumuseum mit allen in der »Autostadt« Eisenach gebauten Modellen.

Wartburg: In der Vogtei mit dem Nürnberger Erker befindet sich die Lutherstube, wo der Reformator 1521/22 die Bibel übersetzte (oben)

TIPP++TIPP++

»Sommergewinn«
Im übrigen Deutschland ist eher unter Fasnacht bekannt, was die Eisenacher »Sommergewinn« nennen: die Austreibung des Winters. Zum 1286 erstmals erwähnten Fest gehört ein Umzug immer am vierten Samstag vor Ostern. Nach einem Streitgespräch zwischen Sunna und Winter wird der Winter (in Form einer Strohpuppe) verbrannt. Dem Umzug folgt ein einwöchiges Volksfest.
Eisenach-Information, Markt 9, Tel. 0 36 91/79 23-0

DIE SCHÖNSTEN REISEZIELE

Nur ein Beispiel für die vielen reizvollen hessischen Fachwerkstädtchen: Melsungen im Schwalm-Eder-Kreis

Hessen

In der landschaftlich außerordentlich abwechslungsreichen Region zwischen Oberrheingraben und Weser, Westerwald und Rhön wurde kontinentale Geschichte geschrieben, nicht nur deutsche. Franken wie Staufer hatten hier ihre Pfalzen, die Kirche besaß einflussreiche Abteien, der Adel baute sich seine Burgen entlang den Flüssen, vor allem an der Lahn, und die kleinen Leute zogen sich in die Gemütlichkeit ihrer mittelalterlichen Städte zurück. Eine spannende Vielfalt, die eine Reise wert ist.

Hessen

Sie existieren im öffentlichen Bewusstsein eigentlich nur als Paar: Jacob und Wilhelm Grimm (1785–1863 bzw. 1786–1859), die berühmten Märchensammler, Sprachforscher, Übersetzer, Germanisten (links: Denkmal in Kassel). Geboren in Hanau, verbrachten sie fast ihr gesamtes Leben gemeinsam: die Kindheit in Steinau, die Schule in Kassel, das Studium in Marburg, arbeitsreiche Phasen in Kassel und Göttingen, wo sie als Bibliothe-

TIPP++TIPP++

documenta
Alle vier bis fünf Jahre lockt Kassel mit der in Deutschland bedeutendsten Ausstellung moderner Kunst. Die erste documenta fand 1955 statt und trug Kassels Namen in alle Welt. Die zehnte documenta gab es 1997, die nächste soll im Jahr 2012 stattfinden.
documenta und Museum Fridericianum Veranstaltungs-GmbH
Kassel, Friedrichsplatz 18
Tel. 05 61/70 72 70

Grimm-Museum
In Kassel, der Hauptstadt der Deutschen Märchenstraße, zeugt das Brüder Grimm-Museum vom Leben und Schaffen der bekannten Sprachforscher und Märchensammler Jacob und Wilhelm Grimm.
Kassel, Palais Bellevue, Schöne Aussicht 2, Tel. 05 61/7 87-20 33, tgl. 10–17 Uhr, Mi bis 20 Uhr

Schloss Arolsen
Zu besichtigen sind u. a. der Steinerne Saal mit herrlichen Stuckarbeiten

und Deckengemälden, Pfälzisches Zimmer, die Alhambra – Hochzeitsgabe der Prinzessin Helene von Nassau, Weißer Saal mit Gemälden von Tischbein, Meytens und Aldegrever, die Musik-, Weiße-Empire-, Rote und Blaue Salon und das Kronprinzenzimmer.
Residenzschloss Arolsen,
Schlossstr. 27,
Tel. 0 56 91/89 55-26
oder 89 55-0

Kasseler Land

Die nördlichste Region Hessens mit dem Werra-Meißner-Land an ihrer Ostflanke und dem Waldecker Land im Südwesten prägen reizvolle Flusstäler, idyllische Städtchen, verwunschene Wälder und ausgedehnte Seenlandschaften. Die Berghänge des Hohen Meißner eignen sich gut für Wanderungen und Wintersport. Urbaner Mittelpunkt der Region ist Kassel.

*** Bad Karlshafen** Barocke Schönheit vom Reißbrett: Landgraf Karl gab das Städtchen mit Weserhafen und Kanal 1699 bei dem hugenottischen Baumeister Paul du Ry in Auftrag und siedelte auf dem streng geometrisch angelegten Areal französische Glaubensflüchtlinge an. Über deren Geschichte und handwerkliches Talent informiert das *Deutsche Hugenottenmuseum. Letzteres offenbarten auch die Mönche des Klosters Helmarshausen, das diesem von mittelalterlicher Fachwerkarchitektur geprägten Stadtteil von Karlshafen (das Attribut »Bad« kam erst im 19. Jahrhundert dank der Solequellen hinzu) seinen Namen gab. In der Kunstwerkstatt der Benediktiner entstand u. a. das *Evangeliar für Heinrich den Löwen. Ein Faksimile dieser Perle romanischer Buchmalerei liegt im alten Rathaus von Helmarshausen aus.

* **Trendelburg** Hauptattraktion des Fachwerkstädtchens an der Deutschen Märchenstraße ist die gleichnamige Burg, eine der wenigen nicht zerstörten mittelalterlichen Burganlagen Deutschlands. Einer ihrer Türme wird als »Rapunzelturm« vermarktet. Auf die Spuren einstigen jüdischen Lebens stößt man in der Altstadt, wo eine Mikwe, ein jüdisches Ritualbad, besichtigt werden kann.

** **Sababurg** Einen märchenhaften Anblick, vor allem zur Zeit der Rosenblüte, bietet das »Dornröschenschloss«, zu dem der Volksmund das 1334 als Pilgerschutzstätte errichtete, später zum Jagdschloss ausgebaute Ensemble erkor, nachdem es fast 150 Jahre lang in einen Schlaf des Vergessens versunken war. Die grimmsche Märchengestalt und ihr Prinz erzählen Besuchern persönlich ihre Geschichte. Sehenswert sind auch der Schlossgarten und der 1571 gegründete *Tierpark im Reinhardswald, die älteste zoologische Anlage Europas.

Naturpark Meißner-Kaufunger Wald Neben den namensgebenden Wäldern umfasst der Park das Mittelgebirge Söhre südöstlich von Kassel und Teile des Werratals. Das Frau-Holle-Märchen sowie viele andere Sagen sind am Hohen Meißner angesiedelt.

* **Hofgeismar** Zahlreiche mittelalterliche Bauwerke prägen den Kern des 1082 erstmals urkundlich erwähnten Orts, darunter das »Steinerne Haus« aus dem 13. Jahrhundert (heute Apotheken-Museum) und das Rathaus im Weserrenaissance-stil. Sehenswert sind auch die Altstädter Kirche (12.–14. Jahrhundert) mit Passionsflügelaltar, Deutschlands älteste Hugenotten-Fachwerkkirche (Stadtteil Carlsdorf) sowie die Anlagen des ehemaligen Bades (18. Jahrhundert) mit dem Schlösschen Schönburg.

* **Naturschutzgebiet Urwald Sababurg** Das älteste hessische Naturschutzgebiet (1907) mit seinen bis zu 1000 Jahre alten Eichen und meterhohem Farn liegt im Reinhardswald und hat noch echten Urwaldcharakter.

Der Kasseler Herkules hoch über Schloss Wilhelmshöhe

** **Bad Arolsen** Von 1655 bis 1918 war Arolsen die Residenzstadt der Fürsten zu Waldeck und Pyrmont, deren prachtvolles *Schloss aus dem frühen 18. Jahrhundert oft als »hessisches Versailles« bezeichnet wird. Besonders sehenswert im Inneren sind das exquisite Rokoko-Audienzzimmer der Fürstin, der Weiße Saal mit Gemälden von Tischbein sowie der Damensalon mit Möbeln des Arolser Kunstschreiners Johann Wilhelm Kaulbach. Dessen Nachfahre Wilhelm von Kaulbach (1804–1874) ging als Hofmaler des bayerischen Königs

kar bzw. Sekretär angestellt waren. Gemeinsam wurden sie dort ausgewiesen, weil sie sich als Teil der »Göttinger Sieben« für Freiheit und Demokratie engagiert hatten. In Berlin schließlich lebten beide ab 1841 bis zu ihrem Tod. Sie ergänzten sich perfekt – Jacob war der Ungestüme, der Macher, Wilhelm der Besonnenere, der Feinarbeiter. Ihre Märchen schauten sie dem Volk »vom Maul ab«. Ihr Ruf wäre nicht so umfassend, wenn sie nicht auch wissenschaftlich Hervorragendes geleistet hätten. Sie haben die systematische deutsche Sprachwissenschaft begründet, Mythenforschung und Namenskunde entscheidend beeinflusst. Jacob Grimms »Deutsche Grammatik« war ein bahnbrechendes Werk, und ihr erst 1961 von anderen vollendetes »Deutsches Wörterbuch« mit dem gesamten Sprachschatz der Luther- bis zur Goethezeit ist weltweit einzigartig.

Ludwig I. in die Geschichte ein. Das Museum *Kaulbachhaus erinnert an das Schaffen der Künstlerfamilie.

* **Naturpark Habichtswald** Der bekannteste Abschnitt des knapp 500 Quadratkilometer großen Naturparks ist der Bergpark Wilhelmshöhe in Kassel. Ringwälle und Hünengräber zeugen davon, dass bereits seit der Antike Menschen im Habichtswald lebten.

* **Kassel** Drei Schlösser, drei Parks, die ***documenta für die Liebhaber zeitgenössischer Kunst – Nordhessens Metropole geizt nicht mit Reizen. Die einstige Residenzstadt in der Talsohle zwischen Habichts-, Reinhards- und Kaufunger Wald konnte ihr historisches Flair bewahren und es mit Leben erfüllen. Das versöhnt ein wenig mit den weitverbreiteten ästhetisch nicht ganz so gelungenen Nachkriegsbauten. Wahrzeichen der auch als Hauptort der Deutschen Märchenstraße bekannten Stadt an der Fulda ist der gut acht Meter hohe, in Kupferblech getriebene Herkules am höchsten Punkt der **Wilhelmshöhe, Europas größtem Bergpark. Zu den weiteren Attraktionen gehören neben den Wasserspielen zu Füßen des Herkules das *Schloss Wilhelmshöhe, einer der letzten Großbauten des Absolutismus (der Mittelteil beherbergt die Gemäldegalerie Alter Meister mit Werken von Cranach, Dürer, Rembrandt, Rubens, van Dyck und Tizian sowie eine Antikensammlung), die Löwenburg (1793–1801), eines der wichtigsten Beispiele neogotischer Ruinenarchitektur in Europa, das Gewächshaus (1822) sowie

Eine mystische Atmosphäre entfaltet der Reinhardswald, Schauplatz Grimm'scher Märchen, mit seinen uralten knorrigen Bäumen (rechts).

Hessen

Die Brüder Grimm waren noch in einem Alter, in dem man hingerissen Märchen lauscht, da wurde in der Nähe von Kassel ein Ensemble verwirklicht, das wie geschaffen ist als Kulisse für die Märchen, die sie später

das von Leo von Klenze Anfang des 19. Jahrhunderts als Theater erbaute Ballhaus. Weitere Highlights von Kassel sind die *Karlsaue, ein weitläufiger Barockpark mit der schlossartigen Orangerie als Blickfang, sowie das Rokokokleinod *Wilhelmsthal (im Ortsteil Calden). Park und Schloss Wilhelmsthal ließ Landgraf Wilhelm VIII. ab 1743 in ländlicher Umgebung vom bayerischen Hofarchitekten François de Cuvilliés d. Ä. als Sommerresidenz, Lust- und Jagdschloss errichten.

** **Bad Sooden-Allendorf** Liebevoll restauriert und dekoriert haben die Soodener den mittelalterlichen Fachwerkkern ihres Städtchens. Die Stadtgeschichte ist eng mit dem »weißen Gold« verknüpft, wovon das historische *Gradierwerk (1638) und das Salzmuseum zeugen. Eine weitere Attraktion ist die mythenumrankte *Kammerbacher Höhle, Hessens größter Höhlenraum.

** **Eschwege** Kaufleute, Nonnen und Handwerker, vor allem Weber und Gerber, sorgten seit dem Mittelalter für den Aufstieg der Siedlung, die nach dem Tod Kaiser Ottos II. in den Besitz seiner Gattin Teophanu kam. Über 1000 Fachwerkhäuser und das *Landgrafenschloss (17. Jahrhundert) mit der Dietemann-Kunstuhr künden von der historischen Prosperität. Opulenz im Miniaturformat birgt das Eschweger *Zinnfigurenkabinett: Fast 12 000 Figuren stellen dort rund 200 Szenen aus der Welt- und der Stadtgeschichte nach.

* **Hessisch Lichtenau** Das romantische Städtchen am Fuße des Hohen Meißners gilt als Ursprungsort des Grimm'schen Märchens von Frau Holle. Sein geschlossener Fachwerkkern umfasst 130 Gebäude. Besonders sehenswert sind Rathaus (1656) und Stadtkirche (1415).

* **Korbach** Historische Bauwerke verschiedenster Epochen prägen den alten Kern der einzigen hessischen Hansestadt. Ihre Blüte verdankt sie dem Eisenberg, von dem schon die Römer wussten, dass er »Hüter einer Goldader« ist. Ebenfalls berühmt ist die 1964 entdeckte Korbacher Spalte, eine Fossilienfundstätte von Wirbeltieren. Die 250 Millionen Jahre alter

Fachwerkhäuser in Korbach im Waldecker Land

Wilhelmshöhe

sammelten. Ende des 18. Jahrhunderts, als die Romantik die europäische Kultur eroberte, entstand mit der Löwenburg auf der Wilhelmshöhe (links) ein pittoreskes Beispiel der Ruinenromantik. Kurfürst Wilhelm ließ sich ein Schloss erbauen, das nach außen wie eine bröckelnde Burgruine aus gotischer Zeit wirkt, im Inneren aber durchaus wohnliche Räume für ihn und seinen Hofstaat aufwies. Die Löwenburg, Schloss Wilhelmshöhe (ganz links), Tempel und Grotten sowie Herkules-Statue ergeben Wilhelmshöhe, den größten Bergpark Europas. Hauptattraktion sind jedoch die Wasserspiele mit ihren Kaskaden, Aquädukten und Teichen. Als die Grimms 1798 nach Kassel kamen, um hier das Lyzeum zu besuchen, wurde an der künstlichen Ruine noch gewerkelt; wie vorherbestimmt als Vorbild für das spätere Schloss »Dornröschens« ...

...unde und die Stadtgeschichte amt Goldbergbau bereitet das preisgekrönte *Wolfgang-Bonhage-Museum auf.

* **Bad Wildungen** Behütet vom Barockschloss Friedrichstein und geprägt durch exquisite Bauten der Gründerzeit wie des Jugendstils, zeigt sich das Städtchen am Ostrand des Kellerwaldes als Kurort par excellence.

* **Naturpark Kellerwaldedersee** Der Naturpark, dessen nördlicher Teil zum Nationalpark erklärt wurde, ist gekennzeichnet durch ausgedehnte Buchenwälder sowie den ...ahezu vollständig von einer ...it Türmen gespickten mittel...terlichen Stadtmauer umge...en ist die alte Domstadt ...ritzlar (oben).

durch eine Talsperre entstandenen Edersee.

** **Frankenberg** Originelle Huckepack-Figuren schmücken das zehntürmige, deutschlandweit bekannte *Frankenberger Rathaus aus dem 16. Jahrhundert, Teil eines vorbildlich restaurierten idyllischen Altstadtkerns zu Füßen des Burgbergs. Frankenberg ist auch seit 1891 Hauptsitz des berühmten Möbeldesigners Thonet; das *Museum Thonet illustriert die Familien- und Produktionsgeschichte. Ein weiteres interessantes Museum birgt das Geburtshaus des Malers Johann Heinrich Wilhelm Tischbein (»Goethe in der Campagna«) neben der vorzüglich erhaltenen Klosteranlage Haina aus dem 12. Jahrhundert, die heute als Krankenhaus und Psychiatriemuseum dient.

Hessisches Bergland

Weiße Berge, die vom Salzabbau künden, dunkle Haine, die grünen Auen der Fulda – im nordöstlichen Teil Hessens hat die Landschaft viele Gesichter. Lebendige Siedlungszentren sind die Kaiserstadt Fritzlar im Kurhessischen Bergland und die Thermen- und Festspielstadt Bad Hersfeld in Waldhessen.

** **Fritzlar** Die mittelalterliche Dom- und Kaiserstadt mit ihren rund 450 Fachwerkhäusern und einem der schönsten Marktplätze Hessens liegt malerisch auf einem Höhenzug über dem Edertal. Schon von Weitem grüßt das Wahrzeichen, die reich ausgestattete *St.-Petri-Basilika, in der Sachsenherzog Heinrich I. (genannt der Vogler) 919 zum König gewählt

TIPP++TIPP++

Wolfgang-Bonhage-Museum
Das 1997 neu eröffnete Museum bietet auf ca. 1700 Quadratmetern Geschichte aus Stadt und Region.
Korbach, Kirchplatz 2,
Tel. 0 56 31/53 289, ganzjährig
Di–So 11–16.30 Uhr

Zinnfigurenkabinett
Kulturgeschichte einmal anders.
Eschwege, Hospitalstr. 7,
Mi, Sa und So 14–17 Uhr,
Tel. 0 56 51/33 19 85

Korbacher Spalte
Führungen finden an jedem Sonntag zwischen Mai und Oktober jeweils um 10.15 und 11.15 Uhr statt. Treffpunkt: Überdachung der Korbacher Spalte, Frankenberger Landstraße. Dauer: ca. 1 Std.
Interessengemeinschaft »Korbacher Spalte«, Kontaktadresse: Korbach, An der Steinfurt 13, info@korbacher-spalte.de

DIE SCHÖNSTEN REISEZIELE

Hessen

Der erste Computer wurde weder in einer Garage im kalifornischen Silicon Valley noch von IBM gebaut. Den ersten vollwertigen Rechner mit Ein- und Ausgabeeinheit, Speicher, Rechenwerk und Steuerung baute vielmehr der 1910 in Berlin geborene Ingenieur Konrad Zuse bereits 1941. Zuse, zunächst als Statiker bei den Henschel-Flugzeugwerken tätig, widmete sich ab 1936 dem Bau vollautomatischer Rechenmaschinen. Der

wurde. Das Dommuseum zählt zu den wichtigsten sakralen Sammlungen Deutschlands. Ebenfalls von überregionaler Bedeutung ist das über 4000 Jahre alte Steinkammergrab.

★ **Ars Natura** Buchstabenskulpturen, Scherbenarmbänder um knorrige Äste oder Spinnwebnetze aus regenbogenfarbenen Bändern: vom Heiligenberg westlich von Melsungen an säumen mehr als 100 Kunstwerke den Barbarossa-Fernwanderweg.

★★★ **Melsungen** »Bartenwetzer« nannte man im Mittelalter die Männer, die auszogen, um in den Melsunger Wäldern Holz zu schlagen und an den Sandsteinen der Fuldabrücke ihre Äxte (»Barten«) schärften (»wetzten«). Die *Bartenwetzer-Brücke (1596) mit ihren massiven Bögen zählt zu den schönsten Hessens, und auch das inmitten der historischen Altstadt völlig freistehende *Melsunger Rathaus von 1556 ist ein bauliches Juwel. In seinem Türmchen zeigt sich zweimal täglich eine Holzfigur: ein Bartenwetzer natürlich.

★ **Lochbachklamm** So tief hat sich der Lochbach zwischen Hülsa und Wallenstein eingegraben, dass eine felsige Schlucht entstand. Über mehr als ein Dutzend Holzstege kann man diese wilde, feuchte Landschaft erkunden.

★★ **Rotenburg** Mauerumgürtet liegt der historische Kern des Städtchens an der engsten Stelle des Fuldatals. Sehenswert sind vor allem das landgräfliche Renaissanceschloss samt Schlossgarten und das Rathaus. Vom Rodenberg aus (historische Burgruine und moderne Klinikanlagen) bietet sich ein schöner Blick auf die Stadt.

★ **Homberg (Efze)** Zu Füßen der ehemaligen Hohenburg, in der Stadtkirche St. Marien wurde 1526 die Reformation in Hessen ausgerufen. Das Gotteshaus birgt einen der ältesten spätgotischen Kreuzwege Hes-

Glanzstück des Fachwerkbaus: das Rathaus von Melsungen

Konrad Zuse

erste Apparat, Z1, funktionierte noch mechanisch, aber bereits im binären Code. Z3 enthielt bereits 2000 Telefonrelais und alle wesentlichen Teile, die ein PC auch heute noch aufweist. Die Programmierung erfolgte über Lochstreifen. Aufgrund der Isolierung Deutschlands im Zweiten Weltkrieg wusste Zuse nichts über den amerikanischen Computerbau – und umgekehrt. Deshalb galt lange Zeit der Mark I, den der Physiker Howard Aiken 1943 zusammen mit IBM baute, als weltweit erster Computer. Das Nachfolgemodell Z4 vermietete Zuse 1949 an die ETH Zürich. Es war der erste richtige Computer Europas. Zuses Firma, lieferte 1958 den ersten elektronischen Computer (Z22) aus. Ab 1949 hatte sich Zuse geschäftlich und privat in der Region von Bad Hersfeld niedergelassen. In Hünfeld (wo er 1995 starb) und in Bad Hersfeld erinnern Denkmäler an den Computerpionier.

ens und eine Original-Türmerwohnung (1705). Mit der gut 00 Jahre alten Kirchhoflinde nd dem Marktplatz bildet die irche ein eindrucksvolles Ensemble in den Gassen des mittelalterlichen Stadtkerns.

Schwalm Weit über die renzen Hessens hinaus bekannt ist die farbenfrohe chwälmer Tracht, bei der das ote Käppchen der jungen Mädhen quasi das i-Tüpfelchen bilet. Wer dächte da wohl nicht n ein bestimmtes Märchen der ebrüder Grimm! Im Kerngeiet des hessischen Brauchtums agen die Frauen an Festtagen och immer ihre historischen ewänder, so im *Schloss- und useumsort Ziegenhain (zur Salatkirmes«) und in Treysa ur »Hutzelkirmes«).

Willingshausen Gerhard on Reutern verbrachte in dem reizenden Schwälmer Dorf nach der Leipziger Völkerschlacht malend seine Rekonvaleszenz und initiierte Deutschlands älteste Künstlerkolonie. Ludwig Emil Grimm (der Bruder der beiden Märchensammler) gehörte ihr ebenso an wie der Illustrator Otto Ubbeloh und Kurt Schwitters. Ein stattliches Fachwerkhaus im Ortskern, das schmucke *Reutern-Haus, birgt Werke sowie Fotos aus der Anfangszeit der Künstlerkolonie.

*** Bad Hersfeld** Sommerliche Festspiele erfüllen seit gut einem halben Jahrhundert Europas größte **romanische Stiftsruine mit Leben. Das imposante Gemäuer – im 40 Meter hohen Turm hängt Deutschlands älteste Glocke – war einst das Herz eines mächtigen Benediktinerklosters. Im Siebenjährigen Krieg hatten die Franzosen ihre Vorräte in der rund 100 Meter langen und im Querhaus 50 Meter breiten Stiftskirche gelagert. Als die Preußen überraschend schnell anrückten, flohen die Franzosen und zündeten vorher alles an. Das Museum im Klostergebäude dokumentiert die Geschichte der Abtei und der hübschen, großzügig gestalteten Kurstadt.

* **Heringen** Im mittleren Werratal ragen weithin sichtbare weiße Landmarken auf: die »Monte Kali«, Abraumhalden des Kalibergbaus. In der gleichnamigen Besucheranlage können sie bestiegen werden. Im Erlebnisbergwerk Merkers hingegen geht es rund 800 Meter in die Tiefe.

Fachwerkzeile am Flussbett der Fulda in Rotenburg (oben links); Stiftsruine von Bad Hersfeld, Schauplatz berühmter Festspiele (oben rechts)

TIPP++TIPP++

Bad Hersfelder Festspiele
Alle Jahre wieder treffen sich im Sommer Künstler und Festspielbesucher zum kreativen Miteinander. **Reservierung und Buchung vor Ort: Bad Hersfeld, Am Markt 1, per Tel. 0 66 21/20 13 60**

Malerstübchen/Reutern-Haus
Das Malerstübchen Willingshausen ist das museale Erbe der Willingshäuser Malerkolonie.
Di–So 10–12, 14–17 Uhr, Anmeldung erforderlich, Tel. 0 66 97/14 18 oder 2 65

Sie gilt als Inbegriff deutscher Behaglichkeit: jene als Fachwerk bezeichnete Bauweise, bei der man ein Stabwerk aus Holz herstellt und dessen einzelne Fächer dann mit Lehm, Ziegel- oder Schwemmsteinen auffüllt.

Fachwerk

Vorstufen sind schon für den vorchristlichen Vorderen Orient und das Römische Reich dokumentiert. Im Mittelalter kam sie auch in England, Holland und Skandinavien zur Anwendung. Doch zur vollen Blüte entwickelte sich die Technik, einen Basisbalken, die »Schwelle«, mit dem oben abschließenden Rahmen mittels Zapfen, Säulen und schrägen Streben zusammenzufügen, in deutschen Landen. Als Material dienten Eichen-, Tannen- und Fichtenholz. Konstruktionsweise und Musterung der Wandflächen durch das beiderseits sichtbare Holzskelett variieren je nach Region. Charakteristisch sind die vorkragenden oberen Stockwerke. Seinen Höhepunkt erlebte der Fachwerkbau im 16./17. Jahrhundert, als ganze Fachwerkensembles entstanden (von links im Uhrzeigersinn: Sooden-Allendorf, Melsungen, Homberg, Miltenberg, Michelstadt, Zwingenberg).

Hessen

Die Barockstadt Fulda ist das wirtschaftliche, politische und kulturelle Zentrum Osthessens. Direkt gegenüber der schlichten romanischen Michaelskirche (links) ließen virtuose Bauleute Anfang des 18. Jahrhunderts ei-

TIPP++TIPP++

Naturparks

Hessens Landschaft ist von ungewöhnlicher Vielfalt. Von Odenwald und Westerwald über das Hessische Bergland bis zur Rhön zeigt Hessen die verschiedensten geologischen Beschaffenheiten und großflächige Waldgebiete. Viele Regionen wurden als Naturparks ausgewiesen, so Bergstraße-Odenwald, Habichtswald, Hoher Vogelsberg und Hessische Rhön. In den Naturparks kann man nicht nur wandern, son-

dern sich auch auf Natur- und Vogellehrpfaden bilden, mancherorts Wassersport treiben und in der Rhön sogar drachen- und segelfliegen.
Wiesbaden, Hessischer Fremdenverkehrsverband, Abraham-Lincoln-Str. 38–42,
Tel. 06 11/77 88 00

Vogelsberg, Wetterau und Hessische Rhön

Europas größtes Vulkanmassiv und eine der ältesten und fruchtbarsten Kulturlandschaften Deutschlands, gepaart mit dem »Land der offenen Fernen«, prägen die Mitte und den östlichsten Rand Hessens. In das vielfältige Landschaftsbild aus Hügelkuppen und Flussgauen fügen sich heimelige Dörfer sowie romantische Burgen und Fachwerkstädtchen. Von vergangener weltlicher und kirchlicher Macht zeugt vor allem die Barockstadt Fulda.

* **Alsfeld** Anno 1069 erstmals erwähnt, gelangte die an einer der drei landgräflichen Handelsstraßen Hessens liegende Siedlung rasch zur Blüte. Ein besonders schönes Ensemble in der geschlossenen Altstadt bilden das *Rathaus in frühem Rähmbau (1516), das staffelgiebelige Weinhaus (1538), das älteste Fachwerkhaus (1350) und die Walpurgiskirche (13. Jahrhundert). Lohnenswert sind zudem Spielzeugmuseum und Märchenhaus.

* **Lauterbach** »In Lauterbach hab ich mein Strumpf verlorn...« – die alte Volksweise vom barfüßigen Strolch machte das Vogelsberger Brauörtchen berühmt. Der lockige Kerl mit Regenschirm gab auch dem ersten deutschen Camembert seinen Namen. Ein Bronze-»Strolch« steht inzwischen im Flussbett der Lauter an den Trittsteinen beim Ankerturm, dem einzig erhaltenen Turm der einstigen Stadtmauer.

* **Bad Salzschlirf** Liebevoll erhaltene Fachwerkhäuser, romantische Gassen und Jugendstilgebäude, ein Kurpark mit altem Baumbestand sowie eine Nachbildung der Grotte von Lourdes (Mariengrotte) zählen zu den Sehenswürdigkeiten des Kurstädtchens.

** **Wasserkuppe** Die mit 950 Meter höchste Erhebung der Rhön gilt als Geburtsstätte des Segelflugs: 1924 wurde hier die erste Segelflugschule der Welt eröffnet. Im Deutschen Segelflugmuseum gleich nebenan reicht die Palette der Exponate vom Lilienthal-Gleiter bis zu modernsten Kunststoffseglern.

* **Gersfeld** Das Kneippheilbad gilt als »heimliche Hauptstadt der Rhön«. Von 450 bis auf 950 Meter Höhe erstreckt sich das Stadtgebiet mit reizvollem, von Fachwerk dominiertem Kern.

* **Grünberg** Die Geschichte des hessischen Fachwerkbaus der letzten 500 Jahre lässt sich in dem Luftkurort am Westrand des Vogelsbergs wie im Bilderbuch betrachten. Besonders augenfällig in den romantisch verwinkelten Altstadtgassen ist das Renaissancerathaus.

* **Lich** Sehenswert in der Brauereistädtchen sind de

Impression von der Wasserkuppe in der Rhön (oben); Jugendstil-Kuranlage Sprudelhof in Bad Nauheim (rechts)

Fulda

nen Dom (ganz links) entstehen, der seinesgleichen sucht. Komplett restauriert kündet das Gotteshaus nun wieder glanzvoll von der lebensfrohen Frömmigkeit der Fuldaer Fürstbi-schöfe. Vis-à-vis entstand ein prächtiges Barockschloss (heute Sitz der Stadtverwaltung), akzentuiert durch einen Garten mit Orangerie von 1730 und umgeben von barocken Adelspalästen sowie dem Wachengebäude. Im Schatten der Domtürme lockt der Hexenturm in die mittelalterliche Altstadt, mit kopfsteingepflasterten Straßen, verwinkelten Gassen und restauriertem Fachwerk. In der Gemarkung Eichenzell birgt Schloss Fasanerie (»Adolphseck«), einst fürstbischöfliche, später kurfürstlich-hessische Sommerresidenz (1730–1757), errichtet nach Plänen des italienischen Barockbaumeisters Andreas Gallasini, eine einzigartige Sammlung mit Fuldaer Porzellan.

48 Meter hohe Stadtturm (15. Jahrhundert), das Spätrenaissanceschloss der Fürsten zu Solms-Hohensolms-Lich mit seinem Park, das mit Fachwerk reich verzierte Textorhaus (1632, heute Heimatmuseum) sowie die spätgotische Marienstiftskirche. In der Umgebung lohnt die Klosterruine Arnsburg einen Abstecher.

* **Laubach** Prunkstück der noch einige Fachwerkbauten aufweisenden Kleinstadt im Vogelsberg ist das Schloss der Grafen zu Solms-Laubach mit Museum, historischem Eiskeller (18. Jahrhundert) und großem altem Park.

* **Naturpark Hoher Vogelsberg** Hessens ältester Naturpark erstreckt sich über 400 Quadratkilometer im Städtedreieck Frankfurt–Gießen–Fulda. Sein Kern ist ein vor 20 Millionen Jahren entstandener, erloschener Vulkan, Europas größtes zusammenhängendes Basaltmassiv. Naturwaldgebiete, ein Hochmoor und verschiedene Quellflüsse prägen die vielfältige Landschaft – ein ideales Wandergebiet. Das Zentrum bildet der Oberwald mit Taufstein (773 Meter) und Hoherodskopf (764 Meter) als den höchsten Erhebungen.

* **Schotten** Im mittelalterlichen Stadtkern mit Fachwerkkulisse sind das historische Rathaus (1512) sowie die Liebfrauenkirche (14. Jahrhundert) mit ihrem berühmten Flügelaltar besonders zu beachten.

* **Burg Münzenberg** Um 1160 unter Kaiser Barbarossa erbaut, gilt Münzenberg als eine der größten Burganlagen in Deutschland. Wegen ihrer Form nennt man sie auch das »Wetterauer Tintenfass«. An der Nordseite des Münzenbergs gelangt man zu den Münzenberger Höhlen.

Hessen

Das auf einem Bergsporn über der Lahn gelegene Schloss der Nassauischen Grafen (links) geht in seinen Ursprüngen auf das 14. Jahrhundert zurück. Zweimal wurde es grundlegend umgestaltet: Mitte des 16. Jahr-

TIPP++TIPP++

Musikalischer Sommer Gießen
Konzerte von Barock bis Rock, hauptsächlich Open Air, werden während des vier Monate währenden Musikalischen Sommers angeboten. An jedem Wochenende zwischen Mitte Mai und Mitte September spielen dann regionale und internationale Künstler in dem ehemaligen Augustiner Chorherrenstift auf dem Schiffenberg. Dessen Gründung geht auf eine Stiftung der Gräfin Clementia zu Gleiberg aus dem Jahr 1129 zurück.
Gießen-Information,
Berliner Platz 2,
Tel. 06 41/9 75 11 60

50er-Jahre-Museum
Das Museum nimmt seine Besucher mit auf eine Zeitreise in die Lebenswelt der noch jungen Bundesrepublik: Wirtschaftswunder, Petticoat, Nierentisch und Rock'n' Roll.
Büdingen, Auf dem Damm 3,
Tel. und Fax: 0 60 42/95 00 49

★★ **Bad Nauheim** Nostalgisches Fachwerk und Fin-de-Siècle-Charme bestimmen das Städtchen in der Wetterau, dessen Solequellen schon die Kelten nutzten. *Trinkkuranlage und Sprudelhof bilden eines der größten geschlossenen Jugendstilensembles Deutschlands. Frische »Meeresluft« lässt sich an den Gradierbauten schnuppern.

★★ **Friedberg** Der kulturelle Mittelpunkt der Wetterau wurde bereits Ende des 12. Jahrhunderts gegründet. *Burg und Stadt liegen auf einem Basaltfelsen; die Burganlage mit dem 58 Meter hohen Adolfsturm ist die größte Deutschlands. Zu den Attraktionen der Altstadt zählen das Rathaus (1737–1740), die *Stadtkirche Unserer Lieben Frau, eine gotische Hallenkirche (1260–1410) sowie ein jüdisches Ritualbad (Mikwe). An der früher ob ihrer Breite als Markt genutzten Kaiserstraße ist noch eine Reihe von Fachwerkbauten des 15. bis 18. Jahrhunderts erhalten.

★★★ **Büdingen** »Hessens Rothenburg« in der Wetterau zählt zu den besterhaltenen mittelalterlichen Stadtanlagen Europas. Besonders reizvoll ist die Verbindung von Schloss, Wehranlagen, Kirche, Rathaus und Fachwerkbauten. Große Teile der Stadtmauer, Wehrtürme und Stadttore sind intakt und begehbar. Das Schloss war ursprünglich eine Wasserburg; heute ist es ein Hotel.

Birstein Weithin sichtbar über der »Perle des Vogelsberges« thront auf einem schmalen Felsrücken das Schloss der fürstlichen Familie von Isenburg mit seinem zauberhaften Park.

★ **Naturpark Hessische Rhön** Östlich von Fulda an der Grenze zu Thüringen und Bayern gelegen, ist das 70 Quadratkilometer große Areal Teil des länderübergreifenden Biosphärenreservats Rhön. Es ist von Mischwald, Fließgewässern, Mooren, Grünland und Trockenbiotopen geprägt.

Lahn-Dill und Westerwald

Reizende Fluss- und Hügellandschaften wie jene von Lahn und Dill, dazu tiefe Taleinschnitte mit Hochwald und die rauen Hochflächen des Westerwalds – Hessens westliche Regionen bilden einen abwechslungsreichen Lebensraum. Hier entspringen einige Flüsse und liegen die reizvollen Städte Marburg, Limburg und Wetzlar.

★★★ **Marburg** Aus einer Grenzburg zwischen den Territorien der Landgrafen von Thüringen und der Erzbischöfe von Mainz hervorgegangen, wurde das Lahnstädtchen erst bedeutsamer, als es die später heiliggesprochene Elisabeth von Thüringen 1228 zum Witwensitz erkor. Über ihrem Grab ließ der Deutschorden die **Elisabethkirche errichten, einen der frühesten und schönsten gotischen Bauten Deutschlands. Gemeinsam mit dem **Land-

Weilburg

hunderts entstand das Hochschloss als Vierflügelbau – eine der am besten erhaltenen Renaissanceresidenzen Hessens. Zu Beginn des 18. Jahrhunderts wurde die Anlage im Stile des Barocks erweitert, um Viehhof, Kanzlei, Rentkammer, Orangerien, Rathaus, Kirche und Schlossgarten. Unter den Fachwerkhäusern gebührt jenen in Pisé-Technik errichteten besondere Aufmerksamkeit – eines ist sechs Stockwerke hoch und damit das größte (Stampf-)Lehmgebäude Deutschlands. Ein weiterer Superlativ ist der Schiffstunnel, den Herzog Adolf 1847 zur Abkürzung der Lahnschleife durch den Weilburger Bergrücken bohren ließ. Inzwischen liegen neben der Wasserstraße auch die Fahrtröhren für Auto und Eisenbahn – eine weltweit einmalige Kombination. Einen Besuch wert ist auch die Kubacher Kristallhöhle in Weilburg-Kubach.

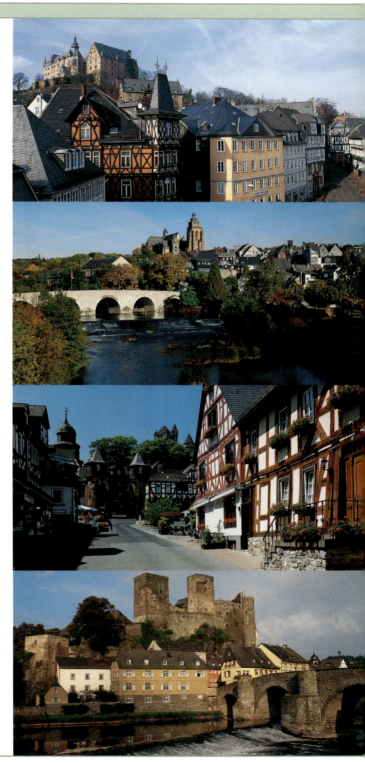

grafenschloss ist sie das wohl markanteste Gebäude der verwinkelten Fachwerkaltstadt mit ihren unzähligen Treppengassen. Die imposantesten Gebäude befinden sich in der *Oberstadt um das Rathaus von 1527. Im gleichen Jahr gründete Philipp der Großmütige in Marburg auch die erste protestantische Universität der Welt.

* **Dillenburg** Wahrzeichen der Geburtsstadt Wilhelms von Oranien (1533–1584) ist der 1875 auf den Überresten einer Burg erbaute Wilhelmsturm. Die Stadt selbst geht auf das 17./18. Jahrhundert zurück und weist schöne Barockbauten auf. Die Kasematten entstanden schon zu Zeiten Wilhelms.

* **Herborn** Über zwei Jahrhunderte lang war das pittoreske Dillstädtchen Sitz von Deutschlands kleinster Hochschule, der Academia Nassauensis (gegründet 1584). Daneben gibt es hier weitere 400 teils sorgfältig restaurierte Fachwerkbauten zu Füßen des Schlossbergs.

* **Gießen** Die im Zweiten Weltkrieg großteils zerstörte Universitätsstadt ist durch typische Nachkriegsarchitektur geprägt. Ausnahmen bilden das *Alte Schloss mit einem der ältesten botanischen Gärten Deutschlands (1609), das Neue Schloss samt Zeughaus (16. Jahrhundert), das Leib'sche Haus (1350) und die Burgmannenhäuser in der einstigen Wasserburg.

** **Wetzlar** Zentrum des neuen Wetzlar wie auch der *Altstadt mit ihren schmucken Fachwerk- und Barock- bzw. Renaissancebauten ist der eigenwillige unvollendete *Dom (romanisch/gotisch). Weitere Attraktionen im historischen Teil sind das Rathaus von 1790, die Hauptwache und die Pfaffengasse mit dem Lottehaus Charlotte Buff war Goethes Angebetete während seines Gerichtspraktikums in Wetzlar), das einstige Reichskammergericht sowie der Säuturm als einziges Relikt der mittelalterlichen Stadtbefestigung.

* **Braunfels** Mittelalterliche Burgenromantik prägt den Ort südlich von Wetzlar. »Hessisches Neuschwanstein« nennen manche die zur *Barockresidenz ausgebaute Trutzburg der Grafen zu Solms hoch über dem teils von einer Wehrmauer umgebenen Altstadtkern. Sie birgt Kunstwerke holländischer Meister sowie der Familie Tischbein.

* **Hadamar** Im malerischen Kern des Städtchens nördlich von Limburg zeugen Fürstenschloss und Rathaus vom einstigen Glanz als Nassauer Residenz, Markt- und Gerichtsplatz. Ein gotisches Schmuckstück ist die *Liebfrauenkirche im Elbbachtal. In den Nebengebäuden der Klinik für Forensische Psychiatrie befindet sich eine Gedenkstätte, die an die Ermordung von Menschen mit Behinderungen und psychischen Erkrankungen in der NS-Tötungsanstalt Hadamar erinnert.

* **Runkel** Eindrucksvoll liegt der 1159 erstmals erwähnte Ort beiderseits der Lahn, überragt von der mittelalterlichen Burgruine. Beachtung verdienen die steinerne Flussbrücke (1448), die Fachwerkhäuser (17./18. Jahrhundert) sowie Burg Schadeck (13. Jahrhundert).

* **Goldener Grund** In dieser fruchtbaren Landschaft im Südosten Limburgs sprudeln viele Heilquellen, darunter die bekannten mineralischen Wässer von Selters. Auch Hessens

Zeughaus und Neues Schloss in Gießen (links); Marburger Schloss; Wetzlar mit Dom; Fachwerkidyll in Braunfels; Burg Runkel (rechts von oben)

Hessen

Darmstadt, die viertgrößte Stadt Hessens, hat seinen Charakter als alte Residenzstadt bewahrt. Die feudale Vergangenheit als Sitz der Landgrafen und späteren Großherzöge von Hessen-Darmstadt ist am Luisenplatz

ältestes Kneippheilbad, das von reizvoller Fachwerkarchitektur geprägte Bad Camberg, liegt im Goldenen Grund.

*** Limburg Das gesamte Ensemble mittelalterlicher Bebauung ist hier nahezu unversehrt erhalten geblieben. Der ehemals ummauerte Stadtkern zwischen Lahnbrücke (1315), Grabenstraße und dem markanten ***St.-Georg-Dom, einer der vollendetsten Schöpfungen spätromanischer Baukunst, steht daher unter Denkmalschutz. Imposant grüßt von einem zur Lahn hin abfallenden Felsen die Limburg (7./8. Jahrhundert). Das Haus Kleine Rütsche 4 markiert die schmalste Stelle des historischen Handelsweges zwischen Frankfurt und Köln. Der gotische *Römer (1289) ist das älteste freistehende Haus in Deutschland. Sehenswert sind auch das mit Schnitzwerk reich verzierte »Haus der sieben Laster« (1567), das steinerne Hallenhaus Werner Senger und das Limburger Schloss (beide 13. Jahrhundert).

Hessischer Spessart und Odenwald

Berühmt geworden durch das Wirtshaus, beeindruckt der Spessart im südöstlichen Hessen jedoch vor allem durch seine Eichen- und Buchenwälder. Im mediterranen Klima der Bergstraße südlich von Darmstadt wachsen gar Feigen, Mandeln und Wein. Geschichtsträchtige Orte wie Kloster Lorsch beweisen aber auch, dass die Region altes Kulturland ist.

* Schlüchtern Im Mittelalter lag die Klostersiedlung an der damals wichtigen Handelsstraße Via Regia. Das Benediktinerkloster mit den zwei signifikanten Türmen wurde bereits im 9. Jahrhundert gegründet. Im Lauterschlösschen (um 1440) gibt das Bergwinkel-Museum einen Überblick über die Geschichte der gleichnamigen Region. Sehenswert ist auch der Park des *Renaissanceschlösschens Ramholz.

** Steinau Eng verbunden mit dem Namen der Gebrüder Grimm, die hier einen Teil ihrer Kindheit verbrachten, bezaubert das Städtchen durch sein mittelalterliches Zentrum mit Resten der Stadtmauer, Türmen und Fachwerkhäusern sowie einem Renaissanceschloss. Vor den Toren des »märchenhaften« Steinau liegt Hessens einzige Tropfsteinhöhle, die *Teufelshöhle.

* Bad Soden-Salmünster Das Doppelstädtchen im Kinzigtal vereint historische Bausubstanz mit modernen Kureinrichtungen (Solequellen). Eine Besichtigung wert sind das Franziskanerkloster, das Huttenschloss von 1536 (inzwischen Festspielstätte) und das einzige barocke Fachwerkrathaus Hessens. In der Umgebung locken der Kinzigstausee und die Talsperre von Ahl.

* Naturpark Hessischer Spessart Deutschlands größtes zusammenhängendes Mischlaubwaldgebiet ist im Spessart anzutreffen. Die geologische Grundlage des Naturparks bildet eine nach Südosten geneigte Buntsandsteinplatte von bis zu 400 Meter Dicke.

* Bad Orb Eine der zehn *Salinen aus der Blütezeit der Orber Salzgewinnung ist noch funktionsfähig. Vom alten Stadtkern mit gut drei Dutzend Fachwerkhäusern gelangt man in den acht Hektar großen, 1900 angelegten Kurpark, das ehemalige Sudgelände.

** Gelnhausen Barbarossa, Grimmelshausen, Philipp Reis – drei große Namen stehen im Geschichtsbuch des schmucken Kinzigstädtchens, dessen prächtige Sakral- und Profanbauten von seiner einstigen Macht künden. Die **Kaiserpfalz Friedrichs I. (»Barbarossaburg«) mit ihren herausragenden Steinmetzarbeiten ist die besterhaltene Pfalz der Stauferzeit. Weitere Attraktionen sind das Rathaus (1330), das Romanische Haus (1180), einer der seltenen Steinbauten aus dieser

rund um die Ludwigssäule noch spürbar. Den Mittelpunkt bildet das 1375 begonnene Schloss. Bald wurde es Residenz, Anfang des 18. Jahrhunderts wurden seine Dimensionen durch zwei Flügel ins Monumentale gesteigert. Der Glockenbau birgt ein sehenswertes Museum mit Hans Holbeins »Darmstädter Madonna«. Das Hessische Landesmuseum befindet sich am Eingang zum Herrngarten, dem Schlosspark. Dieser erstreckt sich nach Norden bis zum Prinz-Georg-Palais mit der Großherzoglichen Porzellansammlung. Auf Großherzog Ernst Ludwig geht die Mathildenhöhe zurück, eine Jugendstilkolonie, in der sieben Künstler der Jahrhundertwende Häuser und ein gemeinsames Atelier bauen durften. Weithin sichtbar ist der das Ausstellungsgelände überragende »Hochzeitsturm« (links, mit russischer Kapelle; Mosaik »Der Kuss« von F. W. Kleukens).

Zeit, der Hexenturm sowie die Marienkirche mit mittelalterlichen Chorfenstern und Lettner. In der Schmidtgasse steht das Haus, in dem um 1622 der »Simplicissimus«-Dichter Hans Jakob Christoffel von Grimmelshausen geboren wurde; in der Langgasse stößt man auf die Geburtsstätte des Telefonerfinders Philipp Reis.

* **Hanau** Erstmals 1143 als Wasserburg erwähnt, bietet die Geburtsstadt der Brüder Grimm heute Sehenswürdigkeiten wie das *Deutsche Goldschmiedehaus (ehemals Altstädter Rathaus), *Schloss Philippsruhe und die historische Kuranlage Wilhelmsbad. Das barocke Philippsruhe direkt am Mainufer beherbergt ein lokalhistorisches sowie ein Papiertheater-Museum. In den Räumlichkeiten von Wilhelmsbad (18. Jahrhundert)

Dom und Schloss von Limburg hoch über der Lahn (oben links); Obermarkt mit Rathaus und Marienkirche von Gelnhausen (oben rechts)

ist das Hessische Puppenmuseum untergebracht.

* **Dieburg** Nicht nur in der Zuckerstraße bezaubert der im Gersprenztal gelegene Ort durch seine Fachwerkbauten. Besonderes Augenmerk verdienen das mittelalterliche Badhaus, das Kapuzinerkloster, das Albinische Schloss und Schloss Fechenbach.

*** **Fossiliengrube Messel** Das einstige Tagebauareal ist eine der reichsten Säugetierfossilien-Lagerstätten der Welt. Geowissenschaftler bargen bisher aus dem vor 47 Millionen Jahren entstandenen Maarvulkansee rund 40 000 Einzelfunde, darunter neben dem Urpferd auch Fische, Insekten, Reptilien, Amphibien und Pflanzen. Bis ins letzte Details sind hier die Abdrücke von Vollkörperskeletten, Haut und Haaren, Muttertieren mit Föten und Mägen mit der letzten Mahlzeit erhalten.

** **Bergstraße** Bereits zu Zeiten der Römer verlief an den sonnigen Hängen des Odenwalds eine wichtige Handelsstraße. Das milde Klima an ihrem Saum zwischen Darmstadt und den Neckarauen begünstigt eine mediterrane Vegetation. An der Bergstraße liegen auch das anno 1024 begründete *Zwingenberg mit seiner schönen Altstadt, Bensheim mit der *Schlossruine Auerbach und dem weiten historischen Park Fürstenlager sowie das romantische *Heppenheim zu Füßen der mittelalterlichen Starkenburg.

* **Burg Lindenfels** Auf einem freien Bergkegel über dem gleichnamigen heilklimatischen Ort thronen im Odenwald die Relikte der mächtigen mittelalterlichen Festungsanlage Lindenfels. Von der begehbaren Burgmauer aus genießt man eine schöne Aussicht.

** **Naturpark Bergstraße-Odenwald** Bis hin zum Main- und zum Neckartal sowie ins Messeler Hügelland reicht der 2300 Quadratkilometer umfas-

TIPP++TIPP++

Altstadtfest und Weintage
Beim Altstadtfest am letzten Juniwochenende hallt Limburgs Innenstadt von Musik wider. Bei den Weintagen Ende Juli steht nicht nur das kennerhafte Verkosten des Rebsaftes im Vordergrund, sondern der Spaß am Feiern. Auf allen großen Plätzen der Innenstadt gibt sich ganz Limburg ein Stelldichein.
Limburger Altstadtkreis e.V., Schießgraben 3, Tel. 0 64 31/54 70 95

Grube Messel
Ein Eldorado aus Versteinerungen und Fossilienfunden, erlebbar auf geführten Wanderungen und bei spannenden Grabungen.
Messel, Rossdörfer Straße 108, Tel. 0 61 59/71 75 35

Hessen

Die Landeshauptstadt zu Füßen der bewaldeten Hänge des Taunus bezaubert vor allem durch ihre glanzvollen architektonischen Objekte. Zu verdanken hat sie dies ihren Thermalquellen. Eine Urkunde von 828 er-

TIPP++TIPP++

Schloss Erbach
Mit Farbe, Holz und Blech versuchte man einst auch am Schloss der Grafen von Erbach-Erbach den Prunk des französischen Sonnenkönigs zu imitieren.
Erbach im Odenwald, Marktplatz, Tel. 0 60 62/80 93 60

Elfenbeinmuseum
Das weltweit einzige Spezialmuseum dieser Art dokumentiert die Geschichte des Elfenbeins und zeigt rund 2000 Exponate aus aller Welt. Tägliche Schnitzvorführungen in der Museumswerkstatt.
Erbach, Otto-Glenz-Str. 1, tgl. 10–17 Uhr, Nov–Feb. Mo geschlossen, Tel. 0 60 62/9 19 99-0

sende Park. Auf seinem Areal liegen unter anderem das UNESCO-Weltnaturerbe Grube Messel, der Odenwald-Limes und das Felsenmeer bei Reichenbach, eine der bekanntesten Granitgesteinslandschaften Deutschlands, sowie das Europareservat Kühkopf-Knoblochsaue, größtes Naturschutzgebiet in Hessen.

✱✱ Michelstadt Als Briefmarkenmotiv weltbekannt ist das *Michelstädter Rathaus (1484), ein Fachwerkbau auf »Stelzen«. Weitere Juwele der pittoresken Altstadt sind die in den Mauerring integrierte Burganlage (»Kellerei«) sowie die *Einhards-Basilika, eines der wenigen erhaltenen Bauwerke der Karolingerzeit. In der Umgebung sind das Schloss der Grafen zu Erbach-Fürstenau im Ortsteil Steinbach sowie das Römerbad und die Kastellrelikte im Wald bei Würzberg eine Besichtigung wert, beide Teile des einstigen Neckar-Odenwald-Limes.

✱✱✱ Kloster Lorsch Die Tor- oder Königshalle der 764 gegründeten Benediktinerabtei ist das einzige vollständig erhaltene Baudenkmal der Karolingerzeit und gehört damit zu den bedeutendsten Relikten vorromanischer Architektur in Deutschland. Abtei und Altenmünster sind seit 1991 Bestandteil des UNESCO-Weltkulturerbes. Im Mittelalter war Lorsch ein mächtiges Geistes- und Kulturzentrum des Fränkischen Reichs mit Besitzungen im nahen Odenwald, an der Bergstraße, in Rheinhessen, im Elsass und in Lothringen. Die Werke der Klosterbibliothek sind heute in alle Welt verstreut.

✱ Hirschhorn Über der »Perle des Neckartals« wacht auf einem Bergsporn die gleichnamige, 1270 gegründete Burg. Erhalten sind zudem die Reste der mittelalterlichen Stadtmauer, die älteste Kirche des Tals (Ersheimer Kapelle) sowie zahlreiche Fachwerkgebäude.

Rheingau-Taunus

Schon Römer und Ritter, Kaiser und Könige wussten wo es sich gut leben ließ. Zwischen den bewaldeten Kuppen des Taunus, den Rebhängen des Rheingaus und in der weiten Ebene von Rhein und Main finden sich viele Zeugnisse früher Kulturen, darunter Europas einziges rekonstruiertes Limeskastell. Wirtschaftliche und kultureller Metropole der südwestlichsten Ecke Hessens ist die Bankenmetropole Frankfurt.

✱ Naturpark Hochtaunus Hessens zweitgrößter Naturpark umfasst den östlichen Taunus mit einem 40 Kilometer langen bewaldeten Gebirgsrücken und dem Großen Feldberg (880 Meter) als höchster Erhebung. Zu dessen Füßen dehnen sich weite Landschaften und Streuobstwiesen aus. Zum Areal gehören auch keltische Ringwälle und Teile des Limes, seit 200 UNESCO-Welterbe.

wähnt bereits »Wisibada«, das Bad in den Wiesen. Der Aufstieg zur international renommierten Bäderstadt begann jedoch erst im 19. Jahrhundert. Eingeleitet wurde Wiesbadens Blütezeit allerdings bereits zuvor, als die Grafen von Nassau-Usingen ihre Residenz an das Rheinufer nach Biebrich verlegten und dort das gleichnamige Schloss (ganz links) errichten ließen. Im Spielcasino verkehrte schon Dostojewski regelmäßig, das neoklassizistische Kurhaus samt Kolonnaden – die längste Säulenkolonnade Europas – wurde von Kaiser Wilhelm II. als »das schönste der Welt« gelobt. Das Kaiser-Friedrich-Bad (links) bezaubert mit seiner Jugendstilausstattung. Weitere herausragende Bauten sind das Staatstheater, das Stadtschloss (Sitz des Hessischen Landtags), zahlreiche stattliche Gründerzeitvillen und die weiten historischen Parkanlagen.

★★ Saalburg Zur Römerzeit 83 v. Chr.) war der trutzige Bau auf einer Passhöhe des Taunus in Kastell, das der Bewachung des Limes diente. Vom Mittelalter an verfiel das Bauwerk, diente als Steinbruch. Erst Mitte des 19. Jahrhunderts begannen erste archäologische Ausgrabungen. Kaiser Wilhelm II. veranlasste 1897 die Rekonstruktion des Kastells.

★ Bad Homburg Das charmante Kurstädtchen an den Taunushängen zog schon im 19. Jahrhundert den internationalen, besonders den russischen Adel an. Davon kündet noch die riesige russische Kirche. Der Kurbetrieb begann mit der Entdeckung der Elisabethenbrunnens 1834. Das erste Kursaalgebäude und die erste Spielbank wurden 1842 errichtet. 1888 erklärte Wilhelm II. das *Homburger Schloss zu seiner Sommerresidenz. Dem siamesischen König Chulalongkorn, der in Homburg kurte, verdankt die Stadt den *Siamesischen Tempel. Der Kurpark zählt zu den schönsten und mit 44 Hektar größten Deutschlands.

★ Kronberg Wahrzeichen der idyllischen Kleinstadt und Villenresidenz ist die beachtliche Ritterburg (13. Jahrhundert). Sehenswert sind vor allem die Altstadt, die Streitkirche, der Victoria-Park (Kaiserin Victoria hatte in Kronberg ihren Alterssitz), das Rathaus sowie das Eichentor als letztes erhaltenes Tor der Stadtbefestigung. Für Tierfreunde ein Muss ist der benachbarte Opelzoo.

★★★ Frankfurt am Main Siehe Stadtplan auf Seite 221

★ Eltville Zu »Alta Villa« (Hoher Hof), der ältesten und größten Stadt im Rheingau, gehören auch die berühmten Weinorte Hattenheim, Martinsthal und Rauenthal, Burg Crass sowie Schloss Reinhardshausen. 1329 wurden Burg und Stadtmauer errichtet. Weitere sehenswerte Bauwerke sind die Kirchen St. Peter und Paul und St. Markus (Stadtteil Erbach), beide aus dem 14. Jahrhundert. Der historische Kern birgt zudem hübsche Fachwerkhäuser aus dem 16. und 18. Jahrhundert.

★★ Kiedrich »Schatzkästlein der Gotik« wird das Weindorf im Rheingau wegen seiner intakten mittelalterlichen Architektur oft genannt. In der *Wallfahrtskirche St. Valentinus (14. Jahrhundert) intonieren die Chorbuben sonntags noch gregorianische Gesänge germanischer Prägung. Das Gotteshaus besitzt ein komplettes gotisches Inventar, darunter eine bis heute spielbare Orgel aus der Zeit um 1500. Sehenswert sind außerdem das Renaissancerathaus sowie die alten Bürger- und Adelshöfe. Eine herrliche Aussicht eröffnet sich von der mitten in den Weinbergen gelegenen Burgruine Scharfenstein.

★ Naturpark Rhein-Taunus Über 600 Wanderwege durchziehen den zu 60 Prozent bewaldeten Park in der typischen Mittelgebirgslandschaft direkt am Rand des Ballungsraums Rhein-Main. Bekanntes Ausflugsziel ist die 619 Meter hohe Erhebung Hallgartener Zange. Von diesem höchsten Punkt im Rheingau hat man eine herrliche Sicht auf Taunus und Rheintal.

★★★ Kloster Eberbach Spätestens durch die Dreharbeiten zur Filmfassung von Umberto Ecos Roman »Im Namen der Rose« ist das ehemalige Zisterzienserkloster vor den Toren Eltvilles weltweit ein Begriff. 1136 von Bernhard von Clairvaux gegründet, zählt es mit seinen eindrucksvollen romanischen und frühgotischen Bauten zu den bedeutendsten Kunstdenkmälern Hessens.

★★ Rüdesheim Fachwerkromantik und mittelalterliche Burgherrlichkeit locken die Be-

Burg »Kellerei« in Michelstadt (oben links); Museum im Römerkastell Saalburg (oben)

Hessen

sucher in das Winzerstädtchen zu Füßen des Niederwalds. Die enge *Drosselgasse mit ihren historischen Weinschenken ist eine der größten Touristenattraktionen Deutschlands. Hinter den dicken Mauern der Brömserburg ist ein Museum zur Weinkultur untergebracht. Wein stellen auch die Nonnen der Benediktinerabtei St. Hildegard (12. Jahrhundert) inmitten der Rebhänge des heutigen Stadtteils Eibingen her. Hoch über der Stadt thront seit 1883 das Standbild der Germania, das Niederwalddenkmal.

Assmannshausen Im Assmannshäuser Höllental ist seit über 500 Jahren der Blaue Spätburgunder zu Hause. Der 1108 gegründete Rotweinort an der romantischsten Stelle des

Zisterzienserabtei Eberbach

Rheins, im nordwestlichsten Zipfel von Hessen, verfügt über die größte zusammenhängende Spätburgunderfläche Deutschlands. In den verwinkelten Gassen mit erker- und türmchengeschmückten Fachwerkhäusern spürt man noch das Flair der alten Weinromantik.

*** **Kulturlandschaft Oberes Mittelrheintal** Einen winzigen Anteil hat Hessen an diesem UNESCO-Welterbe mit seinen unzähligen Burgen, Weinorten, Klöstern und Kirchen von Rüdesheim bis Koblenz. Im Mittelalter bildete es einen Kernraum des Heiligen Römischen Reichs.

TIPP++TIPP++

Frankfurter Museen
Die Bankenmetropole ist vor allem auch eine bedeutende Museumsstadt:

Museum für moderne Kunst
Domstr. 10, Tel. 0 69/21 23 04 47,
Di und Do–So 10–18 Uhr,
Mi 10–20 Uhr

Kunsthalle Schirn
Römerberg,
Tel. 0 69/2 99 88 20,
Di und Fr–So 10–19 Uhr,
Mi, Do 10–22 Uhr

Städelsches Kunstinstitut
Schaumainkai 63,
Tel. 0 69/6 05 09 80,
Di, Fr–So 10–18 Uhr,
Mi, Do 10–21 Uhr

Deutsches Architektur-Museum
Schaumainkai 43,
Tel. 0 69/21 23 88 44
Di und Do–So 11–18 Uhr,
Mi 11–20 Uhr

Museum für Kunsthandwerk
Schaumainkai 17,
Tel. 0 69/21 23 40 37,
Di und Do–So 10–17 Uhr,
Mi 10–20 Uhr

Die Alte Oper
In der Alten Oper gibt es viel zu sehen: Popkonzerte, Ausstellungen, Kongresse – nur keine Opern.
Frankfurt, Opernplatz,
Tel. 0 69/1 34 04 00

Frankfurt am Main

Obwohl nicht die Hauptstadt des Bundeslandes, ist die Banken-, Messe- und Industriestadt Frankfurt am Main doch die unbestrittene Metropole Hessens.

Hochhaus-Skyline und Fachwerkidylle, Gründerzeitpracht und Zukunftarchitektur – der Reiz von Hessens größter Stadt liegt vor allem in ihren Kontrasten. Einst Freie Reichsstadt sowie Ort der Wahl und Krönung deutscher Kaiser, ist Frankfurt heute für seine Banken und Messen, seine Literatur- und Kulturszene bekannt. Sehenswert ist neben den Wolkenkratzern der nach schweren Bombenschäden großteils rekonstruierte **historische Stadtkern mit dem **Dom (13. Jahrhundert), archäologischem Garten (Reste eines römischen Militärlagers mit Thermen und karolingischer Kaiserpfalz), der *Ausstellungshalle Schirn sowie dem **Römerberg (Rathaus). Original erhalten von der ehemals größten zusammenhängenden Altstadt Deutschlands (4000 Fachwerkhäuser) ist nur das Haus Wertheym am Fahrtor. In der *Paulskirche tagte 1848 das erste deutsche Parlament. Auch die Leonhards- und die Alte Nicolaikirche verdienen Beachtung, desgleichen die Liebfrauenkirche samt Kapuzinerkloster. Eindrucksvolle Fresken von Jörg Ratgeb birgt das Karmeliterkloster (13. Jahrhundert). Ein Muss ist auch das rekonstruierte Geburtshaus Goethes. Die Kunst- und Ausstellungslandschaft erstreckt sich vom **Museum für Moderne Kunst in Domnähe bis zum **»Museumsufer« jenseits des Mains mit seiner Abfolge hochkarätiger Sammlungen. Am bekanntesten ist das **Städel(sches Kunstinstitut) mit Gemälden und Skulpturen aus 700 Jahren.
Die Stadtteile Sachsenhausen, West- und Nordend sowie die Gegend um den Hauptbahnhof (Kaiserstraße) weisen noch

Skyline von »Mainhattan«

unversehrte Gründerzeitbauten auf. Die Römerstadt gilt als Symbol für das Neue Bauen der 1920er-Jahre. An der zur hippen Ausgehmeile gewandelten Hanauer Landstraße lässt sich frühe Industriearchitektur studieren. Ein reizvolles Ausflugsziel ist **Frankfurt-Höchst, der westlichste Stadtteil, der um den Schlossplatz restaurierte historische Bebauung mit verwinkelten Gassen und Fachwerkhäusern aufweist. Im Schloss gibt es eine Sammlung von Höchster Porzellan. Nach Osten beschließt der barocke Bolongaropalast mit schönem Garten zur Nidda hin das malerische Ensemble.

Oestrich-Winkel

Reich an Wein und bauhistorischen Schätzen ist diese Rheingauer Doppelgemeinde, zu der auch Hallgarten und Mittelheim gehören. Mittelheim besitzt mit der romanischen Aegidius-Basilika das älteste sakrale Bauwerk im Rheingau. Blickfang am Rheinufer in Oestrich ist der bis heute funktionstüchtige historische Fassverladekran von 1745. Die »Madonna mit der Scherbe« in der Hallgartener Kirche gilt als eine der kostbarsten Schöpfungen mittelrheinischer gotischer Plastik. Das »Graue Haus« in Winkel ist das älteste Steinhaus Deutschlands. In Winkel steht auch das Brentano-Haus, in dem schon Goethe seinen Riesling genoss. Oberhalb des Ortes liegt das herrliche Schloss Vollrads (links, mit Wohnturm und barockem Herrenhaus), das von 1330 bis vor wenigen Jahren Stammsitz der Familie Greiffenclau war.

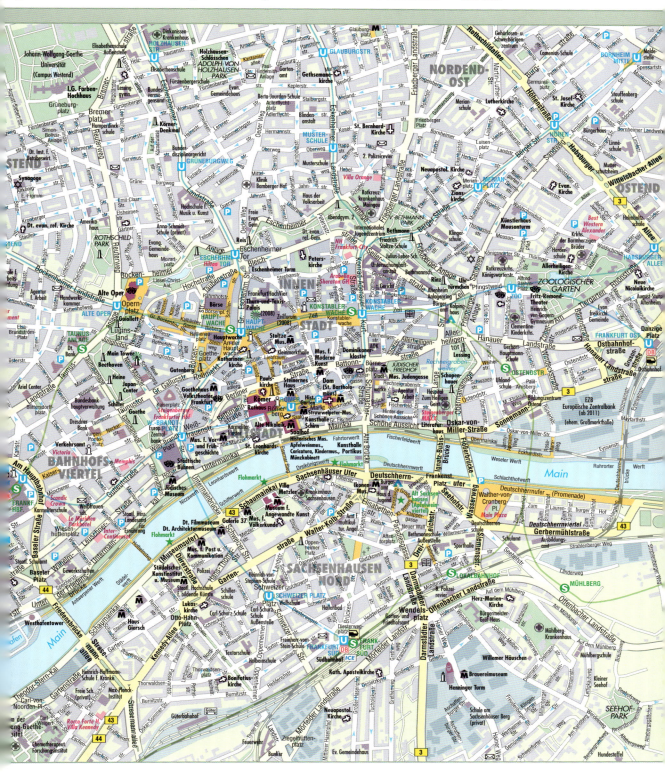

Bilderbuchlandschaft am Rhein: Bacharach mit Pfarrkirche St. Peter, Ruine der Wernerkapelle und Burg Stahleck.

Rheinland-Pfalz

Landschaftlich ist das im Südwesten Deutschlands gelegene Rheinland-Pfalz geprägt vom Rhein und seinen Nebenflüssen Mosel und Nahe sowie von den Mittelgebirgen Eifel, Westerwald und Hunsrück im Norden und vom Pfälzerwald im Süden. Mit seinen Burgen und Ruinen bildet das Obere Mittelrheintal zwischen Bingen und Koblenz den Inbegriff einer romantischen Flusslandschaft. Die Weinbautradition hier und an den Hängen der Nebenflüsse macht Rheinland-Pfalz zum Spitzenreiter der deutschen Weinproduktion.

Rheinland-Pfalz

Nach nur zweijähriger Bauzeit wurde 1927 in der abgelegenen Wildnis der Eifel eine fast 30 Kilometer lange Rennstrecke eröffnet: der Nürburgring. Rudolf Caracciola gewann das erste Autorennen. Ihren Namen hat

Eifel und Ahrtal

Die Eifel mit ihren erloschenen Vulkanen und geheimnisvollen Kraterseen zählt zu den ältesten und geologisch interessantesten Gebirgen der Welt. Von der Eifel aus strebt die Ahr dem Rhein zu.

* **Bad Neuenahr-Ahrweiler** Nachdem hier Mitte des 19. Jahrhunderts die erste Mineralquelle (Apollinarisbrunnen) entdeckt worden war, entstand in dörflicher Umgebung das Kurbad Neuenahr, 1905 das prächtige Kurhaus mit Spielbank. Den altertümlichen Gegensatz bildet der Gemeindeteil Ahrweiler, mit viel Fachwerk und einer bestens erhaltenen Stadtbefestigung. Ein herrlicher Blick bietet sich vom Neuahrer Berg mit Aussichtsturm.

* **Altenahr** Der malerische Weinort bezaubert durch seine Lage an einer Flussschleife der Ahr am nordöstlichen Rand des Ahrgebirges. Überragt wird er

Eifel-Attraktion: Fachwerkhäuser in Adenau

von der Ruine von Burg Are, die in ihren Ursprüngen auf das 11. Jahrhundert zurückgeht.

* **Adenau** Die »Perle der Nordeifel« beeindruckt durch ihre prächtigen Fachwerkbauten am Marktplatz und im historischen Buttermarktviertel. Außerdem sehenswert sind das Eifeler Bauernhausmuseum und das Zunftmuseum. In der Umgebung lohnen vor allem der Aussichtsberg Hohe Acht (747 Meter) mit Kaiser-Wilhelm-Turm sowie die Burgruine Nürburg (12. und 19. Jahrhundert) einen Abstecher.

* * **Maria Laach** Am südöstlichen Rand des **Laacher Sees steht die 1093 gegründete Benediktinerabtei Maria Laach, deren **Kirche zu den herausragenden Schöpfungen der deutschen Romanik gehört. Nach über 110 Jahren Bauzeit wurde sie um 1230 vollendet. Der reich gegliederte Bau entspricht dem Typus der Doppelchorkirche mit zwei Vierungstürmen, die jeweils von zwei Türmen flankiert sind. Ei Meisterwerk spätromanische Steinmetzkunst ist das »Paradies«, ein Vorhof mit Bogengängen und einem wunderschöne Löwenbrunnen. Die übrige Klostergebäude wurden nac einem Brand 1855 in veränder ter Form wiederaufgebaut.

* **Vulkanpark Brohltal-Laa cher See** Aus dem Inferno de gewaltigsten Vulkanausbruch in der jüngeren europäische Erdgeschichte wurde vor 13 00 Jahren der 53 Meter tie

Nürburgring

die Strecke von der mittelalterlichen Nürburg, die wie die Dörfer Quiddelbach, Herschbroich und Breidscheid im inneren Bereich der Nordschleife liegt. Ihren Ruhm verdankt die Grand-Prix-Piste den Triumphen und Tragödien, die sich hier abspielten. 1976 etwa hatte Niki Lauda hier seinen (beinahe tödlichen) Feuerunfall. Für den modernen Formel-1-Rennsport war die Strecke allerdings zu lang, zu gefällereich und zu naturnah. Die Formel 1 ging 1977 nach Hockenheim und kehrte erst 1984 und 1985 bzw. ab 1996 auf den auf rund fünf Kilometer verkürzten neuen Nürburgring zurück. Die moderne Grand-Prix-Strecke kann mit der alten Nordschleife zu rund 25 Kilometer langen Varianten kombiniert werden – so bei den 24-Stunden-Rennen. An Pfingsten beherrschen dann Tausende von Rock-Fans beim Festival »Rock am Ring« das Areal.

**Laacher See geboren, das größte Maar der Eifel. An seinen Rändern tritt noch immer Kohlendioxid aus. Im Vulkanpark ermöglichen Geopfadrouten Einblicke in die Erdgeschichte einer Landschaft, die mit ihren Wäldern, Tuffsteinbrüchen und Basaltkegeln auch zum Wandern einlädt.

** **Schloss Bürresheim** Im Nettetal, nordwestlich von Mayen, dem städtischen Zentrum der Eifel, erhebt sich weithin sichtbar Schloss Bürresheim, das um 1200 als mittelalterliche Wehranlage entstand, in der Barockzeit zum Schloss ausgebaut wurde und bis 1921 bewohnt war. Auch die Inneneinrichtung ist noch weitgehend im Originalzustand erhalten.

** **Maare der Vulkaneifel** Südlich an die Hocheifel schließt sich die Vulkaneifel mit ihren berühmten Kraterseen, den Maaren, an. Besonders sehenswert sind die drei Dauner Maare, die sich auf engstem Raum zusammendrängen; das kreisförmige, über 70 Meter tiefe Pulvermaar bei Gillenfeld und das Ulmener Maar, das als jüngstes Eifelmaar erst 9500 Jahre alt ist.

* **Prüm** Am Fuß der Schneifel, dem höchsten Höhenzug der Schnee-Eifel, liegt dieser Luftkurort, der auf ein fränkisches Kloster zurückgeht. In der reich ausgestatteten Barockkirche *St. Salvator ragen das Chorgestühl, die Kanzel, der Hochaltar und das Prunkgrab (1876) für Kaiser Lothar I. (9. Jahrhundert) heraus.

* **Naturpark Südeifel** Das Gebiet ist Teil des länderübergreifenden Deutsch-Luxemburgischen Naturparks und bietet als besondere Attraktion den grenzüberschreitenden »Felsenweg«, der durch bizarre Felsenlandschaften und ganz ursprüngliche Wälder führt. Bemerkenswert ist hier die ungewöhnliche Vielfalt von Orchideen. Spektakulär präsentieren sich die *Stromschnellen der Prüm und die *Teufelsschlucht.

Kyllburg Inmitten der Kyllburger Waldeifel liegt Kyllburg. Hauptsehenswürdigkeit in der gut erhaltenen Altstadt ist die gotische *Stiftskirche aus dem 13. bis 16. Jahrhundert mit ihren kostbaren *Buntglasfenstern im Chor.

Wittlich Zentrum der Altstadt ist der Marktplatz mit den barocken Bürgerhäusern, der ehemaligen Posthalterei und dem *Rathaus mit seiner eindrucksvollen Spätrenaissancefassade. Eine Besichtigung lohnt die ehemalige Synagoge (1905) mit einer Ausstellung zur Geschichte der einst bedeutenden jüdischen Gemeinde.

Spektakuläre Architektur und Natur in der Eifel: Benediktinerabtei Maria Laach (oben links) und Kratersee der Dauner Maare (oben rechts)

TIPP++TIPP++

Bertradaburg
Die Burg liegt auf einer markanten Bergnase über dem mittleren Kylltal in der Ortslage Mürlenbach/Eifel. Dreißig Meter über dem Talboden im Scheitel einer Flußbiegung gewährt sie einen umfassenden Überblick auf die Region. Jedes Jahr von Mai bis September gibt es eine Reihe von Kulturveranstaltungen auf der Burg, auch wohnen kann man hier.
Mürlenbach, vorherige Anmeldung unter Tel. 0 65 94/864

Rheinland-Pfalz

Eigentlich ist die Mosel, der kapriziöseste Fluss der Deutschen, eine Französin. Sie heißt Moselle, entspringt in den tiefsten Vogesen, schlängelt sich an Metz vorbei, bevor sie Luxemburg und dann, auf den letzten

Ruinen der Kaiserthermen in Trier

Mosel mit Hunsrück und Nahe

In zahllosen Windungen bahnt sich die Mosel ihren Weg zum Rhein. Einige der berühmtesten deutschen Weine wachsen hier, teils an den steilsten Weinbergen der Welt, die in Terrassen angelegt sind. Südlich schließt sich das waldreiche Mittelgebirge des Hunsrück an. Dessen südliche Grenze bildet das fruchtbare Weinbaugebiet des Nahetals.

*Saarburg Der historische Kern dieses reizenden Weinhandels- und Glockengießerstädtchens steht komplett unter Denkmalschutz, mit Fachwerkhäusern und Barockfassaden, einer Burgruine, malerischen Gassen und einem tosenden Wasserfall in unmittelbarer Nähe des Marktplatzes.

Konz An der Mündung der Saar in die Mosel liegt dieser Weinort, in dem man das Freilichtmuseum Roscheider Hof mit alten Gehöften und die Ruinen der römischen Kaiservilla (4. Jahrhundert) besichtigen kann. Im Ortsteil Tawern wurde eine römische *Tempelanlage rekonstruiert.

**Trier Von Kaiser Augustus 16 v. Chr. an der Stelle einer Keltensiedlung gegründet und ab 283 Provinzhauptstadt und größte römische Metropole nördlich der Alpen – das war Augusta Treverorum, das heutige Trier und damit die älteste Stadt Deutschlands. An die Römerzeit erinnern imposante Bauwerke: das Prunktor **Porta Nigra (2. Jahrhundert), später Teil der Stadtbefestigung, die **Palastaula (4. Jahrhundert), zeitweise Residenz von Kaiser Konstantin, Reste des *Amphitheaters (um 100), Ruinen der *Kaiserthermen (4. Jahrhundert). Über 1000 archäologische Funde sind im *Trierer Landesmuseum zu sehen. Über der von Konstantin erbauten Kirche steht der romanische ***Dom (11./12. Jahrhundert) mit kostbarem **Domschatz. Sehenswert sind außerdem die frühgotische **Liebfrauenkirche (um 1270) mit figurenreichem Portal, die Barockkirche **St. Paulin (18. Jahrhundert), der historische *Marktplatz und in der Umgebung die »Igeler Säule«, ein 23 Meter hohes römisches Grabdenkmal (3. Jahrhundert).

*Klausen Zwischen Eifel und Mosel liegt dieser Wallfahrtsort. Die gotische Kirche Mariä Heimsuchung mit dem kunstvollen *Netzgewölbe birgt große spätgotische Schnitzkunst. Einzigartig ist der figurenreiche Hochaltar (um 1480).

*Bernkastel-Kues Bernkastel rechts der Mosel, beherrscht von der mittelalterlichen Burg Landshut und berühmt durch die Lage »Doktorberg«, ist ein Gesamtkunstwerk moselländischer Fachwerkarchitektur (16. bis 18. Jahrhundert). In Kues a

Moseltal

243 von 544 Kilometer Länge, endlich deutsche Lande erreicht. Vor über 2000 Jahren war sie Römerin und hieß Mosella. Cäsar hatte ihren Lauf und die Berge drumherum erobert. Und davor hatten sie die keltischen Treverer Mosea genannt. Die Mosel hat mehr Geschichte als irgendein anderer »deutscher« Fluss. An ihrem Ufer wurde Trier, die älteste deutsche Stadt, gegründet. Zu beiden Seiten erstreckt sich Traben-Trarbach (ganz links). Die Mosel mäandert an steilen Weinbergen und zahlreichen Burgen vorbei. Ein besonders malerischer Abschnitt liegt zwischen Bernkastel-Kues und Cochem. Dessen Schönheit hat schon der römische Dichter Decimus Magnus Ausonius (310–395) besungen. Eine ihrer so unerwarteten Windungen von 180 Grad beschreibt die Mosel unter dem Calmont bei Bremm (links).

Weinumrankte Ruine von Burg Landshut in Bernkastel-Kues

anderen Moselufer besteht noch das vom Philosophen Nicolaus Cusanus (1401–1464) gestiftete Hospital mit herrlicher Kapelle und Bibliothek.

Traben-Trarbach Die romantischen Fachwerkorte beiderseits der Mosel besucht man nicht nur wegen der heiteren Weinfeste. In Traben ist die spätgotische Kirche sehenswert, und im Mittelmosel-Museum erfährt man Interessantes über den Weinbau und die Lokalgeschichte. Eine Attraktion ist auch die von einer Flussschlinge umfangene Barockfestung Mont Royal, die der französische Sonnenkönig Ludwig XIV. hier errichten ließ.

* **Zell** Traumhaft in der Moselschleife Zeller Hamm – am besten vom Aussichtsturm Prinzenkopf zu sehen – gelegen, ist Zell ein gutes Beispiel für die Mühsal des Weinbaus an der mittleren Mosel. In den steilen Hängen der renommierten Großlage »Zeller Schwarze Katz« ist Maschineneinsatz praktisch nicht möglich.

* **Kreuzkapelle über Ediger** Immer wieder setzen kleine Kirchen inmitten der Weinberge hübsche Akzente im Moseltal. Oft sind sie der Endpunkt eines Kreuzweges. Besonders sehenswert ist die Kreuzkapelle über dem Weindorf Ediger mit dem ungewöhnlichen Andachtsbild »Christus in der Kelter«.

* **Cochem** Dominiert von einer mächtigen *Burg (11. Jahrhundert), die im 17. Jahrhundert zerstört und im 19. Jahrhundert im neugotischen Stil wieder aufgebaut wurde, weist Cochem eine der reizvollsten Stadtansichten an der Mosel auf. Schöne alte Häuser stehen an der Moselpromenade und am Marktplatz mit dem barocken Rathaus.

* **Stiftskirche Münstermaifeld** Seine Blütezeit erlebte das im fruchtbaren Maifeld gelegene Stift im späten Mittelalter. Die romanisch-gotische *Stiftskirche (12.–15. Jahrhundert) beeindruckt durch ihre Ausstattung mit exquisiter spätgotischer Schnitzkunst und einem Christophorus-Fresko (um 1280).

Großartige Baukunst im Moseltal: Trierer Dom und Burg Cochem (oben links und rechts)

TIPP++TIPP++

Burg Eltz
Das Paradebeispiel deutscher Burgenromantik – mit trutzigen Mauern, romantischen Türmchen und Erkern, umgeben von Wäldern in einsamer Höhenlage über dem Eltzbachtal! Seit dem 12. Jahrhundert ist durch Anbauten und Veränderungen die völlig unsymmetrische, deshalb so malerische Anlage entstanden. Burg Eltz wurde niemals zerstört, auch die Einrichtung ist historisch, sodass ein authentisches Bild vom einstigen Leben auf einer Burg entsteht.
Gräflich Eltz'sche Kastellanei, Burg Eltz, Münstermaifeld, tgl. 9.30–17.30 Uhr,
Tel. 0 26 72/95 05 00

Rheinland-Pfalz – Land der Reben! In keiner anderen Region Deutschlands wird so viel Wein angebaut. Gleich sechs Anbaugebiete – Ahr, Mosel-Saar-Ruwer, Mittelrhein, Nahe, Rheinhessen und Pfalz – liegen in diesem Bundesland. Auch jener Teil der Saar, von dem legendäre Rieslinge kommen, fließt durch Rheinland-Pfalz und mündet bei Konz in die Mosel. Es ist viel erzählt, gesungen, geschrieben und auch geflucht worden über

Edle Tropfen

den Wein aus diesem Land. Etwa über den wein- und saufseligen Bustourismus an die Mosel oder über die sogenannten »Wasserburgen« an der Deutschen Weinstraße in der Pfalz, womit sehr große Weingüter gemeint sind. Und dass hierzulande die schlechtesten Weißweine der Welt gemacht werden – und die besten! An Letzterem ist was dran: Der Riesling von Mosel, Saar und Ruwer, aber auch von der Nahe, aus der Pfalz, Rheinhessen und dem Mittelrhein erlebt international eine Renaissance. Einige dieser Gewächse zählen zweifelsohne zu den weltbesten. Und die Rotweine (Spätburgunder) von der Ahr, aus der Pfalz und auch aus Rheinhessen erfreuen sich ebenfalls immer größerer Beliebtheit. So knüpft der rheinpfälzische Weinbau wieder an jene glorreiche Zeit Ende des 19. Jahrhunderts an, als große Rieslinge der Region zum Mythos wurden.

Rheinland-Pfalz

Der Naturpark Pfälzerwald wurde 1958 als einer der Ersten in Deutschland gegründet. 1992 wurde er als UNESCO-Biosphärenreservat ausgewiesen. Der Park besteht aus zwei großen Naturräumen: dem eigentlichen

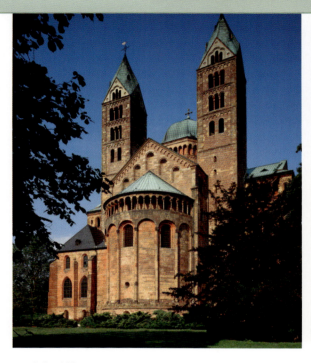

* **Ehrbachklamm** Von Emmelshausen auf dem Hunsrück fließt der Ehrbach, an dem noch einige Mühlen in Betrieb sind, hinunter zur Ruine Ehrenburg bei Brodenbach an der unteren Mosel – begleitet von einem schönen Wanderweg (17 Kilometer). Höhepunkt ist die wild romantische Ehrbachklamm.

Simmern Die »Hauptstadt« des Hunsrücks beherbergt im Neuen Schloss (1708–1713) das Hunsrück-Museum mit naturkundlichen, kulturhistorischen Sammlungen. Interessantes Wahrzeichen der Stadt ist der *Schinderhannes-Turm, in dem der Räuberhauptmann Johannes Bückler (1778–1803) vor seiner Hinrichtung gefangen gehalten wurde.

* **Herrstein** Über dem altertümlichen Hunsrückstädtchen mit seinen schmucken Fachwerkhäusern sowie dem mittelalterlichen Uhrturm und Stadttor ragen die beiden Türme einer einstigen Burg auf.

** **Steinkaulenberg** In den Minen des Steinkaulenbergs oberhalb von Idar-Oberstein wurden bis Mitte des 19. Jahrhunderts Edelsteine abgebaut. Mittlerweile ist dort ein für Europa einzigartiges Schaubergwerk entstanden. Hobbymineralogen dürfen dort auch selbst ihr Glück versuchen.

Idar-Oberstein Wo die Idar in die Nahe mündet, liegt der Ort überragt von hohen Felswänden. Das Zentrum der Edelsteinschleiferei und Schmuckherstellung zeigt im **Deutschen Edelsteinmuseum rund 10 000 Edelsteine aus aller Welt. Ungewöhnlich ist auch die in den Fels gebaute gotische Felsenkirche (15. Jahrhundert).

* **Bad Kreuznach** Ganz malerisch zeigt sich die Kur- und Weinstadt an der Nahe in »Klein-Venedig« und bei der alten Nahebrücke mit den beiden Brückenhäusern. Imposante Zeugen ihrer Geschichte sind die **Römerhalle mit herrlichen Mosaikböden einer spätantiken römischen Villa (3. Jahrhundert) und die *frühgotische Nikolauskirche mit kostbarem Kreuzreliquiar von 1501.

* **Rotenfels** Auf dem Weg durch das Tal der Nahe setzen immer wieder steile Felswände markante Akzente zwischen Rebhängen, Wiesen und Wäldern. Berühmt ist der Rotenfels (327 Meter) bei Bad Münster am Stein: ein Felsbiotop und die steilste Kletterwand nördlich der Alpen.

Pfalz und Rheinhessen

Das linksrheinische Rheinhessen mit der Landesmetropole Mainz und der südlichste Landesteil Pfalz mit der Deutschen Weinstraße sind Deutschlands größte Weinbaugebiete. Das Nordpfälzer Bergland bildet den Übergang zum Pfälzerwald.

* **Burg Lichtenberg** Nahe dem alten Städtchen Kusel erhebt sich die größte der zahlreichen mittelalterlichen Burger

Spektakuläre Felsformation: der Teufelstisch bei Dahn

Pfälzerwald

Wald und der Rebenlandschaft östlich davon. Es handelt sich dabei um das größte zusammenhängende Waldgebiet in Deutschland. Vor allem die Kiefer kommt mit den nährstoffarmen Sandböden des Buntsandsteins gut zurecht. Dieser bildet mancherorts bizarre Felsformationen, die aufgrund ihres Eisenoxidgehalts einmal eher ocker, dann wieder mehr rot gefärbt sind. Berühmt sind auch die Eichenbestände des Pfälzerwalds sowie die Edelkastanienwälder am Ostrand – die Bäume wurden einst von den Römern eingeführt. Daneben gibt es große Buchenbestände, neuerdings auch mehr Douglasien. An der Weinstraße sorgt sehr mildes Klima dafür, dass sogar Zitronen blühen. Typisch für den Pfälzerwald sind die vielen Burgen und Ruinen – etwa die Reichsburg Trifels, das Hambacher Schloss oder die Dahner Burgengruppe.

der Pfalz: *Burg Lichtenberg. Sie wurde um 1200 gegründet und später auf eine Länge von 425 Metern ausgebaut.

Kaiserslautern Mit dem »Kaiser« im Namen der Pfälzer Metropole ist der Staufer Friedrich I. Barbarossa gemeint, der hier 1152 eine Pfalz errichten ließ. Sehenswert ist die dreitürmige *Stiftskirche (13./14. Jahrhundert), ein Meisterwerk spätgotischer Baukunst, am Stiftsplatz mit dem Schönen Brunnen. Die Pfalzgalerie zählt zu den wichtigsten Kunstmuseen von Rheinland-Pfalz.

* **Teufelstisch** So wird östlich von Pirmasens der bekannteste der bizarren Felsentürme im südlichen Pfälzerwald bezeichnet. Wegen des hohen Eisenanteils im Buntsandstein schillern sie in herrlichen Farben.

* **Deidesheim** Der traditionsreiche Winzerort hat das schönste Rathaus (16. Jahrhundert) weit und breit. Darin ist das vorzügliche *Museum für Weinkultur untergebracht.

Neustadt an der Weinstraße Die größte deutsche Weinbaugemeinde lädt mit historischen Marktplatz – sehenswert: gotische Stiftskirche und barockes Rathaus – und verwinkelten Altstadtgassen zum Verweilen ein.

Maikammer Nur eines von vielen idyllischen Dörfern an der Deutschen Weinstraße ist Maikammer mit seinen Fachwerkhäusern. Im Ortsteil Alsterweiler imponiert eine Kapelle mit spätgotischem *Kreuzigungsaltar.

** **Speyer** Die alte Kaiser- und Bischofsstadt am linken Rheinufer birgt in ihren Mauern ein grandioses Werk romanischer Architektur: Der ***Dom (1030–1061) war die Hauskirche der salischen Kaiser – vier von ihnen sind in der Krypta begraben – und einst der größte christliche Sakralbau. Sehenswert auch das *jüdische Kultbad (11. Jahrhundert), die spätbarocke *Dreifaltigkeitskirche und das Stadttor Altpörtel.

* **Worms** Untrennbar verbunden ist die 2000-jährige Kaiser- und Bischofsstadt am Rhein mit dem Nibelungenlied, worüber das *Nibelungenmuseum informiert. Auch der romanische **Dom (11./12. Jahrhundert) ist eine bedeutende Schöpfung des deutschen Hochmittelalters. Wo einst die Kaiserpfalz stand, besucht man heute den *Heylshof (19. Jahrhundert) mit exzellenten Kunstsammlungen. Im Norden der Altstadt liegt das ehemalige *jüdische Viertel mit rekonstruierter Synagoge und Jüdischem Museum; auf das 11. Jahrhundert zurückgehen auch die Grabsteine auf dem ältesten *jüdischen Friedhof Europas.

Flörsheim-Dalsheim Dalsheims komplett erhaltene mittelalterliche *Ortsbefesti-

Speyerer (oben links) und Wormser Dom mit Altar von Balthasar Neumann (oben)

TIPP++TIPP++

Kaiserburg Trifels
Die historisch bedeutendste Reichsveste der Stauferzeit war im 12./13. Jahrhundert Schatzkammer des Reiches. Einzigartig ist die Lage auf einem dreifach gespaltenen Felsen (»Trifels«) hoch über dem Fachwerkstädtchen Annweiler.
Burg Trifels, Führungen und Info unter Tel. 0 63 46/22 00

Deutsches Edelsteinmuseum
Die Ausstellung zeigt nahezu alle weltweit verarbeiteten Edelsteine, sowohl in geschliffener Form wie auch als Kristalle und Rohsteine.
Idar-Oberstein, Hauptstr. 118, Tel. 0 67 81/90 09 80, tgl. 10–17 Uhr, Mai–Okt. 9.30–17.30 Uhr

Rheinland-Pfalz

Die Burgen im Oberen Mittelrheintal sind das i-Tüpfelchen dieser grandiosen Flusslandschaft. Nicht weniger als 40 mittelalterliche Bauten und Ruinen säumen den 70 Kilometer langen Abschnitt des Durch-

gung, die prächtigen Fachwerkhäuser, die Winzerhöfe und das *Weinbaumuseum – die Doppelgemeinde hat nicht nur für Weinkenner viel zu bieten.

* **Alzey** Über die weit zurückreichende Siedlungsgeschichte der Winzerstadt informiert das Museum Alzey. Sehenswerte Baudenkmäler sind das Pfalzgrafenschloss, die spätgotische Nikolaikirche und das Renaissancerathaus mit Glockenspiel.

Nierstein Das grüne Meer der Rebhänge überblickt man vom mittelalterlichen Wartturm aus, dem Wahrzeichen der rheinhessischen Winzergemeinde. Am historischen Marktplatz erwarten den Besucher die barocke Marktkirche, stolze Bürgerhäuser und das Alte Rathaus.

* * **Mainz** Siehe Stadtplan auf Seite 235.

Rheintal mit Westerwald

Auf einer Strecke von fast 300 Kilometern fließt der Rhein durch Rheinland-Pfalz. Als einzigartige Natur- und Kulturlandschaft präsentiert sich das romantische Obere Mittelrheintal, das 2002 zur UNESCO-Welterbestätte erklärt wurde, zwischen Bingen und Koblenz. Im Norden liegt am rechten Rheinufer der Westerwald.

Rüdesheim Im wohl berühmtesten Weinort Deutschlands drängen sich auf der Drosselgasse Touristen aus aller Herren Länder. Hoch über dem Ort ragt als Sinnbild des Deutschtums im 19. Jahrhundert das per Seilbahn erreichbare Niederwalddenkmal auf. 75 Tonnen Bronze wurden 1885 für den Guss der Germania verwendet.

* * * **Oberes Mittelrheintal** Zwischen Bingen und Koblenz durchbricht der Rhein das harte Gestein des Schiefergebirges. Hier erstreckt sich auf rund 70 Kilometern das Obere Mittelrheintal mit seinen malerischen Windungen, Schleifen und Engen, mit steil abfallenden Uferhängen, schroffen Felsen und bewaldeten Höhen. Zum außergewöhnlichen Reiz der Flusslandschaft trägt das fast mediterrane Klima bei.

* **Bingen** Die Binger Pforte, wo der Rhein das quer zur Flussrichtung befindliche Massiv von Soonwald und Taunus durchbricht, die Nahe-Mündung und das Rheinknie bestimmen die außergewöhnlich reizvolle Lage des Städtchens, das von der Burg Klopp (13. und 19. Jahrhundert) dominiert wird. Einen Besichtigung lohnen das *Historische Museum mit den Schwerpunkten Hildegard von Bingen und Rheinromantik des 19. Jahrhunderts, der Alte Rheinkran sowie die einstige Zollstation *Mäuseturm (13. Jahrhundert) im Rhein. Unmittelbar dahinter befindet sich die Untiefe *Binger Loch.

* **Naturschutzgebiet Rheinhänge** Das 623 Quadratkilometer große Areal erstreckt sich zwischen Burg Gutenfels und der Loreley. Die abschüssigen Uferhänge des engen Tals zeigen sich teils felsig-karg, teils üppig und grün bewachsen. Dazwischen liegen jahrhundertealte Terrassen, die in der Steillagen für den Weinbau angelegt wurden.

* * **Loreley** An der kaum 150 Meter breiten Flussenge bei St. Goarshausen ragt der mächtige Schieferfelsen aus dem Rhein auf. Die Sage von der

Burgen im Oberen Mittelrheintal

bruchstals zwischen Bingen und Koblenz als Höhen-, Hang- und Niederungsburgen. Oft repräsentieren sie nicht mehr den Originalzustand: Im 19. Jahrhundert wurden sie im Zuge der aufkommenden »Rheinromantik« vielfach um- und ausgebaut. Im Mittelalter, als die Handelsschifffahrt auf dem Rhein eine Blüte erlebte, dienten sie vor allem der Sicherung von Zöllen, so etwa die Pfalz bei Kaub, eine 1326 errichtete Zollburg auf dem Pfalzgrafenstein im Rhein. Die am besten erhaltene Höhenburg ist die Marksburg über Braubach mit idyllischer Gartenanlage und fantastischem Blick über das Tal. Die größte Anlage ist die Festung Rheinfels (links) bei St. Goar, die im Stil der Renaissance und des Barocks zu militärischen Zwecken ausgebaut wurde. Weitere namhafte Burgen sind Ehrenfels, Rheinstein, Stahleck, Katz und Maus.

Rheinschiffern, die hier von der schönen Nixe Loreley ins Verderben gelockt wurden, hat einen realen Hintergrund: die gefährlichen Stromschnellen.

Kaub Alles, was den Rhein so romantisch erscheinen lässt, ist auch hier zu finden: Wein, alte Stadtmauern, schönes Fachwerk, die Burg Gutenfels oder die Pfarrkirche St. Trinitas. Das Wahrzeichen der Stadt aber ist die Burg Pfalzgrafenstein auf der Rheininsel. Diese ließ Ludwig der Bayer 1327 errichten. Silvester 1814/15 setzte »Marschall Vorwärts« mit seinen preußischen Truppen hier über, um Napoleon endgültig in seine Schranken zu weisen. Daran erinnern das Blücher-Museum und ein Denkmal.

Naturpark Rhein-Westerwald Im rheinland-pfälzischen Teil des Westerwaldes, der zum Rheinischen Schiefergebirge gehört, liegt der 446 Quadratkilometer große Naturpark mit Weinbergen, viel Mischwald und stillen, verschlungenen Bachläufen. Eine wahre Naturidylle ist das *Fockenbachtal mit seiner reichen Flora.

* **Bacharach** Das malerische Rheinstädtchen mit Ringmauer, Fachwerkhäusern und spätromanischer Peterskirche (13. Jahrhundert) war im Mittelalter der wichtigste Umschlagplatz für die Weine der Region, die schon damals bis nach England exportiert wurden.

* **Boppard** Die größte Schleife des Rheins und die sonnendurchfluteten Weinlagen im Bopparder Hamm tragen viel zur Attraktivität dieser alten, lebendigen Stadt bei. Besonders sehenswert sind die besterhaltene spätantike *Römerfestung diesseits der Alpen, die spätromanische *St. Severus-Kirche mit Wandmalereien und Resten eines frühchristlichen Taufbeckens, die *Karmeliterkirche (um 1300) mit barockem Innenraum, das *Ritter-Schwalbach-Haus (15. Jahrhundert) und im Stadtmuseum die *Thonet-Abteilung mit den weltbekannten Kaffeehausstühlen des hier geborenen Kunsttischlers Thonet.

* **Koblenz** Der Besuch des *Deutschen Ecks, der Landspitze am Zusammenfluss von Rhein und Mosel, mit Blick auf das linksrheinische Koblenz und die rechtsrheinische *Festung Ehrenbreitstein ist hier Pflichtprogramm. Weitere Hauptattraktionen der Stadt sind die

Deutsche Rheinromantik:
Loreleyfels (oben links), Burg Pfalzgrafenstein im Rhein mit Burg Gutenfels (oben rechts)

TIPP++TIPP++

Ludwig-Museum im Deutschherrenhaus
Kernstück des Museums im ehemaligen Rheinbau des Deutschen Ordens am Deutschen Eck sind die Leihgaben und Schenkungen des Kunstmäzens Peter Ludwig und seiner Frau – eine bedeutende Sammlung französischer Kunst der Nachkriegszeit.
**Koblenz, Danziger Freiheit 1,
Tel. 02 61/30 40 40,
Di – Sa 10.30 – 17 Uhr,
So und Fei 11 – 18 Uhr**

Rheinland-Pfalz

Zu Zeiten der Französischen Revolution war die Begeisterung für den Mann (links: Porträt von 1584) so groß, dass man ernsthaft erwog, den Buchdruck »guttembergisme« zu nennen. Über den Menschen, der um 1400 als Johannes Gensfleisch zur Laden in Mainz geboren wurde und 1468 dort starb, weiß man jedoch nur wenig. Er besaß eine solide handwerkliche Ausbildung und Erfahrung im Umgang mit Metall, arbeite-

Gutenberg-Museum
Gegründet wurde es von Mainzer Bürgern im Jahre 1900 anlässlich des 500. Geburtstags Johannes Gutenbergs. Untergebracht ist das Museum heute im alten Haus zum Römischen Kaiser und in einem dahinterliegenden Neubau aus den Sechzigerjahren. Zu den Schätzen des Museums zählt eine Rekonstruktion der alten Druckerstube mit benutzbarer Presse.
Mainz, Liebfrauenplatz 5,
Verwaltung: Mo–Do 8–16 Uhr,
Fr 8–13 Uhr,
Tel. 0 61 31/12 26 40-42

romanische Kirche *St. Castor (9./12. Jahrhundert), die romanisch-gotische *Liebfrauenkirche (12.–15. Jahrhundert), das Gasthaus *Deutscher Kaiser (16. Jahrhundert) und die *Rheinanlagen.

Montabaur Weithin sichtbar ist das »Gelbe Schloss«, ein Barockbau mit mächtigen Rundtürmen und Wahrzeichen der Westerwald-Stadt. Den Altstadtkern prägen Fachwerkhäuser des 17. Jahrhunderts.

* **Hachenburg** Eine mittelalterliche Burg, die im 18. Jahrhundert zum prächtigen Barockschloss ausgebaut wurde, dominiert das historische Zentrum des gleichnamigen Orts. Hier fallen besonders die prächtigen Westerwald-Fachwerkhäuser ins Auge.

* **Abtei Marienstatt** Das im 13. Jahrhundert in der Abgeschiedenheit des Westerwaldes gegründete Zisterzienserkloster wurde im Stil des Barocks aus-gebaut. Noch aus der Frühzeit der Anlage stammt die *Klosterkirche (1222–1425), älteste gotische Kirche rechts des Rheins.

* **Neuwied** Wo die Flüsse Rhein und Wied sowie der Westerwald aufeinandertreffen, wurde im 17. Jahrhundert Neuwied gegründet, dessen Existenz eng mit der Herrnhuter Brüdergemeine verbunden ist. Das *Herrnhuter Viertel mit der Brüderkirche ist einheitlich im schlichten spätbarocken Herrnhuter Stil erbaut. Weltliche Pracht hingegen repräsentieren das barocke *Residenzschloss mit Schlossgarten direkt am Rhein und das idyllische *Altwied mit mittelalterlicher Burg.

Andernach Das Rheinstädtchen verfügt noch über einen historischen Kern mit mittelalterlicher Mauer, spätgotischem Rathaus und spätromanischem Mariendom.

* **Linz** Das Bilderbuchstädtchen mit viel Fachwerk am Marktplatz, mittelalterlicher Burg und spätromanischer Pfarrkirche ist Ausgangspunkt für Ausflüge in den Westerwald.

* **Remagen** In der Stadt, in der im März 1945 die »Brücke von Remagen« bei der Überquerung amerikanischer Truppen zusammenbrach, findet sich heute ein *Friedensmuseum. Erfreulichere Assoziationen wecken Fachwerkhäuser und Jugendstilfassaden, die neuromanische Kirche St. Peter und Paul mit mittelalterlicher Taufkapelle und das Römische Museum mit Funden aus dem einstigen Römerkastell. Außerdem sollte man das **»ARP MUSEUM Bahnhof Rolandseck« mit Sammlungen moderner und zeitgenössischer Kunst im klassizistischen Bahnhof und dem Museumsneubau von Richard Meier mit einem Besuch beehren.

Vom Schlossberg über Montabaur grüßt das Barockschloss (oben), einst Jagdschloss der Herzöge von Nassau.

Johannes Gutenberg

te als Kopist und als Goldschmied und war in den 1430er-Jahren in Straßburg Mitbesitzer eines Handwerksbetriebs, der mit Büchern zu tun hatte. Gutenberg hat den Buchdruck nicht alleine erfunden. Mit Holzplatten, in welche die Buchstaben einer ganzen Seite jeweils komplett eingeschnitten waren, druckte man schon länger. Die Idee, einzelne Lettern zu gießen, hatte vor Gutenberg bereits der Holländer Laurens Coster, und in China gab es ebenfalls Vorläufer dieser Technik. Gutenberg verknüpfte dank zahlreicher Weiterentwicklungen aber alle Schritte – das Gießen der stabilen und somit beliebig wiederverwendbaren Lettern, das Zusammenfassen zu einer Druckform und das Drucken selbst – zu einer vollständigen Technologie. Rasch verbreitete sich die Drucktechnik in ganz Europa und beschleunigte den Austausch von Ideen erheblich.

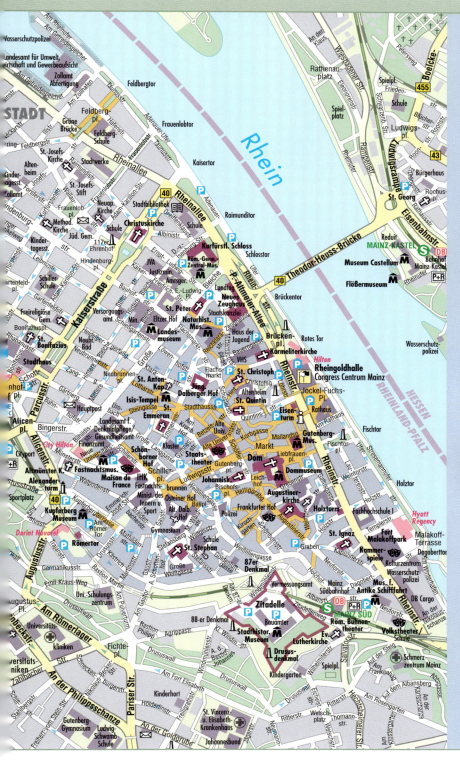

Mainz

Die Landeshauptstadt am linken Rheinufer ist ein alter Kurfürsten- und Erzbischofssitz mit geschichtsträchtiger Vergangenheit.

In der Römerzeit bedeutender Militärstützpunkt, seit 742 Bischofsstadt, Hauptort des 1254 gegründeten Rheinischen Städtebundes, 1476/77 Gründung der Universität, in der Barockzeit blühende Residenzstadt, Hauptumschlagplatz des rheinhessischen Weinhandels, Hochburg des Karnevals (»Mänzer Fassenacht«) – wenige deutsche Städte haben mehr Geschichte und Tradition zu bieten als das »Goldene Mainz« (Aurea Moguntia). Sein vom Barockstil geprägtes Stadtbild erhielt das kurfürstliche Mainz im 17. und 18. Jahrhundert. Sehenswert ist der monumentale

Dom von Mainz

romanische **Dom (975–1236) mit sechs Türmen und den Grabdenkmälern der Erzbischöfe. Anstelle des 1009 abgebrannten Doms ließ Kaiser Konrad II. den Nachfolgebau errichten, Kaiser Heinrich IV. später den romanischen Teil. Weitere große Bauten sind die gotische Stephanskirche mit herrlichen **Buntglasfenstern von Marc Chagall, das **Gutenberg-Museum mit der berühmten Gutenberg-Bibel, das *Römisch-Germanische Zentralmuseum im ehemaligen Kurfürstlichen Schloss (17./18. Jahrhundert und der Fastnachtsbrunnen.

DIE SCHÖNSTEN REISEZIELE

Den »Platz des unsichtbaren Mahnmals« vor dem Saarbrücker Schloss markieren über 2000 dunkle Pflastersteine, auf deren Unterseite die Namen jüdischer Friedhöfe eingefräst wurden.

Saarland

Das Saarland ist das kleinste Flächenland der Bundesrepublik Deutschland und liegt im Südwesten des Landes. Die wichtigsten Orte liegen in den Tälern von Saar und Blies. Kohle und Stahl, die das Land jahrhundertelang geprägt hatten, sind nur noch Randerscheinungen. Einstige Eisenhütten blieben als Industriedenkmal erhalten. Vor allem an Ruwer und Saar wird Weinbau betrieben: Die zahlreichen Weinfeste, Straußwirtschaften und Weingüter sorgen für jene heitere Stimmung, die schon Goethe so sehr schätzte.

Saarland

Dillingen liegt an der Mündung der Prims in die Saar und blickt auf eine rund 2000-jährige Geschichte zurück. Heute ist das Städtchen das Zentrum der noch im Saarland verbliebenen Stahlindustrie. Auf dem Gelände der Dillinger Hütte befindet sich das Alte Schloss. Ursprünglich eine Renaissanceanlage, wurde es Ende des 18. Jahrhunderts barockisiert. Nach der Französischen Revolution erwarb die Dillinger Hütte die

TIPP++TIPP++

Werner-Freund-Wolfspark
Der Wolfspark erstreckt sich auf einer Fläche von 4,5 Hektar und beherbergt europäische, indische, sibirische und arktische Wölfe.
Kammerforst Merzig, Waldstr. 204, geöffnet täglich ab Tagesanbruch bis zum Einbruch der Dunkelheit, Einritt kostenlos, jeden ersten Sonntag im Monat um 16 Uhr Führung (kostenfrei)

Garten der Sinne
Im Theatergarten, einem kleinen Amphitheater, werden Kulturveranstaltungen open air durchgeführt. Sehen, hören, riechen, fühlen – bei einer Führung werden alle Sinne inspiriert.
Merzig-Hilbringen, CEB Fortbildungswerk GmbH, Industriestr. 6 bis 8, Tel. 0 68 61/93 08-72

von Nennig ragt das weiße *Schloss Berg aus den Weinbergen empor. Im 17. Jahrhundert als Wasserschloss errichtet, dient es heute als Nobelhotel und Sterne-Restaurant. Ein Besuch von Perl-Wochern lohnt sich vor allem wegen der alten Lothringerhäuser. Die hier im ehemals lothringischen Teil des Saarlands erbauten Gebäude vereinigten Wohn- und Wirtschaftsteil unter einem Dach. Der *Park von Nell korrespondiert sehr schön mit dem barocken Palais des Orts.

* **»Garten der Sinne«** Auf einem Hochplateau über Merzig angelegt, ist der »Garten der Sinne« mit 15000 Quadratmetern der größte der »Gärten ohne Grenzen«, einer Kette von 14 ungewöhnlichen Gartenanlagen, die sich von Trier über das nördliche Saarland, den Saargau und das Moselgebiet bis jenseits der Grenzen nach Schengen (Luxemburg), Metz und Bitch (Frankreich) erstreckt.

** **Werner-Freund-Wolfspark** In großzügigen Gehegen im Kammerforst bei Merzig tummeln sich hier rund 20 Wölfe, die vom Wolfsforscher Werner Freund betreut werden. Bei seinen Führungen lässt sich beobachten, wie der »Wolfsmensch« – so der Titel eines seiner Bücher – die Verhaltensweisen der Wölfe annimmt und als Rudelmitglied akzeptiert wird.

* **Merzig** Zwischen grünen Hügeln eingebettet liegt Merzig, das »Tor zum romantischen Saartal«. Die Kreisstadt ist das Zentrum der saarländischen »Apfelkiste«, wo Äpfel zu Saft und Viez (Apfelwein) verarbeitet werden. Mit der Kirche **St. Peter aus dem 13. Jahrhundert besitzt Merzig die einzige romanische Basilika des Saarlands. Das weiße Mauerwerk ist mit Bögen, Kanten und Friesen aus rötlichem Buntsandstein abgesetzt. Ein besonderes Schmuckstück der Fußgängerzone ist das Stadthaus, ein vom Trierer Hofbaumeister Matthias Staud 1647–1649 einst als Schloss für die Trierer Fürstbischöfe errichteter Spätrenaissancebau, der im 18. Jahrhundert von Christian Kretzschmar barockisiert wurde. Das Hilbringer Schlösschen (1745) stammt ebenfalls von Kretzschmar. Im Merziger Saargau zwischen Büdigen und Wellingen finden sich die 26 Skulpturen **»Steine an der Grenze«, die 1986 bis 1992 anlässlich eines internationalen Bildhauersymposiums entstanden und Symbole der deutsch-französischen Freundschaft darstellen.

Wolferskopf Der Wolferskopf über dem Haustadter Tal bei Beckingen ist das größte Naturschutzgebiet im Saarland. Auf rund 350 Hektar wird die traditionelle Muschelkalk-Kulturlandschaft samt Streuobst- und Orchideenwiesen mithilfe eines ökologischen Nutzungskonzepts reaktiviert.

Dillingen

einstige Residenz des damals französischen Herzogtums Dillingen und nutzte es zur Unterbringung von Angestellten. Nach der völligen Zerstörung im Zweiten Weltkrieg wurde der barocke Nordwestflügel wiederhergestellt (links). Heute wird das Schloss für Theateraufführungen, Konzerte und Ausstellungen genutzt. Der 1910 bis 1913 mit neuromanischen und neugotischen Anklängen errichtete »Saardom« St. Sakrament am Odilienplatz ist die größte Kirche des Saarlands. Einen Besuch wert ist auch das Museum für Vor- und Frühgeschichte, das in einem alten Bauernhaus in Dillingen-Pachten residiert und Funde aus der ehemaligen Römersiedlung Contiomagus zeigt. In den Saarauen und in der Franz-Méguin-Straße können Großplastiken des Internationalen Stahlsymposiums von 1990 besichtigt werden.

Saartal

Die Saar entspringt in den Vogesen. Gut 80 Kilometer Wegstrecke durch Lothringen hat sie schon hinter sich, wenn sie die lothringische Grenzstadt Sarreguemines/Saargemünd passiert. Bis Saarbrücken ist die Saar Grenzfluss. Die Landeshauptstadt wird von ihr geteilt. Es folgt das Industriegebiet an der mittleren Saar: In Völklingen und Dillingen wird noch Stahl gekocht. Dazwischen grüßt aus der Ferne die Festungsstadt Saarlouis.

★ **Warndt** Als »verwarnter«, d. h. für die Untertanen verbotener Wald, war der Warndt südwestlich von Völklingen seit dem Mittelalter herrschaftliches Jagdrevier. Landesfürst

Polarwölfe im Werner-Freund-Wolfspark bei Merzig (oben); romanische Basilika St. Peter in Merzig (rechts)

Saarland

Die heutige Kreisstadt wurde 1680 als Festung vom französischen »Sonnenkönig« Ludwig XIV. gegründet. Er ließ Saarlouis zum Schutz der im Frieden von Nimwegen 1678 erworbenen lothringischen Gebiete vom

TIPP++TIPP++

Glas- & Heimatmuseum Warndt
In den von Bergschäden sanierten Räumen wird im ersten Obergeschoss die Ausstellung »Glas auf den Tisch« gezeigt. In zwölf Kojen sind Tischsituationen aus der Zeit von 1900 bis 1950 zu sehen – ein Spiegel der Zeit aus Glas. Im Dachgeschoss befinden sich mehrere Vitrinen, die Produkte der Fenner Glashütte, der Kristallerie Wadgassen, der Louisenthaler Flaschenglashütte und der lothringischen Glashütten in Meisenthal, Vallerysthal und Portieux präsentieren.
Völklingen, Am Bürgermeisteramt 5, Tel. 0 68 98/4 36 26. Täglich außer montags von 14–16 Uhr, Sa/So um 14.30 Uhr einstündige kostenlose Führungen

Ludwig ließ sich 1786 in Karlsbrunn ein barockes Jagdschloss bauen (heute Sitz der Forstverwaltung). Der einstige Schloss- und heutige Forstgarten ist Bestandteil des Projekts »Garten ohne Grenzen«. Der Holzreichtum des 5000 Hektar großen Waldgebiets wurde seit dem 17. Jahrhundert zum Befeuern von Glashütten genutzt. Die Glasbläserkunst kann man in der Manufaktur von Villeroy & Boch in Wadgassen bewundern.

Völklingen Eine bizarre Silhouette von rostbraunen Hochöfen und Schloten bestimmt das Stadtbild von Völklingen. Über ein Jahrhundert lang schlug das Herz der Stadt in der ***Völklinger Hütte. Durch die Eisenhütte wuchs Völklingen zur drittgrößten Stadt des Saarlands. 1986 stillgelegt, hat das Monstrum 1994 als erstes Industriedenkmal den Sprung auf die UNESCO-Liste des Weltkulturerbes geschafft. Beim Rundgang über das denkmalgeschützte Gelände kann man einen der Hochöfen besteigen und gelangt zur 27 Meter hohen Arbeitsplattform. Hauptattraktion ist die Gasgebläsehalle mit sechs Windmaschinen. Jahrzehntelang blies die Alte Völklinger Hütte Ruß und Staub auf die Stadt, deren Neobarockbauten aus dem letzten Jahrhundert stammen, darunter das Alte Rathaus und die Kirche St. Eligius, die dem Patron der Hüttenarbeiter geweiht ist.

* **»Urwald von Saarbrücken«** Seit 1997 gibt es im Norden Saarbrückens den »Urwald vor den Toren der Stadt«. In diesem gut 1000 Hektar großen Waldschutzgebiet wird auf Forstbewirtschaftung verzichtet. Langsam kann sich die Natur dor frei entfalten und überwucher die Zeichen der Zivilisation. S entsteht eine große Vielfalt a Strukturen und Lebensräumen Der Mensch ist zum Beobach ten und Miterleben dieser Prozesse eingeladen.

** **Saarbrücken** Siehe Stadt plan auf Seite 245

* **Deutsch-Französische Garten** Zwischen dem südli chen Stadtrand von Saarbrü cken und der Grenze zu Frank reich liegt im Deutschmühlenta auf einem Teil des Schlachtfel des von 1870 der Deutsch-Fran zösische Garten, ein großer Par mit Themengärten, Kleinbahn und Sessellift, geschaffen al Symbol der Versöhnung.

Saarlouis

Festungsbaumeister Vauban errichten. 1815 lösten preußische Regimenter die französischen ab und nutzten die Garnisonsstadt als Grenzfestung gegen Frankreich. Im Zweiten Weltkrieg war Saarlouis Ziel schwerer Bombenangriffe, die viel alte Bausubstanz zerstörten. Erhalten, restauriert und für zivile Zwecke umfunktioniert sind einige Kasernen (meist aus der preußischen Zeit) und die Gewölbe der Kasematten, ebenfalls preußisches Erbe, in denen sich ein Lokal an das andere reiht (links). Als einstige Wasserfestung noch erkennbar ist Saarlouis an einem Altarm der Saar rings um die Vauban-Insel. Im Museum Haus Ludwig, das in einem repräsentativen, rund 100 Jahre alten Gebäude residiert, werden Werke des Kunstsammlers und Museumsgründer Peter Ludwig sowie der saarländischen Kunstszene gezeigt.

St. Wendeler Land

Dem hl. Wendelin, der Ende des 6. Jahrhunderts aus Schottland als Missionar in die Gegend kam, verdankt die Kreisstadt St. Wendel ihren Namen. Der Schutzpatron der Bauern ist nicht nur in der Wendelswoche im Oktober allgegenwärtig. Die Spuren des Heiligen mit dem Hirtenstab führen entlang alter Pilgerpfade bis nach Tholey. Vom 568 Meter hohen Schaumberg aus überblickt man eine weit schwingende Hügellandschaft, in der das Freizeitparadies des Bostalsees lockt.

Höcherberg In diesem Waldgebiet bei Bexbach führen alte markierte Grubenwege zu den historischen Stätten der seit 1959 geschlossenen Kohlengruben Frankenholz und Nordfeld.

✳ Nahequelle Oberhalb von Nohfelden-Selbach entspringt die Nahe, die von hier aus ihren 112 Kilometer langen Weg bis nach Bingen antritt, wo sie in den Rhein mündet. Die Quelle ist ein reizvoller Ausflugsort – vor allem für Kinder, da nahebei ein kleines Wildfreigehege angelegt wurde.

✳ Bostalsee Einen natürlichen See besitzt das Saarland nicht. Dem Mangel wurde abgeholfen: Rund 120 Hektar groß ist der 1979 künstlich geschaffene Bostalsee mit Strandbädern bei Bosen und Gonnesweiler, zwei Jachthäfen, einer Segel- und Surfschule, einem Wellenhallenbad sowie einer Tauchsportstation.

Nohfelden Wahrzeichen der Gemeinde ist ihr runder Burgfried, ein Rest der Burg Veldenz, die Ritter Bossel vom Stein 1285 erbaut hat. Schon im Dreißigjährigen Krieg teilweise zerstört, diente sie später als Steinbruch. Einen Turm aus dem 11. Jahrhundert besitzt die Kirche von Wolfersweiler auf einer Anhöhe mitten im Friedhof. Das schlichte, helle Kirchenschiff von 1788 beherbergt das Grab von Graf Kaspar von Pfalz-Zweibrücken. Idyllisch an einem Waldteich bei Nohfelden-Gonnesweiler gelegen ist das kleine Fachwerk-Jagdschlösschen Bocksborn (18. Jahrhundert), das in Privatbesitz ist und nur außen besichtigt werden kann.

✳ »Steinernes Meer am Weiselberg« Am Südabhang des 572 Meter hohen Bergs bei Freise befindet sich diese außergewöhnliche Gesteinsformation. Sie besteht aus Blockhalden mit oft sechseckigen Basaltsäulen und rührt von einem ehemaligen Vulkan her. Am Weiselberg wurden jahrhundertelang Achate, Jaspis und andere Edelsteine abgebaut.

✳ Freisen Eine reiche barocke Ausstattung besitzt die katholische Pfarrkirche St. Remigius, eine Saalkirche mit Westturm von 1753. Ein mineralogisches Museum zeigt am Weiselberg ausgegrabene Edelsteine. Im Ortsteil Schwarzerden befindet sich ein römisches Mithras-Heiligtum aus dem 3. Jahrhundert. Das verwitterte Relief zeigt den auf einem Stier knienden Mithras mit seinen Dienern Cautes und Catuopes. Der Bildwand war einst ein Tempel vorgelagert. Eine imposante Talbrücke überspannt den Ortsteil Oberkirchen mit zwölf Bögen. Das 270 Meter lange und 30 Meter hohe einstige Eisenbahnviadukt ist heute ein Übergang für Wanderer (»Fritz-Wunderlich-Weg«) nach Kusel.

Völklinger Hütte mit Lichtinstallation (oben links); Wendalinusbasilika in St. Wendel mit Netzgewölbe (rechts)

Saarland

Tholey liegt zu Füßen des 568 Meter hohen Schaumbergs, der mit Aussichtsturm und Erlebnispark samt Barfußpfad zur Besteigung lockt. Am Westhang steht die auf das 13. Jahrhundert zurückgehende Blasiuskapelle. Die Geschichte des Benediktinerklosters St. Mauritius (links: Statue des hl. Mauritius) reicht bis ins 6. Jahrhundert zurück. Die ersten Mönche ließen sich hier in den Ruinen einer Römervilla nieder. Der heutige

** St. Wendel Wahrzeichen ist die **Wendalinusbasilika (»Wendelsdom«), eine gotische Hallenkirche (14./15. Jahrhundert), mit dem Grab des hl. Wendelin, der um 617 starb. Der Sarkophag des Stadtpatrons (15. Jahrhundert) zeigt die zwölf Apostel und eine der ältesten Darstellungen des Heiligen mit Pilgerstab. Aus derselben Zeit stammt die Wappenmalerei im Mittelschiffgewölbe. Sehenswert auch die achteckige Steinkanzel von 1462 und das Chorgestühl (18. Jahrhundert). Repräsentative Bürgerhäuser aus dem 18./19. Jahrhundert bilden die Kulisse von Fruchtmarkt und Schlossplatz. Hier dominiert das Rathaus, 1740 als Amtshaus erbaut und ab 1824 Residenz von Luise von Sachsen-Coburg-Gotha. Vor der Basilika markiert eine Basaltpyramide von Leo Kornbrust den Ausgangspunkt der **»Straße der Skulpturen«. Über 25 Kilometer bis zum Bostalsee erstreckt sich diese Open-Air-Galerie mit 51 Werken bekannter Künstler. Ein Pilgerweg führt zur barocken *Wendalinuskapelle im Wendelstal. Oberhalb thront das Steyler Missionshaus mit *Völkerkundlichem Museum.

Bliestal

Die Blies ist mit knapp 100 Kilometern der längste Fluss im Saarland. Unterhalb von Blieskastel sind Fluss und Aue noch sehr naturnah. Bliesgau wird diese Gegend genannt. Neunkirchen, einst industriell geprägte Kohle- und Eisenhüttenstadt, hat sich vom Ruß- zum »Rosenkreis« entwickelt.

* **Ottweiler** Die ehemalige Residenz einer Nebenlinie der Grafen von Nassau-Saarbrücken hat eine malerische Altstadt. Vom Ring der Stadtmauer ist ein 48 Meter hoher runder Wehrturm (15. Jahrhundert) mit spitzem Schieferhelm erhalten (»Zibbelkapp«), der der evangelischen Kirche als Glockenturm dient. Sehenswert ist am Schlosshof das *»Hesse-Haus« (1590) mit seinem Renaissancegiebel. Das **Saarländische Schulmuseum bietet Exponate aus rund 1000 Jahren Schulgeschichte.

* **Bexbacher Blumengarten** Um den Hindenburgturm in Bexbach breitet sich dieses Ensemble aus – mit einem geo-

Saarbrücken

Die Hauptstadt des Saarlands ist nicht nur dessen wirtschaftlicher und kultureller Mittelpunkt, sondern bezaubert auch als anmutige Barockstadt.

Am Anfang der Stadtgeschichte stand eine Römerbrücke über die Saar. Heute führen im Stadtbereich insgesamt zehn Brücken über den

Saarbrücken: Ludwigsplatz mit barocker Ludwigskirche

Fluss. Die *Alte Brücke dient als Fußgängerverbindung zwischen den einst selbstständigen Städten (Alt-)Saarbrücken und St. Arnual am linken sowie St. Johann am rechten Ufer. Der Stadtverband – zusammen mit den Industrieorten Burbach und Malstatt – entstand erst 1909. Der **Schlossplatz, historisches Zentrum von Alt-Saarbrücken, erinnert an dessen Glanzzeit als fürstliche Residenz. Fürst Wilhelm Heinrich hat sich hier als barocker Bauherr verewigt. Sein Generalbaudirektor Friedrich Joachim Stengel entwarf die Dreiflügelanlage des **Schlosses (1738 bis 1748). Die Harmonie des Platzes vervollständigt das *Alte Rathaus (1748–1750), das 1760 von Stengel barockisierte *Erbprinzenpalais sowie das neobarocke ehemalige *Kreisständehaus von 1909, heute *Museum für Vor- und Frühgeschichte. Die spätgotische *Schlosskirche (15. Jahrhundert) ist Grabstätte einiger Fürsten von Nassau-Saarbrücken. Zum »Platz des unsichtbaren Mahnmals« wurde der Schlossplatz 1993 durch rund 2000 Pflastersteine, auf deren Unterseite die Namen einstiger jüdischer Friedhöfe in Deutschland eingraviert wurden. Der **Ludwigsplatz stellt mit der *Ludwigskirche (1775) ein restauriertes Barockensemble dar. Herz der St. Johanner Altstadt ist der **Markt mit seinen barocken Bürgerhäusern und dem Stengel'schen Marktbrunnen (1760). Stengel entwarf auch die katholische **Kirche St. Johann (1754/1758). Besonders prächtig ist die Innenausstattung. Zur Kulturmeile am rechten Saarufer gehören der »Musentempel« des *Staatstheaters (1938) sowie der Komplex des **Saarland-Museums. Mittelalterliches Flair verströmt der Markt von *St. Arnual.

Schlosshof von Ottweiler mit Renaissancebau Hesse-Haus

Tholey

Kirchbau stammt aus der Zeit um 1265, ihr barocker Zwiebelturm (ganz links) von 1740; die Klostergebäude entstanden 1722. St. Mauritius ist eine frühgotische, dreischiffige Kirche ohne Querhaus. Nur das barocke Chorgestühl mit reichem Schnitzdekor und der üppig verzierte Orgelprospekt heben sich vom schlichten Innenraum ab. Im Chorhaupt lächelt der Engel Gabriel, auch »Engel von Tholey« genannt (13. Jahrhundert).

Lokalgeschichte erkunden lässt sich im Kulturhistorischen Museum des Schaumberger Landes am Rathausplatz und in der Johann-Adams-Mühle (1735) bei Tholey, heute ein Mühlen- und Heimatmuseum. In der Nähe liegt das Hofgut Imsbach, ein denkmalgeschützter Komplex mit Herrenhaus aus napoleonischer Zeit und romantischen Weihern und heute Saarländisches Ökologiezentrum mit ökologischem Landbau.

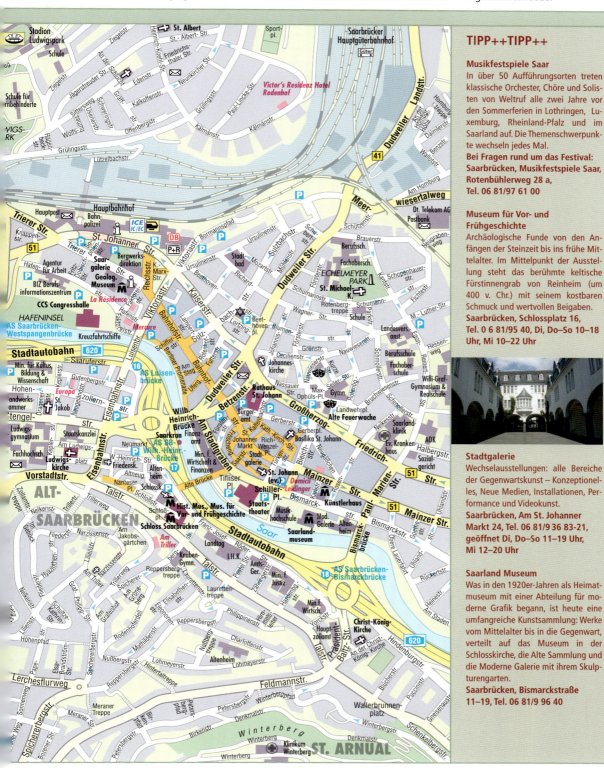

TIPP++TIPP++

Musikfestspiele Saar
In über 50 Aufführungsorten treten klassische Orchester, Chöre und Solisten von Weltruf alle zwei Jahre vor den Sommerferien in Lothringen, Luxemburg, Rheinland-Pfalz und im Saarland auf. Die Themenschwerpunkte wechseln jedes Mal.
Bei Fragen rund um das Festival:
Saarbrücken, Musikfestspiele Saar, Rotenbühlerweg 28 a,
Tel. 06 81/97 61 00

Museum für Vor- und Frühgeschichte
Archäologische Funde von den Anfängen der Steinzeit bis ins frühe Mittelalter. Im Mittelpunkt der Ausstellung steht das berühmte keltische Fürstinnengrab von Reinheim (um 400 v. Chr.) mit seinem kostbaren Schmuck und wertvollen Beigaben.
Saarbrücken, Schlossplatz 16,
Tel. 0 6 81/95 40, Di, Do–So 10–18 Uhr, Mi 10–22 Uhr

Stadtgalerie
Wechselausstellungen: alle Bereiche der Gegenwartskunst – Konzeptionelles, Neue Medien, Installationen, Performance und Videokunst.
Saarbrücken, Am St. Johanner Markt 24, Tel. 06 81/9 36 83-21, geöffnet Di, Do–So 11–19 Uhr, Mi 12–20 Uhr

Saarland Museum
Was in den 1920er-Jahren als Heimatmuseum mit einer Abteilung für moderne Grafik begann, ist heute eine umfangreiche Kunstsammlung: Werke vom Mittelalter bis in die Gegenwart, verteilt auf das Museum in der Schlosskirche, die Alte Sammlung und die Moderne Galerie mit ihrem Skulpturengarten.
Saarbrücken, Bismarckstraße 11–19, Tel. 06 81/9 96 40

Saarland

TIPP++TIPP++

Orchideengebiet Gersheim
In einem weitläufigen Naturschutzgebiet gedeihen rund 30 Orchideenarten. Diese Blumen stehen unter Naturschutz, ein Besuch ist nur im Rahmen einer Führung möglich.
Führungen: von Anfang Mai bis Anfang Juli nach telefonischer Anmeldung beim Kulturamt Gersheim, Bliesstr. 19 a, Tel. 0 68 43/8 01 44

metrisch angelegten Luxemburger Garten, zahlreichen exotischen Pflanzen und Bäumen, einem Seerosenteich und einem Gewürz- und Gemüsegarten.

* **Bexbach** In der ehemaligen Bergwerksstadt zeigt das **Grubenmuseum im Hindenburgturm, einem ehemaligen Wasserturm, wie die Bergleute einst gearbeitet und gelebt haben. Besondere Attraktion sind die unterirdischen Schaubergwerke, die ab 1934 angelegt wurden. Von der obersten Turmetage aus blickt man auf den »Monte Barbara«. Auf der Spitze der begrünten ehemaligen Bergehalde wurde eine Statue der hl. Barbara, der Schutzpatronin der Bergleute, aufgestellt.

** **Homburg** Der französische König Ludwig XIV. ließ Stadt und Schloss im 17. Jahrhundert durch Vauban zu einer Festung ausbauen. Darin inbegriffen war auch ein eindrucksvolles Höhlensystem. Die schöne Altstadt lohnt ebenso eine Besichtigung. Eine wichtige römische Etappenstadt breitete sich vor 2000 Jahren an der Stelle von Schwarzenacker bei Homburg aus. Im Jahre 275 wurde sie durch Alemannen zerstört. Seit den 1950er-Jahren entstand durch Grabungen und Rekonstruktionen von Straßen und Häusern das faszinierende **Römermuseum. Der »Kulturpark Homburg« erinnert mit den Ruinen der Festung Hohenburg, des Schlosses Karlsberg, des Klosters Wörschweiler und der Merburg sowie mit der Gustavsburg an eine wechselvolle Vergangenheit.

Einziges Überbleibsel vom Schloss: Orangerie von Blieskastel

Neunkirchen

Die Geschichte der Kreisstadt wurde jahrhundertelang von der Montanindustrie geprägt. Graf Ludwig II. von Nassau-Ottweiler gründete hier bereits 1593 die erste Eisenhütte. Ab 1858 baute Karl-Ferdinand Stumm (links Mitte: Denkmal in Neunkirchen) das Werk zu einem Eisen- und Stahlimperium aus. Seinen Höhepunkt erlebte der Montanstandort um 1970, als hier fast 10 000 Arbeiter jeweils eine Million Tonnen Rohstahl, Roheisen und Walzfertigerzeugnisse produzierten. Der Niedergang folgte rasch: 1982 wurden die letzten Hochöfen und Walzstraßen stillgelegt. Einige Zeugnisse der industriellen Tradition hat man bewahrt. An die »Eisenzeit« erinnern zwei Hochöfen-Giganten (links). Sie gehören zum denkmalgeschützten Teil des »Hüttenparks«, durch den ein 5,5 Kilometer langer »Hüttenweg« mit Schautafeln führt.

Einladung zu einer Zeitreise in die Antike: Römermuseum in Homburg

** Schlossberghöhlen Europas größte künstliche Buntsandsteinhöhlen mit riesigen Kuppelhallen und kilometerlangen Gängen über zwölf Stockwerke hinweg sind ein einzigartiges Labyrinth. Die Höhlen gehörten zu der 1714 geschleiften Festung Hohenburg bei Homburg. Eine Etage ist als Schaubergwerk zugänglich, untere Stockwerke werden noch von einer Brauerei genutzt.

* Kirkel Weithin sichtbar thront auf einem Kegelberg die Kirkeler Burg (11. Jahrhundert). Sie diente der Überwachung der alten Heerstraße von Metz nach Mainz. Im 16. Jahrhundert wurde die Burg zum Schloss um- und ausgebaut.

* Felsenpfad bei Kirkel Vorbei an bizarr geformten Buntsandsteinfelsen verläuft dieser sechs Kilometer lange geologische Lehrpfad und Rundweg.

** Blieskastel Der rund 4000 Jahre alte, fast sieben Meter hohe *Gollenstein auf dem Blieskasteler Berg gilt als der größte Menhir Mitteleuropas. Den Berg hinauf zieht sich die Barockstadt, die ihre Gestalt 1760 bis 1793 unter Reichsgräfin Maria Anna von der Leyen erhielt. Sehenswert sind das *Rathaus (1775) am Paradeplatz, die *Schlosskirche (1776 bis 1781) mit Rokoko-Altar sowie die *Renaissance-Orangerie (1669).

** Gersheim Im **»Europäischen Kulturpark Bliesbruck-Reinheim« wurden ganze Handwerkerviertel, Thermen und Fundamente einer römischen Villenanlage freigelegt. Daneben befindet sich eine Nekropole aus der Keltenzeit (um 400 v. Chr.) mit nachgebautem Hügelgrab. In Gersheim-Rubenheim lohnt das *Museum für dörfliche Alltagskultur.

Menhir Gollenstein bei Blieskastel (oben links); Schlossberghöhlen bei Homburg (oben rechts)

DIE SCHÖNSTEN REISEZIELE

Der Himmel auf Erden – das Treppenhaus des Schlosses von Bad Wurzach an der Oberschwäbischen Barockstraße

Baden-Württemberg

Das »Ländle«, wie das 1952 aus Baden, Württemberg-Baden und Württemberg-Hohenzollern entstandene Baden-Württemberg genannt wird, ist in wirtschaftlicher Hinsicht ein Riese. Auch landschaftlich und kulturell hat es viel zu bieten – von Schwarzwald und Bodensee bis zu oberschwäbischem Barock und altehrwürdigen Universitätsstädten wie Heidelberg. Und wie in kaum einem anderen Landstrich häuften sich hier die Dichter und Denker – frei nach dem Motto: »Hölderlin und Hegel sind bei uns die Regel.«

Baden-Württemberg

Das weltberühmte, 1751 von Kurfürst Karl Theodor in Auftrag gegebene Riesenfass im Heidelberger Schloss mit seinen 221 726 Liter Fassungsvermögen hatte schon zwei Vorgänger. Sie sollten den Zehnten der

TIPP++TIPP++

Schloss Bruchsal
Aus der Zeit, als die Fürstbischöfe von Speyer hier residierten, stammt das Barockschloss (18. Jahrhundert) mit dem berühmten Treppenhaus.
Tel. 0 72 51/74-26 61,
www.schloss-bruchsal.de,
Di–So 10–17 Uhr

Museum Mechanischer Musikinstrumente
Rund 400 Stücke umfasst die außergewöhnliche Sammlung im Bruchsaler Schloss. Zu den Exponaten gehören neben Orgeln und Spieluhren auch Orchestrien.
Bruchsal, Di–So 10–17 Uhr,
Führungen: jede volle Stunde bis 16 Uhr

Nördliches Baden-Württemberg

Der nördliche Teil Baden-Württembergs zeigt sich landschaftlich wie auch historisch in größter Vielfalt – mit Anteilen an der einstigen Kurpfalz, dem Odenwald und dem Taubertal, mit dem hügeligen Kraichgau-Stromberg, dem Hohenloher »Schlösser«-Land und so geschichtsträchtigen Städten wie Schwäbisch Hall. Und beinahe überall wächst der Wein!

✶ Mannheim Dass die Neckarstadt eine planmäßige Gründung (1606/07) des Barocks ist, zeigt der Blick auf einen Stadtplan: Die Straßen des historischen Zentrums verlaufen völlig symmetrisch im rechten Winkel zueinander. Besonders sehenswert ist das kurfürstliche ✶Schloss (18. Jahrhundert, heute Universität), eine der größten barocken Schlossanlagen Europas mit prächtiger Schlosskirche.

Wahrzeichen von Mannheim im Jugendstil: der Wasserturm

✶✶ Heidelberg Wo der Neckar den Odenwald verlässt und in die Rheinebene eintritt, liegt sehr reizvoll Heidelberg, einst stolze Residenz der Pfälzer Kurfürsten und die älteste Universitätsstadt Deutschlands (seit 1396). Im Pfälzer Erbfolgekrieg um das Erbe der berühmten L selotte von der Pfalz wurde di Stadt Ende des 17. Jahrhundert von den Franzosen fast völli zerstört. Zu den wenigen Bau ten aus älterer Zeit gehört da »Haus zum Ritter« (1592), dem man heute stilvoll übe nachten und speisen kann. Di wechselhafte Geschichte He delbergs zeigt mit exquisite Sammlungen das ✶Kurpfäl sche Museum. Im Wesentliche

Perkeo und das Große Fass

Weinernte als kurfürstlichen Anteil aufnehmen. Darin wurde der gesamte Wein aus der Pfalz mit all seinen Mängeln zusammengemixt und dann an der kurfürstlichen Tafel großzügig ausgeschenkt. Dass es also mehr auf Quantität denn auf Qualität ankam, zeigt auch die Gestalt des Südtirolers Klemens Perkeo. Am Hof war er als Fasswächter beschäftigt und gab das perfekte Symbol des Weingenießers ab. Der zwergenwüchsige Hofnarr galt als so trinkfest, dass behauptet wurde, er könne das ganze Fass mit Leichtigkeit alleine austrinken. Seinen Namen soll er von der Antwort haben, die er auf jede Einladung zum Trinken gab: »Perché no?« – »Warum auch nicht?« Seine Statue (links) steht auf einem Sockel gegenüber dem Großen Fass. Angeblich war Wein das einzige Getränk, das der Narr Perkeo seit seiner Kindheit überhaupt getrunken hat.

Fachwerkidyll am Fluss: Neckargemünd

Eine Schöpfung des 18./19. Jahrhunderts ist das weltbeannte romantische Stadtbild *Alt-Heidelbergs – besonders schön vom *Philosophenweg im Sonnenhang des Heiligenbergs aus zu sehen. Dominiert wird die Stadtidylle vom hoch gelegenen **Schloss, einer Ruine, die man sich imposanter und malerischer nicht vorstellen kann. Einige Teile der Anlage sind wiederhergestellt, etwa der grandiose Ottheinrichbau (1556 bis 1566) im Renaissancestil sowie der herrliche Hortus Palatinus, ein in Terrassen angelegter Renaissancegarten. Das Schloss bildet auch eine Station der historischen *Bergbahn (1890), mit der es hinaufgeht zum Königstuhl mit dem traumhaften Panoramablick.

** **Schwetzingen** Ästhetischen Genuss bietet der schöne **Schlossgarten (18. Jahrhundert) beim kurfürstlichen Jagdschloss, ein Meisterwerk der barocken Gartenbaukunst mit hübschem Tempelchen, Badhaus (unbedingt innen besichtigen!), türkischer Moschee, Wasserspielen, Naturtheater und vielen Gartenskulpturen.

* **Neckargemünd** Fachwerk dominiert in romantisch verwinkelten Gassen im gut erhaltenen Kern der ehemaligen freien Reichsstadt das Erscheinungsbild. Rathausfassade und Karlstor setzen klassizistische Akzente.

* **Eberbach** Die einst bedeutende Schifferstadt am Neckar ist heute beliebter Kur- und

Von Dichtern vielbesungenes Sinnbild deutscher Romantik: Schlossruine von Heidelberg – hier der Glockenturm – hoch über dem Neckartal (oben)

TIPP++TIPP++

Schwetzinger Kulturfeste
Festspiele im Mai, wenn der Flieder blüht und der Spargel geerntet wird, Mozartfest im September und Schlosskonzerte vom Winter bis ins Frühjahr – Schwetzingen hat ein stattliches kulturelles Programm auf die Beine gestellt, das in den

barocken Anlagen eine geeignete Bühne findet.
Karten: Schwetzinger Zeitung, Carl-Theodor-Str. 1, Tel. 0 62 02/20 50

Baden-Württemberg

Das einstige Residenzstädtchen derer von Hohenlohe, die der ganzen Region (»Hohenloher Land«) ihren Namen gaben, wird vom Schloss (links) dominiert. Dessen Hauptsehenswürdigkeiten sind die Kapelle und

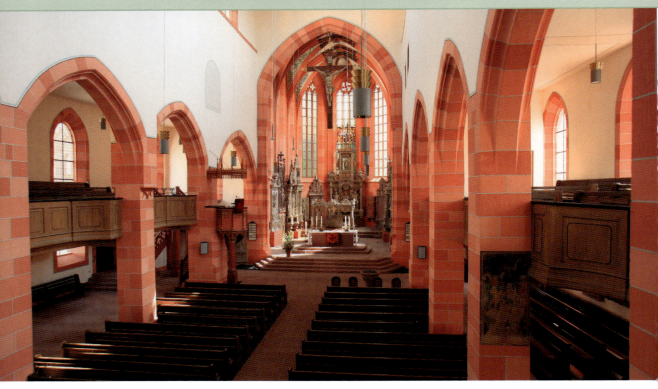

TIPP++TIPP++

Tauberfränkisches Landschaftsmuseum
Gegensätzliche zeitgeschichtliche Exponate sind im Kurmainzischen Schloss, ehemals Sitz des Mainzer Oberamtmanns, ausgestellt: sakrale Kunst, Möbel aus Renaissance, Barock und Biedermeier neben bäuerlichen Trachten und einer altsteinzeitlichen Sammlung.
Tauberbischofsheim,
Tel. 0 93 41/80 30, Palmsonntag bis 31. Okt. Di–Sa 14.30–16.30, So 10–12 und 14–16.30 Uhr

Schlossmuseum Neuenstein
Herzstück des Museums ist das Raritätenkabinett der Malerei, Goldschmiedekunst und Elfenbeinschnitzerei. Als besondere Attraktion gilt die spätmittelalterliche und voll funktionsfähige Schlossküche.
Neuenstein, 16. März–15. Nov. 9–12 und 13.30–18 Uhr,
Tel. 0 79 42/22 09 oder
0 79 41/6 09 90

Ferienort in reizvoller Lage. Ganz in der Nähe befindet sich der Katzenbuckel (626 Meter), die höchste Erhebung des Odenwalds. In der Altstadt lohne die Reste der Stadtmauer mit markanten Türmen, Fachwerkhäuser, das Alte Badhaus (jetzt Hotel), das Hotel »Karpfen« und das Gasthaus »Krabbenstein« mit bilderreichen Fassaden eine Besichtigung. In der Neurenaissancekirche Johannes Nepomuk findet sich eine der größten Kirchenorgeln Badens. Hoch über dem Ort ragt eine mächtige Stauferburg auf.

* **Buchen** Die Mariensäule von 1754 ist das Wahrzeichen des »Madonnenländchens« rund um Buchen, das den badischen und bayerischen Teil des Odenwaldes umfasst. Die Bezeichnung stammt von den Bildstöcken, die über das Land verteilt sind.

* **Eberstadter Tropfsteinhöhle** Die Entdeckung dieses Naturwunders verdankt sich dem Zufall: Bei Sprengarbeiten 1972 öffnete sich im Muschelkalkstein ein Spalt. Heute gehört die 600 Meter lange Schauhöhle – eine der größten Deutschlands – zu den Attraktionen des Odenwalds.

* **Walldürn** Am Rand des Odenwalds gelegen, ist Walldürn geistiger Mittelpunkt des Madonnenländchens und seit dem 14. Jahrhundert bedeutender Wallfahrtsort mit prachtvoller Barockkirche (um 1700). An die römischen Ursprünge erinnern freigelegte Thermen.

** **Wertheim** Mittelpunkt des altfränkischen Bilderbuchstädtchens am Main ist der Marktplatz mit den herrlichen Fachwerkhäusern, dem alten Rathaus samt ungewöhnlicher Doppel-Wendeltreppe und dem »Haus der vier Gekrönten« Einen Höhepunkt spätgotischer Baukunst stellt die **Kilianskapelle dar. Die pittoreske Burgruine über dem Städtchen bietet einen einzigartigen Blick auf den Zusammenfluss von Main und Tauber.

* **Tauberbischofsheim** Wo Bischof Bonifatius 735 das erste deutsche Frauenkloster gründete, befindet sich heute eine lebhafte Kreisstadt. In der Altstadt kann man Fachwerkhäuser, ein neugotisches Rathaus und eine neugotische Pfarrkirche mit gotischem *Marienaltar bewundern.

* **Königshofen** Der idyllische Ort mit den beiden sehenswerten spätgotischen Bauten »Goten« und »Hohes Haus« war 1525 Schauplatz einer folgenschweren Schlacht in den Bauernkriegen, in der rund 8000 Bauern von der Streit

Schloss Weikersheim

der Renaissanceflügel mit dem zweigeschossigen Rittersaal, in dem die außerordentlich kunstvolle Kassettendecke, Leinwandbilder mit Jagdszenen und lebensgroße Tierplastiken einen Eindruck von den Festsälen jener Zeit vermitteln. Nicht zuletzt wegen seines weitläufigen barocken Parks mit 50 steinernen ausdrucksvollen Statuen – Gnome, Gottheiten und Zwerge, Sinnbilder der Winde und der Elemente – wird das Renaissanceschloss auch »hohenlohisches Versailles« genannt. Die Orangerie bietet einen Blick auf die Steinriegelhänge des Taubertals. In direkter Nachbarschaft zum Schloss befindet sich der großzügige Marktplatz mit hübschem Rokokobrunnen. Außerdem sind der markante »Gänsturm« mit Museum sowie die Stadtkirche St. Georg eine Besichtigung wert. Renaissance und Barock sind allgegenwärtig in Weikersheim.

macht der Fürsten niedergemetzelt wurden.

* **Bad Mergentheim** An die 700-jährige Herrschaft des Deutschen Ordens erinnert das *Deutschordensschloss (1568 bis 1628), bis 1809 Residenz des Deutsch- und Hochmeisters, mit barocker Schlosskirche (1730– 1736) von Balthasar Neumann. Am *Marktplatz beeindrucken Fachwerkhäuser, noble Barockfassaden und ein exquisites Renaissance-Rathaus.

Stuppach Der Ortsteil von Bad Mergentheim birgt eines der bedeutendsten Werke spätgotischer Malerei: die sogenannte *Stuppacher Madonna (1517 bis 1519), die Mathias Grünewald für die Aschaffenburger Stiftskirche schuf.

* **Creglingen** Der beeindruckende **Marienaltar (1505) in der gotischen Herrgottskirche zählt zu den Hauptwerken Tilman Riemenschneider. Weitere Attraktionen sind der Faulturm – Beispiel des »Wohnungsbaus« um 1400, das Jüdische Museum, und das ungewöhnliche Fingerhutmuseum.

* **»Götzenburg« Jagsthausen** Die »Götzenburg« war seit 1370 Stammsitz der Ritter von Berlichingen. 1480 wurde der bekannteste Vertreter des Geschlechts hier geboren. Bei den sommerlichen Burgfestspielen wird natürlich laut applaudiert, wenn er endlich kommt – der berühmte Ausspruch des Götz von Berlichingen.

* **Kloster Schöntal** Die 1157 gegründete Zisterzienserabtei im idyllischen Jagsttal erhielt unter Abt Benedikt Knittel (1683–1732), dessen »Knittelverse« überall im Kloster zu finden sind, ein prunkvolles barockes Gesicht. Die Hauptse-

Deutschordensschloss in Bad Mergentheim

henswürdigkeiten sind die Ausstattung der Kirche, das Treppenhaus in der Neuen Abtei, sowie das Grabmal des Götz von Berlichingen im Kreuzgang.

* **Forchtenberg** Wie aus dem Bilderbuch erscheint das Weinbaustädtchen im Hohenlohekreis – mit Stadtmauer, Türmen und Toren, Burgruine und historischen Häuserzeilen. Das heutige Rathaus ist die Geburtsstätte von Sophie Scholl.

* **Schloss Neuenstein** Das hübsche, teilweise noch befestigte Städtchen wird dominiert von dem wohl schönsten Schloss derer von Hohenlohe, einer mächtigen Anlage mit Bauteilen aus Mittelalter, Renaissance und Barock.

Evangelische Stiftskirche von Wertheim im romanisch-gotischen Stil (oben links); Schloss Langenburg hoch über der Jagst (oben rechts)

DIE SCHÖNSTEN REISEZIELE 253

Baden-Württemberg

Schloss und Stadt tragen den Namen ihres Begründers Herzog Eberhard Ludwig von Württemberg, der sich Anfang des 18. Jahrhunderts den französischen Sonnenkönig Ludwig XIV. zum Vorbild nahm und sich eine

TIPP++TIPP++

Freilichtspiele Schwäbisch Hall
Als Bühne für das alljährliche Theaterspektakel im Sommer dient die Freitreppe der Kirche Sankt Michael. Zum traditionsreichen Festival gehört auch ein breit gefächertes Rahmenprogramm.
Freilichtspiele Schwäbisch Hall,
Am Markt 8, Tel. 07 91/75 13 07

Schiller-Nationalmuseum
Mit einem Museum ehrt Marbach Friedrich Schiller, der hier geboren wurde. Eine Sammlung von Dokumenten deutschsprachiger Literatur seit dem 18. Jahrhundert.
Marbach, Schillerhöhe 8–10,
Tel. 0 71 44/84 86 01,
tgl. 9–17 Uhr

Schäferlauf
Die Barfußrennen für abgehärtete Schäfer und Schäferinnen finden meist am letzten Augustwochenende statt. Bei dem erstmals 1443 erwähnten Spektakel werden Schäferkönig und -königin ermittelt.
Markgröningen, Marktplatz 1,
Tel. 0 71 45/1 30,
www.markgroeningen.de

* **Langenburg** Schon die fantastische Lage von Schloss und Stadt auf dem »langen Berge« über dem Jagsttal ist Grund genug für einen Besuch. Noch heute ist das Schloss der Wohnsitz der fürstlichen Familie zu Hohenlohe-Langenburg.

* **Vellberg** Zurück ins Mittelalter fühlt sich der Besucher im trutzig befestigten Bergstädtchen Vellberg versetzt, das auch »das kleine Rothenburg« genannt wird. Unbedingt besichtigen sollte man hier die umfangreiche, bestens erhaltene Befestigungsanlage, den Marktplatz mit spitzgiebeligen Fachwerkhäusern und das Schloss mit gotischer Kapelle.

** **Schwäbisch Hall** Durch ihre Solequellen war die einstige Salzsiederstadt Hall, die erst im 20. Jahrhundert den Zusatz »Schwäbisch« erhielt, reich und mächtig genug, um sich inmitten des Hohenloher Landes ihre Unabhängigkeit als Reichsstadt (seit 1280) zu erhalten. Die hier geprägte Silbermünze, der »Häller« oder »Heller«, zählte zu den bedeutendsten Währungen des deutschen Mittelalters. Es geht steil hinauf zum Marktplatz, der »guten Stube« der Stadt mit Giebelhäusern, Fachwerkbauten (besonders schön: das Widmann'sche Haus von 1561), gotischem Brunnen, Bürgertrinkstube und barockem Rathaus. Eine grandiose Freitreppe führt weiter hinauf zur *Michaelskirche, einem architektonischen Meisterwerk der Spätgotik (15./16. Jahrhundert). In einem Komplex historischer Bauten sind die naturkundlichen, volkskundlichen und historischen Sammlungen des *Hällisch-Fränkischen Museums untergebracht.

** **Bad Wimpfen** Die Silhouette der Altstadt, die als Gesamtensemble unter Denkmalschutz steht, sucht in Deutschland ihresgleichen. Ihre herausragenden Baudenkmäler sind die mittelalterliche *Kaiserpfalz mit Rotem und Blauem Turm, die Pfalzkapelle, das »Steinhaus«, Palas und Hohenstaufentor, die romanisch-gotische *Ritterstiftskirche St. Peter mit großartigem Figurenschmuck im Chor und an der Fassade.

Heilbronn In der Mulde am Neckar siedelten schon vor 30 000 Jahren Menschen. An die Zeit als mittelalterliche Reichsstadt erinnern viele Baudenkmäler wie die gotische Kilianskirche, das Renaissancerathaus mit der astronomischen Uhr (1580) und das »Käthchen-Haus«, wo das junge Mädchen gelebt haben soll, das Heinrich von Kleist als Vorbild für sein »Käthchen von Heilbronn« diente.

Von Fachwerkbauten geprägt: Schwäbisch Hall an der Kocher

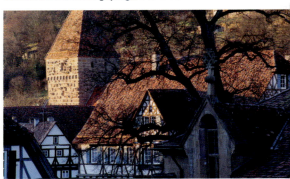

Besterhaltenes Kloster Deutschlands: Maulbronn

Region Stuttgart

Der mittlere Neckarraum mit der Landeshauptstadt Stuttgart ist die am dichtesten besiedelte Region von Baden-Württemberg. Trotzdem gibt es hier Weinberge, und die weiträumigen Waldgebiete von Schwäbischem Wald im Nordosten Stuttgarts und Schönbuch im Süden sind beliebte Naherholungsgebiete.

* **Lauffen am Neckar** Ein Idyll umgeben von Weinbergen! An Lauffens berühmtesten Sohn, den Dichter Friedrich Hölderlin (1770–1843), erinnert ein Denkmal im »Dörfle«, das am linken Neckarufer gegenüber dem »Städtle« liegt. Bedeutendstes Bauwerk ist die Kirche St. Regiswindis (13. und 16. Jahrhundert) mit dem ge

Ludwigsburg

neue Residenz weit vor den Toren seiner Hauptstadt erbaute. So entstand zwischen 1704 und 1733 das prachtvolle »schwäbische Versailles« im Stil des Barock: Schloss und Park Ludwigsburg (links), mit 18 Gebäuden und insgesamt 452 Räumen sowie 32 Hektar Park eine der größten Schlossanlagen Deutschlands. In der Barockgalerie werden über 150 ausgewählte Meisterwerke deutscher und italienischer Malerei des 17. und 18. Jahrhunderts ausgestellt. Auch die vom Landesmuseum Württemberg zur Verfügung gestellte Porzellan-, Fayence- und Keramiksammlung beeindruckt. Vervollständigt wird die Schlossanlage durch das anmutig verspielte Jagd- und Lustschloss Favorit (1717 bis 1723). Das 1709 als barocke Residenzstadt angelegte Ludwigsburg verfügt über einen von Arkaden gesäumten Marktplatz und zwei Barockkirchen.

drungenen Turm. Direkt daneben steht die gotische Regiswindiskapelle (13. Jahrhundert) mit dem Sarkophag der Ortsheiligen.

★ ★ Maulbronn Die im 12. Jahrhundert gegründete Zisterzienserabtei, nach 1556 evangelische Klosterschule mit berühmten Schülern wie Johannes Kepler, Friedrich Hölderlin und Hermann Hesse, seit 1983 UNESCO-Welterbe, ist nördlich der Alpen die am vollständigsten erhaltene Klosteranlage. Wie ein mittelalterliches Städtchen ist sie umgeben von einer Ringmauer, mit Wirtschafts- und Wohngebäuden, Herberge, Schmiede und Mühle. Das Zentrum bildet die romanische Basilika (1178). Ein Meisterwerk hochgotischer Baukunst ist der *Kapitelsaal an der Ostseite des Kreuzgangs.

★ Markgröningen Ein prächtigeres *Rathaus als dasjenige dieses Fachwerkstädtchens findet sich weit und breit nicht. Berühmt ist der Ort aber vor allem wegen des Schäferlaufs im August, des ältesten schwäbischen Volksfests.

★ ★ Marbach am Neckar Das Fachwerkhaus, in dem Friedrich Schiller 1759 geboren wurde, ist heute Gedenkstätte. Zum international renommierten *Deutschen Literaturarchiv Marbach gehört, neben dem Literaturmuseum der Moderne, das Schiller-Nationalmuseum. Herausragende Baudenkmäler des Orts sind die spätgotische *Alexanderkirche mit Deckenfresken des 15. Jahrhunderts und die mittelalterliche *Stadtburg am Burgplatz.

★ ★ Waiblingen Die Kreisstadt im Remstaler Rebland be-

Hoch über dem Neckar liegt Bad Wimpfen mit der doppeltürmigen Stadtkirche (rechts).

DIE SCHÖNSTEN REISEZIELE **255**

Baden-Württemberg

Gottlieb Daimler (links) wurde am 17. März 1834 in Schorndorf in Württemberg geboren. Obwohl sein Vater die Beamtenlaufbahn für ihn gewünscht hatte, entschied sich Gottlieb für ein Maschinenbaustudium

TIPP++TIPP++

Urwelt-Museum Hauff
Kinder sind vom Dinopark (das Freigelände mit den lebensgroßen Nachbildungen von Dinosauriern) begeistert. Nicht weniger spektakulär und dazu echt sind die Fossilien, die im Museum ausgestellt sind.
Holzmaden, Aichelberger Str. 90, Tel. 0 70 23/28 73,
Di–So 9–17 Uhr

Internationales Schattentheater Festival Schwäbisch Gmünd
Das weltweit einzige Festival für zeitgenössisches Schattenspiel macht Gmünd jeden Oktober zur »Hauptstadt des Schattentheaters«.
Kulturbüro Schwäbisch Gmünd, Waisenhausgasse 1–3,
Tel. 0 71 71/6 03 41 10

eindruckt mit prächtigem Fachwerk. Höhepunkte sind das Alte Rathaus mit Arkaden, mehrere Brunnen, der Beinsteiner Torturm und der Hochwachtturm.

Schorndorf Hier bezaubert ein anmutiger Marktplatz, der umbaut ist von Fachwerk- und Barockhäusern sowie einer bedeutenden spätgotischen *Stadtkirche (1477–1501) mit reich gegliedertem Chor und Renaissancekanzel.

* **Lorch** Wo Rätischer Limes und Limes transrhenanus aufeinandertrafen, lag im Tal der Rems ein Kastell. Zwei seiner Türme hat man in Lorch am ursprünglichen Ort wieder aufgebaut. Im hohen Mittelalter beherrschten die Staufer das Land. Gerade erst Herzöge von Schwaben geworden, begründeten sie 1102 in Lorch ihr Hauskloster. Es wurde in der Reformation säkularisiert und ist jetzt ein Altenheim. Besonders eindrucksvoll ist die gotische Pfeilerbasilika, die staufische Grablege, auf dem idyllischen ehemaligen Klostergelände.

** **Schwäbisch Gmünd**
Gmünd – das »Schwäbisch« kam erst 1934 dazu – war der erste Ort, dem die Staufer das Stadtrecht verliehen (vor 1152). Danach erlangten die Gmünder, die mit Tuchhandel und Herstellung von Sensen wohlhabend wurden, reichsstädtische Freiheiten. In dieser ersten Blütezeit entstanden der lang gestreckte *Marktplatz, die spätromanische Pfeilerbasilika *St. Johannes (1220–1250) und als wichtigste Sehenswürdigkeit das mächtige spätgotische **Heilig-Kreuz-Münster (1315 bis 1521), eine der größten Hallenkirchen Süddeutschlands mit herausragender Architekturplastik. Der Barockstil – glänzend vertreten mit dem *Neuen Rathaus (1760) und dem Marienbrunnen auf dem Marktplatz – kam in der zweiten Blütezeit im 17./18. Jahrhundert in die Stadt. Damals machten sich die Gmünder mit der Gold- und Silberschmiedekunst einen Namen.

* **Wäscherschloss** Das hoch gelegene Schloss in Wäscherbeuren, einst Sitz der Herren von Büren, der Ahnherren der Staufer, entstand zwischen 1200 und 1700 und gilt als besterhaltene und schönste Burganlage der Region. Auch die Aussicht ist fantastisch.

Göppingen Eine Industriestadt mit viel Geschichte! Auf dem Hohenstaufen (684 Meter) stehen noch die Ruinen der Stammburg des schwäbischen Kaisergeschlechts der Staufer. Die weiteren Sehenswürdigkeiten sind die *Oberhofenkirche (15. Jahrhundert) mit spätgotischer Schnitzkunst und einer authentischen Darstellung der Burg Hohenstaufen am Ende des 15. Jahrhunderts, das herzogliche Renaissanceschloss sowie die ehemalige *Stiftskirche, ein Meisterwerk spätroma

Gottlieb Daimler

am Stuttgarter Polytechnikum, das er 1859 abschloss. Daimler war vor allem ein genialer Motorenkonstrukteur. Seine Vision war ein leichter, leistungsfähiger Motor, der in Landfahrzeuge ebenso eingebaut werden konnte wie in Flugzeuge oder Boote. 1865 lernte Daimler Wilhelm Maybach in einem Reutlinger Waisenhaus kennen, wo Daimler die Werkstatt leitete und Maybach zum technischen Zeichner ausbildete. 1872 kam Maybach zur Gasmotorenfabrik Deutz, die mit Daimler als Leiter und Maybach als Konstrukteur Erfolg hatte. 1882 verließen beide Deutz und begannen in Cannstatt ihren eigenen Motor zu entwickeln, der bald patentiert wurde (ganz links: Versuchswerkstatt im Garten von Daimlers Villa in Cannstatt). Die erfolgreiche Zusammenarbeit (auch beim »Mercedes« genannten Rennwagen) hielt bis zu Daimlers Tod im Jahre 1900.

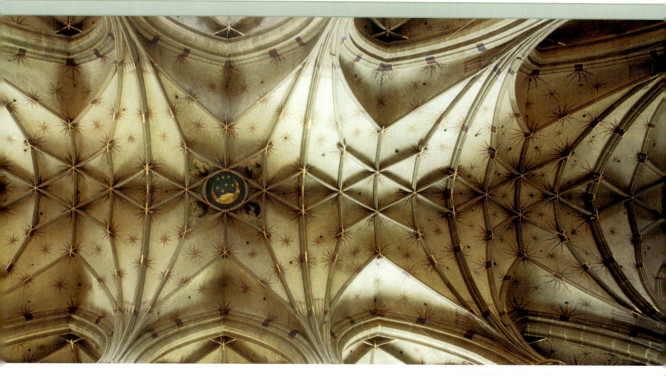

nischer Architektur mit reichem Fassadenschmuck und kostbaren Fresken (13. Jahrhundert).

* **Kirchheim unter Teck** Zwischen Neckar und Alb liegt das charmante Städtchen mit den altertümlichen Fachwerkhäusern. Hervorzuheben sind das prächtige Rathaus (1721–1724) und die spätgotische Martinskirche. Ihr Turm sowie das ebenfalls massiv wirkende Schloss (16. Jahrhundert) waren einst Teil der Stadtbefestigung.

** **Esslingen** Die alte Reichsstadt am Neckar blühte unter den Staufern durch den Handel. Eine Besichtigung wert sind die gotische *Stadtkirche St. Dionys (13. Jahrhundert) mit zwei unterschiedlichen Türmen, hochgotischem Chor und schönen Glasfenstern, die hochgotische Frauenkirche (14./15. Jahrhundert), der *Marktplatz mit Fachwerkhäusern (darunter das stattliche Kielmeyerhaus von 1582), das *Rathaus (ein herrlicher Fachwerkbau von etwa 1420, der 1589 eine noble Renaissancefassade erhielt), und die Pliensaubrücke (1286), eine der ältesten steinernen Brücken Deutschlands.

* **Stuttgart** Siehe Stadtplan Seite 258

* **Naturpark Schönbuch** Stuttgarts Naherholungsgebiet, ein geschlossenes Waldgebiet von 156 Quadratkilometern, das großteils Landschaftsschutzgebiet ist. Bedrohte Tier- und Pflanzenarten wie Feuersalamander und Schwarzspechte und heimische Orchideen haben hier ihre Heimat. Es dominieren Nadelwälder, aber auch die namensgebende Buche weiß sich zu behaupten.

Böblingen Malerisch liegt der alte Kern der Industriestadt auf einem Hügel. Das Deutsche Bauernkriegsmuseum in der Zehntscheuer erinnert an die blutige Schlacht 1525 bei Böblingen, die 3000 Aufständische das Leben kostete. Ein Kuriosum im Stadtwald sind die sogenannten Böblinger Pirschgänge, ein System von unterirdisch gemauerten Gängen, das Herzog Carl Alexander (1733–1737) anlegen ließ, um seiner Jagdleidenschaft auch bei schlechtem Wetter zu frönen.

* **Leonberg** Die erste Stadtgründung (1248) der Württemberger Grafen hat einen schön herausgeputzten Altstadtkern. Am Marktplatz mit dem Renaissancebrunnen dominiert das gotische Rathaus (1482) die anderen Fachwerkhäuser, deren ältestes das »Steinhaus« (13. Jahrhundert) ist. Hauptattraktion ist der in Terrassen angelegte *Pomeranzengarten am Schloss, ein nach Originalplänen rekonstruierter Renaissancegarten.

Benediktinerabtei in Lorch (oben links); Pfeilerbasilika St. Johannes in Schwäbisch-Gmünd (oben rechts)

Esslingen: Weinberg und Türme

DIE SCHÖNSTEN REISEZIELE **257**

Baden-Württemberg

Wer Schwarzwald denkt, denkt Bollenhut – doch die berühmten Frauenhüte gehören nur an einigen Orten zur traditionellen Tracht. Fast in jedem Tal variiert die Festtagsbekleidung, die auf den Stand des Trägers hinweist.

TIPP++TIPP++

Staatsgalerie
Freunde der Malerei des 20. Jahrhunderts zieht es in die 1977 bis 1983 durch einen modernen Anbau erweiterte Sammlung, doch auch Liebhaber der älteren Malerei und der Kunst schwäbischer Meister kommen hier auf ihre Kosten.
Stuttgart, Konrad-Adenauer-Str. 32, Tel. 07 11/2 12 40 50, Mi, Fr, Sa, So 10–17 Uhr, Di, Do 10–20 Uhr

Hermann Hesse-Museum
In neun Räumen werden Leben, Werk und Wirkung des Schriftstellers Hermann Hesse vorgestellt. Abwechselnde Sonderausstellungen zu verschiedenen Themenschwerpunkten sind im Foyer zu sehen.
Calw, Marktplatz 30, Tel. 0 70 51/75 22, Di–So 14–17 Uhr

Stuttgarter Weinfest
Die lange Weinbautradition der Region wird jedes Jahr zwei Wochen lang gefeiert. In über die Stadt verteilten gemütlich eingerichteten Weinlauben können über 200 Weine aus Württemberg verkostet und dazu schwäbische Gerichte probiert werden.
Pro Stuttgart Verkehrsverein, Lautenschlagerstr. 3, Tel. 07 11/29 50 10, Ende Aug./Anf. Sept.

Enzauenpark Pforzheim
In dem 38 Hektar großen Freizeitpark gibt es einen bei Kindern sehr beliebten Wasserspielplatz, den Spiel- und Bewegungsweg, einen Spielpark – und einen großen Biergarten.
Pforzheim, Hohwiesenweg

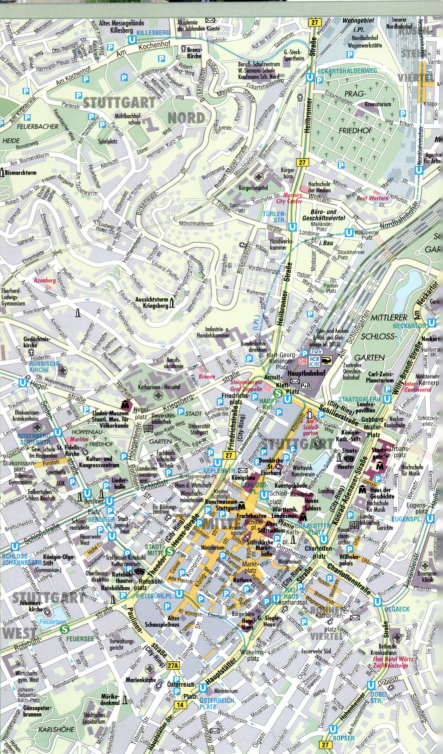

Schwarzwälder Trachten

So schmücken sich in Gutach, Reichenbach und Kirnbach nur unverheiratete Frauen mit den roten Bollen – nach Verehelichung wechselt die Farbe ins Schwarze. Zur Tracht gehören auch Blusen, Mieder und Röcke, deren Form und Farbe exakt festgeschrieben sind. So trägt die Frau im Markgräfler Land zur »Chappi«, einer mit Schleife umwickelten Flügelhaube aus Draht, ein schwarzes Kleid mit weißem Tuch. Im Schuttertal wird zu Festtagen eine Goldhaube aufgesetzt. In St. Märgen und andernorts tragen unverheiratete Frauen einen Strohhut. Zur Hochzeit gehört das »Schäppel«, eine imposante Hutkonstruktion aus Draht, mit einem roten Band umwickelt und verziert mit Perlensträußchen, sodass es funkelt und glitzert wie eine Marienkrone (links). Die Trachten sind religiösen Ursprungs und entstanden erst im 17. und 18. Jahrhundert.

Stuttgart

Württembergische Residenzstadt und seit 1952 Landeshauptstadt, boomende Wirtschaftsmetropole und lebendige Kulturstadt – Stuttgart hat viele Gesichter.

Der Wein wächst üppig bis vor die »Haustür«. Vom 217 Meter hohen Fernsehturm aus – 1954 als erster Fernsehturm Deutschlands erbaut – verschafft man sich einen ersten Überblick. Besonders sehenswert sind der *Schlossplatz mit Neuem Schloss (1746 bis 1806) im Stil von Spätbarock und Klassizismus, das Alte Schloss (Württembergisches Landesmuseum) im Renaissancestil mit schönem Arkadenhof, die doppeltürmige gotische *Stiftskirche mit Apostelor (15. Jahrhundert), Standbildern württembergischer Grafen (um 1580) und Grablege des gräflichen Grünerpaars (13. Jahrhundert), die denkmalgeschützte Markthalle im Jugendstil auf dem Killesberg, die Weißenhofsiedlung, in den 20er-Jahren als Mustersiedlung zeitgemäßen Wohnungsbaus erbaut, und auf

Maurisches Schlösschen in der Wilhelma und Schiller-Denkmal

den westlichen Anhöhen *Schloss Solitude, ein Rokoko-Lustschloss. Als Höhepunkte der Stuttgarter Museumslandschaft gelten der aufsehenerregende gläserne Kubus des **Kunstmuseums mit den städtischen Kunstsammlungen, der Museumskomplex Alte und **Neue Staatsgalerie mit europäischer Kunst des 14. bis 20. Jahrhunderts, das *Linden-Museum, ein vorzüglich gestaltetes Völkerkundemuseum, die **Wilhelma, Deutschlands einziger Tier- und Botanischer Garten, und die *Mercedes-Benz Welt in Untertürkheim, ein Automuseum mit spektakulärer Architektur.

Schwarzwald

Das höchste Mittelgebirge Süddeutschlands und eines der letzten großen Waldgebiete Deutschlands erstreckt sich gut 150 Kilometer entlang der Oberrheinischen Tiefebene, die es vom Rhein trennt. Typisch für den Schwarzwald sind tief eingeschnittene Täler, die sich oft zu wildromantischen Schluchten verengen, und die bewaldeten Bergkuppen.

*Weil der Stadt Wo der Schwarzwald im Nordosten beginnt, liegt das zauberhafte Städtchen Weil mit der mittelalterlichen Befestigungsanlage. Auf dem schönen Marktplatz steht das Denkmal für den größten Sohn der Stadt, den Astronomen Johannes Kepler (1571–1630). Sein Geburtshaus ist heute als Museum eingerichtet. Den Stadtteil Merklingen besucht man wegen der *Kirchenburg, die zu den schönsten und besterhaltenen mittelalterlichen Wehrkirchenanlagen Württembergs gehört.

*Calw Die »Calwer Ware«, vor allem Tuchwaren und Leder, war einst in halb Europa begehrt. Viel Geld floss in die Stadt an der Nagold, das deren Bürger in prächtige Baulichkeiten investierten. Rund um den malerischen *Marktplatz mit Brunnen und stattlichem Rathaus (beide 17. Jahrhundert) stehen schmucke Fachwerkhäuser. In einem von ihnen wurde 1877 Hermann Hesse geboren (heute Hesse-Museum).

**Kloster Hirsau Das um 830 gegründete Benediktinerkloster trug entscheidend zur Besiedelung und Kultivierung des Schwarzwalds bei und gab im 11. Jahrhundert mit seiner Klosterreform wichtige Impulse für das geistliche Leben in Mitteleuropa. Von der einstigen Größe der 1692 zerstörten Anlage zeugen noch der romanische *Eulenturm und Teile der Aureliuskirche (1071 geweiht).

***Naturpark Schwarzwald Mitte/Nord Der mit 375 000 Hektar größte deutsche Naturpark umfasst die zentralen Gebiete des Schwarzwalds ohne den südlichen Hochschwarzwald. Die typischen Naturlandschaften sind Hochwälder und Moore, Karseen – die »Augen« des Schwarzwalds –, aber auch Feucht- und Nasswiesen in den Tälern.

Pforzheim Mit dem *Schmuckmuseum setzt die Gold-, Uhren- und Schmuckstadt europäische Standards. Dieses weltweit einzigartige Spezialmuseum präsentiert Schmuck aus fünf Jahrtausenden mit 2000 Exponaten aus aller Welt.

*Karlsruhe Der Name geht zurück auf den Stadtgründer Markgraf Karl Wilhelm von Baden-Durlach, der 1715 seine Residenz hierher verlegte und seine barocke *Schlossanlage mit dem massiven Schlossturm auch gleich zum »strahlenden« Mittelpunkt der neuen Stadt machte. In der Mitte des Marktplatzes markiert eine rote Sandstein-Pyramide (1825–1825)

Schloss Karlsruhe, heute Sitz des Badischen Landesmuseums

DIE SCHÖNSTEN REISEZIELE 259

Wer zum Kuckuck hatte bloß diese geniale Idee? Die Schwarzwälder Uhr ist ein weltbekanntes Identifikationsmerkmal und darüber hinaus hochprofitables Exportgut des Schwarzwalds. Wie viele gute Einfälle wurde sie

Schwarzwälder Uhren

einst aus der Not geboren: Um ihr karges Einkommen zu verbessern, beschäftigten sich Schwarzwälder Bauern schon vor 400 Jahren in den langen Wintermonaten mit dem Uhrenbau. Bis auf wenige Drähte bestanden ihre Produkte nur aus Holz, waren aber sehr widerstandsfähig. Zu Beginn des 19. Jahrhunderts exportierte die Region jedes Jahr bis zu 200 000 Uhren nach ganz Europa. Aus der Saisonarbeit wurde bald Vollerwerb, besonders in Furtwangen und Triberg entstanden zahlreiche Uhrmacherbetriebe. Wann genau der Kuckuck in die Uhr flog, ist unbekannt – sein Häuschen jedenfalls erhielt er 1850, als der Entwurf des Architekten Friedrich Eisenlohr in einem öffentlichen Wettbewerb gekürt wurde. Die »Bahnhäusleuhr« schrieb Erfolgsgeschichte – in den besten Zeiten wurden im Schwarzwald jährlich bis zu 60 Millionen Uhren gebaut.

Baden-Württemberg

Marlene Dietrich soll es als schönstes Kasino der Welt bezeichnet haben. Wir wissen zwar nicht, wie viele Casinos die Dietrich im Laufe ihre Karriere bespielte, aber dass man sein Geld kaum stilvoller aus

TIPP++TIPP++

Museum Frieder Burda
Die Schwerpunkte im über 800 Gemälde, Grafiken, Skulpturen und Objekte bergenden Museum mit direkter Anbindung an die Staatliche Kunsthalle Baden-Baden liegen auf der klassischen Moderne und der zeitgenössischen Kunst. Die Sammlung umfasst neben Bildern des späten Picasso auch Werke amerikanischer Künstler des abstrakten Expressionismus.
Baden-Baden, Lichtentaler Allee 8 b, Tel. 0 72 21/39 89 80, www.sammlung-frieder-burda.de, Di–So 10–18 Uhr

die darunter gelegene Gruft des Markgrafen. Höhepunkte der Karlsruher Museumslandschaft sind die **Staatliche Kunsthalle und das *Badische Landesmuseum im Schloss.

Ettlingen Prächtigstes Gebäude des hübschen alten Städtchens ist das markgräfliche *Schloss (16.–18. Jahrhundert) mit der von Cosmas Damian Asam 1732 ausgemalten Schlosskapelle (»Asamsaal«). Das *Museum für Ostasiatische Kunst im Schloss zeigt großartige historische Lackarbeiten.

Rastatt und **Schloss Favorit
Markgraf Ludwig Wilhelm, besser als »Türkenlouis« bekannt, war Bauherr des imposanten hufeisenförmigen *Schlosses, um 1700 als erster deutscher Barockbau im Stil von Versailles entstanden. Die markgräfliche Sommerresidenz **Favorit in Rastatt-Förch, die die junge Witwe des »Türkenlouis« für sich und den kleinen Kronprinzen erbauen ließ (1710–1712), ist ein Barockschloss wie aus dem Bilderbuch.

Wandelgang in der Neuen Trinkhalle von Baden-Baden

** **Baden-Baden** Was Rang und Namen hatte im 19. Jahrhundert, eilte zur Kur nach Baden-Baden: gekrönte Häupter, gefeierte Künstler – und Spieler. Das **Spielcasino, 1838 gegründet und 1853 verschwenderisch im neubarocken Stil ausgestattet, ist die älteste Spielbank Deutschlands. Es gehört zum klassizistischen Kurhaus (1821–1824), an das sich die säulengeschmückte Trinkhalle (1839–1842) und der noble Kurgarten anschließen. In den restaurierten *Römischen Badruinen hat man schon in der Antike gekurt. Die jüngste Attraktion von Baden-Baden ist die *Sammlung Frieder Burda mit Malerei der klassischen Moderne. Der schönste Blick auf die Kurstadt an der Oos bietet sich vom 668 Meter hohen Mer-

Casino Baden-Baden

dem Fenster werfen kann als in Baden-Baden, glauben wir gern. Roulette und Karten sind hier schon lange zu Hause; bereits 1748 wird konzessioniertes Glücksspiel in Baden-Baden erwähnt. 1809 wurde das Casino eröffnet, damals hatte es allerdings seinen Platz im Konversationshaus, dem heutigen Rathaus. 15 Jahre später wurde das heutige Kurhaus eröffnet. Prunkstücke des durch und durch üppigen Interieurs sind noch heute der Rote Saal (ganz links) und der Weiße Saal, die den Stil des Schlosses von Versailles zitieren. 1837 schließen die Pariser Kasinos, und damit beginnt die große Zeit der deutschen Spielbanken in Bad Homburg, Wiesbaden und Baden-Baden. Abend für Abend kommen reiche Dandys aus aller Welt, um den Nervenkitzel beim Tanz der Roulettekugel zu erleben. Tagsüber trifft man sich im Kurpark, nachts am Spieltisch.

Zeugnis des Absolutismus: Barockschloss Rastatt

Klosterkirche St. Marien in Gengenbach

kur, Baden-Badens Hausberg, auf den eine Standseilbahn führt.

* **Sasbachwalden** Die wahre Postkartenidylle mit reichlich Fachwerk ist blitzsauber herausgeputzt. Schon zweimal wurde der von Weinbergen umgebene Winzerort zwischen Rheinebene und Hornisgrinde (1164 Meter) zum schönsten Dorf Deutschlands gekürt. Der berühmteste Tropfen der Gegend ist der Spätburgunder »Alde Gott«.

* **Grindenlandschaft** Weiträumige Naturschutzgebiete erstrecken sich entlang der Teilroute der Schwarzwald-Hochstraßen zwischen Hornisgrinde (1164 Meter) und Kniebis (971 Meter), etwa um den *Schliffkopf (1055 Meter). Landschaftsprägend sind hier die Grinden: jahrhundertelang Hochweide für das Vieh im Sommer, sind sie heute schützenswerte Feuchtheiden.

** **Gengenbach** Im denkmalgeschützten Kern der ehemaligen freien Reichsstadt fühlt man sich in alte Zeiten versetzt, besonders in der von Fachwerkhäusern gesäumten *Engelgasse und am Marktplatz mit dem hübschen Brunnen und dem klassizistischen Rathaus. Weitere Sehenswürdigkeiten sind die Marienkirche im Hirsauer Stil (12. Jahrhundert), der Kinzigtorturm (13. Jahrhundert) und das historische Färberhaus.

* **Baiersbronn** Die idyllische Lage in waldreichem Gebiet macht die weit verstreuten Gemeindeteile von Baiersbronn zum vielbesuchten Ferienparadies. Gleich drei »Sterne-

Als Sommerresidenz diente Schloss Favorite bei Rastatt der Witwe des Türkenlouis (oben).

Baden-Württemberg

Überall im Schwarzwald sind sie noch zu finden: die typischen Schwarzwaldbauernhöfe – gewaltige Holzhäuser in unverwechselbarer Bauweise. Wer einmal dem Schwarzwaldbauern direkt in die gute Stube

Köche« ließen die Region außerdem zum Mekka der Gourmets werden.

* **Freudenstadt** Das Zentrum des Nordschwarzwalds wartet auf mit dem größten *Marktplatz Deutschlands – seit dem 17. Jahrhundert das Herz der planmäßig angelegten Barockstadt –, malerischen Arkaden und einer ungewöhnlichen Stadtkirche (1601–1608), die über zwei im Winkel aneinandergebaute Schiffe verfügt. Darin besonders sehenswert sind der Taufstein (um 1100) und das Lesepult (um 1150).

* **Alpirsbach** Genau wie vor 900 Jahren, als sich die Benediktiner in der Wildnis des Schwarzwalds ansiedelten, bestimmt das Kloster den Charakter des Ortes. Die Highlights sind der romanische Torturm (1099), die im strengen Hirsauer Stil errichtete *Nikolauskirche (geweiht 1128) und der *spätgotische Kreuzgang.

** **Schiltach** Unter den vielen schönen Fachwerkorten des Schwarzwalds ist Schiltach wohl einer der schönsten. Ein wunderschönes historisches Ensemble stellt der *Marktplatz mit bemaltem Rathaus (1593), Marktbrunnen und Ratsapotheke (Museum) dar.

** **Triberger Wasserfälle** Vieles verdankt Triberg der Gutach. Auf seinem verschlungenen Weg nach Nordwesten stürzt das Flüsschen auf Höhe des Städtchens über sieben Stufen insgesamt 163 Meter in die Tiefe. Das geschieht so dramatisch über klobige Granitfelsen und in grüner Waldeinsamkeit, dass schon vor über 200 Jahren Menschen von weither kamen, um sich das Spektakel anzusehen. Die Kraft des Wassers wurde bereits im Mittelalter mit unzähligen Mühlen genutzt. Seit 1884 gibt es ein Kraftwerk, das Triberg als erster Stadt Deutschlands eine elektrische Straßenbeleuchtung ermöglichte.

* **Ettenheim** Im Kern des denkmalgeschützten Städtchens am Rand der Rheinebene dominiert neben Fachwerk

Vogtsbauernhof Gutachtal

schauen will, der besuche den Vogtsbauernhof im Gutachtal (links). In dem Freilichtmuseum stehen 27 historische Haupt- und Nebengebäude aus dem gesamten Mittelgebirge. Viele sind mehrere hundert Jahre alt, gleichwohl perfekt erhalten. Kern der Ausstellung ist der Vogtsbauernhof, der 1612 erbaute Wohnsitz des Gutacher Talvogts. Darin entstand 1963 das Museum, nach und nach kamen weitere Höfe dazu, die an ihren Standorten abgebaut und im Gutachtal wiedererrichtet wurden. Mühlen und Arbeitsgeräte zeugen vom einst harten Alltag, Wohnräume von den Bräuchen der Menschen, die in den letzten 400 Jahren im Schwarzwald gelebt haben. Von dort stammt übrigens noch eine weitere Schwarzwälder Berühmtheit: der Bollenhut, Teil der Gutachtaler Tracht, inzwischen weltweit das Markenzeichen des Schwarzwalds.

häusern der Barockstil. Im 18. Jahrhundert entstanden die prächtige Barockkirche mit dreiläufigen Treppenanlage und das repräsentative Ichtratzheim'sche Haus. Das fürstbischöfliche Schloss stammt aus dem 16. Jahrhundert.

* **Burkheim** Das Weinstädtchen am Kaiserstuhl ist für sein prächtiges Fachwerk berühmt. Außerdem lohnen das Renaissancerathaus (um 1600), der Torturm (18. Jahrhundert) und die mittelalterliche Burgruine eine Besichtigung.

* **Kaiserstuhl** Der Gebirgsstock zwischen Rhein und Schwarzwald zählt zu den traditionsreichsten deutschen Weinlagen. Zu verdanken hat er dies fruchtbaren Lössböden und einem sehr milden Klima.

* **Breisach am Rhein** Wegen ihrer strategischen und politischen Bedeutung immer wieder heiß umkämpft, wurde die Stadt seit ihrer Gründung um 1200 mehrmals schwer zerstört. Am höchsten Punkt thront das gotische *Münster mit dem berühmten dreiflügeligen, aus Lindenholz gefertigten **Hochaltar (1526).

** **Freiburg im Breisgau** Die herrliche Lage zwischen Kaiserstuhl und Schwarzwald, das milde Klima, viel Geschichte in alten Mauern und modernes studentisches Leben – all das macht das bald 1000 Jahre alte Freiburg zu einer der schönsten Städte in Süddeutschland. Bedeutendstes Baudenkmal ist das **Münster Unserer Lieben Frau (um 1200–1513), ein Meisterwerk der deutschen Gotik mit berühmtem, 116 Meter hohem Turm und figurenreicher Fassade. Im Inneren zu beachten sind das *Hochaltarbild (1512–1516) von Hans Baldung Grien, das Altarbild (um 1521) von Hans Holbein d. J. in der Universitätskapelle und die Glasgemälde im Chor (16. Jahrhundert). Die prächtigsten Bauten am *Münsterplatz sind das rote historische *Kaufhaus (1532) und das barocke *Wentzingerhaus (18. Jahrhundert). Rund um den belebten Rathausplatz gilt es das spätgotische *Alte Rathaus, das *Neue Rathaus (um 1900) mit dem Glockenspiel und das malerische rote *Haus zum Walfisch (1516) zu bewundern. Ein lohnender Ausflug führt hinauf zum **Schauinsland (1284 Meter), dem Freiburger Hausberg mit traumhafter Aussicht bis zu den Vogesen und dem interessanten *Museumsbergwerk.

** **Höllental** Östlich von Freiburg präsentiert sich eines der imposantesten Schwarzwaldtäler, mit Schluchten, Engpässen (»Hirschsprung«) und steil aufragenden Felshängen.

Furtwangen Rund 5000 teils einzigartige Zeitmesser – von der Sonnenuhr bis zur Atomuhr – zeigt das **Deutsche Uhrenmuseum. Selbstverständlich dürfen auch die Schwarzwälder Kuckucksuhren nicht fehlen.

Triberger Wasserfälle (links); Münster St. Stephan in Breisach (oben links); Schwabentor und Münster in Freiburg im Breisgau (oben rechts)

TIPP++TIPP++

Naturerlebnispark Mundenhof
Zwergziegen aus Ungarn, Affen aus Asien und Lamas aus Südamerika sind nur einige der Haus- und Nutztierarten aus aller Herren Länder, die seit 1968 im Tiergehege des Naturerlebnisparks leben.
Freiburg, Mundenhof 37,
Tel. 07 61/2 01 65 80,
ganzjährig geöffnet

Archäologisches Museum
Im neogotischen Colombischlössle kann man Funde und Kunstschätze von der Steinzeit bis zum Mittelalter bestaunen, darunter die ältesten figürlichen Darstellungen Südbadens.
Freiburg, Rotteckring 5,
Tel. 07 61/2 01 25 74,
www.museen.freiburg.de,
Di–So 10–17, jeden ersten Mi im Monat 10–22 Uhr

Eigentlich heißt es »Fasnet«, keinesfalls aber Fastnacht, Fasching oder gar Karneval, wenn von der schwäbisch-alemannischen »Fasnacht« die Rede ist. Im Gegensatz zum Narrentreiben in Mainz, Köln oder Düsseldorf, das als eine Art Protest gegen die französische Besatzung unter Napoleon entstand, ist die Fasnet heidnischen Ursprungs. Volkskundler glauben, dass sie auf vorchristliche Vegetationskulte zurückgeht, die

»Fasnet«

wachstumsfeindliche Dämonen abwehren und die guten Geister des Frühjahrs anlocken sollten. So richtig lustig sehen denn auch die meisten Masken und Kostüme nicht aus, sondern eher zum Fürchten. Das Narrentreiben hat ein strenges Ritual, über das die Narrenzünfte wachen. Unabdingbar sind das Narrenkleid (»Häs«) und die Gesichtsmaske (»Scheme«). Furchterregend kommen auch die Hexen mit bitterböser Maskenmimik und langem Besenstil daher. Andere Narren schlagen (schnellen) mit überlangen Peitschen (Karbatschen) oder machen mit hölzernen Ratschen und Klappern sowie Metallschellen einen ohrenbetäubenden Krach. Fast jedes Städtchen Badens und Oberschwabens hat ein eigenes Narrentreiben – das traditionellste dürfte das in Rottweil sein. Da dabei auch reichlich Alkohol fließt, wird auf Teufel komm raus geflirtet.

DIE SCHÖNSTEN REISEZIELE

Baden-Württemberg

Abendstimmung am Titisee

Dom von St. Blasien mit mächtigem Kuppelbau

* **Villingen-Schwennigen** Viel historische Substanz weist das im 11. Jahrhundert auf kreuzförmigem Grundriss angelegte Villingen auf. Besonders ehenswert sind das spätgotische Münster, davor der moderne Münsterbrunnen (1992) sowie das spätgotische Alte Rathaus (1534). In Schwennigen – einstmals weltgrößte Uhrenstadt – macht das *Uhrenindustriemuseum in der ältesten Uhrenfabrik Württembergs (gegründet 1855) Industriegeschichte erlebbar.

* **Donaueschingen** Wenn sich hier nicht gerade die Welt der zeitgenössischen E-Musik zu den Donaueschinger Musiktagen trifft, steht in der Stadt am Ursprung der Donau das mächtige *Schloss (18./19. Jahrhundert) der Fürsten zu Fürstenberg im Zentrum der Aufmerksamkeit. Es beherbergt heute naturkundliche *Sammlungen.

* **Wutachschlucht** Der imposante Canyon der wild schäumenden Wutach steht unter Naturschutz und ist Heimat von mehr als 1200 Pflanzenarten.

** **Titisee** Der größte natürliche See des Schwarzwalds liegt zauberhaft eingebettet zwischen den Waldhängen von **Feldberg und Hochfirst. Am Ufer liegt der gleichnamige Ortsteil des Heilbads und Wintersportzentrums Titisee-Neustadt.

* **Staufen im Breisgau** Die historischen Giebelhäuser von Staufen geben ein malerisches Stadtbild ab. Sie werden von Weinbergen umrahmt, die unter der staufischen Burgruine noch wie in alter Zeit in Parzellen angelegt sind. Zu besonderer Berühmtheit ist das »Gasthaus zum Löwen« gelangt: Hier soll der Alchimist und Magier Doctor Faustus bei einem chemischen Experiment 1539 zu Tode gekommen sein.

Weil am Rhein

Spötter empfahlen bereits, man möge die Weintraube im Wappen durch einen Stuhl ersetzen – doch die »Stadt der Stühle«, wie Weil am Rhein sich selbst gern bezeichnet, bleibt heraldisch vorerst ihrer großen Vergangenheit als Winzerort verpflichtet. Die Zukunft indes gehört dem Design. Der 1950 gegründete Möbelhersteller Vitra hat den einstigen Stammsitz in eine riesige Designschau verwandelt, die Stararchitekten aus der ganzen Welt anzieht. In den 1980er-Jahren entstanden Fabrikhallen des Engländers Nicholas Grimshaw, kurz darauf eröffnete das Vitra Design Museum (links), dessen expressionistisch-zerklüftetes Gebäude Frank O. Gehry entwarf. Die Werksfeuerwehr wiederum residiert seit 1993 in der dekonstruktivistischen »Firestation« Zaha Hadids, und der Franzose Jean Prouvé schließlich schuf hier eine Tankstelle.

★★ Belchen Ein Berg wie aus dem Bilderbuch: Vom Münstertal geht der Steilhang des Belchen ohne Unterbrechung rund 1000 Meter aufwärts, sein Gipfel liegt auf 1414 Metern Meereshöhe. Dass es noch weitere Berge dieses Namens gibt, inspiriert vor allem Esoteriker. Gestützt auf die Annahme, dass der Name auf den keltischen Sonnengott Belenus zurückgeht, glauben sie an ein riesiges Sonnenobservatorium, das aus dem Dreieck des Schwarzwälder Belchen mit seinen Namensvettern in den Vogesen und im Schweizer Jura gebildet wird.

★ St. Blasien Bedeutendste Sehenswürdigkeit des gepflegten Kurorts am Rand des Feldbergmassivs ist der frühklassizistische *Dom (1768–1783) der einstigen Fürstabtei St. Blasien, einer der größten Kirchenkuppelbauten Europas. Die 36 Meter hohe, leuchtend weiße Innenkuppel ruht auf 20 korinthischen Säulen.

★ Präg Das denkmalgeschützte Dorf, ein Ortsteil von Todtnau, bietet Gelegenheit, noch echte alte Schwarzwälder Häuser zu bestaunen.

★ Markgräfler Land Den südwestlichen Zipfel des Schwarzwalds, eine anmutige Hügellandschaft mit Weinbergen, Obstgärten und lichten Laubwäldern, hat Goethe zu Recht »eine liebliche Heimat« genannt. Kulturelle Highlights sind das Wasserschloss Entenstein in Schliengen oder das Markgräfler Museum Müllheim, das im Blankenhorn-Palais liegt und den Wohnstil gutsituierter Familien im 18. und 19. Jahrhundert zeigt.

★ Bad Säckingen Den Kurort am Hochrhein, über die längste gedeckte Holzbrücke Europas (200 Meter) mit dem Schweizer Ufer verbunden, kennt man durch den Roman »Der Trompeter von Säckingen«, dessen Schauplatz, das hübsche »Trompeterschlösschen« Schönau, eine einzigartige Trompetensammlung beherbergt. Weithin sichtbar sind die Türme des gotischen *Fridolinmünsters mit kostbarer Barockausstattung.

★ Waldshut-Tiengen Am Fuß des südlichen Schwarzwalds liegt das Städtchen Waldshut. Die beiden mittelalterlichen Stadttore begrenzen die bestens erhaltene Altstadt mit ihren historischen Bürgerhäusern (16.–18. Jahrhundert), deren Fassaden teilweise opulent bemalt sind, und dem barocken Rathaus. Bemerkenswerte Baudenkmäler hat auch das über 1000 Jahre alte Tiengen aufzuweisen. Wahrzeichen ist der malerische Storchenturm (13. und 15. Jahrhundert). Die barocke *Marienkirche (18. Jahrhundert) zählt zu den gelungensten Schöpfungen der Vorarlberger Bauschule in dieser Region.

Blick vom 1414 Meter hohen Belchen nach Süden mit den Westalpen am Horizont (oben)

TIPP++TIPP++

Fürstenbergische Sammlungen
In dem Museum findet man neben Ausstellungsstücken zur Geschichte und Kultur des Hauses Fürstenberg auch eine naturkundliche Abteilung mit Fossilien, Mineralien und zoologischen Exponaten.
Donaueschingen, Am Karlsplatz 7, Tel. 07 71/8 65 63, Apr.–Nov. Di–Sa 10–13 und 14–17 Uhr, So 10–17 Uhr

Trompetenmuseum
International renommierte Sammlung, die fünf Jahrhunderte Trompetenkunst dokumentiert. Einige der ausgestellten Instrumente stammen von berühmten Trompetern, eine ist sogar aus Glas gefertigt. Das älteste in der bekannten Trompetenstadt präsentierte Instrument wurde übrigens im Jahr 1664 hergestellt.
Bad Säckingen, Trompeterschloss, Tel. 0 77 61/22 17, www.trompetenmuseum.de, Di, Do, So 14–17 Uhr

Baden-Württemberg

Die Pfahlbauten bei Unteruhldingen waren bereits vor der ihnen gegenüberliegenden Insel Mainau eine frühe Touristenattraktion am Bodensee. Das erste Dorf (links) wurde in den 20er- und 30er-Jahren aufge-

TIPP++TIPP++

Mühlenweg Oberschwaben
Viele der über 100 Mühlen an der Strecke sind noch in Betrieb, von denen einige (nach Voranmeldung) auch von innen besichtigt werden können. Manche sind zu Museen ausgebaut, andere bieten Gastronomie oder ein Bad im Mühlweiher an.
Bad Schussenried, Klosterhof 1, Tel. 0 75 83/33 10 60

Neues Schloss Meersburg
Im Fürstbischöflichen Schlossmuseum sind die einstigen Wohn- und Repräsentationsräume zu besichtigen. Prächtige Möbel und Gemälde zeugen von fürstlichem Glanz. Im Spiegelsaal finden jährlich die Internationalen Schlosskonzerte statt.
Meersburg, Schlossplatz 12, Tel. 0 75 32/44 04 00, Apr.–Okt. 10–13 und 14–18 Uhr

Burgmuseum Meersburg
Das Alte Schloss gilt als die älteste bewohnte Burg Deutschlands. Der Sage nach stammt die von der Besit-

zerfamilie bewohnte Anlage aus dem 7. Jahrhundert. Sie ist ein Wahrzeichen der Bodenseeregion. Die historischen Räume sowie das Sterbezimmer von Annette von Droste-Hülshoff können besichtigt werden.
Meersburg, Schlossplatz 10, Tel. 0 75 32/8 00 00, www.burg-meersburg.de, März–Okt. 9–18.30 Uhr, Nov.–Feb. 10–18 Uhr

Oberschwaben mit Bodensee und Westallgäu

Oberschwaben ist Alpenvorland, eine hügelige, ländliche Region mit schönen Baudenkmälern. Es wird im Nordwesten begrenzt von der Donau, im Osten von der Iller. Im Süden liegt das »Schwäbische Meer«, der Bodensee, im Südosten schließt sich der württembergische Teil des Westallgäus an.

** Konstanz Nicht von ungefähr heißt der Bodensee auf Englisch Lake Constance, denn Konstanz ist nicht nur die größte Stadt an seinen Ufern, sondern auch die geschichtlich bedeutendste. Seit dem frühen Mittelalter Bischofssitz, seit der Stauferzeit Reichsstadt, zu Anfang des 15. Jahrhunderts Schauplatz eines bedeutenden Konzils, heute moderne Universitätsstadt mit bestens erhaltener Altstadt – das Ganze in wunderschöner Lage am Seerhein zwischen Obersee und Untersee. Hauptsehenswürdigkeiten sind der *Münsterplatz mit dem **Münster (11., 15. und 17. Jahrhundert) und das mächtige *»Konzilgebäude« am Hafen, in dem während des Konstanzer Konzils 1417 eine Papstwahl stattfand.

** Insel Mainau Die kleine, nur 45 Hektar große Insel im Überlinger See, dem nach Nordwesten weisenden Arm des Bodensees, ist ein riesiger botanischer Garten. Dessen ältester Teil ist das Mitte des 19. Jahrhunderts angelegte Arboretum, eine Anpflanzung tropischer Bäume. Weitere Highlights der beliebten »Blumeninsel« sind der italienische Rosengarten, die Zitrussammlung, das faszinierende Palmen- sowie das farbenprächtige Schmetterlingshaus.

** Insel Reichenau Seit dem Jahr 2000 gehört die Klosterinsel Reichenau im Bodensee zu den UNESCO-Welterbestätten – als bedeutendes geistiges Zentrum des Abendlands in der Zeit des 8. bis 11. Jahrhunderts, berühmt für die klösterliche Buchmalerei. Zeugen dieser reichen Vergangenheit sind die drei romanischen Kirchen der Insel: die ehemalige **Stiftskirche St.

Konstanz am Seerhein

Mittelalterliches Schloss über dem Bodensee: die Meersburg

Georg in Oberzell, das **Münster in Mitterzell und die Kirche *St. Peter und Paul in Niederzell.

Radolfzell Die Lage am nordwestlichen Ende des Untersees verleiht der über 1100 Jahre alten Stadt einen besonderen Reiz. Bedeutendstes Bauwerk in der verwinkelten Altstadt ist das spätgotische, zum Teil barockisierte *Liebfrauenmünster.

* Überlingen Einst blühten hier der Salz- und Weinhandel. So konnte sich die freie Reichsstadt den größten spätgoti-

schen Kirchenbau am Bodensee leisten, das *Nikolausmünster (1350–1586) mit dem ungewöhnlich gegliederten Turm und dem grandiosen geschnitzten Hochaltar (1613–1616), einem echten Meisterwerk des Manierismus.

** Wallfahrtskirche Birnau Auf einem Hügel liegt die Wallfahrtskirche St. Maria (1746 bis 1749). Überwältigend reich ist der Innenraum im Rokokostil gestaltet, mit Wessobrunner Stuck und Figurenschmuck. Birnau gilt als ein Hauptwerk von Peter Thumb, eines Baumeisters der Vorarlberger Schule.

** Meersburg Vom See aus bietet sich der schönste Blick auf das in Stufen in den steilen Hang hineingebaute Meersburg. Am Seeufer liegt die Unterstadt mit der Seepromenade, darüber die Oberstadt mit dem mittelalterlichen *Alten Schloss – letzter Wohnsitz der Dichterin Annette von Droste-Hülshoff

Pfahlbauten in Unteruhldingen

baut, als die Erforschung der Vor- und Frühgeschichte noch in den Kinderschuhen steckte. Die Form der Häuser konnten die Forscher nur erahnen, da sie nur die Bodenfunde als Grundlage hatten. Inzwischen ist die Erforschung der frühen Pfahlbau-Kulturen weit gediehen, was man in dem 2001 bis 2003 aufgebauten zweiten Dorf sehen kann. Für die neuen Funde und Erkenntnisse wurde 1996 ein neuer Museumsbau errichtet. Man nimmt heute an, dass die Pfahlbauten errichtet wurden, um die Hochwasserschwankungen auszugleichen. Uhldingen ist der bekannteste Pfahlbau-Ort, Spuren derartiger Siedlungen wurden aber an etwa 100 anderen Stellen am Bodensee gefunden, zudem in Oberschwaben, etwa am Federsee. Auch die historischen Museen in Konstanz, Frauenfeld, Gaienhofen und Arbon zeigen Funde aus diesen Kulturen.

(1797–1848) – und dem barocken *Neuen Schloss.

✱✱ Bodensee Das »Schwäbische Meer« ist mit einer Fläche von 534 Quadratkilometern der drittgrößte See Mitteleuropas. Das nördliche, schwäbische Bodenseeufer (155 Kilometer) ist dank des milden Klimas von Weinbergen und üppigen Obstgärten geprägt und gewährt herrliche Ausblicke auf das Panorama der Schweizer Berge am gegenüberliegenden Südufer.

Friedrichshafen Mittlerweile werden hier, wo im Jahr 1900 Graf Ferdinand von Zeppelin erstmals sein Luftschiff aufsteigen ließ, wieder Zeppeline gebaut und auch regelmäßige Rundflüge angeboten. Unbedingt sehenswert ist das ✱✱Zeppelin Museum, die weltgrößte Sammlung zur Geschichte der Luftschifffahrt, in der auch ein in Originalgröße rekonstruiertes Teilstück der »Hindenburg« gezeigt wird.

✱ Langenargen Direkt am See bauten die Grafen Montfort im 14. Jahrhundert eine Burg. Später verfiel sie; ihre Ruine wurde von der Dichterin Annette von Droste-Hülshoff besungen. 1866 ließ Wilhelm I. von Württemberg *Schloss Montfort im maurischen Stil errichten. Kunsthistorisch bedeutender ist aber die schöne barocke ✱✱Pfarrkirche St. Martin.

✱✱ Wangen Seit dem 13. Jahrhundert Reichsstadt, erlebte das durch den Tuchhandel zu Wohlstand gekommene schöne Allgäustädtchen seine Blütezeit im späten Mittelalter. Seine Hauptsehenswürdigkeiten sind die *Herrenstraße mit stattlichen, teilweise bemalten historischen Bürgerhäusern, das *Frauentor (14. und 17. Jahrhundert) mit farbenprächtiger Fassadenmalerei, der *Marktplatz mit dem barocken Rathaus und dem kraftvollen Renaissancebau des Hinderofenhauses (1542), die *Historische Badstube (1589) sowie die Museen in der Eselsmühle (16. Jahrhundert).

Schloss Montfort unmittelbar am Ufer des Bodensees

Isny Inmitten der grünen Höhenzüge des Westallgäus mit Blick auf den höchsten Berg Württembergs, den Schwarzer Grat, liegt das mittelalterliche Reichsstädtchen, umschlossen von seinem Befestigungsring mit Mauern und Türmen. Eine strenge Schönheit ist die romanisch-gotische Nikolauskirche mit der wertvollen Predigerbibliothek im Sakristeiturm.

Das von Gottfried Bernhard Göz gemalte Deckenfresko in der Rokokokirche von Birnau zeigt Maria mit diversen Heiligen und Stiftern (links).

DIE SCHÖNSTEN REISEZIELE **271**

Den Weinbau haben bereits die Römer an den Bodensee gebracht. Heute sieht man fast um den gesamten See Weinberge. Seine Blütezeit hatte der Weinbau aber im Mittelalter und in der frühen Neuzeit, als der Wein als gesündestes Getränk galt – zumindest im Vergleich mit Brunnenwasser. Als weite Gebiete von nahen Klöstern beherrscht waren, wurde zwischen Überlingen und Friedrichshafen fast nur Wein angebaut (links:

272 DIE SCHÖNSTEN REISEZIELE

Weinbau am Bodensee

bei Birnau; großes Bild: bei Meersburg). Die Insel Reichenau war noch im frühen 20. Jahrhundert zu einem Drittel von Reben bedeckt. Die älteste Traubensorte ist der Gutedel, am weitesten verbreitet ist heute der Müller-Thurgau, 1882 von Hermann Müller aus Tägerwilen entwickelt. Ein typischer Bodenseewein ist auch der Weißherbst, eine Art Rosé. Obwohl der See für mitteleuropäische Weinbauverhältnisse relativ hoch liegt, ist das Gebiet klimatisch begünstigt durch die überdurchschnittlich hohe Sonneneinstrahlung und die Reflexion der Strahlen durch das Wasser, wovon vor allem die Hänge am Nordufer profitieren. Durch den See gemilderte Temperaturen verringern außerdem im Winter die Anzahl der Frosttage. Gute Weine werden auch im nahen Hinterland angebaut: bei Salem und am Hohentwiel, am Ottenberg und im Alpenrheintal bei Rebstein.

Baden-Württemberg

Bad Schussenried liegt an der Hauptroute der mit einem Puttenemblem ausgeschilderten Oberschwäbischen Barockstraße. Die bedeutendste Sehenswürdigkeit des auch als Moorheilbad bekannten Ortes ist die

TIPP++TIPP++

Weingartener Blutritt
Zu Ehren einer Blutreliquie findet im Mai der Blutritt im oberschwäbischen Weingarten statt, der bereits 1529 erstmals erwähnt wurde. Mit fast 3000 Pferden gilt er als größte Reiterprozession der Welt.
Weingarten Tourist Information,
Münsterplatz 1,
Tel. 07 51/40 52 32

Rutenfest Ravensburg
Festwägen, Musikkapellen und Spielmannszüge ziehen beim fünftägigen Rutenfest durch die Straßen. Zu dem traditionsreichen Fest kommen Zehntausende von Menschen.
Ravensburg Tourist Information Kirchstr. 16, Tel. 07 51/8 28 00, www.rutenfest.de, kurz vor den Sommerferien

* **Leutkirch** Recht altertümlich wirkt die einstige freie Reichsstadt im Allgäu. Barockes Prachtstück am hübschen Marktplatz ist das Rathaus. Der etwas außerhalb gelegene Stammsitz der Fürsten Waldburg-Zeil (um 1600) ist innen nicht öffentlich zugänglich.

* **Ravensburg** Das urbane Herz Oberschwabens schlägt hier in der einstigen Reichsstadt. Besonders sehenswert sind die *Marktstraße mit herrlichen Patrizierhäusern wie das Korn- und das Seelhaus, der langgestreckte *Marienplatz, die Liebfrauenkirche (14. Jahrhundert) sowie außerhalb des Zentrums die ehemalige *Abteikirche Weißenau (1717 bis 1724), ein Barockjuwel mit berühmter Orgel.

** **Klosterkirche Weingarten** Weithin sichtbar thront die größte Barockbasilika (1715 bis 1724) nördlich der Alpen auf einer Anhöhe über der Stadt. Der schon äußerlich architektonisch interessante Bau verfügt auch über einen exquisit ausgestatteten Innenraum. Hier ragen das Deckengemälde von Cosmas Damian Asam und der Wessobrunner Stuck heraus. Ein akustischer Genuss ist die berühmte Orgel.

* **Bad Waldsee** Der Kurort in idyllischer Lage zwischen zwei Seen zeigt sich im Altstadtkern mit Rathaus und Kornhaus noch spätgotisch. Die ursprünglich gotische *Stiftskirche wurde im 18. Jahrhundert im Stil des Barocks umgebaut und ausgestattet. Barock ist auch das fürstliche Schloss.

* **Bad Wurzach** Das alte Städtchen, seit über 70 Jahren Moorheilbad, präsentiert sich mit drei Bauwerken als wichtige Station an der Oberschwäbischen Barockstraße: dem Neuen Schloss (1728) mit dem geschwungenen Treppenhaus, der fantasievoll ausgestatteten Rokokokapelle im Kloster Maria Rosengarten (1763) und der frühklassizistischen Pfarrkirche St. Verena (1777) mit überwältigendem Deckengemälde von Andreas Brugger.

* **Ochsenhausen** Die Kirche der 1093 gegründeten Benediktinerreichsabtei, Ende des 15. Jahrhunderts erbaut, 1725 bis 1737 barockisiert, zählt zu den Höhepunkten an der Oberschwäbischen Barockstraße. Beteiligt daran waren u. a. Dominikus Zimmermann (Antoniusaltar) und Georg Bergmüller (Mittelschifffresken).

* **Biberach** Das Herz der gut erhaltenen Altstadt bildet der *Marktplatz mit dem Holzmarkt, in seltener Geschlossenheit bebaut mit prächtigen Bürgerhäusern (15.–19. Jahrhundert) und öffentlicher Gebäuden wie dem mittelalterlichen Fachwerk-Rathaus und dem schlossartigen Neuen Rathaus (1503).

Steinhausen Als »schönste Dorfkirche der Welt« wird *St Peter und Paul (1733) in Steinhausen nahe Bad Schussenried gerühmt, ein Meisterwerk vor

Prämonstratenserstift Bad Schussenried

prämonstratensische Stiftsanlage mit Trakten aus Mittelalter und Barockzeit. Das bereits 1183 gegründete Kloster wurde im 18. Jahrhundert nach Plänen von Dominikus Zimmermann umgestaltet. Sowohl die Klosterkirche St. Magnus als auch ein Museum und der herrliche Bibliothekssaal (links) können besichtigt werden. Das Innere von St. Magnus zeigt noch deutlich die Grundform der hochromanischen dreischiffigen Pfeilerbasilika, deren Arkaden im 18. Jahrhundert umgestaltet wurden. Die Gotik hat sich im Chor und den Gewölben der Seitenschiffe deutlich überliefert. Elegante Stuckaturen und Altäre stammen aus dem 17. und 18. Jahrhundert. Die illusionistischen Deckenbilder von 1745 sind ein Werk des Münchner Hofmalers Johannes Zick und illustrieren Szenen aus dem Leben des Ordensgründers Norbert von Xanten.

Treppenhaus des Schlosses von Bad Wurzach

Dominikus und Johann Baptist Zimmermann und typisch für den süddeutschen Barock. Besonders schön ist die spätgotische Pietà (1415) im Hochaltar.

★ **Bussen** Der 767 Meter hohe kegelförmige Berg am Ostrand der Schwäbischen Alb ist die höchste Erhebung Oberschwabens und gilt dank einer bereits 805 belegten Wallfahrt als »heiliger Berg Oberschwabens«. Die hier 1516 erbaute Wallfahrtskirche wurde in den 60er-Jahren umgestaltet und erweitert. Bei klarer Sicht kann man von hier bis zum Ulmer Münster sehen.

★ **Kloster Obermarchtal** Höchst eindrucksvoll ist die architektonische Geschlossenheit dieser barocken Klosteranlage, deren prachtvolle Kirche (1701) am Anfang des oberschwäbischen Barock steht. Schöne Fresken und Schnitzarbeiten zieren auch Alte Sakristei und Spiegelsaal im Kloster. Weithin zu hören sind die 13 Glocken (14.–18. Jahrhunderts) des historischen Geläuts.

Schwäbische Alb

Vom vulkanischen Hegau im Südwesten zieht sich das Mittelgebirge Schwäbische Alb, auch Schwäbischer Jura genannt, über fast 200 Kilometer quer durch Baden-Württemberg nach Nordosten bis zum Ries. Steil fällt die Alb am Nordwestrand ab, während sie sich zur Donau hin sanft neigt.

★★ **Zwiefalten** Das doppeltürmige Marienmünster (1739 bis 1765), verschwenderisch ausgestattet (Chorgestühl) und ausgemalt, mit herrlichem Stuck und berühmter Orgel, zählt zu den bedeutendsten Schöpfungen des Spätbarock. In der Umgebung lohnt das Barockschloss ★Mochental (1734), einstmals Propstei des Klosters, mit schöner Schlosskapelle und Hubertussaal einen Abstecher.

★ **Höhlen der Schwäbischen Alb** Die aufregende Unterwelt der Schwäbischen Alb, in deren Kalkgestein mehr Höhlen ausgewaschen wurden als irgendwo sonst in Deutschland, kann man in diversen Schauhöhlen erleben. Besonders schöne Tropfsteinformationen zeigen Nebel- und Bärenhöhle bei Sonnenbühl. Die Wimsener Wasserhöhle befährt man mit dem Kahn. In die Laichinger Tiefenhöhle steigt man 70 Meter tief hinab. Die längste Tropfsteinhöhle der Alb (580 Meter) ist die Charlottenhöhle bei Hürben.

★★ **Schloss Sigmaringen** Die Schlossanlage der Linie Hohenzollern-Sigmaringen, imposant über der Donau und dem kleinen Residenzstädtchen gelegen, entstand seit dem 10. Jahrhundert in mehreren Bauphasen. Da es bis heute von der fürstlichen Familie bewohnt wird, sind nur einige wenige Prunkräume zu besichtigen.

Kuppelfresko von Cosmas Damian Asam in der Basilika von Weingarten (oben links); Deckengemälde in St. Martin in Biberach (oben rechts)

Baden-Württemberg

Das Durchbruchstal der Oberen Donau (links) ist dank seiner landschaftlichen Schönheit und Naturvielfalt ein einzigartiges Juwel. Es bietet viele Freizeitmöglichkeiten auf über 3500 Kilometern Wander- und Radwegen. Drei Viertel des Naturparks gründen auf harten, von der jungen Donau tief zerfurchten Weißjurakalken, die oft als bizarre Felsen aufragen und damit den Naturpark zu einem Paradies für Kletterer machen. Auf

TIPP++TIPP++

Schloss Lichtenstein
Das erst 150 Jahre junge »Märchenschloss« thront als Wahrzeichen der Schwäbischen Alb in gewagter Höhenlage über dem gleichnamigen Ort und zeugt von der deutschen Burgenromantik des 19. Jahrhunderts.
Schlossverwaltung Lichtenstein,
Tel. 0 71 29/41 02,
Apr.–Nov. 9–17.30 Uhr,
Dez.–Jan. geschlossen

Ulmer Schwörwoche
Mitte Juli nehmen am «Schwörmontag» fantasievoll gestaltete Schiffe an einem Wasserfestzug teil. Das Stadtfest wird mit kulinarischen Köstlichkeiten und Musik gefeiert.
Ulm/Neu-Ulm Touristik,
Neue Straße 45,
Tel. 07 31/1 61 28 00

* **Kloster Beuron** Im Tal der jungen Donau liegt das 1077 gegründete Kloster Beuron, seit 1884 Benediktiner-Erzabtei. Gegen Ende des 19. Jahrhunderts brachte die »Beuroner Schule« eine moderne Formensprache in die religiöse Malerei ein. Beispiele sind zu sehen in der Mauruskapelle und im Kreuzgang.

* **Donauversickerung** Ein seltenes Naturphänomen ist zwischen Immendingen und Fridingen zu beobachten: An mehreren Stellen versickert die Donau. Wenn sie wenig Wasser führt, verschwindet sie sogar ganz, um sich unterirdisch ihren Weg durch die Höhlen der Schwäbischen Alb zu bahnen und einige Kilometer weiter wieder aufzutauchen.

** **Burg Hohenzollern** Von Weitem sichtbar auf einem bewaldeten Bergkegel bei Hechingen ist der mittelalterliche Stammsitz des schwäbischen Grafengeschlechts, das später die preußischen Kurfürsten und Könige und deutschen Kaiser stellte. Die heutige Burganlage mit ihren malerischen Türmchen entstand erst im 19. Jahrhundert. In der Schatzkammer sind Kostbarkeiten aus dem preußischen Kronschatz zu sehen.

* **Haigerloch** Auf einem steilen Felssporn thront über dem alten Städtchen Haigerloch das Schloss (1580–1585) mit der Schlosskirche im Rokokostil. Im darunterliegenden Felsenkeller wurde am Ende des Zweiten Weltkriegs an der Entwicklung von Kernwaffen gearbeitet.

* **Rottenburg** Am oberen Neckar liegt Rottenburg, Hochburg der schwäbischen Fasnet, Römer- und Bischofsstadt. Zu seinen Hauptsehenswürdigkeiten zählen der gotische Dom St. Martin, der bischöfliches Palais (um 1650), das Städtische Römer- und das Diözesanmuseum.

** **Tübingen** In den historischen Mauern der kleinsten deutschen Universitätsstadt pulsiert das Leben. Über dem linken Neckarufer baut sich in Stufen die malerische Altstadt auf. Diese sogenannte **Neckarfront gehört zu den bekanntesten Stadtansichten Süddeutschlands. Dominiert wird sie vom mächtigen Dach der spätgotischen *Stiftskirche St. Georg und deren gestutztem Turm. Direkt am Neckar steht auch der malerische Hölderlinturm, ein Rest der mittelalterlichen Stadtbefestigung, in dem Friedrich Hölderin von 1807 bis 1843 lebte. Besonders sehenswert ist Tübingens dreieckiger *Marktplatz mit altem Fachwerk, Neptunsbrunnen (17. Jahrhundert) und **Rathaus im Renaissancestil samt astronomischer Uhr und Glockenspiel.

** **Kloster Bebenhausen** Im Naturpark Schönbuch liegt die Klostersiedlung Bebenhausen, von 1190 bis zur Auflösung (1535) in der Reformation Zisterzienserkloster, dann Schule. Sie gilt als eine der besterhaltenen mittelalterlichen Klosteranlagen Deutschlands.

** **Bad Urach** Der Kurort im Herzen der mittleren Alb bezaubert durch herrliche Lage und malerische Altstadt. Um den kleinen Marktplatz mit dem spätgotischen Brunnen gruppieren sich schmucke Fachwerkhäuser. Besonders eindrucksvoll ist das Rathaus (16. Jahrhunden ertragsarmen Böden, auf denen alle Niederschläge rasch versickern, finden sich Trocken-, Hecken- und Heidelandschaften. Nahezu die Hälfte der Naturparkfläche wird von Wald bedeckt. Als Nutzungsart spielt die Grünlandwirtschaft im Naturpark Obere Donau traditionell bis heute die größte Rolle. Die Felsen des Donautals bieten Pflanzen Standorte, auf denen von Natur aus kein Wald Fuß fassen konnte. Hier kommen sogenannte Reliktpflanzen wie etwa das Steinröschen vor, die ansonsten in den arktischen oder alpinen Regionen zu finden sind. Auch für die Tierarten erfordern die hier herrschenden Lebensbedingungen besondere Anpassung. In der schützenswerten Tierwelt des oberen Donautals sind die felsenbrütenden Vogelarten, wie etwa Wanderfalke, Uhu, Kolkrabe und Dohle, die spektakulärsten Vertreter.

dert). Eine Besichtigung verdienen auch die spätgotische Stiftskirche mit prachtvoller Kanzel und das Residenzschloss mit seinen Sälen (Museum).

* **Burgruine Hohenneuffen** Beliebtes Ausflugsziel auf den Höhen der Schwäbischen Alb ist die grandiose Ruine dieser im 16. Jahrhundert ausgebauten Festung. Allein die herrliche Aussicht lohnt den Weg.

* **Blaubeuren** Im Tal der Blau am Südrand der mittleren Alb bilden der »Blautopf«, ein sagenumwobener Quelltrichter, und das ehemalige *Kloster die Hauptattraktionen. Im Inneren der Kirche finden sich Meisterwerke der Ulmer Schule, etwa der herausragende *Hochaltar.

* **Ulm** Das Ulmer **Münster (1377–1529) mit dem höchsten Kirchturm der Welt (161 Meter) ist herrlichste Gotik. Die fünfschiffige Basilika wird in Deutschland an Größe nur vom Kölner Dom übertroffen. Einen gewagten Kontrast zum Münster bilden das postmoderne *Stadthaus von Richard Meier (1993) und der Glaspyramidenbau der Stadtbibliothek von Gottfried Böhm (2004). Einen städtebaulichen Akzent setzt Ulms »Neue Mitte« mit der Kunsthalle Weishaupt, einer hochkarätigen Sammlung moderner Kunst. Im Stadtteil Wiblingen liegt die ehemalige Benediktinerabtei, ein prächtiger Barockbau.

Giengen an der Brenz In der alten Stauferstadt in der Ostalb, wo Margarete Steiff das Plüschtier erfand und bis heute die weltberühmten Tiere mit dem Knopf im Ohr hergestellt werden, erfüllt das *Steiff-Museum Kinderträume.

Hohenzollern-Schloss in Sigmaringen (oben links); Ulmer Münster mit mittelalterlichen Chorfenstern (rechts)

** **Klosterkirche Neresheim** Nach Plänen des genialen fränkischen Baumeisters Balthasar Neumann errichtet (1745 bis 1792), stellt die Kirche mit ihren sieben Kuppeln einen Höhepunkt süddeutscher Barockarchitektur dar. Im Innenraum beindrucken die Kuppelfresken.

* **Bopfingen** Am Fuße des 668 Meter hohen Zeugenbergs Ipf liegt die einstige Reichsstadt mit dem sorgfältig restaurierten historischen Zentrum. Sehenswert sind vor allem der Marktplatz mit dem spätgotischen Rathaus und die historische Reichsstadt-Apotheke (1720) mit barocker Kräuterkammer.

* **Aalen** Im historischen Zentrum des Thermalkurortes finden sich schöne Fachwerkhäuser und das stattliche Alte Rathaus, in dem das *Urweltmuseum mit wunderbaren Versteinerungen aus dem Schwäbischen Jura untergebracht ist. Die römische Vergangenheit wird im *Limesmuseum lebendig, dem größten Römermuseum Deutschlands. »Glück auf!« heißt es im historischen *Besucherbergwerk Tiefer Stollen.

* **Ellwangen** Die Ursprünge der geistlich geprägten Stadt in der Schwäbischen Ostalb an der Jagst reichen bis zum 764 gegründeten Kloster zurück. Ältestes Baudenkmal ist die *Stiftskirche St. Vitus (12./13. Jahrhundert) mit barockem Innenraum und spätgotischem *Kreuzgang. Oberhalb der Stadt liegt das fürstpröpstliche *Renaissanceschloss (1608).

** **Wallfahrtskirche Schönenberg** Nahe Ellwangen liegt weithin sichtbar auf dem Schönenberg ein Meisterwerk des frühen Barocks. Die beeindruckende doppeltürmige Wallfahrtskirche (1682–1695) ist ein Werk der berühmten Vorarlberger Bauschule.

»Über allen Gipfeln ist Ruh«: der 1786 Meter hohe Blankenstein im Mangfallgebirge

Bayern

Im Freistaat trifft man auf Landschaften, wie sie sich in dieser Grandiosität sonst in Deutschland nicht finden – von Flusslandauen wie an Main und Donau bis zum alpinen Hochgebirge bei Garmisch-Partenkirchen oder Berchtesgaden. Zahlreiche Schlösser, Burgen, Klöster und Kirchen zeugen aber auch von seiner reichen kulturellen und politischen Geschichte. Die Bayern gelten als traditionsverbunden und haben sich wohl auch deshalb ein ausgeprägtes Bewusstsein ethnischer und staatlicher Eigenständigkeit bewahrt.

Bayern

»Mit Rhönschaf und Hightech«: So wirbt die im Jahre 2000 gekürte »Zukunftsregion Rhön«. Eine regionale Arbeitsgemeinschaft betreut federführend diverse Projekte zur Förderung des Wirtschaftsraums im Grenz-

TIPP++TIPP++

Benediktinerabtei Armorbach
Das Kloster erschloss im 8. Jahrhundert den östlichen Odenwald. Imposante barockisierte Abteikirche mit roter Sandsteinfassade, lichtem Innenraum samt Stuck, Fresken und der größten Barockorgel Europas. Beliebt sind die Orgelkonzerte mit berühmten Organisten.
Amorbach, Schlossplatz 2, Tel. 0 93 73/12 87, www.abteikirche.de

Würzburger Residenz
Die UNESCO-Welterbestätte mit ihrer großartigen Raumfolge barocker Höhepunkte lässt sich in Gruppenführungen besichtigen. Es gibt auch Abendführungen. Der Hofgarten bietet sich zum Freiluftgenuss an.
Würzburg, Schloss- /Gartenverwaltung, Residenzplatz 2, Tor B, Tel. 09 31/35 51 70,
Apr.–Okt. 9–18 Uhr,
Nov.–März 10–16.30 Uhr

Weinfest im Hofgarten
Romantisches fränkisches Weinfest vor der Kulisse der Residenz. Angeboten werden Weine und Sekte der letzten Jahrgänge.
Würzburg, Residenzplatz,
Ende Juni–Anf. Juli, 15–23 Uhr

Aschaffenburger Bachtage
Musikalische und auch literarische Veranstaltungen – insbesondere Werke von Johann Sebastian Bach und seiner Zeitgenossen –, dargeboten an historischen Plätzen der Stadt.
www.aschaffenburger-bachtage.de, Ende Juli–Anf. Aug.

Unterfranken

Die nordwestlichste Region Bayerns ist die Heimat der weltberühmten Frankenweine, die an den sonnigen Hängen des Maintals und des angrenzenden Steigerwalds wachsen. Den Gegensatz dazu bilden die fränkischen Gebiete mit dicht bewaldeten Spessarts und der herben Rhön mit ihren baumlosen Kuppen. Urbaner Mittelpunkt Unterfrankens ist von jeher die alte Bischofsstadt Würzburg.

* **Naturpark Spessart** Eichenwälder sind selten geworden. Im Naturpark Spessart gibt es sie noch! Der Spessart ist nicht nur Deutschlands waldreichstes Mittelgebirge, sondern auch eines der stillsten: Größere Orte sucht man im Kerngebiet vergebens. Extrem dünn besiedelt, galt der Spessart in früheren Zeiten als Rückzugsgebiet für lichtscheues Gesindel. Die Erzählungen über Räuberbanden sind also nicht aus der Luft gegriffen. Heute trifft man eher auf Wanderer und Spaziergänger, die fern jeder Hektik durchatmen wollen.

* **Aschaffenburg** Im Frühmittelalter erstmals erwähnt, erlangte Aschaffenburg Mitte des 11. Jahrhunderts überregionale Bedeutung durch die Gründung eines Hochstifts. Unterschiedliche Stilepochen, von der Romanik bis zum Barock, prägen dessen einstige Kirche, die heutige *Stadtpfarrkirche St. Peter und Alexander. Besonders sehenswert sind der spätromanische Kreuzgang und die »Beweinung Christi« von Matthias Grünewald, dem berühmten, 1470/80 in Aschaffenburg geborenen Maler der Spätgotik. Um das Jahr 1000 begann die 800-jährige Stadtherrschaft der Erzbischöfe von Mainz. Sie ließen Anfang des 17. Jahrhunderts **Schloss Johannisburg hoch über dem Main als Vierflügelanlage im Renaissancestil neu erbauen. Den Gegensatz dazu bilden unten am Main das frühklassizistische *Schloss Schönbusch (1778–1782) mit dem ältesten »englischen« Landschaftspark Süddeutschlands. 1814 kam Aschaffenburg zu Bayern – für den in die Antike verliebten König Ludwig I. die Gelegenheit, hier eine »römische« Villa zu errichten, das *Pompejanum über dem Main.

* **Schloss Mespelbrunn** Kein Wirtshaus, sondern ein Wasserschloss darf als beliebtestes Fotomotiv des Spessarts gelten: das idyllisch gelegene »Märchenschloss« Mespelbrunn, dessen heutige Gestalt auf das 16. Jahrhundert zurückgeht. Innen sehenswert sind der architektonisch interessante Rittersaal und der Gobelinsaal mit dem Wappen des Würzburger Fürstbischofs Julius Echter.

* **Miltenberg** Rund 150 Fachwerkhäuser aus dem 15. bis 17. Jahrhundert haben sich in dem Mainstädtchen, das schon früh ein wohlhabendes Handelszentrum war, erhalten. Das bekannteste ist der fünfstöckige »Riese« (um 1590) mit dem angeblich ältesten Gasthaus Deutschlands. Der malerisch »schiefe« Marktplatz bildete von jeher das lebendige Herz der Stadt. Etwas außerhalb findet sich die *Friedhofskapelle St. Laurentius mit Grabdenkmälern aus dem 16. Jahrhundert.

** **Bad Kissingen** Im ausgehenden 19. und beginnenden 20. Jahrhundert, als sich die internationale Prominenz in Bad Kissingen zur Kur traf, entstand hier ein erstaunliches Ensemble historischer Bäderarchitektur.

Barocke Wallfahrtskirche Käppele in Würzburg

Höhepunkte sind die Brunnen- und Wandelhalle, der prunkvolle Regentenbau mit dem Schmuckhof und das repräsentative Kurtheater. Bereits Mitte des 19. Jahrhunderts wurden der Kurgarten und das Luitpold-Bad angelegt.

* **Bad Neustadt an der Saale** Weiter nördlich im Saaletal liegt Bad Neustadt mit modernen Kuranlagen – und einer mittelalterlichen Stadtbefestigung, die weitgehend erhalten ist. Einen Besuch wert sind auch die klassizistische Pfarrkirche und die barocke Karmeliterkirche.

Naturpark Bayerische Rhön

land zwischen Hessen, Thüringen und Franken. Dazu gehört auch die Vermarktung sogenannter Leitprodukte. In der Rhön sind dies, neben dem Rhönschaf (links), auch das Rhöner Biosphärenrind und der Weideochse, die wohlschmeckenden Rhöner Apfelsorten und Bachforellen, das Rhöner Kümmelbrot und nicht zuletzt das Rhöner Ökobier. Apropos Bier: Wer in der reizvollen Natur ein nach altem Rezept gebrautes einheimisches Bier genießen möchte, dem sei eine Wanderung auf den 932 Meter hohen Kreuzberg bei Wildflecken empfohlen. Er gilt nicht nur als »heiliger Berg der Franken« mit jahrhundertealter Wallfahrtstradition. Von der Kreuzigungsgruppe auf dem Gipfel genießt man einen Ausblick auf bewaldete Bergmassive und ein Meer von Basaltblöcken, die auf den vulkanischen Ursprung der Rhön verweisen.

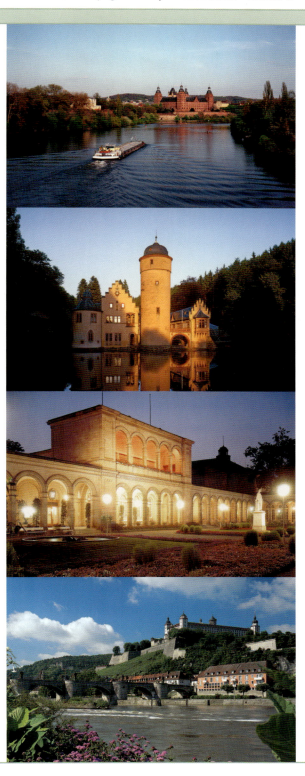

* **Ostheim vor der Rhön**
Befestigte Kirchen sieht man häufig in der Rhön, so etwa Deutschlands größte und am besten erhaltene **Kirchenburg in Ostheim. Mit doppelter Ringmauer, Wehrtürmen und Bastionen, die wohl im 15. Jahrhundert entstanden sind, beherrscht sie das altertümliche, von Fachwerkhäusern und verwinkelten Gassen geprägte Städtchen. Eine Besichtigung lohnt auch der ungewöhnlich gestaltete Innenraum der Kirche (17. Jahrhundert) mit der herrlich bemalten Holztonne über dem Mittelschiff.

* **Fladungen** In der ursprünglichen Landschaft des UNESCO-Biosphärenreservats Rhön liegt das einstige Ackerbürgerstädtchen Fladungen mit seinen Fachwerkhäusern und der gut erhaltenen Stadtmauer. Im ehemaligen Amtshaus (1628) residiert das *Rhön-Museum.

** **Karlstadt** Das Musterbeispiel einer fränkischen Stadtanlage des 13. Jahrhunderts zeichnet sich durch einen fast quadratischen Bering, rasterförmig angelegte Straßen, einen quadratischen Marktplatz und einen abgeschlossenen Kirchenbezirk aus. Im Rathaus (14.–17. Jahrhundert) am Marktplatz beeindrucken vor allem Saal und Ratsstube.

** **Würzburg** Einen ersten Rang unter den europäischen Barockschlössern kann die einst fürstbischöfliche ***Würzburger Residenz (seit 1981 UNESCO-Weltkulturerbe) beanspruchen, deren Bau 1720 unter dem Würzburger Architekten Balthasar Neumann in Angriff genommen wurde. Eine einzigartige Raumschöpfung gelang ihm mit dem dreiläufigen Treppenhaus, das durch das grandiose Deckenfresko des italienischen Malers Giovanni Battista Tiepolo seine Krönung erfährt. Bevor die Bischöfe ihr neues Barockschloss bezogen, residierten sie hoch über dem Main in der weitläufigen Anlage von **Schloss und Festung Marienberg. Hier ist heute das *Mainfränkische Museum untergebracht, das mit einer kleinen, feinen Sammlung von Holzskulpturen des in Würzburg ansässigen spätgotischen Meisters Tilman Riemenschneider aufwartet. Völlig zerstört wurde der ehrwürdige Würzburger *Dom im Zweiten Weltkrieg; leider überzeugt die Wiederherstellung aus den 60er-Jahren nicht wirklich. Weitere besonders sehenswerte Kirchen sind die spätgotische Marienkapelle, das ursprünglich mittelalterliche, im 18. Jahrhundert barockisierte *Neumünster mit dem Lusamgärtchen, wo man das Grabdenkmal für den Minnesänger Walther von der Vogelweide besuchen kann, sowie die Wallfahrtskirche *Käppele auf dem Nikolausberg, die Mitte des 18. Jahrhunderts nach Plänen von Balthasar Neumann errichtet wurde.

* **Naturpark Bayerische Rhön** Der Naturpark, der zum Großteil als UNESCO-Biosphärenreservat ausgewiesen ist und mit der Langen Rhön und den Schwarzen Bergen zwei Naturschutzgebiete umfasst, ist ein Paradies für Freunde ursprünglicher Landschaften.

* **Ochsenfurt** An der Südspitze des Maindreiecks gelegen, erlangte der Ort dank Furt und verkehrsgünstiger Lage bereits im Frühmittelalter Bedeutung. Hinweis auf regen Handelsverkehr ist der erste Brückenbau im 13. Jahrhundert; die heutige

Von oben nach unten: Schloss Johannisburg in Aschaffenburg; Wasserschloss Mespelbrunn; Arkadenbau in Bad Kissingen; Festung Marienberg in Würzburg

Bayern

Die Weinlagen der Frankenweine sind vom Muschelkalk geprägt, aus dessen Kalksteinen und Mergeln vielerorts kräftige Lehmböden hervorgegangen sind. Charakteristisch für sie sind eine gewisse Steinigkeit und ein hoher Kalkgehalt. Über Jahrhunderte hinweg bestand das Verdienst der fränkischen Weinbergkultur darin, für die einzelnen Weinlagen eine spezifische Tiefgründigkeit der Böden zu gewährleisten, die zur

TIPP++TIPP++

Letzte Fuhre
Das Einholen der letzten Rebenfuhre wird in Ipfhofen jährlich mit festlich geschmückten Wagen, Segnungen, Volkstänzen und typisch fränkischen Spezialitäten gefeiert. Anschließend findet im Rathauskeller das Bremserfest statt.
Ipfhofen, Marktplatz und Rathauskeller, Anf. Okt.

Museum Georg Schäfer
Im Mittelpunkt der Sammlung steht die Kunst des deutschsprachigen Raums vom späten 18. bis zum Beginn des 20. Jahrhunderts. 110 Zeichnungen und 160 Gemälde bilden die weltweit größte Sammlung von Werken des Biedermeiermalers Carl Spitzweg. Vertreten sind auch Adolph von Menzel und Caspar David Friedrich.
**Schweinfurt, Brückenstr. 20,
Tel. 0 97 21/5 19 20,
Di–So 10–17, Do 10–21 Uhr**

Brücke stammt aus dem 17./18. Jahrhundert. In der gut erhaltenen Altstadt, die noch heute von einer großen Befestigungsanlage umgeben ist, sollte man der gotischen Pfarrkirche St. Andreas mit den unterschiedlich gestalteten Maßwerkfenstern und einer Nikolausfigur von Tilman Riemenschneider besondere Aufmerksamkeit schenken. Das gotische *Rathaus gilt als eines der schönsten in Franken.

* **Iphofen** Oft mit Rothenburg ob der Tauber verglichen, bezaubert der beliebte Weinort seine Besucher mit altertümlichem Charme. Das schöne Rödelseer Tor ist geradezu zum Symbol altfränkischer Romantik geworden.

* **Kitzingen** Die lebhafte Kreisstadt am Main mit dem alten Stadtkern, der noch den dreieckigen mittelalterlichen Grundriss erkennen lässt, war von jeher ein Zentrum des fränkischen Weinhandels. Ob die Haube auf dem spätmittelalterlichen Falterturm deshalb schief geraten ist? Jedenfalls passt das Deutsche Fastnachtsmuseum dazu. Zu den architektonischen Höhepunkten der Stadt gehören insbesondere das stattliche Rathaus mit dem prächtigen Renaissancegiebel und die spätgotische Johanneskirche mit der ungewöhnlichen Freitreppe zur Empore.

* **Volkacher Mainschleife** Weltbekannt sind die Lagen der Volkacher Mainschleife mit den traditionsreichen Orten Sommerach, Escherndorf, Nordheim und Volkach. Hier, im Herzen des Bocksbeutellandes, kann man in der warmen Jahreszeit fast täglich ein Weinfest besuchen. Zuvor jedoch geht es von Volkach aus hinauf zur spätgotischen Wallfahrtskirche Maria im Weingarten. Das Glanzstück ihrer qualitätsvollen Ausstattung ist die **Rosenkranzmadonna, ein Spätwerk (1521 bis

Wallfahrtskirche St. Maria im Weingarten bei Volkach am Main

1524) von Tilman Riemenschneider.

* **Schloss Werneck** Schon die gewaltigen Dimensionen machen das Schloss Werneck – 1733 bis 1744 von Balthasar Neumann für den Würzburger Fürstbischof erbaut – zu einer besonderen Sommerresidenz. Seine ganze Schönheit entfaltet das Schloss beim Blick auf die rückwärtige, dem Park zugewandte Seite.

Schweinfurt Sehenswerte Zeugnisse der Vergangenheit sind das großartige *Renaissancerathaus (1570/72) am Marktplatz, die ebenfalls im Stil der Renaissance errichtete Lateinschule (1581/82, heute Stadtmuseum) und das Zeughaus (1590) mit dem Treppen-

Mainwein

idealen Wasserversorgung der Reben und damit zu der in Fachkreisen geschätzten außerordentlichen Qualität der Frankenweine beitrug. Auch wenn in Franken die Weißweinsorten generell das Angebot dominieren, bilden die sandigen und lehmigen Buntsandsteinböden im unteren Taubertal eine ideale Grundlage für ausgezeichnete fränkische Rotweine. Die Geschichte des Weinbaus in Franken geht bis auf das 8. Jahrhundert zurück. Dies belegt eine Schenkungsurkunde von Karl dem Großen aus dem Jahr 777 an das Kloster Fulda, welches das Königsgut Hammelburg mit acht Weinbergen bekam. Würzburg folgt nur wenig später. Der Weinbau in Franken stand rechtmäßig oft den Würzburger Bischöfen zu und wurde von diesen dem Domkapitel übertragen, wodurch sich die Steinkreuze rund um die Weinberge erklären.

turm. Einen gelungenen Stilmix der Jahrhunderte – von der Romanik bis zum Klassizismus – stellt die *St.-Johannis-Kirche dar. Im modernen Bau des *Museums Georg Schäfer ist eine der bedeutendsten Privatsammlungen deutscher Malerei des 19. Jahrhunderts ausgestellt.

* **Hassfurt** An einer Mainfurt von den Würzburger Bischöfen gegründet und planmäßig angelegt (um 1230), stellte Hassfurt einst ein Bollwerk gegen das Bistum Bamberg dar. Teile der Stadtmauer und zwei mächtige Tortürme (16. Jahrhundert) sind noch erhalten. Wertvollster Schatz der Pfarrkirche St. Kilian sind fünf spätgotische Holzstatuen, die Tilman Riemenschneider zugeschrieben werden, darunter *Johannes der Täufer. Spätgotische Architektur in hoher Qualität bietet die *Ritterkapelle. Auf der gegenüberliegenden Seite des Mains steht die einstige *Klosterkirche der Zisterzienserinnen von Mariaburghausen. Dabei handelt es sich um einen für den Orden typischen schmalen, lang gestreckten Bau (13./14. Jahrhundert) mit bemerkenswerter Barockausstattung.

Oberfranken

Das Tal des Obermains und drei Mittelgebirge – der waldreiche Frankenwald, das raue Fichtelgebirge und die malerische Fränkische Schweiz – prägen den Nordosten Bayerns. Burgen, Kirchen und Städte zeugen von bewegter Geschichte, und nach alter Tradition wird hier vielerorts die Kunst des Bierbrauens gepflegt.

* **Ebrach** Hier im nördlichen Steigerwald entstand eines der ersten Zisterzienserklöster östlich des Rheins, das bis zur Säkularisation 1803 von großer Bedeutung für die Region war. Auf das 13. Jahrhundert gehen die Abteikirche und die Michaelskapelle zurück – zwei herausragende Schöpfungen der deutschen Frühgotik. Während Letztere noch durchgängig die ursprüngliche Gliederung zeigt, erfuhr der Innenraum der Abteikirche im 18. Jahrhundert eine grundlegende Barockisierung.

Ehrenhof von Schloss Werneck (oben links); Schloss Weißenstein (oben); Kirche von Kloster Ebrach (rechts)

Bayern

Neben Albrecht Dürer ist Tilman Riemenschneider (um 1455–1531) einer der großen deutschen Künstler der Übergangszeit von der Spätgotik zur Renaissance. Er schuf um 1500 mit dem Heilig-Blut-Altar der

Zinnfigurenmuseum Kulmbach
Das seit 1929 bestehende Museum beherbergt mit 300 000 Exponaten die größte Zinnfigurensammlung. 220 Dioramen erwecken die Figuren zum Leben, darunter das mit 20 000 Figuren größte Diorama der Welt. **Kulmbach, Deutsches Zinnfigurenmuseum Plassenburg, Tel. 0 92 21/80 45 72, Apr.–Okt. 9–18, Nov.–März 10–16 Uhr**

Bamberger Sandkirchweih
Jährlich zieht das Fest 250 000 Besucher an. Das Fischerstechen auf der Regnitz, die Italienische Nacht und das Abschlussfeuerwerk vom Michelsberg sind die Höhepunkte. **Bamberg, Sandkerwa GmbH, Sandstraße, Tel. 09 51/5 94 02, Ende Aug.**

* **Schloss Weißenstein in Pommersfelde**n Pracht und Größe von Schloss Weißenstein (1711–1718) überwältigen den Besucher. Nichts anderes war der Sinn und Zweck barocker Fürstensitze. Schon das Entrée ist sensationell: Ein Drittel des Bauvolumens des dreigeschossigen Mittelteils nimmt allein das grandiose Treppenhaus ein.

** **Bamberg** In der ***Altstadt – als geschlossenes Ensemble UNESCO-Welterbestätte – dominiert zwar die barocke Architektur, doch die Stadtanlage verweist auf das hohe Mittelalter, als das Bistum Bamberg gegründet wurde (1007) – die geistliche Stadt oben auf sieben Hügeln, die Stadt der Bürger zu ihren Füßen, auf Inseln zwischen den Armen der Regnitz erbaut. Kaum eine deutsche Stadt hat ihr historisches Stadtbild so authentisch in die Gegenwart retten können. Beeindruckend ist die Baumasse des spätromanisch-frühgotischen **Doms. Der Figurenschmuck der drei Portale und die Monumentalplastiken im Inneren – als berühmteste der *Bamberger Reiter – zählen zum Besten, was die deutsche Bildhauerei des 13. Jahrhunderts geschaffen hat. Aus der Zeit um 1500 stammt das *Grabdenkmal von Tilman Riemenschneider für den Bistumsgründer Kaiser Heinrich II. und seine Gemahlin Kunigunde. Neben dem Dom befindet sich die **Alte Hofhaltung der Bischöfe, eine sehr geglückte, vorrangig spätgotische Anlage mit Innenhof und Laubengängen. An der Wende zum 18. Jahrhundert ließen die Fürstbischöfe die **Neue Residenz nach Plänen von Johann Leonhard Dientzenhofer auf dem Domberg errichten, heute eines der bedeutendsten Barockschlösser Frankens. Zu den größten und schönsten Klosteranlagen des Barock gehört **St. Michael auf dem Michelsberg. Auch die wohlhabenden Bürger Bambergs liebten es barock. Glanzstück ist das **Böttingerhaus. Das malerische **Alte Rathaus, ein im Kern gotischer Bau mit Barockfassade, steht überraschenderweise mitten im Fluss. Die einstige Fischersiedlung mit den romantischen Fachwerkhäuschen trägt den Beinamen **Klein-Venedig. Außerdem sind hier sehenswert das *Renaissanceschloss Geyersworth, die *Martinskirche, das *Karmelitenkloster sowie die *Kirche Zu Unserer Lieben Frau.

* **Kloster Banz** Hoch über dem Main erhebt sich stolz das im 11. Jahrhundert gegründete Benediktinerkloster, das im 18. Jahrhundert seine jetzige Gestalt erhielt – nach Plänen zweier großer fränkischer Barockbaumeister: Johann Leonhard Dientzenhofer (1660 bis 1707) und Balthasar Neumann (1687–1753).

** **Basilika Vierzehnheiligen** Ebenfalls in spektakulärer Höhenlage, auf der anderen Flussseite, ragt die Wallfahrtskirche Vierzehnheiligen auf –

Tilman Riemenschneider

St.-Jakob-Kirche in Rothenburg o. d. Tauber und dem Creglinger Marienaltar (links: Selbstporträt; ganz links: Grabmal von Kunigunde und Heinrich II. im Bamberger Dom) zwei unvergängliche Werke sakraler Holzschnitzkunst. Hier zeigt sich auch der künstlerische Wandel: Die aus Lindenholz herausgearbeiteten filigranen Figuren erzeugen eine vom Geist der Renaissance beseelte Plastizität, die für die Zeit der Gotik undenkbar wäre. Das Bedürfnis, sakrale Würde durch persönliche Nähe auszudrücken und die Heiligen in Beziehung zum menschlichen Alltag zu setzen, sind kennzeichnend für seine Arbeiten. Dabei kam ihm seine kritische Haltung gegenüber dem übertriebenen Stolz der adeligen hohen Geistlichkeit zugute. Als er sich 1525 auf die Seite der aufständischen Bauern schlug, musste er dies mit Kerker und Folter bezahlen.

Gnadenaltar der Wallfahrtskirche Vierzehnheiligen

Riesensaal von Schloss Ehrenburg in Coburg

zusammen mit Banz die »goldene Pforte« des Obermaintals. Die 1772 nach Plänen von Balthasar Neumann vollendete Kirche ist ein herausragendes Werk des süddeutschen Barock.

★★ Coburg Auf dem hochadeligen Heiratsmarkt waren die Sprösslinge des Hauses Sachsen-Coburg-Gotha einst ausgesprochen gefragt. Die feudalen Zeiten sind lange vorbei, doch in der Stadtanlage von Coburg noch sehr präsent. Entscheidende architektonische Akzente setzten die Renaissance – herausragende Beispiele sind das *Rathaus am Marktplatz und die herzogliche Kanzlei – und dann wieder das 19. Jahrhundert, als der großzügige Schlossplatz mit dem Theater und der neugotischen Front des Stadtschlosses **Ehrenburg entstand. Das alles wird überragt von der **Veste Coburg (12., 15. und 16. Jahrhundert).

★ Kronach Ein Bollwerk des Hochstifts Bamberg gen Norden war Kronach seit dem 12. Jahrhundert, bewacht von der *Veste Rosenberg, die sich bis zum 16. Jahrhundert zu einer der größten Burgen Deutschlands entwickelte und niemals bezwungen wurde. Sie beherbergt heute eine Filiale des Bayerischen Nationalmuseums, die Fränkische Galerie, mit Kunstwerken fränkischer Künstler aus Mittelalter und Renaissance, etwa Lucas Cranach d. Ä., der 1472 in Kronach geboren wurde.

★ Kulmbach Die trutzige *Plassenburg hoch über Kulmbach, eine der bedeutendsten Renaissanceanlagen Deutschlands, ist das Wahrzeichen von Kulmbach. Bis 1604 war sie markgräfliche Hohenzollern-Residenz und damals auch eine der modernsten Festungen. Im Arsenalbau ist das *Zinnfiguren-Museum untergebracht – eine im Hinblick auf die Fülle des Bestands und die lebendige Präsentation der Exponate

Rathaus von Bamberg auf einer Insel der Regnitz (oben links); Kloster Banz (oben)

Bayern

Das alte Opernhaus mit seiner großen Bühne bewog Richard Wagner und seine zweite Frau Cosima dazu, Bayreuth als Festspielstadt ins Auge zu fassen. Doch weniger das Opernhaus, das sich für die Pläne Wagners

weltweit einzigartige Ausstellungsstätte.

* **Naturpark Fichtelgebirge** Das hufeisenförmige Fichtelgebirge mit seinen höchsten Erhebungen Schneeberg (1051 m) und Ochsenkopf (1024 m) zählt zu den größten deutschen Granitgebirgen. Es ist auch die Hauptwasserscheide Deutschlands. Naab, Main, Saale und Eger entspringen hier und bahnen sich ihre natürlichen Wege durch Fichten- und Bergmischwälder.

* **Bayreuth** Durch die Richard-Wagner-Festspiele hat Bayreuth Weltruhm erlangt. Das Festspielhaus (1872–1876) auf dem »Grünen Hügel« und die *Villa Wahnfried, letzter Wohnsitz und letzte Ruhestätte des Meisters, sind die Pilgerstätten des Wagner-Kults. Deutlichere Spuren im Stadtbild hinterließ eine andere historische Gestalt. 1731 wurde die Hohenzollernprinzessin Wilhelmine, die kunstsinnige Lieblingsschwester Friedrichs des Großen, nach Bayreuth verheiratet. Wilhelmine und ihr Gemahl Markgraf Friedrich verhalfen Bayreuth zum Flair der noblen Barockstadt. Das *Markgräfliche Opernhaus (1745–1748) ist heute eines von Europas besterhaltenen Barocktheatern und eines der schönsten. Nur wenige Jahre später (1753–1764) entstand das *Neue Schloss mit den originell gestalteten Prunkräumen. Etwas außerhalb der Stadt wurde die *Eremitage gebaut (1749–1753), Wilhelmines höfische »Einsiedelei«, deren Park in typischer Rokokomanier Natur imitiert. Nach dem Tod des Fürstenpaares erlosch die glänzende Hofhaltung. 1791 kam Bayreuth an Preußen, 1810 schließlich an Bayern.

* **Gößweinstein** Im Herzen der Fränkischen Schweiz liegt eine der schönsten barocken Wallfahrtskirchen des Landes, ein Meisterwerk von Balthasar Neumann – die doppeltürmige *Dreifaltigkeitskirche von Gößweinstein mit ihrer festlichen Innengestaltung. Über dem Ort thront eine prächtige Burg (11. Jahrhundert, die im 19. Jahrhundert zu einem Märchenschloss umgestaltet wurde.

* **Forchheim** Bereits für das Jahr 805 als Pfalz erwähnt, gehört Forchheim zu den ältesten Orten Frankens. Das Spätmittelalter, als die Bischöfe von Bamberg Forchheim zur Grenzfestigung ihres Territoriums ausbauten, ist im Stadtbild noch ganz präsent – etwa das prachtvolle Nürnberger Tor, der Marktplatz mit dem Rathauskomplex in bestem fränkischem Fachwerk und die sogenannte Pfalz, die sich die Bischöfe ab dem 14. Jahrhundert als Residenz errichten ließen.

** **Fränkische Schweiz** Bereits die Maler und Dichter der Romantik ließen sich von der Juralandschaft rund um das Wiesenttal und seine Nebentäler verzaubern. Fränkische Schweiz – das heißt rauschende Bäche, saftige Wiesen und bewaldete Hänge, aus denen immer wieder, oft noch gekrönt von einer Burgruine, die bizarrsten Felsgebilde aufsteigen. Die malerische Landschaft findet ihre unterirdische Entsprechung in mehr als 1000 Höhlen, die sich in Jahrmillionen im Karstgestein gebildet haben. Drei interessante Schauhöhlen sind eine Besichtigung wert: die Binghöhle in Streitberg, die Teufelshöhle in Pottenstein und die Sophienhöhle in Rabenstein.

Opernhaus Bayreuth (links); Gößweinstein mit Burg und Wallfahrtskirche (oben); Weggabelung Plönlein in Rothenburg o. d. Tauber (oben rechts)

Bayreuther Festspiele

schließlich als ungeeignet erwies, als vielmehr die »Lage und Eigentümlichkeit der freundlichen Stadt« (links: Neues Schloss und Bühnenbild von »Farinelli«) gaben den Ausschlag. Vom »Schloss Fantaisie« aus, wo sie ihr erstes Quartier bezogen, knüpften Richard und Cosima Wagner die für den von König Ludwig II. von Bayern unterstützten Bau des Festspielhauses nötigen Kontakte mit der Stadt und den Banken.

1872 erfolgte die Grundsteinlegung. Drei Jahre später feierte man das Richtfest, und 1882 wurde das Haus anlässlich des Besuchs von Ludwig II. um den Königsbau erweitert. Sowohl die architektonischen als auch die akustischen Besonderheiten des Gebäudes tragen zum weltweiten Prestige der Festspiele bei. Um die einzigartige Atmosphäre miterleben zu können, nehmen Besucher jahrelange Wartezeiten für Tickets in Kauf.

Mittelfranken

Den Nordwesten nehmen der Steigerwald mit seinen lichten Laubwäldern und die Frankenhöhe ein. Der Süden und der Osten sind vom Fränkischen Jura mit meist bewaldeten Hochflächen bestimmt. Im Süden prägt die Landschaft das künstlich geschaffene Fränkische Seenland und das beschauliche Altmühltal, durch dessen letzten Abschnitt der Main-Donau-Kanal verläuft.

Naturpark Steigerwald Das »grüne Herz« Frankens wird im Norden vom Maintal und im Süden vom oberen Aischtal begrenzt. Prächtige Laub- und Mischwälder sowie saftige Wiesen prägen die Höhen und Täler. Rund 675 Quadratkilometer sind Landschaftsschutzgebiet.

Erlangen Die Ansiedlung französischer Glaubensflüchtlinge im 17. Jahrhundert machte Erlangen zur einzigen bayerischen »Hugenottenstadt«. Markgraf Christian Ernst von Bayreuth ließ für die Protestanten südlich der Altstadt eine eigene Stadt anlegen, mit streng geometrischem Grundriss und einheitlich zweigeschossigen Häuserzeilen ein Musterbeispiel barocker Stadtplanung. Im Mittelpunkt steht der quadratische Marktplatz, dominiert von der Fassade des Schlosses (1700–1704). Zur selben Zeit wie das Schloss entstand das *Markgrafentheater mit einem der schönsten Theatersäle Süddeutschlands.

* **Fürth** Die Altstadt ist geprägt von der Barockzeit und vom Bauboom des 19. Jahrhunderts, als Fürth Industriestadt wurde. Ein Prachtstück ist das *Stadttheater (1901/02). Das *Rundfunkmuseum in der Alten Grundig-Direktion führt durch die Geschichte des Rundfunks und des Fernsehens in Deutschland. Das *Jüdische Museum Franken befasst sich mit der Geschichte der fränkischen Juden.

** **Nürnberg** Siehe Stadtplan auf Seite 289

* **Hersbrucker Schweiz** Der Ähnlichkeit mit der Fränkischen Schweiz verdankt dieser reizvolle Teil der Fränkischen Alb seinen Namen. Und tatsächlich finden sich hier Kalkfelsen, die von Kletterern erobert werden, und weitverzweigte Höhlen, so bei Krottensee, wo die Maximiliansgrotte als Schauhöhle erschlossen ist. Die Niederungen der Hersbrucker Alb sind fruchtbar, die Hochäcker steinig, viel Wald gibt es und viel Wasser – sprudelnde Bäche und Badeseen mit guter Wasserqualität.

* **Ansbach** Das im 15. Jahrhundert, nach der Teilung der fränkischen Besitzungen der Hohenzollern, markgräfliche Residenz gewordene Ansbach wurde im 18. Jahrhundert Barockstadt. Auf die glänzende Hofhaltung im **Markgrafenschloss weist die kostbare, noch weitgehend original erhaltene Ausstattung der Prunkräume hin. Wahrzeichen von Ansbach ist die ehemalige Stifts- und Hofkirche *St. Gumbert mit der markanten dreitürmigen Westfassade. Mehrere Stilepochen von Romanik bis Barock haben in Architektur und Ausstattung ihre Spuren hinterlassen; geschlossen spätgotisch stellt sich die *Schwanenritterkapelle dar, in der sich meisterliche Plastik und Malerei finden. Beachtenswert sind insbesondere die schmucken Glasgemälde der Dürer-Schule in den Fenstern.

*** **Rothenburg o. d. Tauber** Im 13. Jahrhundert wurde Rothenburg Reichsstadt. Auf dem dann entstandenen Befestigungsring mit Torbauten,

TIPP++TIPP++

Neues Schloss Bayreuth
Das Rokokoschloss ist auch innen vielseitig gestaltet. Der Markgräfin Wilhelmine wurde ein eigenes Museum gewidmet, andere Sammlungen zeigen Bayreuther Fayencen oder Gemälde des 18. Jahrhunderts.
Schloss- und Gartenverwaltung Bayreuth-Eremitage, Ludwigstr. 21, Tel. 09 21/75 96 90, Apr.–Sept. 9–18, Okt.–März 10–16 Uhr

Bayreuther Bürgerfest
Jedes Jahr am ersten Juliwochenende steigt das Bayreuther Bürgerfest mit Künstlermarkt und der beliebten »Bierstraße« der fünf Bayreuther Brauereien.
Bayreuth Service- und Veranstaltungs-GmbH, Luitpoldplatz 9, Tel. 09 21/8 85 41 43

Bayern

Er ist das größte deutsche Genie der Renaissance und wird in einem Atemzug genannt mit Michelangelo, Tizian oder Raffael: Albrecht Dürer (1471 bis 1528). Seine Heimatstadt Nürnberg nennt sich nach ihrem größten Sohn Albrecht-Dürer-Stadt. Das prächtige Haus, in dem er geboren wurde und aufwuchs, hat die Kriege überdauert und kann besichtigt werden. Dürers Vater war ein aus Ungarn eingewanderter Gold-

Türmen und Wehrgängen kann man auch heute noch die Stadt umrunden. Ausdruck des reichsstädtischen Stolzes sind die stattlichen Bürgerhäuser des 14. bis 17. Jahrhunderts, wie das Fleisch- und das Tanzhaus am Marktplatz und das *Rathaus. Der bedeutendste Sakralbau der Stadt ist **St. Jakob, zwischen 1310 und 1484 in drei Abschnitten entstanden. Das Gotteshaus ist ein Hort großer spätgotischer Kunst mit Sakramentsnische (Ende 14. Jahrhundert), dekorativ aufgebautem Hochaltar (1466), dem **Heilig-Blut-Altar (1501 bis 1504) von Tilman Riemenschneider. Ein weiterer exzellenter Riemenschneider-Altar steht in der romanisch-gotischen Peter-und-Paul-Kirche des Stadtteils Detwang.

* **Feuchtwangen** Wichtigste Sehenswürdigkeit ist die ehemalige Klosterkirche. Trotz späterer Umbauten ist der spätromanische Charakter im Ansatz erhalten. Eine Augenweide ist das reich geschnitzte spätgotische Chorgestühl (um 1500).

** **Dinkelsbühl** Vom Charakter her nicht ganz so »malerisch« wie Rothenburg, in der Vergangenheit auch nicht so reich und mächtig, erfüllt Dinkelsbühl doch alle Sehnsüchte nach altdeutscher Romantik. Das fängt schon bei der *Stadtbefestigung mit vier Toren, den Wehrtürmen und -gängen an.

An den breiten Hauptstraßen, die sich am Marktplatz kreuzen, stehen giebelseitig aneinandergereiht stattliche, oft mit reichem Fachwerk geschmückte Bürgerhäuser, darunter das berühmte *Deutsche Haus (um 1600). Die bedeutendsten kommunalen Bauten der ehemaligen Reichsstadt sind das Rathaus, die Ratstrinkstube mit Staffelgiebel und Türmchen (um 1600) sowie die Schranne mit dem eleganten Renaissancegiebel (um 1600). Zu den wohl schönsten spätgotischen Hallenkirchen Süddeutschlands gehört der lichte und klar strukturierte Bau von **St. Georg (1448–1499).

* **Weißenburg** Das römische Weißenburg geht zurück auf das Militärlager Biriciana, das um 89 n. Chr. am Rätischen Limes begründet wurde. Vorbildlich restauriert sind die **Römischen Thermen, die größten Süddeutschlands; auch das Römerkastell Biriciana mit dem 1991 rekonstruierten Nordtor lädt zur Besichtigung ein. Für den 1979 entdeckten Römerschatz mit seinen herrlichen Figurinen hat man das *Römermuseum eingerichtet, schließlich wurde auch das steinerne Nordtor des einstigen Kastells rekonstruiert. Die andere, reichsstädtische Seite Weißenburgs repräsentiert die gut erhaltene historische Altstadt, die noch von ihrem *Mauerring – einer der schöns-

Nürnberg

Die große Vergangenheit der einstigen Freien Reichsstadt und Industriemetropole ist in Bayerns zweitgrößter Stadt noch allerorten zu spüren.

Trotz gewaltiger Zerstörungen im Zweiten Weltkrieg haben sich noch viele Zeugnisse der Vergangenheit erhalten. Im findet sich das malerische Albrecht-Dürer-Haus, einst das Wohnhaus des Meisters, heute Museum. Den Mittelpunkt der

Henkersteg über die Pegnitz (oben); Frauenkirche (unten)

späten Mittelalter glänzte Nürnberg als Reichsstadt und ein Zentrum der bürgerlichen Freiheit, des Handels, der Künste und der Bildung. Zwei auf das 11. Jahrhundert zurückgehende Bauten bilden die Keimzelle von Nürnbergs Geschichte: südlich der Pegnitz ein Königshof, aus dem sich die Lorenzer Altstadt entwickelte, nördlich des Flusses die Burg, unter der die Sebalder Altstadt entstand. Der Burgkomplex besteht aus den Resten der Burggrafenburg und der mächtigen staufischen **Kaiserburg (12. Jahrhundert). Unterhalb der Burg

Sebalder Altstadt bildet die gotische Pfarrkirche **St. Sebald (13./14. Jahrhundert). Gegenüber befinden sich das prächtige *Renaissancerathaus und der belebte *Hauptmarkt mit dem Schönen Brunnen (14. Jahrhundert). Die Lorenzer Altstadt jenseits der Pegnitz erhielt ihren Namen von der Pfarrkirche **St. Lorenz (13.–15. Jahrhundert), die im Innenraum den **»Englischen Gruß« von Veit Stoß (1517) und das Sakramentshaus 1495 von Adam Kraft beherbergt. Deutsche Kunst und Kultur bis zur Gegenwart präsentiert das **Germanische Nationalmuseum.

Dinkelsbühl mit mittelalterlicher Wehranlage

Albrecht Dürer

schmied, der es in Nürnberg zu Ansehen und Wohlstand gebracht hatte. Bei ihm lernte der junge Albrecht das Goldschmiedehandwerk, daraufhin ließ er sich bei dem renommierten Nürnberger Maler Michael Wolgemut ausbilden. Mit 19 Jahren begab er sich für vier Jahre auf Wanderschaft, u. a. an den Oberrhein und ins Elsass. Ab etwa 1503 betrieb Dürer eine eigene Werkstatt für Druck und Kupferstich mit mehreren Mitarbeitern. Er selbst malte in dieser Zeit neben Naturbildern, wie dem berühmten »Hasen« oder dem »Großen Rasenstück«, auch viele Porträts und Selbstbildnisse (links). Seine handwerklich hervorragenden und künstlerisch anspruchsvollen Bilder machten ihn zunehmend berühmt. 1509 wurde er in den Großen Rat der Stadt Nürnberg gewählt. 1528 starb Dürer in Nürnberg an den Spätfolgen einer Malariainfektion.

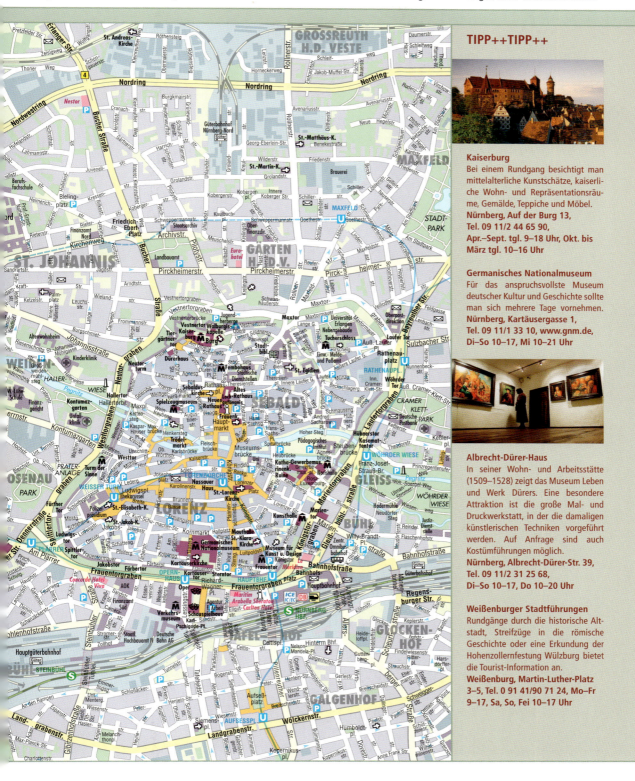

TIPP++TIPP++

Kaiserburg
Bei einem Rundgang besichtigt man mittelalterliche Kunstschätze, kaiserliche Wohn- und Repräsentationsräume, Gemälde, Teppiche und Möbel.
Nürnberg, Auf der Burg 13,
Tel. 09 11/2 44 65 90,
Apr.–Sept. tgl. 9–18 Uhr, Okt. bis März tgl. 10–16 Uhr

Germanisches Nationalmuseum
Für das anspruchsvollste Museum deutscher Kultur und Geschichte sollte man sich mehrere Tage vornehmen.
Nürnberg, Kartäusergasse 1,
Tel. 09 11/1 33 10, www.gnm.de,
Di–So 10–17, Mi 10–21 Uhr

Albrecht-Dürer-Haus
In seiner Wohn- und Arbeitsstätte (1509–1528) zeigt das Museum Leben und Werk Dürers. Eine besondere Attraktion ist die große Mal- und Druckwerkstatt, in der die damaligen künstlerischen Techniken vorgeführt werden. Auf Anfrage sind auch Kostümführungen möglich.
Nürnberg, Albrecht-Dürer-Str. 39,
Tel. 09 11/2 31 25 68,
Di–So 10–17, Do 10–20 Uhr

Weißenburger Stadtführungen
Rundgänge durch die historische Altstadt, Streifzüge in die römische Geschichte oder eine Erkundung der Hohenzollernfestung Wülzburg bietet die Tourist-Information an.
Weißenburg, Martin-Luther-Platz 3–5, Tel. 0 91 41/90 71 24, Mo–Fr 9–17, Sa, So, Fei 10–17 Uhr

Bayern

Charakteristisch für das Altmühltal sind Trockenrasenhänge, vom Menschen geschaffene Kulturräume, die in jüngster Zeit wiederum durch den Menschen selbst bedroht wurden. Im Naturpark Altmühltal (links: Aussichtspunkt Obereggersberg) bemüht man sich darum, die wenigen noch intakten Trockenrasengebiete zu schützen. Durch das Freischlagen der Hänge von wucherndem Buschwerk sollen Flächen wieder für

ten Stadtbefestigungen Frankens – umgürtet ist. Eine Schöpfung der Gotik ist die *Andreaskirche mit ihren Netz- und Sterngewölben.

** **Solnhofener Plattenkalke** Vor 150 Millionen Jahren lag das heutige Altmühltal am Rand des Jurameers. Im Kalkschlamm wurden tote Tiere und abgestorbene Pflanzen luftdicht eingeschlossen – und versteinerten. Nach und nach lagerten sich einzelne Schichten übereinander ab. So haben sich in den Solnhofer Kalkschieferbrüchen bis heute Lebensformen der Jurazeit als Fossilien erhalten. Weltweit einzigartig sind die Fossilien des Urvogels Archaeopteryx; im Museum auf der Willibaldsburg in Eichstätt ist ein Exemplar ausgestellt.

** **Eichstätt** Hoch über der alten Bischofsstadt (seit 741) im Altmühltal thront – wie ein Symbol für die Dominanz des Bischofs – die **Willibaldsburg, einer der eindrucksvollsten deutschen Renaissancebauten. Ebenfalls über der Stadt liegt die mächtige Klosteranlage St. Walburga, benannt nach der Schwester des ersten Eichstätter Bischofs Willibald, deren Gebeine in der sehenswerten barocken Klosterkirche ruhen. Auch unten in der Altstadt regiert das geistliche Element. Der imposante zweitürmige **Dom vereint romanische, gotische und barocke Baustile. Höhepunkte im Inneren sind die *Sitzfigur des hl. Willibald (1514) und der elf Meter hohe **»Pappenheimer Altar« (1489 bis 1497). Einen Blick sollte man unbedingt auch in den zweigeschossigen gotischen *Kreuzgang an der Südseite des Doms werfen. Herausragende Barockbauten sind der strenge, mehrteilige Komplex des ehemaligen Jesuitenkollegiums mit der herrlich dekorierten *Schutzengelkirche sowie die beeindruckende Kirche des ehemaligen Klosters *Notre Dame.

Oberpfalz

An drei Seiten ist die Oberpfalz von Mittelgebirgen umschlossen: im Norden von Steinwald und Fichtelgebirge, im Westen vom Jura und im Osten, entlang der tschechischen Grenze, vom Oberpfälzer Wald, der in den Bayerischen Wald übergeht. Im zentralen Schollenland fließt die Naab von Norden her zur Donau, deren breite Senke den südlichen Abschluss der Oberpfalz bildet.

** **Kloster Waldsassen** Das 1133 gegründete Zisterzienserkloster Waldsassen erlangte im Mittelalter überragende Bedeutung für die gesamte Region. Kriege und die Reformation bereiteten dieser Phase zu Beginn des 16. Jahrhunderts ein Ende. Das Kloster wurde zerstört und aufgelöst. Die heutigen Baulichkeiten sind ein Ergebnis der mit viel Glaubenseifer, Repression und Geld durchgesetzten

---

TIPP++TIPP++

Museum Solnhofen
Zahlreiche versteinerte Tiere und Pflanzen aus der Jurazeit zeigt das Museum im Rathaus. Höhepunkte sind ein Original des Urvogels

Archaeopteryx und anderer Flugsaurier. In der Fossilschau mit Fischsauriern wird eine zu Stein gewordene Meereslandschaft sichtbar.
Bahnhofstr. 8,
Tel. 0 91 45/83 20 30,
Apr.–Okt. tgl. 9–17 Uhr,
Nov.–März So 13–16 Uhr

Naturpark Altmühltal

eine maßvolle Beweidung nutzbar gemacht werden. Lehrpfade aller Art sollen Sensibilität für diese Kulturräume wecken. Das Altmühltal erschließt sich für Wander- und Naturfreunde über den neuen Altmühltal-Panorama-Weg. Der 2005 geschaffene, fast 200 Kilometer lange Wanderweg führt an den Naturschönheiten entlang der Ufer der Altmühl vorbei und bietet attraktive Tagestouren auf der Strecke zwischen Gunzenhausen und Kelheim. Faszinierend ist auch die artenreiche Fauna und Flora der naturgeschützten Wacholderheiden. Wer sich für die archäologischen Zeugnisse der Region interessiert, folge ab Kelheim den Spuren des Archäologieparks. Hier lag einst die Stadt Alkimoennis, die größte Keltensiedlung Deutschlands. Mehrere Hügelgräber und Stätten ritueller Handlungen legen Zeugnis ab von dieser Zeit.

bayerischen Gegenreformation. Ein architektonisches und künstlerisches Meisterwerk des süddeutschen Barock ist die **Stiftskirche (1685–1691) mit der eindrucksvollen Zweiturm-Fassade. Ihr Innenraum bezaubert durch seine ausgeklügelte Lichtführung (möglichst bei Sonnenschein besichtigen!). Üppiger Stuck, ein grandioser Hochaltar, die originelle Kanzel und das reich geschnitzte Chorgestühl vervollständigen den festlichen Raumeindruck. Schnitzkunst auf höchstem Niveau und von ungewöhnlicher Originalität gibt es auch im barocken **Bibliothekssaal zu bewundern. Gigantische Atlanten aus Lindenholz (1724/25) tragen dort die mit Grotesken reich geschmückte Galerie.

** **Die Kappl** Auf einer grünen Anhöhe, dem 628 Meter hohen Glasberg, bei Münchenreuth erhebt sich einer der ungewöhnlichsten Sakralbauten Bayerns: die Wallfahrtskirche St. Sebastian (1685–1689), die man nur Kappl nennt. Mit ihren drei Türmchen, den schlanken Zwiebelhauben und den runden, ineinandergeschobenen Bauformen auf dem Grundriss eines dreiblättrigen Kleeblatts erinnert sie ein wenig an eine Moschee.

** **Große Teichpfanne Tirschenreuth** Aus der Vogelperspektive wirkt sie wie ein Mosaik aus blauen und grünen Steinen: die Große Teichpfanne zwischen Tirschenreuth, Mitterteich, Wiesau und Falkenberg. Über 2200 Teiche drängen sich hier aneinander, meist nur durch schmale, mit Gras, Buschwerk und Feuchtpflanzen bewachsene Dämme getrennt. In dieser stillen, uralten Kulturlandschaft haben zahlreiche bedrohte Pflanzen, Insekten und Vögel ihr Refugium.

* **Lamer Winkel** Im Tal des Weißen Regen liegt rund um den Ort Lam der sogenannte Lamer Winkel, ein besonders reizvolles Stück Bayerischer Wald mit etlichen »Tausendern«. Hausberg ist der Osser, der man gut an seinem felsigen Gipfelgrat erkennen kann. Der Blick über das Arbermassiv, in den Böhmerwald und an klaren Tagen bis zu den Alpen lohnt den Aufstieg. Im Quellgebiet des Weißen Regen liegt der Kleine Arbersee, ein Relikt der letzten Eiszeit.

Wallfahrtskirche Kappl bei Waldsassen

Gedenkstätte Flossenbürg Im Konzentrationslager Flossenbürg und den 100 Außenlagern waren zwischen 1938 und 1945 etwa 100 000 Menschen inhaftiert, 30 000 überlebten den Terror nicht. An das Leid und den

Mortuarium des Doms St. Salvator, Unserer Lieben Frau und St. Willibald in Eichstätt (oben links); Bibliothek von Kloster Waldsassen (oben rechts)

Bayern

Im ersten Nationalpark Deutschlands, 1970 gegründet, findet der Besucher einen ausgedehnten Bergmischwald, Hochmoore, Granit- und Gneisfelsen, Almwiesen, Seen und Bäche sowie einen artenreichen Pflan-

Tod dieser Menschen erinnert die KZ-Gedenkstätte.

Amberg Dass der Ort einst die trutzig befestigte Hauptstadt des »oberen Fürstentums der Pfalz« (daher: Oberpfalz) war, sieht man noch am wuchtigen Nabburger Tor und an der gut erhaltenen Stadtmauer, die in zwei Bögen die Vils überquert. Ein bedeutendes Gotikbauwerk in der Altstadt ist die Martinskirche; schönstes Rokoko repräsentiert der Innenraum der Schulkirche.

Velburg Im 13. Jahrhundert von Bayernherzog Ludwig dem Strengen in planmäßiger Anlage gegründet, zeigt sich Velburg im Kern als geschlossenes historisches Stadtensemble. Giebelständige Ackerbürgerhäuser rahmen den Marktplatz, beim neugotischen Rathaus finden sich repräsentative Bauten des 16./17. Jahrhunderts, die Friedhofskirche St. Anna beeindruckt mit ihren bedeutenden spätgotischen Flügelaltären. Auf dem Kreuzberg im Westen der Stadt steht die Wallfahrtskirche Herz Jesu, ein Höhepunkt des süddeutschen Spätbarocks.

Berching Wenige deutsche Orte haben sich ihr mittelalterliches Stadtbild so unversehrt erhalten können. Mit vier Toren, zwölf Türmen und begehbaren Wehrgängen umschließt eine Mauer (15. Jahrhundert) das Städtchen. Die Sulz durchfließt Berching in nordsüdlicher Richtung, sodass der Eindruck einer Doppelstadt entsteht.

Regensburg Keltensiedlung, Römerlager, frühmittelalterlicher Herzogssitz, Bischofssitz und Donauhafen, karolingische Königspfalz, dann Hauptstadt des ostfränkischen Reiches ... so weit das erste Jahrtausend Ortsgeschichte, in dem Regensburg seine strategische, politische und zivilisatorische Bedeutung erlangte. Die wirtschaftliche kam im 11. bis 14. Jahrhundert dazu: Handelsbeziehungen in alle Welt machten das Bürgertum reich. 1245 wurde Regensburg Reichsstadt. Der mittelalterliche Stadtkern, seit 2006 UNESCO-Weltkulturerbe, ist ein städtebauliches Gesamtkunstwerk mit malerischen Winkeln, repräsentativen Plätzen und einer einzigartigen Silhouette. Aus der vielgestaltigen Dachlandschaft ragen einzelne Geschlechtertürme und Kirchtürme heraus sowie die beiden Spitzen des **Doms. Als »klassische« gotische Kathedrale mit figurenreicher Fassade und mittelalterlichen Buntglasfenstern ist dieser einzigartig östlich des Rheins. In seiner Umgebung besonders sehenswert sind die romanische *Allerheiligenkapelle mit Fresken des 12. Jahrhunderts, das Diözesanmuseum in der frühgotischen Ulrichskirche; die *Alte Kapelle (10. Jahrhundert) mit der verspielten Rokoko-Ausstattung und das *Historische Museum im ehemaligen Minoritenkloster. Mittelalterlichen Bürgerstolz verkörpern imposante Patrizierhäuser, etwa das bemalte Goliathhaus, oder das *Alte Rathaus mit dem Reichssaal, in dem seit 1663 der Immerwährende Reichstag stattfand. Das antike Regensburg symbolisiert die *Porta Praetoria (179 n. Chr.), Teil der Befestigung des römischen Stützpunkts und neben der Porta Nigra in Trier das einzige erhaltene Römertor nördlich der Alpen. Über die Donau führt die **Steinerne Brücke (12. Jahrhundert), im Mittelalter ein

Ruhmeshalle Walhalla bei Regensburg

Nationalpark Bayerischer Wald

zen- und Tierbestand vor, zu dem auch wieder Wolf, Luchs, Wildkatze, Braunbär (links), Wisent, Fischotter und eine Vielzahl von Rauhfußhühnern und Greifvögeln gehören. Rund 200 Kilometer gut markierte, teils auch im Winter geräumte Wanderwege erschließen den Wald. Die Nationalparkverwaltung bietet jahreszeitlich wechselnde Führungen und Exkursionen. Empfehlenswert ist die dreistündige Wanderung durch das Tierfreigelände beim Informationszentrum in Neuschönau. Vom Lusen (1373 m) aus kann man den Blick auf das größte zusammenhängende Waldgebiet Mitteleuropas genießen oder die Hochlagenwälder mit einem Nationalpark-Waldführer erkunden. Ebenso verlockend ist das sich beiderseits der deutsch-tschechischen Grenze erstreckende waldgeschichtliche Wandergebiet bei Finsterau.

TIPP++TIPP++

Freilichtmuseum Finsterau
Ein Muss für alle, die sehen wollen, wie man früher im Bayerischen Wald wohnte und wirtschaftete. Aus dem ganzen Bayerischen Wald sind hier Bauernhäuser, vollständige Höfe, eine Dorfschmiede und ein Straßenwirtshaus versammelt.
Museumsstr. 51,
Tel. 0 85 57/9 60 60,
Dez.–Apr. 11–16 Uhr, Mai–Sept. 9–18 Uhr, Okt. 9–16 Uhr

Donauschifffahrt
Von Deggendorf aus werden zwei Varianten angeboten: Die kurze Strecke beträgt 16 Kilometer, die lange bis Passau 60 Kilometer.
Passau, Wurm+Köck,
Höllgasse 26,
Tel. 08 51/92 92 92,
Apr.–Okt. täglich außer Fr

Volkssternwarte Regensburg
Bei klarem Himmel gibt es in der ältesten Volkssternwarte Bayerns (seit 1920) Vorführungen an den Fernrohren. Wenn der Himmel bedeckt ist, lauscht man Diavorträgen. Die Kuppel (1902) auf dem Dachplateau des ehemaligen königlichen Lyzeums steht unter Denkmalschutz.
Volkssternwarte Regensburg,
Ägidienplatz 2,
Tel. 09 41/56 26 82,
Sommerhalbjahr Fr ab 21 Uhr,
Winterhalbjahr Fr ab 20 Uhr

technisches Wunder und Symbol für Regensburgs überragende Bedeutung als Handelsstadt. Ein städtebaulicher Komplex für sich ist das im 8. Jahrhundert gegründete Kloster St. Emmeram, das nach der Auflösung 1806 von den Fürsten zu Thurn und Taxis zum Schloss um- und ausgebaut wurde. Die einstige *Klosterkirche St. Emmeram beeindruckt mit ihrer spätbarocken Ausstattung der Brüder Asam.

** **Walhalla** Östlich von Regensburg erhebt sich über dem nördlichen Donauufer die weiße Walhalla (1830–1841), eine »Ruhmeshalle« mit über 100 Büsten bedeutender Deutscher, die König Ludwig I. von seinem Stararchitekten Leo von Klenze im Stil eines griechischen Tempels errichten ließ.

Neukirchen bei Hl. Blut Reizvoll zu Füßen des Hohen Bogen liegt der bedeutendste Wallfahrtsort im Bayerischen Wald. Schon von Weitem sichtbar am Ortseingang ist die *Wallfahrtskirche Mariä Geburt, ein kreuzförmig angelegter Barockbau mit prächtiger Ausstattung.

Niederbayern

Mit seinen Grenzen zu Österreich und Tschechien liegt Niederbayern in einem Dreiländereck. Landschaftlich bestimmend ist die Donau: Ihr fließen alle Flüsse zu, ihr Tal schuf die weite fruchtbare Ebene des Gäubodens, und sie scheidet das niederbayerische Hügelland vom Bayerischen Wald, der mit dem Böhmerwald das größte zusammenhängende Waldgebirge Europas bildet.

* **Finsterau** Im tiefsten Bayerischen Wald gelegen, von Wintersportlern als »Schneeloch« gerühmt, bietet Finsterau mit seinem *Freilichtmuseum eine Reise in die Vergangenheit. Alte Bauernhäuser, eine Dorfschmiede, ein Wirthaus – alles originalgetreu wiederaufgebaut und in einen authentischen Zusammenhang gestellt – vermitteln einen lebendigen Eindruck vom harten Alltag der »Woidler«.

** **Passau** Die »Dreiflüssestadt« an der Mündung von Inn und Ilz in die Donau blickt auf eine reiche Vergangenheit zurück: keltische Siedlung, römisches Militärlager, im Mittelalter wohlhabendes Handelszentrum und seit 739 Sitz eines Bischofs, der nicht nur jahrhundertelang dem größten deutschen Bistum vorstand, sondern als Landesherr auch weltliche Macht besaß. Mittelpunkt der Altstadt auf der »Halbinsel« zwischen Donau und Inn ist der **Dom (1668–1678) mit der Doppelturmfassade und der größten Kirchenorgel der Welt. Die zahlreichen Passauer Kirchen bieten viel Barock: die Klosterkirche Niederburg etwa, die Stiftskirche St. Nikola oder die Wallfahrtskirche Mariahilf. Das *Rathaus entstand seit 1393 in mehreren Bauphasen, zuletzt wurde im 19. Jahrhundert der hübsche Turm hinzugefügt. Die Aussicht lohnt den Weg zur *Veste Oberhaus über dem nördlichen Donauufer. Die alte Trutzburg der Bischöfe wurde in der Barockzeit zur Schlossfestung ausgebaut.

Prachtvolle Donaumetropolen (oben): Passau mit Kirche St. Paul und Dom St. Stephan (links); Regensburg mit Steinerner Brücke und Dom (rechts)

DIE SCHÖNSTEN REISEZIELE

Bayern

Schon der Vater, Hans Georg Asam, war Freskomaler und Stuckateur und arbeitete zur Zeit der Geburt von Cosmas Damian als Klostermaler in Benediktbeuern. Die Brüder gingen bei ihm in die Lehre. Ab etwa 1714 arbeiteten sie an zahlreichen größeren Projekten, vor allem im süddeutschen Raum, aber auch in Böhmen, dem Rheinland oder in Tirol. Sie ergänzten sich kongenial: Beide waren vielseitig begabt und

* **Fürstenzell** »Dom des Rottals« wird die Kirche des 1274 gegründeten ehemaligen Zisterzienserklosters genannt. Mit seiner hohen Zweiturmfassade und der kostbaren Rokokodekoration macht der Bau (1738) des berühmten Barockarchitekten Johann Michael Fischer tatsächlich einen großartigen Eindruck.

* **Kößlarn** Eine spätmittelalterliche Befestigung von seltener Geschlossenheit umgibt die gotische Wallfahrtskirche mit dem barocken Zwiebelturm. Überzeugend ist auch der Innenraum mit dem prächtigen barocken Hauptaltar, der teilvergoldeten »Silbermadonna« (1488) und dem originellen hölzernen Palmesel (1481).

* **Pfarrkirchen** Den Blickfang der Kreisstadt bildet das spätgotische Alte Rathaus mit der barocken Turmfassade. Über Pfarrkirchen weithin sichtbar ist die barocke Wallfahrtskirche *Gartlberg von Domenico Zuccali mit den beiden Kuppeltürmen und der überwältigenden Stuck- und Freskodekoration im Innenraum.

* **Aldersbach** Im 12. Jahrhundert übernahmen Zisterziensermönche das bereits bestehende Kloster und bauten es zu einer der wichtigsten mittelalterlichen Zisterzen Bayerns aus. Im 17./18. Jahrhundert wurde die Kirche im Stil des süddeutschen Spätbarock umgestaltet. Der Innenraum beeindruckt mit Fresken von Cosmas Damian Asam und dem eleganten Stuck seines Bruders Egid Quirin.

* **Osterhofen-Altenmarkt** Drei Hauptmeister des bayerischen Spätbarock – Johann Michael Fischer und die Brüder Asam – wirkten zusammen, um dem durch Brand zerstörten Prämonstratenserkloster (gegründet um 1000) im 18. Jahrhundert eine neue Kirche zu schenken. Ein Meisterwerk!

* **Niederaltaich** Das älteste Benediktinerkloster Bayerns, vermutlich 741 gegründet, liegt in der Donauniederung und war einst ausschließlich per Fähre erreichbar. Sehenswert ist die doppeltürmige Klosterkirche, ein Barockbau mit überwältigender Raumwirkung und umfangreichem Freskenzyklus.

Brüder Asam

verstanden alle Facetten ihrer Künste von der Architektur bis zur reinen Malerei. Dabei konzentrierte sich Cosmas Damian auf die Freskomalerei und Egid Quirin auf die Bildhauerei und Stuckatur. Die Brüder entwickelten einen Stil, der durch illusionistische Raumwirkung, sehr raffinierte Lichtführung, dramatische Kontraste und üppige Farbigkeit den lustvollen Überschwang des Barock mit einer theatralischen Religiosität zu einem Gesamtkunstwerk verband. Der Durchbruch mit diesem Konzept gelang ihnen mit der Klosterkirche Weltenburg (links: Selbstporträt Cosmas Damian). Den Höhepunkt erreichte ihre Kunst in der Kirche St. Johann Nepomuk, der Asamkirche, in München. Der Kirchenraum erzeugt mit architektonischer Raffinesse und optischen Täuschungen einen Sog, der den Weg von der Erde in den Himmel symbolisiert.

Deggendorf An der Donau gelegen, gehörte Deggendorf zu den wichtigen wittelsbachischen Stadtgründungen des 13. Jahrhunderts. Typisch dafür ist der lang gestreckte Marktplatz mit dem in der Mitte freistehenden, gotischen Rathaus samt Stadtturm.

★★ Metten Ein bayerisches Urkloster, über 1000 Jahre lang religiöses und kulturelles Zentrum, ist Metten seit dem 18. Jahrhundert auch eine Schatzkammer des bayerischen Barocks. Die geschlossene Ausstattung und Dekoration der Kirche markieren die Schwelle vom Spätbarock zum Rokoko. In den Klostergebäuden kann man einen der prachtvollsten Bibliothekssäle jener Zeit bewundern.

★ Straubing Wie in Niederbayern oft üblich, wird der lang gestreckte Stadtplatz mit dem markanten gotischen *Stadtturm umrahmt von hochgiebeligen Bürgerhäusern. Stolzestes Bauwerk ist die spätgotische **St.-Jakobs-Kirche mit bemerkenswerter Ausstattung von Spätgotik bis Rokoko. Mit der **Ursulinenkirche haben die Brüder Asam ein intimes Barockjuwel geschaffen. Attraktion des Gäubodenmuseums ist der 1950 gefundene *Römerschatz mit Prunkmasken und Waffen. Auf dem stimmungsvollen Friedhof steht die romanische **Peterskirche (12. Jahrhundert). Zwei Friedhofskapellen lohnen eine Besichtigung: die Totenkapelle (1486) mit originellem Totentanz-Freskenzyklus (1763) und die Grabstätte der Baderstochter Agnes Bernauer, die der Bayernherzog 1435 in der Donau ertränken ließ, weil sich sein Sohn heimlich mit ihr vermählt hatte.

Kelheim Die alte bayerische Herzogsstadt hat viel historische Substanz bewahrt. Sehenswert ist das *Archäologische Museum im spätgotischen Herzogskasten. Auf dem Michelsberg erhebt sich der monumentale Rundtempel der *Befreiungshalle (1842–1863) mit traumhafter Aussicht.

★★ Donaudurchbruch An der Weltenburger Enge, wo die Donau das Felsmassiv des Fränkischen Juras durchbricht, zwängt sich der Fluss auf nur 70 Meter Breite zwischen 80 Meter hohen Steilwänden dieses niederbayerischen »Canyons« hindurch.

★★ Kloster Weltenburg Direkt am Donauufer, in der romantischen Landschaft des Donaudurchbruchs, liegt das im 7./8. Jahrhundert gegründete Benediktinerkloster Weltenburg. Es ist eine Keimzelle bayerischer Kultur, an einem der schönsten Flecken des Landes – mit einer der schönsten Kirchen süddeutschen Spätbarocks und ein Hauptwerk der Brüder Asam. Der Raumeindruck – im Zentrum der Hochaltar mit der Dreiergruppe des hl. Georgs – überwältigt den Betrachter.

★ Abensberg Burgruine, teils erhaltene Stadtbefestigung und spätgotische Bauten wie Rathaus, Pfarrkirche und Karmeliterkirche zeugen von der reichen Vergangenheit des niederbayerischen Braustädtchens.

Rokokosaal der Klosterbibliothek Metten (links); Donaudurchbruch bei Weltenburg (oben links); Rokokokirche von Kloster Weltenburg (oben)

TIPP++TIPP++

Befreiungshalle
Auf dem Michelsberg in Kelheim, eine der ältesten Städte im wittelsbachischen Besitz, steht die Befreiungshalle. Der monumentale Rundbau wurde im Auftrag des Bayernkönigs Ludwigs I. errichtet – zum Gedenken an die Befreiungskriege gegen Napoleon.
Kelheim, Verwaltung der Befreiungshalle März–Okt. 9–18 Uhr, Nov.–März 9–16 Uhr, Tel. 0 94 41/6 82 07 10

Kleinwegebahn
In Pfarrkirchen werden Fahrten mit dem »Dampfross« angeboten. Eigentlich ist es eine Kleinwegebahn mit Diesellok, die durchs idyllische Rotttal nach Bad Birnbach und zurück fährt.
Tourist-Information Rottal-Inn, Ringstraße 4–7,
Tel. 0 80 61/2 02 68

Bayern

Dass die Entwicklung der Blasinstrumente letztlich auf jene »Brüllhörner« aus hohlen Gewächsen wie Bambus oder aus Knochen zurückgeht, in die einst Angehörige von autochthonen Völkern hineinschrien,

Oberbayern

Zwischen der Donau im Nordwesten und den Alpen im Süden, dem Lech im Westen und der Salzach im Osten erstreckt sich Oberbayern – eine Region mit ausgesprochen vielfältigen Landschaftsformen. Oberbayern umfasst mit dem Alpenvorland und seinen vielen Seen sowie den Bayerischen Alpen eine der schönsten Landschaften Deutschlands.

* Neuburg a. d. Donau Als bayerische Residenzstadt der Pfälzer Wittelsbacher erlebte Neuburg seine Glanzzeit im 16./17. Jahrhundert. Pfalzgraf Ottheinrich ließ das imposante ****Renaissanceschloss** erbauen (1530–1545), das im Barock noch einmal erweitert wurde.

** Ingolstadt Der Name Ingolstadt steht für Autoindustrie und Ölraffinerien. Dass Ingolstadt zu den schönsten Städten Oberbayerns gehört, ist weniger bekannt. Unter den ungewöhnlich vielen exzellenten Kirchenbauten nimmt das spätgotische ****Liebfrauenmünster** eine Sonderstellung ein. Zu den besten gotischen Profanbauten Süddeutschlands gehört das ***Schloss** mit Türmen und herrlichen Sälen. Aus der Zeit, als Ingolstadt Sitz der bayerischen Landesuniversität war (1472 bis 1800), stammt die ***Alte Anatomie**, die das Medizinhistorische Museum beherbergt.

Altomünster Die Kirche des hiesigen Birgittinnenklosters ist der einzige deutsche Konventssitz dieses Ordens der schwedischen Heiligen (1303–1373). Das von Johann Michael Fischer errichtete barocke Gotteshaus ist stufenförmig aufgebaut aus Chor, Schiff und Vorhalle. Außergewöhnlich sind im Hauptraum die beiden Altäre von Johann Baptist Straub.

* Moosburg Auf einer Anhöhe über der Isar liegt das malerische Städtchen Moosburg. Kunsthistorisch bedeutend ist die Kirche ***St. Kastulus** (12./13.

Residenzschloss von Neuburg an der Donau

** Rohr Die hiesige Abteikirche ist das Gesamtkunstwerk von Egid Quirin Asam. Genial die Steigerung seiner architektonisch-künstlerischen »Inszenierung«, wenig dramatisch die Raumwirkung, zartrosa der Stuck und beeindruckend der Hochaltar mit freistehender Plastik der Himmelfahrt Mariens.

** Landshut Niederbayerisch selbstbewusst feiert man sich alle vier Jahre mit der »Landshuter Hochzeit«, einem historischen Fest. Hoch über der Stadt thront die ***Trausnitz**, die mittelalterliche Burg, die 1586 bis 1679 zum Renaissanceschloss umgebaut wurde. Berühmt sind die Narrentreppe und die im gotischen Stil belassene Burgkapelle. Die ****St.-Martins-Kirche**, deren Kirchturm (131 m) sogar die Burg überragt, zählt zu den besten spätgotischen Hallenkirchen Deutschlands; im Innenraum imponieren ein großes Kruzifix und die ***Rosenkranzmadonna**. Ein »italienischer« Renaissancepalazzo ist die herzogliche ***Stadtresidenz** (1536–1543) mit Arkadenhof. Sehr sehenswert ist auch die Abtei Seligenthal mit barock ausgestatteter Kirche.

Tuten und Blasen

um die Stimme zu verstellen oder zu verstärken, ist schon ein Hinweis darauf, dass wir es hier mit archaisch klingenden Urgewalten zu tun haben, die in der bayerischen Form der »Blasmusi« gern noch betont werden.

Kaum irgendwo sonst vermögen Blaskapellen so viel Charme zu verbreiten wie im bayerischen Voralpenland. Bierselig und mit Beherztheit ins Blech stoßend, distanziert sich die bayerische »Blosn« wohltuend von den zackig spielenden Militärmusikern der napoleonischen Truppen. Der berühmte Defiliermarsch ist ein Relikt aus dieser Verbindung. So ist die bayerische Blasmusik bis heute lebendig geblieben, selbst wenn sie für nicht-bayerische Ohren manchmal etwas bizarr klingen mag – wie in den schräg anmutenden Tönen einer der bemerkenswertesten Kapellen des Landes, des Musikertrios »Biermösl Blosn«.

Jahrhundert) mit einem romanischen Stufenportal sowie dem spätgotischen **Hochaltar.

** **Freising** Weit zurück ins 8. Jahrhundert reicht die Geschichte des Dombergs, des geistigen Zentrums Oberbayerns bis ins hohe Mittelalter. Der **Dom ist ein massiver Bau mit kräftigen Türmen, ursprünglich romanisch, gotisch erweitert und barock von den Brüdern Asam ausgestattet. Das *Diözesanmuseum gehört weltweit zu den größten kirchlichen Museen. Das leibliche Wohl hat seinen eigenen Berg, den »Nährberg« der Benediktinerabtei Weihenstephan mit der ältesten Brauerei der Welt und einem gemütlichen Bräustüberl.

* **Dachau** Bekannt ist die Stadt vor den Toren Münchens durch das Konzentrationlager und die heutige Gedenkstätte. Ihre Glanzzeit war das 16. bis 18. Jahrhundert, als die mittelalterliche Burg zum Renaissance- und dann zum Barockschloss ausgebaut wurde. Der **Festsaal mit herrlicher Holzdecke und manieristischem Bilderfries zählt zu den schönsten Renaissancesälen nördlich der Alpen. Vom Licht des Dachauer Mooses ließen sich Maler wie Carl Spitzweg, Wilhelm Leibl und Max Liebermann inspirieren. Einige ihrer Werke sind in der Gemäldegalerie der Dachauer Altstadt ausgestellt.

** **Schleißheim** Gleich drei Schlösser hat der Ort vor den Toren Münchens zu bieten. Das »Neue Schloss« ist ein Gemeinschaftswerk der von Ignaz Günther, Cosmas Damian Asam, Johann Baptist Zimmermann und Georg Baader. Es wird wegen seiner prunkvollen Ausstattung oft das »Münchner Versailles« genannt. Das pompöse Treppenhaus wurde erst 1848 unter König Ludwig I. vollendet. Am Ende des französischen Gartens steht das Schloss Lustheim, das ein Porzellanmuseum beherbergt. Das »Alte Schloss« wurde als Alterssitz für Wilhelm V. erbaut. Heute ist hier ein moderner Museumsbau mit Ausstellungsräumen des Bayerischen Nationalmuseums untergebracht.

** **Klosterkirche Fürstenfeld** In Eifersucht hatte Herzog Ludwig der Strenge seine unschuldige junge Frau hinrichten lassen. Zur Sühne gründete er 1263 im heutigen Fürstenfeldbruck das Zisterzienserkloster Fürstenfeld und die **Klosterkirche (1701–1754) mit schöner Fassade, reichem Stuck und wirkungsvollem Hochaltar.

*** **München** Siehe Stadtplan auf Seite 299

* **Wasserburg** Die Stadt am Inn wird auch das »Bayerische Venedig« genannt, denn der Fluss macht hier eine große Schleife. Einem Gesamtkunstwerk gleich, bezaubert das mit-

Landshut an der Isar mit Martinskirche und Burg Trausnitz (oben links); Innenraum des Freisinger Doms (oben Mitte); Treppenhaus im Neuen Schloss Schleißheim (oben rechts)

TIPP++TIPP++

Benediktinerabtei Scheyern
Die Geschichte des Familienklosters der Wittelsbacher, die sich ursprünglich Grafen von Scheyern nannten, reicht bis 1119 zurück. In der Ausstattung der Abteikirche dominiert zwar der Barock – mit hervorragenden Wessobrunner Stuckaturen und einem grandiosen Hochaltar –, doch in seinem Kern ist der Bau noch romanisch.
Scheyern, Schyrenplatz 1,
Tel. 0 84 41/75 20,
www.kloster-scheyern.de

DIE SCHÖNSTEN REISEZIELE **297**

Bayern

Der Name Dachau ist untrennbar verbunden mit dem ehemaligen Konzentrationslager am Rand der oberbayrischen Kleinstadt. Bereits im Frühjahr 1933, kurz nach Hitlers »Machtergreifung«, ließ Heinrich Himmler, damals Münchner Polizeipräsident, später Reichsführer der SS, auf dem Areal einer ehemaligen Munitionsfabrik das erste Konzentrationslager im Deutschen Reich errichten – ein Ort der Folter, der »Vernichtung durch

TIPP++TIPP++

Deutsches Museum
Das wohl berühmteste und mit 1,3 Millionen Objekten eines der größten technisch-naturwissenschaftlichen Museen der Welt fasziniert mit Monumentalexponaten, Modellen und Vorführungen. Außer dem Hauptsitz auf der Museumsinsel gibt es zwei Außenstellen (Flugwerft in Oberschleißheim und Verkehrszentrum Theresienhöhe).
Museumsinsel 1, Tel. 0 89/2 17 91, www.deutsches-museum.de, Mo-So 9–17 Uhr

Valentin-Karlstadt-Musäum
Originale Einfälle und »Erfindungen« des Meisters des hintergründigen und skurrilen Münchner Humors.
Isartorturm, Tel. 0 89/22 32 66, www.valentin-musaeum.de, Mo, Di, Fr, Sa 11.01–17.29, So 10.01–17.29 Uhr

telalterliche Stadtbild durch einen bemalten Brückentorbau, zinnengekrönte Häuser mit Lauben und Erkern, Treppengiebeln und Türmen. Unter den vielen Sehenswürdigkeiten ragen die Schnitzgruppe im Heiliggeistspital, das Mauthaus aus dem 14. Jahrhundert, die von Johann Baptist Zimmermann gestaltete Rokokofassade des Kern-Hauses und die gotische Hallenkirche St. Jakob mit ihrer Eichenholzkanzel (1639) heraus.

* **Rott am Inn** Die ehemalige Benediktiner-Klosterkirche gilt als letztes großes Werk des bayerischen Rokoko. Hier vereinen sich lichte Raumwirkung und kostbare Ausstattung zum heiter-festlichen Gesamtkunstwerk.

* **Rosenheim** Die historische Salzstadt, wirtschaftliche und kulturelle Metropole Südostbayerns, ist für ihre Fachschulen bekannt, darunter die Ingenieurschule für Holz- und Kunststofftechnik. Das Herz der Stadt bildet der Max-Joseph-Platz mit dem Mitttertor (14. Jahrhundert). Einen guten Überblick über die Stadtgeschichte √bietet das Heimatmuseum. Wechselnde kulturgeschichtliche Ausstellungen finden im Lokschuppen des Alten Bahnhofs statt.

** **Altötting** Im ältesten und meistbesuchten Wallfahrtsort Süddeutschlands schlägt das katholische Herz Bayerns. Auf dem weiträumigen Kapellplatz steht die **Gnadenkapelle, die im 8. Jahrhundert als Taufkapelle entstand. Der zweite sehenswerte Sakralbau ist die spätgotische Stiftskirche mit romanisch-gotischem Kreuzgang, Kapellen und Schatzkammer. Hier sind die kostbarsten Weihegaben für die Madonna ausgestellt, darunter auch das **»Goldene Rössl«, ein Meisterwerk französischer Goldschmiede- und Emailkunst der Gotik.

* **Burghausen** Die Salzach hat die malerische Tallandschaft geschaffen, über der sich auf steilem Felsrücken eine der größten deutschen Burgen erhebt: Rund einen Kilometer lang ist die in mehreren Bauphasen (13.–15. Jahrhundert) entstandene Anlage. Musiker aus aller Welt treffen sich im Sommer in Burghausen anlässlich der Internationalen Jazzwoche. Einige Kilometer weiter südlich im Salzachtal befindet sich die ehemalige Zisterzienser-Klosterkirche *Raitenhaslach, ein Rokokobau.

* **Kloster Seeon** Der Gleichklang von Natur und Architektur beeindruckt schon von Weitem. Die beiden mittelalterlichen Türme der gotischen Kirche mit ihren »welschen« Hauben krönen das historische Bauensemble des Klosters, das zur Zeit seiner Gründung vor 1000 Jahren noch auf einer Insel im Seeoner See lag.

** **Urschalling** Die kleine Jakobuskirche des Orts gehört zu den kunsthistorisch interessantesten Sehenswürdigkeiten des Chiemgaus. Der schlichte spätromanische Bau birgt kostbare mittelalterliche Fresken in einzigartiger Fülle.

Die Theatinerkirche im Stil des italienischen Spätbarocks und die der Loggia dei Lanzi in Florenz nachempfundene Feldherrnhalle am Odeonsplatz (oben).

KZ-Gedenkstätte Dachau

Arbeit« und der Massenerschießungen. Bis 1945 wurden hier und in den Außenlagern über 200 000 Menschen aus ganz Europa interniert, davon mindestens 43 000 ermordet. Die Gedenkstätte am Ort des einstigen Lagers umfasst ein immer noch bedrückend wirkendes Areal mit Jourhaus (Ein- und Ausgang des Lagers), Wirtschaftsgebäude, Häftlingsbad, Bunker, Krematorium »Baracke X« und Appellplatz. Die Lage der 34 Baracken, in denen bis zu 30 000 Menschen zusammengepfercht wurden und die nach der Befreiung abgerissen wurden, lässt sich anhand der nachträglich angelegten Steinfundamente nachvollziehen; zwei von ihnen wurden komplett wiederaufgebaut (links). Eine Dokumentationsausstellung, ein »Weg des Erinnerns« und ein »Internationales Mahnmal« vergegenwärtigen die unvorstellbaren Gräuel.

München

Als »nördlichste Stadt Italiens« gilt München – was nicht nur am milden Klima, sondern auch an ihren zahlreichen Kunstschätzen und Baudenkmälern liegt.

Daneben lockt auch die lockere Lebensart viele Menschen in die bayerische Landeshauptstadt. »Leben und leben lassen«, heißt hier das Motto – mit all seinen Facetten: das bayerische München in Biergärten und Gaststätten, das »italienische« München in den Straßencafés, das mondäne München in den Nobelgeschäften, das vergnügungssüchtige München mit

Glyptothek am Königsplatz

Szene-Kultur, Clubs und Kneipen. Die wichtigsten Sehenswürdigkeiten Münchens sind **Marienplatz mit *Altem (15. Jahrhundert) und Neuem (19. Jahrhundert) Rathaus samt *Glockenspiel, *Alter Hof, *Frauenkirche, **Asamkirche, **Residenz mit *Schatzkammer, *Residenztheater und *Hofgarten, **Nationaltheater, *Theatinerkirche, Jesuitenkirche *St. Michael, **Englischer Garten mit Chinesischem Turm und Monopteros, *Ludwigstraße mit Siegestor, *Bavaria-Monumentalstatue, ***Deutsches Museum, ***Alte und **Neue Pinakothek, *Pinakothek der Moderne, *Lenbachhaus, *Glyptothek, **Staatliche Antikensammlung, *Stadtmuseum, *Bayerisches Nationalmuseum, *Villa Stuck, **Pfarrkirche St. Michael, *Schloss Nymphenburg, *Olympiagelände, Allianz-Arena.

Ach ja, war das früher unkompliziert auf dem Oktoberfest. Man ging in ein Bierzelt, machte die Bedienung auf sich aufmerksam, bestellte dann gegen Sofortkasse ein Bier, später vielleicht noch eins und noch eins. »Sitzen, winken, zahlen, trinken«, so brachte es ein Münchner Reporter auf den Nenner. Heutzutage ist der Münchner Ausnahmezustand nicht nur das größte Volksfest der Welt mit dem größten Bierausstoß

Oktoberfest

(sechs bis sieben Millionen Liter in 16 Tagen) und dem größten Menschenandrang (circa sechs Millionen), sondern das absolute Mega-Event der »Wiesn«-Society. Man muss im richtigen »Gwand« kommen – das hat sich inzwischen bis nach Sydney herumgesprochen: Dirndl, Krachlederne, Haferlschuhe etc. Die Wiesn-Society lässt sich den Schampus im »Hippodrom« oder im »Käferzelt« munden, speist Ente, Ochs oder Edelfisch, und die amerikanischen, neuseeländischen oder australischen Gäste lesen beim Singen der Wiesn-Hymne »Ein Prosit der Gemütlichkeit« vom Zettel ab: »Eye'n pro sit dare gay mort lick kite«. Man hebt den Maßkrug zum »Oans, zwoa, gsuffa!«, und die folgende gemeinsame Schluckbewegung (700 bis 1000 Liter pro Zelt) eint alle wieder zum großen einzigartigen Wiesn-Volk, das ein friedliches Fest feiert.

Bayern

Schon früh erkannten Naturschützer das Geschenk, das die Schöpfung den Berchtesgadenern quasi vor ihrer Haustür hinterlassen hatte. Bereits 1910 erreichten sie, dass das Gebiet um den Königssee als »Pflan-

TIPP++TIPP++

Schloss Herrenchiemsee
Auf der größten Insel im Chiemsee ist auch die größte Attraktion zu sehen: das (unvollendete) Schloss des Märchenkönigs Ludwig II. im Stil von Versailles. Die verschwenderische Pracht im Inneren raubt dem Besucher den Atem. Höhepunkte

sind die Spiegelgalerie und das Prunkschlafzimmer, wo der Apoll im Deckengemälde die Gesichtszüge des französischen Sonnenkönigs Ludwig XIV. trägt.
Anfahrt per Schiff von Prien, Tel. 0 80 51/6 88 70, Apr.–Mitte Okt. tgl. 9–18 Uhr, Mitte Okt. bis März tgl. 9.40–16.15 Uhr

★★ **Frauenchiemsee** Wer am Chiemsee Idylle sucht und uralte bayerische Tradition, setzt über auf die kleine Fraueninsel. Auf dem kleinen Eiland steht das im 8. Jahrhundert begründete Benediktinerinnenkloster, dessen spätgotische, innen barocke Kirche noch romanische Bauteile aufweist.

★ **Aschau im Chiemgau** Seit einigen Jahren ist der schöne alte Ort im Priental auch für seine Haute Cuisine bekannt: Hier kocht Sterne-Koch Heinz Winkler in seiner noblen »Residenz«. Hoch über dem Ort erhebt sich *Schloss Hohenaschau, ein mächtiger Renaissancebau mit mittelalterlichem Bergfried und barocken Prunksälen.

★ **Streichenkapelle bei Schleching** In die majestätische Bergwelt der Chiemgauer Alpen eingebettet, liegt dieses mit Schindeln gedeckte Kirchlein. Die Wallfahrtskapelle auf dem Streichen ist eine wahre Schatzkammer spätgotischer Sakralkunst, mit Freskenzyklen, figurenreichem Hochaltar und exquisiten Holzplastiken. Aber man muss sie sich »ergehen«!

★ **Reit im Winkl** Der in einem Tal des südlichen Chiemgaus liegende Höhenluftkurort ist ein alpenländisches Dorf wie aus dem Bilderbuch – mit Lüftlmalerei und zwiebelförmigem Kirchturmaufsatz. Aufgrund seiner relativ schneesicheren Lage ist er besonders bei Wintersportlern geschätzt.

★ **Traunstein** Hier kreuzen sich Inn- und Traun-Alz-Radweg sowie Salinen-, Achental- und Chiemgauradweg. Im Mittelalter verlief hier die »Güldene Salzstraße«. Die Wohn- und Betriebsgebäude der einstigen Saline können im Stadtteil Au besichtigt werden.

Inzell Der im geschützten Talkessel der Roten Traun gelegene Ort wurde als Eisschnelllaufzentrum weltberühmt. Die 400-Meter-Bahn im Kunsteisstadion wird im Sommer als Rollschuhbahn genutzt. Auf einem der vielen Wanderwege gelangt man zum eiszeitlichen Glet-

schergarten und vom historischen Salinenweg zum Solehochbehälter Nagling. Sehenswert sind die Pfarrkirche St. Michael von 1727 und die romanisch-gotische St.-Nikolaus-Kirche mit ihren spätgotischen Gemälden.

★ **Anger** Für König Ludwig I. war Anger das schönste Dorf Bayerns. Und wer dieses ländliche »Gesamtkunstwerk« aus hügeliger Landschaft, historischen Bauernhäusern, dem grünen Anger und einer stattlichen Dorfkirche einmal gesehen hat, wird ihm auch über 150 Jahre später noch zustimmen.

★ **Höglwörth** Wie eine Wasserburg erhebt sich auf einer Halbinsel im Höglwörther See das ehemalige Augustinerchorherrenstift. Im 11. Jahrhundert gegründet, erlebte es nach einer Zeit des Verfalls im 17./18. Jahrhunderts eine neue Blüte. Ein spätbarockes Meisterwerk ist der Kirchenraum (1689), der üppig mit filigranen Wessobrunner Stuckaturen dekoriert wurde.

Nationalpark Berchtesgaden

zenschongebiet« ausgewiesen wurde, zwölf Jahre später als Naturschutzgebiet. Immer wieder verhinderten sie erfolgreich Eingriffe in dieses zauberhafte Naturparadies – zuletzt 1978, als die Marktgemeinde Berchtesgaden eine Seilbahn zum Gipfel des Watzmann bauen wollte. Seither gehört der 210 Quadratkilometer große Süden des Berchtesgadener Landes zum ersten und bislang einzigen Nationalpark in den deutschen Alpen – und seit 1990 zum von der UNESCO ausgewiesenen Biosphärenreservat Berchtesgaden. Hier gedeihen nicht nur Pflanzen und Bäume wie Edelweiß, Enzian, Wiesen-Bocksbart (ganz links), Spirke und Bergahorn, sondern hier leben auch Steinadler, Gämsen (links), Murmeltiere oder gefährdete Arten wie die Ringelnatter und der Feuersalamander. Die Parkverwaltung betreibt auch Forschung.

* **Bad Reichenhall** Das Salz hat die Stadt einst bedeutend gemacht. Seit keltischer Zeit werden die reichen Salzlager (»Hall« bedeutet Salz) aus dem Berg herausgewaschen – so noch in der *Alten Saline mit dem Salzmuseum zu sehen. Seit dem 19. Jahrhundert kommt man zur Kur nach Reichenhall, worauf noble Bauten der Gründerzeit hinweisen. Sehenswert ist *St. Zeno, Bayerns größte romanische Kirche.

* **Schellenberger Eishöhle** Die einzige erschlossene Eishöhle Deutschlands, eine bizarre Welt aus Wasser, Eis und Fels, liegt im Berchtegadener Land in Untersberg auf 1570 Meter Meereshöhe.

* **Berchtesgaden** Vor überwältigender Bergkulisse duckt sich Berchtesgaden in einen Talkessel. Heute zählt der Besuch des *Schaubergwerks zu den beliebtesten Touristenattraktionen. Weitere Sehenswürdigkeiten des seit dem 12. Jahrhundert bestehenden Orts sind das prächtige »Hirschenhaus« mit Lüftlmalerei am Marktplatz (1594), das Königliche Schloss und die gotische Stiftskirche.

* **Königssee** Der Name bezeichnet zugleich einen Ort und einen See. Der See ist einer der schönsten in den Alpen, mit tiefgrünem, klarem Wasser und eingerahmt von hohen Bergen. Im gleichnamigen Ort werden Motorboote vermietet, mit denen sich der See erkunden lässt. Über einen Fußweg am bewaldeten Ostufer gelangt man zum Malerwinkel, von wo aus sich der See und die Gipfel Funtenseetauern und Schönfeldspitze im Steinernen Meer überblicken lassen. Viele Maler haben sich davon inspirieren lassen. Vom 1875 Meter hohen Jenner eröffnet sich ein herrlicher Panoramablick über den Watzmann, den Hohen Göll, die Gipfel des Hasengebirges und das Steinerne Meer.

* **Maria Gern** Die bäuerlich barocke Wallfahrtskirche vor der Kneifelspitze, daneben ein Wirtshaus – bayerischer geht's nicht! Die vielen Votivtafeln,

Klostergarten auf der Insel Frauenchiemsee

Ausdruck von Volksfrömmigkeit und Volkskunst, geben Kunde von Freud und Leid der Pilger.

Obersalzberg Auf dem Areal von Hitlers einstigem Feriendomizil »Berghof«, das nach 1933 zum zweiten Machtzentrum neben Berlin ausgebaut wurde, ist heute ein Dokumentationszentrum des Instituts für Zeitgeschichte München-Berlin mit der Ausstellung »Dokumentation Obersalzberg« eingerichtet.

*** **Nationalpark Berchtesgaden** Deutschlands einziger Hochgebirgs-Nationalpark umfasst ein Gebiet von fast 30 000 Hektar und beherbergt so berühmte Naturdenkmäler wie den 2713 Meter hohen Watzmann und den Königssee. Im Nationalpark haben Murmeltier, Gams und Steinbock, aber auch vom Aussterben bedrohte Vögel wie der Steinadler, ihr Refugium.

* **Schliersee** Im 19. Jahrhundert haben Münchner Künstler Schliersee für sich entdeckt. Der

Insel im Königssee (oben links); Benediktinerkloster Seeon (oben rechts)

Bayern

TIPP++TIPP++

Ramsau
Den Mittelpunkt der Gemeinde Ramsau bildet die herrliche Barockkirche, in der man auf die ausdrucksstarken Holzplastiken achten sollte. In malerischer Höhenlage befindet sich die nur zu Fuß erreichbare Wallfahrtskirche Kunterweg.
Ramsau, Steinbergweg 9,
Tel. 0 86 57/98 81 25

Münterhaus
Das Domizil, auch »Russenhaus« genannt, bewohnte Gabriele Münter mit Wassily Kandinsky bis 1914. Es zeigt Werke und Möbelstücke des berühmten Künstlerpaares.
Murnau, Kottmüllerallee 6,
Tel. 0 88 41/62 88 80, Di–So 14 bis 17 Uhr

Partnachklamm
Die wild-romantische Schlucht der Partnach bei Garmisch-Partenkirchen ist ein überwältigendes Naturereignis, trotz bequemer Erschließung durch einen etwa 1 Kilometer langen Weg.
Mai–März geöffnet

tiefblaue Bergsee, das Dorf mit den alpenländischen Häusern und der Sixtus-Kirche samt hohem nadelspitzem Turm boten eine inspirierende Idylle.

Bayrischzell Das alpenländische Bilderbuchdorf liegt im Tal zwischen Wendelstein und Großem Traithen. Den Mittelpunkt des Ortes bildet der spätgotische, spitz zulaufende Kirchturm der Pfarrkirche St. Margaretha. Um dieses Kernstück herum platzieren sich authentische alte Häuser. Der Wendelstein lässt sich bequem vom benachbarten Osterhofen aus mit der Seilbahn (und von Brannenburg aus per Zahnradbahn) erreichen. Auf vielen Wanderwegen kann man die Schönheit der Bergwelt genießen.

* **Tegernsee** Die typisch oberbayerischen Orte am See zeigen ganz unterschiedliche Gesichter: Dörflich wirkt Gmund, malerisch Rottach-Egern, fast schon städtisch der Kurort Bad Wiessee, schließlich Tegernsee selbst, ein Ort mit Geschichte. Das im 8. Jahrhundert gegründete Kloster zählt zu den Urzellen oberbayerischer Kultur. Zu besichtigen ist heute noch die ursprünglich gotische, im 17. Jahrhundert im Barockstil umgestaltete Kirche St. Quirin.

* **Weyarn** Ihren hohen künstlerischen Rang erhält die von Johann Baptist Zimmermann mit elegantem Schmuck und Fresken ausgestattete Barockkirche durch Schnitzwerke (1755–1764) des Rokokobildhauers Ignaz Günther.

* **Kloster Dietramszell** Das einstige Augustiner-Chorherrenstift wurde in der ersten Hälfte des 18. Jahrhunderts in barockem Stil umgebaut. An der meisterlichen Ausgestaltung der Klosterkirche Mariae Himmelfahrt wirkte u. a. Johann Baptist Zimmermann mit.

* **Bad Tölz** Häuser mit schöner Lüftlmalerei gibt es hier in Hülle und Fülle. So bietet die Marktstraße eines der reizvollsten Straßenbilder Oberbayerns, bis auf das 18. Jahrhundert gehen die bunten Fassadenmalereien zurück. Ziel der berühmten Leonhardifahrt am ersten Novembersonntag ist die Wallfahrtskapelle (18. Jahrhundert) auf dem »Kalvarienberg« nördlich der Stadt.

** **Gebirgstal Jachenau** Eine noch ursprüngliche alpenländische Tallandschaft mit Weilern ist die Jachenau. Benannt ist sie nach dem Flüsschen Jachen, das vom Walchensee aus südlich der Benediktenwand Richtung Lenggries fließt und dort in die Isar einmündet.

Kuppel der Klosterkirche Ettal

** **Kloster Benediktbeuern** Karl der Große war hier, und 1000 Jahre später auch Goethe. »Benediktbeuern liegt köstlich«, schrieb Letzterer in sein Reisetagebuch. Eine imposantere Kulisse als die Benediktenwand hätten die Mönche für die Gründung des Klosters im 8. Jahrhundert nicht wählen können. In der Gestaltung der spätbarocken Klosterkirche haben sich Kaspar Feichtmayr und Hans Georg Asam verewigt.

* **Murnau** Etwas erhöht zwischen Staffelsee und Riegsee mit reizvollen Blicken auf das Murnauer Moor liegt Murnau, das eng verknüpft ist mit der expressionistischen Künstlervereinigung »Blauer Reiter«. Das *»Russenhaus«, Wohnhaus der Malerin Gabriele Münter, von 1909 bis 1914 auch das ihres Lebensgefährten Wassily Kandinsky, ist mit seinen bunt bemalten Möbeln eine einzigartige Erinnerungsstätte. Das Murnauer Schlossmuseum zeigt eine umfangreiche Sammlung mit Werken von Münter und anderen Malern ihres Kreises.

** **Murnauer Moos** Das größte zusammenhängende Moorgebiet ganz Mitteleuropas (32 Quadratkilometer) entstand aus dem Bett des Loisachgletschers und weist unterschiedlichste Moorlandschaften auf. Kaum besiedelt und weitgehend unter Naturschutz stehend, stellt das Murnauer Moos eine noch weitgehend intakte Naturlandschaft dar und ist Rückzugsgebiet für eine Vielzahl seltener Insekten-, Vogel- und Pflanzenarten.

Kochel Im Zentrum des am Kochelsee gelegenen Luftkurorts steht das Denkmal des legendären Schmieds von Kochel, der den Bauernaufstand 1705 gegen das Regime der Österreicher anführte und in der »Mordweihnacht« auf dem Sendlinger Friedhof in München starb. Dem hier bestatteten ex-

Außer von der mittelalterlichen Ritterromantik und der mystischen Welt des Orients fühlte sich Ludwig II. vom glanzvollen Hofstaat der Bourbonen angezogen. In Linderhof – einem landwirtschaftlichen Anwesen bei Ettal, das er von gemeinsamen Jagdausflügen mit seinem Vater Maximilian II. kannte – wünschte er sich deshalb den Nachbau der Schloss- und Gartenanlage von Versailles. Seine Pläne erwiesen sich aber als viel zu groß für das enge Graswangtal, und so konzentrierten sich die Bautätigkeiten ab 1869 auf das ehemalige Försterhäuschen seines Vaters, das sich am heutigen Schlossvorplatz befand. Das daraus entstandene Schloss Linderhof (links) ist der einzige größere Schlossbau, dessen Vollendung Ludwig II. erlebte. Ergänzt wurde das Hauptgebäude durch kleinere »Fluchtburgen« wie Venusgrotte und -tempel (ganz links) und Maurischen Kiosk.

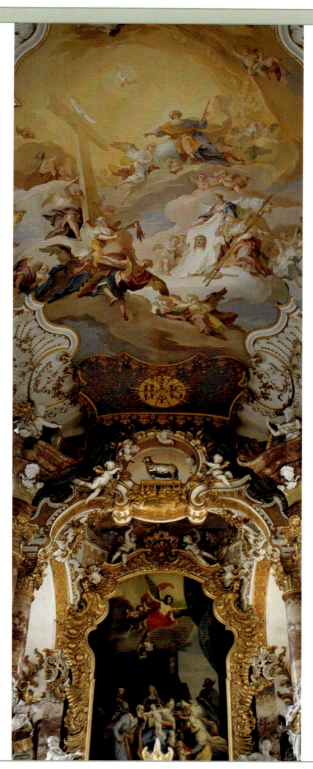

pressionistischen Maler ist das Franz-Marc-Museum gewidmet.

★★ Mittenwald Der in einem von der Isar durchzogenen Talkessel zwischen Karwendel und Wetterstein gelegene Ort war im Mittelalter ein bedeutender Handelsplatz an der Straße von Italien nach Augsburg und ist seit 1680 berühmt für seine Geigenbauwerkstätten. Die staffelförmig angeordneten Häuser und die in der Barockzeit üppig bemalten Fassaden geben dem Gebirgsdorf sein einzigartiges Gepräge. Goethe nannte Mittenwald ein »lebendiges Bilderbuch«.

★★ Zugspitze Im Wettersteingebirge liegt die Zugspitze, die weiter oben mit Höllental- und Schneeferner teilweise vergletschert und mit 2962 Meter Meereshöhe der höchste Gipfel Deutschlands ist.

★★ Garmisch-Partenkirchen Die Doppelgemeinde am Fuß der Zugspitze bietet auch kulturell Bedeutendes. Zu nennen sind hier die ★★Alte Kirche St. Martin, ein romanisch-spätgotischer Bau mit Wandmalereien des 13. bis 16. Jahrhunderts, die ★Neue Pfarrkirche St. Martin mit Rokoko-Ausstattung, der Gasthof »zum Husaren« mit Fassadenmalerei oder auch die ★Frühlingsstraße mit prächtigen Bürgerhäusern. In der Richard-Strauss-Villa lebte der Komponist von 1908 bis 1949.

★ Kloster Ettal In einem grünen Tal zwischen Ettaler Mandl und Nothberg erhebt sich der mächtige Kuppelbau der Klosterkirche Ettal. Er wurde in der Barockzeit (1710 bis 1752) auf dem Grundriss der achteckigen Rotunde des gotischen Vorgängerbaus (1330) errichtet. Das Zwölferschema wurde mit den Kirchenfenstern aufgenommen, wodurch das riesige Kuppelfresko und der elegante Stuck ins rechte Licht gesetzt werden.

★ Oberammergau Weltberühmt ist das Gebirgsdorf durch die Holzschnitzerei und die ★Passionsspiele, die alle zehn Jahre stattfinden. Sehr pittoresk sind die »Lüftlmalereien« – besonders prächtig am ★Pilatushaus – an den Hausfassaden.

★ Steingaden Als »Bilderbuch der Kunstgeschichte« gilt die ehemalige Klosterkirche, und wirklich finden sich hier von Romanik über Gotik und Renaissance bis zu Frühbarock und Rokoko alle Stile in Harmonie vereint. Steingaden (gegründet 1147) zählt zu den ältesten Prämonstratenserklöstern Altbayerns und ist eine Keimzelle des Pfaffenwinkels; von hier aus erfolgte auch die Gründung der Wieskirche.

★★ Schloss Linderhof Vom »echten« Barock in Ettal kommend, sieht man den Unterschied zum übersteigerten Prunk des Barockimitats, das sich König Ludwig II. mit Schloss Linderhof errichten ließ (1869–1886). Bei der Innengestaltung orientierte er sich an französischen Schlossbauten. Die weite Gartenanlage vereint alle Elemente der Gartenarchitektur; berühmt ist die Venusgrotte – Reminiszenz an die »Venusgrotte« aus Richard Wagners »Tannhäuser«.

★★★ Wieskirche Höhepunkt des bayerischen Rokoko ist die Wieskirche (1745–1754). Sie steht auf einer grünen Wiese vor der Kulisse der Alpen. Baumeister Dominikus Zimmermann hat die Architektur ganz zurückgenommen, doch die Lichtführung im hellen Zentral-

Üppige Rokokopracht der Brüder Dominikus und Johann Baptist Zimmermann in der Wieskirche (links)

Als Lüftlmalerei bezeichnet man die kunstvollen Fassadenmalereien an Wohnhäusern und Kirchen in Oberbayern, besonders im Werdenfelser Land. Sie besteht aus farbigen Einrahmungen von Fenstern und Türen so-

Lüftlmalerei

wie aus großflächigen Darstellungen von Landschaften und Figuren. Vorherrschend sind biblische Motive, aber auch Szenen der Lokalgeschichte. Weit verbreitet war die Lüftlmalerei im 18. Jahrhundert. Besonders schön erhaltene Bilder finden sich in Oberammergau und in Mittenwald. Aus Oberammergau soll auch die Bezeichnung »Lüftlmalerei« stammen: »Zum Lüftl« hieß das Haus des Malers Franz Seraph Zwinck (1748 bis 1792), einer der berühmtesten Maler dieser Kunstgattung. Sein Meisterwerk ist das Pilatushaus in der Ludwig-Thoma-Straße in Oberammergau (ganz links). Die Lüftlmalerei ist eine Trompel'oeil-Technik – eine illusionistische Darstellungsweise, bei der mithilfe perspektivischer Mittel ein Objekt so naturalistisch wiedergegeben wird, dass der Betrachter im ersten Moment kaum zwischen Darstellung und Realität unterscheiden kann.

Bayern

TIPP++TIPP++

Museum der Phantasie
Allein der an ein Schiff erinnernde Museumsbau von Günter Behnisch am Ufer des Starnberger Sees lohnt eine Besichtigung. Das Haus zeigt neben Volkskunst aus aller Welt die Expressionistensammlung von Lothar Günther Buchheim mit Werken von Max Beckmann und anderen Stars der Kunstgeschichte.
Bernried, Am Hirschgarten 1,
Tel. 0 81 58/9 97 00,
www.buchheimmuseum.de,
Apr.–Okt. Di–So 10–18 Uhr,
Nov.–März 10–17 Uhr

bau zeigt die Hand des souveränen Könners. Mit den Fresken und Stuckaturen hat sein Bruder Johann Baptist Zimmermann sein Hauptwerk geschaffen und sich als wahrhaft himmlischer Maler erwiesen. Im Deckenfresko holt er den bayerischen Himmel in die Kirche.

Schongau An der alten Handelsstraße Via Claudia Augusta gelegen, erlebte das Pfaffenwinkel-Städtchen im 17. und 18. Jahrhundert seine wirtschaftliche Blütezeit. Aus dieser Ära stammt der barocke Neubau der Pfarrkirche Mariä Himmelfahrt, an dessen Bau Dominikus Zimmermann und Franz Xaver Schmuzer sowie der Stuckateur Matthäus Günther maßgeblich beteiligt waren.

* **Wessobrunn** Die barocke Pracht des Pfaffenwinkels ist ohne den »Wessobrunner Stuck« nicht zu denken. Zimmermann, Feichtmayr und Schmuzer hießen die Wessobrunner Künstlerfamilien, die im 17./18. Jahrhundert in Süddeutschland wirkten. Selbstverständlich auch im *Kloster Wessobrunn, einst bedeutendes kulturelles Zentrum und Fundort des »Wessobrunner Gebets« (um 800), einem der ältesten Schriftzeugnisse in deutscher Sprache.

* **Polling** Die ehemalige Stiftskirche ist eine glückliche Synthese aus gotischer Architektur und frühbarockem Wessobrunner Stuck. Herausragend der bühnenartige Hochaltar des Rokoko-Bildhauers Johann Baptist Straub. Das Pollinger Kreuz (um 1180) ist ein mit Tierhaut überzogenes Kruzifix mit Darstellung des Gekreuzigten.

* **Iffeldorf** Ein Kirchlein in reinstem altbayerischem Rokoko, anmutig gelegen mit Blick auf die Osterseen, ist St. Vitus in Iffeldorf. In der Nähe befindet sich die Wallfahrtskirche Heuwinkl mit schönem Stuck.

* **Starnberg** Die Kreisstadt am Nordufer des nach ihr benannten Sees ist begehrter Nobelwohnort und mit seinen Strandpromenaden auch Naherholungsgebiet für viele Münchner. Starnbergs Rokokokirche St. Joseph mit meisterhaftem Hochaltar sowie Stuck und Fresken zählt zu den schönsten der Region. Die letzten Tage vor seinem Tod am 13. Juni 1886 verbrachte König Ludwig II. im nahen Schloss Berg, ehe der Monarch sowie sein Leibarzt Dr. Gudden tot am Seeufer aufgefunden wurden.

* **Kloster Schäftlarn** Das 1702 bis 1707 erbaute Barockkloster ist heute ein Internat und steht durch seine Schlichtheit in einem markanten Kontrast zu der mit Fresken und Stuck reich verzierten Rokokokirche.

* **Seeshaupt** Der Erholungsort am Südende des Starnberger Sees profitiert von seiner Nähe zu den unter Naturschutz stehenden Ostersee. Die Seenplatte entstand vor etwa 10 000 Jahren aus einem Eisblock und ist Refugium einer einzigartigen Flora und Fauna.

Kloster Andechs

So könnte der Himmel der Bayern aussehen: ein schöner Garten unter Bäumen, in dem unendlich aus Hähnen fließendes Manna die Seligen labt. Kein Ort vermag die für Bayern typische Mischung von religiöser Andacht und weltlicher Sinnesfreude besser zu veranschaulichen als der Klosterbiergarten auf dem Andechser Berg. Fromm sind sie schon, die Benediktinermönche, die einen Reliquienschatz hüten, der hier im 14. Jahrhundert entdeckt wurde (links: Kloster und Klosterkirche). Aber sie befolgen auch die Regel ihres Gründers: »Ora et labora« – »Bete und arbeite«. Letzteres betreiben sie mit ausgeprägtem Geschäftssinn: Neben Bier produzieren sie Käse, Schnäpse und andere Lebensmittel. Zwar wollen sich die Mönche wieder mehr dem Glauben zuwenden. Aber das soll der Bierlaune der Besucher des heiligen Bergs keinen Abbruch tun – dem Herrn sei Dank.

* **Tutzing** Der einstige Fischerort ist heute ein beliebter Erholungs- und Luftkurort mit einem Strandbad, Bootshäfen und schönen Wanderwegen. Das Schloss beherbergt die Evangelische Akademie sowie die Akademie für Politische Bildung.

Feldafing Hier verbrachte bereits Kaiserin Elisabeth von Österreich im nach ihr benannten Hotel 24 Sommer. Auf der »Roseninsel« ließ König Maximilian II. eine Villa im pompejanischen Stil erbauen, und König Ludwig II. traf hier seine acht Jahre ältere Kusine »Sissi«.

* **Bernried** Ein Dorf am Starnberger See als Mekka der Kunstfreunde – dafür sorgt das *Buchheim Museum der Phantasie mit seiner erstklassigen Expressionistensammlung. Bereits etwas älter sind die Martinskirche, in der man auf den spätgotischen Flügelaltar der heiligen Sippe achten sollte, und die **Hofmarkskirche, ein Meisterwerk des Rokoko, das eleganten Stuck und volkstümliche Plastik vereint, mit einem überwältigenden Altar in der Gruftkapelle unter der Kanzel.

** **Dießen** Über dem Südwestufer des Ammersees erhebt sich der »Dießener Himmel«. So wird die ehemalige Klosterkirche (1732–1739) genannt, ein Meisterwerk des frühen Rokoko von Johann Michael Fischer.

* **Landsberg am Lech** Der Schöne Turm (1270), das Bayertor (1425), das Sandauertor (17. Jahrhundert) und der Marktplatz künden von der historischen Bedeutung der westlichsten Stadt Oberbayerns. Landsberg war einst ein lebhafter Handelsplatz. Sehenswert ist auch die Kirche *Mariä Himmelfahrt. Die *Rathausfassade und die Johanniskirche verzierte Dominikus Zimmermann mit feinstem Rokokostuck an Giebeln und Fensterumrahmungen.

** **Andechs** Die Barockkirche auf dem »heiligen Berg« mit ihrem gut besuchten Klosterbräu-

Heilig-Kreuz-Kirche in Landsberg am Lech

stüberl ist eine der ältesten Pilgerstätten Bayerns. Kunstfreunde stoßen in der Klosterkirche auf einen Prunksaal des bayerischen Spätbarock, der hauptsächlich das Werk des großen Johann Baptist Zimmermann ist.

* **Weilheim** Am Nordostrand des Pfaffenwinkels gelegen, profitierte die heutige Kreisstadt bereits im 17. und 18. Jh. von ihren gut situierten Bewohnern. Im Stadt- und Pfaffenwinkelmuseum werden neben Exponaten zur Stadtgeschichte auch Skulpturen Weilheimer Bildhauer gezeigt. Als Wahrzeichen Weilheims gilt der 45 Meter hohe Turm der frühbarocken Pfarrkirche St. Mariä Himmelfahrt. Innen ist sie ausgestattet mit Fresken von Elias Greither d. Ä., Stuck der Wessobrunner Schule und Altären von Franz Xaver Schmädl.

Gedenkkreuz für König Ludwig II. im Starnberger See (oben links); Marienmünster in Dießen (oben rechts)

Bayern

Als Spross einer alteingesessenen Augsburger Unternehmerfamilie wurde Jakob Fugger II., genannt »der Reiche« (links: Porträt von Albrecht Dürer), im selben Jahr (1459) geboren wie Kaiser Maximilian II. – spä-

TIPP++TIPP++

Augsburger Puppenkiste
Wer kennt sie nicht – Kasperle, Frau Holle, Dr. Faustus, Jim Knopf, das Urmel und all die anderen Stars an dünnen Fäden? Wer eine Live-Show in Oehmichens Marionettentheater miterleben will, sollte rechtzeitig Karten reservieren.
**Augsburg, Spitalgasse 15,
Tel. 08 21/4 50 34 50**

Allgäu – Bayerisch-Schwaben

Die Iller im Westen und der Lech im Osten, der vor rund 15 Millionen Jahren durch einen Meteoriteneinschlag entstandene Ries-Kessel im Norden und die Allgäuer Alpen mit dem Bodensee im Süden – das sind die natürlichen Grenzen der Region Allgäu – Bayerisch-Schwaben. Landschaftlich prägend sind außerdem das hügelige Alpenvorland und die breite Donauebene.

** **Augsburg** 2000 Jahre Geschichte! Das deutet schon der Name »Augsburg« (»Augusta Vindelicorum«) an, für den der römische Kaiser Augustus Pate stand. Von den Anfängen als urbanes Zentrum der römischen Provinz Rätien (nach 15. n. Chr.) entwickelte sich die Stadt kontinuierlich fort und war bereits im 4. Jahrhundert Bischofssitz. Im Mittelalter Reichsstadt und nur dem Kaiser untertan, wurde Augsburg zum Ort bürgerlicher Freiheit und bürgerlichen Geschäftssinns. Beispielhaft stehen dafür die Fugger und Welser, die von hier aus ihre Handelsimperien errichteten. Im 14. bis 16. Jahrhundert erlebte Augsburg seine Blütezeit. Seine wichtigsten Baudenkmäler sind der romanisch-gotische **Dom, das **Rathaus (1620) mit goldenem Saal, der benachbarte Perlachturm mit herrlicher Aussicht, die **Fuggerei, von Jakob Fugger 1521 gestiftete älteste Sozialsiedlung der Welt, das *Zeughaus (1607), die Kirche St. Ulrich und Afra, die St.-Anna-Kirche, das *Kurhaustheater, das *Schaezlerpalais und das *Maximiliansmuseum.

* **Kloster Oberschönenfeld** Seit dem 13. Jahrhundert wirken hier die Nonnen des Zisterzienserordens. Ergebnis der regen Bautätigkeit in der Barockzeit sind die prächtige Klosterkirche und das ruhig gegliederte Geviert des Konventsbaus.

* **Maria Birnbaum** Zu den Ursprüngen des altbayerischen Barock führt die herrlich gelegene Wallfahrtskirche Maria Birnbaum (1668) in Sielenbach. Von außen mit Kuppeln und Türmchen fast russisch anmutend, öffnet sich innen ein geschlossener zentraler Raum mit feinstem Wessobrunner Stuck.

* **Kaisheim und Leitheim** Den Reichtum, den die Zisterzienserabtei Kaisheim nach dem Dreißigjährigen Krieg erlangte, demonstrieren der **Kaisersaal in den ehemaligen Klostergebäuden sowie die einstige *Klosterkirche, ein strenger gotischer Bau mit kostbarer Barockausstattung (1675) und schönem Chorgestühl. Im nahen Leitheim befindet sich die einstige Sommerresidenz

ter einmal sein größter Schuldner. Schon als 20-Jähriger baute er für die Familie in Rom eine Bankniederlassung auf. Hier zeigte sich sein Geschick, zu Papst, Kaiser und mächtigen Familien wie den Medici Beziehungen zu knüpfen und sie gegeneinander auszuspielen. Offene Kredite ließ er sich mit Kupfer- und Silberminen bezahlen und kaufte weitere dazu, sodass er ab 1511 ein Monopol besaß. Hinzu kamen Textilunternehmen, Gewürzhandel und der lukrative katholische Ablasshandel, für dessen Organisation die Fugger die Hälfte der Gelder einstrichen. Nach der Wahl von Karl V. war Jakob Fugger auf dem Gipfel seiner Macht, denn der Kaiser hatte sich bei ihm hoch verschuldet. 1514 bis 1523 baute er in Augsburg die Fuggerei, die älteste Sozialsiedlung der Welt, die heute noch besteht (ganz links: Schlafzimmer). 1525 starb er.

der Äbte, ein zauberhaftes Rokokoschlösschen (Mitte 18. Jahrhundert) im französischen Stil hoch über dem Donauufer.

★ Donauwörth Auf die reichsstädtische Freiheit, die der bedeutende mittelalterliche Handelsplatz an der Donau bis 1714 genoss, weist nicht nur die *Reichsstraße hin – einer der schönsten historischen Straßenzüge Bayerns, bebaut mit prächtigen giebelständigen Bürgerhäusern, dem barocken Rathaus und dem gotischen Tanzhaus.

★ Harburg Seit 900 Jahren thront die Harburg über dem engen Durchbruchstal der Wörnitz. Sie gehört zu jenen befestigten Adelssitzen des Mittelalters, die unseren Idealvorstellungen von einer Ritterburg entsprechen.

★ Wemding Ein gut erhaltener Mauerring (14./15. Jahrhundert) mit Toren und Türmen, ein zentraler Marktplatz mit noblem Renaissance-Rathaus (16. Jahrhundert), mehrere kostbare Kirchen und eine Vielzahl historischer Wohnbauten mit unterschiedlichen Giebelformen – all das ist in Wemding am Ostrand des Ries zu finden. Außerhalb lohnt die Wallfahrtskirche *Maria Brünnlein (1752), ein Meisterwerk des süddeutschen Rokoko, einen Abstecher.

★ Oettingen Seit der Stauferzeit waren die Grafen und späteren Fürsten von Oettingen das bedeutendste Geschlecht im Ries. Dass die Reformation im 16. Jahrhundert zur Spaltung des Geschlechts führte, kann man noch am langgestreckten *Straßenmarkt der Residenzstadt Oettingen erkennen: Die »katholische« Seite ist mit Barockfassaden, die »protestantische« mit Fachwerkhäusern gesäumt. Einer der schönsten Fachwerkbauten Schwabens ist das *Rathaus (15. Jahrhundert).

★★ Nördlingen Im Zentrum des Ries liegt eine der schönsten und besterhaltenen historischen Städte Deutschlands. Seit 1215 war Nördlingen freie Reichsstadt und errang als Messestadt wirtschaftliche Bedeutung. Der Handel brachte viel Geld ein, das in Bauwerke, Kunst und in die *Stadtbefestigung investiert wurde (14.–17. Jahrhundert), die die Altstadt noch heute umschließt. Das kunsthistorisch bedeutendste Baudenkmal ist **St. Georg (15. Jahrhundert), eine der größten spätgotischen Hallenkirchen Deutschlands. Vom Kirchturm aus, dem 89 Meter hohen »Daniel«, bietet sich die beste Aussicht über das Ries. In der Nachbarschaft am Marktplatz befinden sich das *Rathaus mit umbauter Freitreppe (1618) sowie das städtische *Tanzhaus.

★ Dillingen Seit dem 13. Jahrhundert im Besitz der Bischöfe von Augsburg, seit dem 16. Jahrhundert bischöfliche Residenzstadt mit Universität, die unter Führung der Jesuiten zu einem intellektuellen Bollwerk der katholischen Gegenreformation wurde – kein Wunder, dass die Altstadt von Dillingen durch sakrale Bauwerke bestimmt ist, etwa die **Studienkirche (1617) oder die *Franziskanerinnenkirche (1740), einen spätbarocken Zentralbau mit schönem Wessobrunner Stuck. Im weitläufigen Barockensemble von Universität, Jesuitenkolleg und Priesterseminar findet sich der grandiose *»Goldene Saal«. Wenige Kilometer außerhalb, in Donaualtheim, grüßt von Weitem der hohe Doppelzwiebelturm der Rokoko-Kirche *St. Vitus.

Augsburgs Prachtboulevard Maximilianstraße mit Herkulesbrunnen und Basilika St. Ulrich und Afra (oben links); Pfarrkirche St. Georg in Nördlingen (rechts)

Bayern

Weltberühmt wurde der Kurort durch den 1881 dorthin übergesiedelten Pfarrer Sebastian Kneipp. Bei der Bekämpfung seines eigenen Lungenleidens stieß er auf die Heilkraft des Wassers und konnte so zahl-

* **Kloster-Mödingen** Zwei Meister des bayerischen Spätbarock gaben bei Bau und Dekoration der Franziskanerinnenkirche (18. Jahrhundert) ihr glanzvolles Debüt: Dominikus Zimmermann und sein Bruder Johann Baptist. Zur Ausstattung gehören die mit zahlreichen Putten geschmückte Kanzel (1720), die spätgotische, fast zwei Meter hohe Marienstatue (um 1460) im Hochaltar sowie ein Heilig-Grab-Christus unter der Westempore.

* **Günzburg** Rund um den lang gestreckten Marktplatz zeigt sich das Bild einer geschichtsträchtigen Stadt. Circa 500 Jahre lang, bis 1805, gehörte sie zu Österreich. Das Bildnis der verehrten Maria Theresia findet sich auch auf dem Hochaltarblatt der Günzburger **Frauenkirche (1741), die zu den wichtigsten Werken des berühmten Baumeisters Dominikus Zimmermann zählt.

Ziemetshausen In der Landgemeinde inmitten des Naturparks Augsburg – Westliche Wälder verbergen sich zwei Höhepunkte des schwäbischen Barock: die Pfarrkirche *St. Peter und Paul (um 1690), als frühes Meisterwerk der Wessobrunner Schule vom Barockbaumeister Johann Schmuzer errichtet, und die Wallfahrtskirche *Maria Vesperbild im festlichen Rokoko.

* **Ursberg** Die Kirche des ehemaligen Prämonstratenserklosters (1125–1803) ist in der Anlage spätromanisch, so auch ihr bedeutendstes Kunstwerk: eine spätromanische **Kreuzigungsgruppe (um 1220/30) mit beeindruckenden, überlebensgroßen Figuren.

* **Kartause Buxheim** Die seit 1400 bestehende Klosteranlage zeigt das typische und sehr gut erhaltene Bild einer Kartause mit Kirche, Kreuzgang, Innenhof und den Zellenhäusern mit Gar-

St.-Anna-Kapelle der Kartause Buxheim

ten. Die in der Barockzeit prächtig dekorierte Klosterkirche der Brüder Zimmermann beherbergt ein virtuos geschnitztes **Chorgestühl (1689), eine Arbeit von höchstem Rang.

** **Memmingen** Im Kern hat sich Memmingen eine altertümlich-reichsstädtische Atmosphäre bewahrt. Viele Bürgerhäuser zeigen sich noch ganz spätgotisch, mit steilen Giebeln und Fachwerk. Besonders prächtig ist das Siebendächerhaus (1601). Andere erhielten prunkvolle Barock- und Rokokofassaden, wie der Hermannsbau (Städtisches Museum), das Rathaus und die Großzunft. Die wuchtige *Martinskirche mit dem *Chorgestühl (1507) wurde von der Künstlerfamilie Strigel erstellt. Von ihr stammen auch die **Fresken in der gotischen Frauenkirche. Barock ist hingegen der *Stuck (1709) im Innenraum der spätgotischen Kreuzherrenkirche (15. Jahrhundert).

Bad Wörishofen

losen Kranken Linderung verschaffen (ganz links: kolorierter Holzstich von 1890). Überall im Ort wird man an die heilbringende Tätigkeit von Kneipp erinnert, etwa im Kurpark, wo der Pionier durch ein Denkmal samt Wasserspielen (links) geehrt wird. Das 1718 gegründete Dominikanerkloster gilt als Geburtsstätte der Physiotherapie und beherbergt ein Kneipp-Museum. In der Pfarrkirche St. Justina wurde dem Seelsorger und Heiler ein Deckengemälde gewidmet. Im Museum lernt man die fünf Säulen der Kneipp-Lehre kennen und kann 2000 Objekte bestaunen. Den Kurgästen werden Meditationsabende, Vortragsveranstaltungen und Kurgottesdienste angeboten. Das Umland mit gepflegten Wanderwegen und den zahlreichen Sportanlagen macht einen Kuraufenthalt in Bad Wörishofen zu einem abwechslungsreichen Erlebnis.

* **Ottobeuren** Ein Höhepunkt an der Oberschwäbischen Barockstraße ist die mächtige **Klosteranlage Ottobeuren (1711–1725), oft als »Schwäbischer Escorial« gerühmt. Jedem Vergleich hält die doppeltürmige **Barockkirche (1737 bis 1766) stand, deren lichtdurchfluteter Festsaal das Gemeinschaftswerk großer Künstler wie Johann Michael Fischer und Johann Michael Feichtmayr ist.

* **Maria Steinbach** In reizvoller Lage über dem Illerufer bei Legau erhebt sich die Wallfahrtskirche Maria Steinbach – eine ländlich-barocke Idylle mit reichlich Wessobrunner Stuck!

** **Lindau** An der *Hafeneinfahrt grüßt neben dem alten Leuchtturm der steinerne Löwe. Seit 1805 ist das auf einer Insel erbaute »schwäbische Venedig« bayerisch. Zuvor, seit 1220, war Lindau Reichsstadt. Eine große Vergangenheit, die sich auch im malerischen Stadtbild ausdrückt – mit Befestigungsanlage und markanten Türmen, stattlichem *Rathaus (15./16. Jahrhundert) und historischen Bürgerhäusern. Herausragend dabei das barocke Patrizieranwesen *»Haus am Cavazzen«. Als ältester Sakralbau der Stadt geht St. Peter auf das 11. Jahrhundert zurück, dessen umfangreiche *Wandmalereien (1500) von hoher künstlerischer Bedeutung sind.

* **Kempten** Bereits im Jahr 18 n. Chr. erwähnt, zählt Kempten zu den ältesten deutschen Städten. Im *Archäologischen Park Cambodunum kann man der römischen Vergangenheit nachspüren. Kemptens andere Seite ist die der alten Reichsstadt (1361–1803). Sie zeigt sich besonders schön an den historischen Bürgerhäusern und dem prächtigen *Rathaus, das seit dem 14. Jahrhundert mehrfach aus- und umgebaut wurde. Erhöht liegt die **Basilika St. Lorenz (1652–1666), eine der bedeutendsten frühbarocken Kirchen Süddeutschlands mit 42 Meter hoher Kuppel und Ausstattung zwischen Renaissance- und Empirestil. Außerdem sehenswert sind der Fürstenstift mit *Residenz und die *St.-Mang-Kirche.

* **Sonthofen** Der Luftkurort ist vor allem für seine Wanderwege durch ursprüngliche Natur bekannt. Im Ort empfiehlt sich ein Besuch im Heimathaus mit einer Gesteinssammlung, einer Nagelschmiede, einem Saal zur Vor- und Frühgeschichte und einer Kuhglockensammlung. Die Alpsennerei erinnert daran, dass man sich hier in Deutschlands Milch- und Käseregion Nr. 1 befindet.

Hafen von Lindau mit Leuchtturm und bayerischem Löwen (oben links); St.-Lorenz-Basilika in Kempten (oben rechts)

TIPP++TIPP++

Ottobeurer Konzerte
Mit Dirigenten wie Herbert von Karajan oder Leonard Bernstein und Orchestern wie den Wiener Symphonikern oder dem Symphonieorchester des Bayerischen Rundfunks genießen die seit 1945 stattfindenden Konzerte internationalen Ruf. Die Kammerkonzerte im Kaisersaal der Abtei und die Orgelkonzerte in der Basilika sind fester Bestandteil des jährlich im Juni, Juli und September veranstalteten Programms.
Ottobeuren, Marktplatz 6,
Tel. 0 83 32/9 21 90

Bayern

Millionen Touristen können nicht irren: Niemand hat schönere Schlösser gebaut als König Ludwig II. von Bayern (links: Porträt von Ferdinand Piloty). Neuschwanstein ist der Inbegriff eines Märchenschlosses,

TIPP++TIPP++

Tänzelfest
Die Geschichte von Kaufbeuren wird jedes Jahr in der zweiten Julihälfte in Form eines »lebendigen Bilderbuchs reichsstädtischr Vergangenheit« in Erinnerung gerufen. Festlich

geschmückte Wagen, 1600 Kinder in stilechten Trachten vom Edelmann bis zur Dienstmagd repräsentieren den Werdegang des Ortes bis ins 18. Jahrhundert. Ein Volksfest der Extraklasse und zugleich ältestes historisches Kinderfest Bayerns.
**Tänzelfestverein Kaufbeuren,
Tel. 0 83 41/28 28**

* **Bad Hindelang** Der Name des Kneipp-Kurortes und Wintersportzentrums geht auf eine von dem Priester »Hundilanc« 1170 gemachte Schenkung zurück. Heute setzt man sich in Bad Hindelang auf vorbildliche Weise für den Naturschutz ein. Die hiesigen Landwirte verzichten auf mineralischen Dünger und chemische Pflanzenschutzmittel und wurden deshalb bereits 1990 mit dem Deutschen Umweltpreis für das »Öko-Modell Hindelang« ausgezeichnet. Das 1660 errichtete Rathaus ist ein bedeutender frühbarocker Bau, der den Augsburger Fürstbischöfen bis zur Säkularisation als Jagdschloss und Sommerresidenz diente.

Pfronten Der Luftkurort ist der größte Ferien- und Wintersportort des Ostallgäus. Er besteht aus insgesamt 13 teils weit auseinanderliegenden Ortschaften. Einen besonders guten Blick auf die Seen des Umlandes, die Königsschlösser, den Säuling, die Zugspitze und die Tannheimer Berge hat man von der Burgruine Falkenstein auf 1270 Meter Meereshöhe. König Ludwig II. erwarb sie 1884, um hier eine gotische Burg als Gegenstück zum romantischen Schloss Neuschwanstein errichten zu lassen. Seine Träume von einer »Raubritterburg« konnte er infolge seines frühen Tods jedoch nicht mehr realisieren.

** **Füssen** Vor herrlicher Alpenkulisse liegt Füssen, in der Römerzeit eine bedeutende Straßenstation zwischen Rom und Augsburg. Der Italienhandel machte die Stadt im 15./16. Jahrhundert reich. Recht viele Bürgerhäuser gehen auf diese Blütezeit zurück. Sehenswert ist die reich ausgestattete barocke Stiftskirche *St. Mang (1701–1717) über der romanischen *Krypta des hl. Magnus mit Fresko aus dem 9. Jahrhundert. Das Stadtbild wird vom *Hohen Schloss (13./16. Jahrhundert) beherrscht, einst Sommerresidenz der Augsburger Bischöfe, mit Rittersaal und Fürstenzimmern.

* **Schloss Hohenschwangau** 1832 bis 1837 erhielt die schlichte alte Burg aus dem 14./15. Jahrhundert im Zeichen des Historismus ihr neugotisches Gepräge, mit pittoresken Türmen, Zinnen, Erkern und Freitreppe. Stilgerecht geht es im Inneren mit Schwanenrittersaal, Heldensaal und Burgfräuleinzimmer weiter, alles prächtig ausgestattet, ausgemalt und dekoriert – eine mittelalterliche Fantasie des 19. Jahrhunderts inmitten der romantischen Gebirgslandschaft.

*** **Schloss Neuschwanstein** Der steingewordene Traum eines mittelalterlichen Schlosses in einsamer Höhenlage war die Zuflucht eines unglücklichen Königs vor der als banal empfundenen Gegenwart. In der Kunstgeschichte gilt Neuschwanstein als Hauptwerk des Historismus, für Millionen von Touristen ist es schlichtweg das schönste Märchenschloss der Welt. Ein Theatermaler lieferte die Entwürfe für die monumentale neuromantische Burg, die sich Ludwig II. von Bayern ab 1869 erbauen ließ. Absolut grandios,

König Ludwig II.

Herrenchiemsee die eigenständige Variation von Versailles, Linderhof ein Musterbeispiel eines Lust- und Jagdschlosses (links: Venusgrotte). Nicht zu vergessen ist auch das Festspielhaus in Bayreuth, dieser kuriose Musiktempel, den Ludwig II. Richard Wagner sogar »schenkte«. Ein Teil der Faszination für Ludwig II. rührt wohl daher, dass er als König eine absolute Fehlbesetzung war. Nichts, abgesehen vom Militär, war ihm unangenehmer als das Regieren, nichts lag ihm ferner als Machtausübung. Er kam 1845 als Sohn des Kronprinzen Maximilian zur Welt und bestieg bereits im Alter von 18 Jahren den bayerischen Thron. Von Anfang an lief die große Politik an ihm vorbei. Selbst seiner Entmündigung, die schon Monate vor seinem ungeklärten Tod im Starnberger See abzusehen war, widersetzte er sich kaum.

allein auf Wirkung angelegt, sind Ausstattung und Dekoration der Prunkräume. Manchem Besucher mag das alles zu viel des Guten sein – dennoch ist Neuschwanstein einzigartig.

* **Kaufbeuren** Die Staufergründung (nach 1191) und einstige Reichsstadt (1286 bis 1803) erlebte ihre glanzvollsten Zeiten, als Kaiser Maximilian I. hier häufig zu Gast war. Nach ihm ist der markanteste Straßenzug der Altstadt benannt. Prägend für das Stadtbild und wichtigstes Baudenkmal ist die gotische *Blasius-Kapelle, die zusammen mit dem *Fünfknopfturm ein malerisches Ensemble bildet. In der Kapelle besonders sehenswert ist ein *Flügelaltar (1518) mit elegantem Schnitzwerk.

* **Mindelheim** Mit drei Stadttoren, schönen Giebelhäusern (17./18. Jahrhundert) und zahlreichen Baudenkmälern verströmt das Stadtzentrum viel altertümlichen Charme und bietet überdies ungewöhnliche Museen mit vorzüglichen Sammlungen (*Textilmuseum, *Turmuhrenmuseum, Heimatmuseum, Krippenmuseum, Archäologiemuseum).

* **Naturpark Augsburg – Westliche Wälder** Von Wertach und Schmutter im Osten bis zur Mindel im Westen zieht sich dieser 1175 Quadratkilometer große Naturpark. Allein 47 Prozent der Fläche machen die Wälder aus, konzentriert auf den nördlichen Teil, den Holzwinkel. Der südliche Teil, die Stauden, ist Hügelland. Dazwischen liegt die Reischenau, ein breiter, von der Zusam angeschwemmter Talkessel.

In traumhafter Lage am Fuße des Ammergebirges erbaut: Schloss Neuschwanstein (rechts) mit dem orientalisierenden Thronsaal (oben links)

DIE SCHÖNSTEN REISEZIELE

Amsterdam/Berlin